Mit Einem Wort

Michael Behnke

Mit Einem Wort

Wie eine messerscharfe Markenpositionierung hilft Kosten zu senken und Ergebnisse zu verbessern

Michael Behnke
Paris, Frankreich

ISBN 978-3-032-07482-9   ISBN 978-3-032-07483-6   (eBook)
https://doi.org/10.1007/978-3-032-07483-6

Die Deutsche Nationalbibliothek verzeichnet diese Publikation in der Deutschen Nationalbibliografie; detaillierte bibliografische Daten sind im Internet über https://portal.dnb.de abrufbar.

Übersetzung der englischen Ausgabe: „In One Word" von Michael Behnke, © The Editor(s) (if applicable) and The Author(s), under exclusive license to Springer Nature Switzerland AG 2025. Veröffentlicht durch Springer Nature Switzerland. Alle Rechte vorbehalten.

Dieses Buch ist eine Übersetzung des Originals in Englisch „In One Word" von Michael Behnke, publiziert durch Springer Nature Switzerland AG im Jahr 2025. Die Übersetzung erfolgte mit Hilfe von künstlicher Intelligenz (maschinelle Übersetzung). Eine anschließende Überarbeitung im Satzbetrieb erfolgte vor allem in inhaltlicher Hinsicht, so dass sich das Buch stilistisch anders lesen wird als eine herkömmliche Übersetzung. Springer Nature arbeitet kontinuierlich an der Weiterentwicklung von Werkzeugen für die Produktion von Büchern und an den damit verbundenen Technologien zur Unterstützung der Autoren.

© Der/die Herausgeber bzw. der/die Autor(en), exklusiv lizenziert an Springer Nature Switzerland AG 2025

Das Werk einschließlich aller seiner Teile ist urheberrechtlich geschützt. Jede Verwertung, die nicht ausdrücklich vom Urheberrechtsgesetz zugelassen ist, bedarf der vorherigen Zustimmung des Verlags. Das gilt insbesondere für Vervielfältigungen, Bearbeitungen, Übersetzungen, Mikroverfilmungen und die Einspeicherung und Verarbeitung in elektronischen Systemen.
Die Wiedergabe von allgemein beschreibenden Bezeichnungen, Marken, Unternehmensnamen etc. in diesem Werk bedeutet nicht, dass diese frei durch jede Person benutzt werden dürfen. Die Berechtigung zur Benutzung unterliegt, auch ohne gesonderten Hinweis hierzu, den Regeln des Markenrechts. Die Rechte des/der jeweiligen Zeicheninhaber*in sind zu beachten.
Der Verlag, die Autor*innen und die Herausgeber*innen gehen davon aus, dass die Angaben und Informationen in diesem Werk zum Zeitpunkt der Veröffentlichung vollständig und korrekt sind. Weder der Verlag noch die Autor*innen oder die Herausgeber*innen übernehmen, ausdrücklich oder implizit, Gewähr für den Inhalt des Werkes, etwaige Fehler oder Äußerungen. Der Verlag bleibt im Hinblick auf geografische Zuordnungen und Gebietsbezeichnungen in veröffentlichten Karten und Institutionsadressen neutral.

Springer ist ein Imprint der eingetragenen Gesellschaft Springer Nature Switzerland AG und ist ein Teil von Springer Nature.
Die Anschrift der Gesellschaft ist: Gewerbestrasse 11, 6330 Cham, Switzerland

Wenn Sie dieses Produkt entsorgen, geben Sie das Papier bitte zum Recycling.

Vorwort

Wenn wir an Markenentwicklung denken, stellen wir uns in der Regel Produkt-, Dienstleistungs- oder Unternehmensmarken vor, die den Großteil der heute weltweit existierenden Marken ausmachen. Dennoch können auch Staaten, ganze Länder oder regionale Destinationen, Personen, politische Parteien, Programme, NGOs oder sogar eine Bewegung mithilfe derselben Techniken, die im Produkt- und Dienstleistungsbranding vorherrschen, zu einer Marke werden. Sobald man die Prinzipien und Dynamiken der Markenentwicklung vollständig verstanden hat, lässt sich nahezu alles in eine erfolgreiche Marke verwandeln.

Mit Einem Wort analysiert und diskutiert die zugrunde liegenden Dynamiken sowie die einzigartigen Techniken und Methoden, um das Wertversprechen einer Marke in nur *einem* Wort zu definieren. Dieses Buch bietet wertvolle Einblicke für Marketing Experten, Kommunikationsfachleute, CEOs und Führungskräfte sowie alle, die sich für die Welt der Marken interessieren, um besser zu verstehen, was es braucht, um erfolgreiche Marken aufzubauen. Viele der heutigen starken Marken haben es geschafft, mit nur einem einzigen Wort klar zu definieren, wofür sie stehen. Eine Ein-Wort-Positionierung, richtig umgesetzt, hat das Potenzial, im Markenaufbau und -management kraftvolle Synergien freizusetzen, indem sie alle Beteiligten auf eine gemeinsame strategische Richtung ausrichtet.

Auf diese Weise werden Einfallsreichtum, Energie und Kreativität eines Unternehmens gebündelt und auf dasselbe Ziel ausgerichtet. In diesem einzigartigen Ansatz des Brandings steuert letztlich ein einziges Wort die gesamte markenbezogene Marketing- und Vertriebsaktivität. „Glamour" prägt die Marke L'Oréal Paris, während Nivea für „Pflege" steht. *Mit Einem Wort*

Vorwort

ist ein praxisorientierter Leitfaden zum Aufbau starker Marken und bietet konkrete Ratschläge sowie anschauliche Beispiele, um Markenverantwortliche bei der Entwicklung einzigartiger Marken mit nachhaltigem Erfolg zu unterstützen.

Obwohl diese einzigartige Ein-Wort-Branding-Technik nahezu wortwörtlich auf alle Arten von Marken angewendet werden kann, konzentriert sich dieses Buch in erster Linie auf Produkt-, Dienstleistungs- und Unternehmensmarken. Diese stellen die traditionellen Bereiche des Brandings dar und bieten das größte Potenzial, um die Prinzipien des Brandings zu erforschen und zu erläutern. Gleichzeitig liefern sie anschauliche und greifbare Beispiele sowie Benchmarks aus der Praxis und einer lebenslangen Erfahrung im Branding, um den Prozess ihres Aufbaus besser zu verstehen.

Mit Einem Wort verfolgt das Ziel, einen ganzheitlichen Blick auf Markenführung zu bieten. Ausgangspunkt ist eine konkrete Betrachtung der Funktionsweise von Marken sowie der Faktoren, die sie zu unverzichtbaren Bestandteilen im Leben der Konsumentinnen und Konsumenten gemacht haben und weiterhin machen werden. Anschließend werden die theoretischen Grundlagen und die praktische Umsetzung des One-Word-Branding-Prozesses erläutert, bevor dessen Anwendung in spezifischen Geschäftsbereichen und Markentypen näher betrachtet wird.

Mit dem Aufkommen der künstlichen Intelligenz und im Gesamtkontext der dritten industriellen Revolution werden Marken in den nächsten 10 bis 15 Jahren ebenfalls einen tiefgreifenden Transformationsprozess durchlaufen. Ihre Hauptaufgabe, den Konsumenten ein konsistentes, verlässliches und stark emotionales Erlebnis zu garantieren, wird sich jedoch nicht verändern. Tatsächlich werden gerade diese Funktionen, die alle Marken erfüllen müssen, ihre Rolle als unverzichtbarer Bestandteil im Leben der Verbraucher voraussichtlich noch weiter festigen.

Paris, Frankreich Michael Behnke
Februar 2025

Danksagung

Ich möchte dieses Buch meinem lieben Freund Alan Lambert widmen, einem ehemaligen Studenten von mir und früheren CEO von Aciprosalud C.A. in Venezuela. Ohne seinen unermüdlichen Antrieb, mein Wissen über Markenführung an kommende Generationen weiterzugeben, wäre dieses Buch niemals entstanden. Mein besonderer Dank gilt auch meiner Frau Yvonne, einer äußerst talentierten Malerin, die mir bei der Suche nach einem Lektor geholfen hat. Ein großes Dankeschön geht zudem an alle, die mein Buch gelesen haben – insbesondere an meine beiden Söhne Timo und Mitja sowie meinen langjährigen Freund Axel Pfennigschmidt für ihre Kommentare zum Manuskript, ihre kritischen und wertvollen Anregungen sowie die logistische Unterstützung im Entstehungsprozess.

Ich möchte auch Susanne Wiesmann danken, eine der herausragendsten Forschungsfachkräfte, die ich in meinem Berufsleben kennengelernt habe und die maßgeblich zum Kapitel über morphologische Forschung beigetragen hat, Beate Steil, die viele der grafischen Illustrationen im Buch realisiert hat, Chase Doolan, der mir bei der Endredaktion geholfen hat, Marion Ranoux, einer Kollegin an der AUP, die mir während eines ganzen Jahres des Schreibens im Büro Gesellschaft geleistet hat, Jorge Sosa von der AUP-Bibliothek, der bei der Dokumentation dieses Buches geholfen hat, sowie Robert Payne, dem Vorsitzenden des CMC-Fachbereichs an der AUP, der mein Projekt unterstützte, indem er mir einen inspirierenden Büroraum zur Verfügung stellte, in dem ich an dem Buch arbeiten konnte.

Danksagung

Ich möchte auch meinem Lektor Springer Nature meinen Dank aussprechen, dass er mein Projekt als Erstautor angenommen und einen äußerst professionellen sowie transparenten Prozess zur Fertigstellung ermöglicht hat.

Über dieses Buch

Mit EINEM WORT
Ein praxisorientierter Leitfaden zum Aufbau starker Marken
Können Sie zusammenfassen, wofür Ihre Marke steht? Können Sie es mit nur *EINEM WORT* ausdrücken?

Die Positionierung einer Marke ist eine anspruchsvolle Aufgabe, an der die meisten Marken scheitern. Dadurch werden sie zu leistungsschwachen Akteuren, die wertvolle Mittel und Energie verschwenden. Sie schöpfen nur selten ihr tatsächliches Potenzial aus.

Eine erfolgreiche Markenpositionierung muss drei grundlegende Anforderungen erfüllen: eine klare **Differenzierung** vom Wettbewerbsumfeld, **Relevanz** für die Zielgruppen und **Kompetenz**, die die Positionierung authentisch widerspiegelt und unterstützt und es der Marke möglicherweise ermöglicht, in neue Marktsegmente vorzudringen. Bei jedem dieser Aspekte kann das *eine Wort* den Unterschied zwischen relativem Erfolg und Misserfolg ausmachen.

Die meisten Marken, die scheitern, haben Schwierigkeiten, klar zu definieren, wofür sie stehen. Komplexität ist der größte Feind im Markenaufbau. Zu viele Markendimensionen, fehlende Priorisierung der Botschaften und unklare Formulierungen machen Marken zu komplexen, überladenen Konstrukten, die zu wenig fokussiert sind, um eine eindeutige, konsistente und relevante Botschaft an die Konsumenten zu vermitteln.

Die Markenpositionierung auf ein *einziges Wort* oder einen *präzisen Angriffswinkel* zu verdichten, verleiht Marken eine Wirkung, die weit über ihren eigenen Markt hinausgeht. Dies hat das Potenzial, der gesamten Mut-

Über dieses Buch

terorganisation Fokus zu geben und hilft dabei, alle auf denselben Kurs zu bringen. Es ruft die Kreativität und Energie hervor, die erfolgreichen Unternehmen innewohnt, weist allen die gleiche Richtung, liefert die Roadmap und das Messinstrument, um Kreativität und professionelle Energie gezielt zu steuern.

Zum Beispiel steht die Marke BMW für *Fahrfreude*. Dieser Fokus verleiht der Marke und der gesamten Organisation eine klar definierte, zielgerichtete Ausrichtung. Daher besteht die Kernaufgabe jeder einzelnen Person bei BMW darin, *Fahrfreude* zu vermitteln – durch Produktinnovationen, Marketingmaßnahmen bis hin zum Verkaufsgespräch und zur Nutzererfahrung nach dem Kauf. Jedes noch so kleine Detail der Marke BMW, des Produkt- und Serviceangebots, wird anhand dieses zentralen, operativen Markenpositionierungskonzepts gemessen und bewertet. *Fahrfreude* wirkt wie ein Prisma, durch das alle Markenaktivitäten betrachtet, umgesetzt und bewertet werden.

Dieses Buch nutzt die Erfahrung und Expertise aus über 40 Jahren Markenarbeit mit Hunderten von Marken aus verschiedenen Regionen und Branchen weltweit, um eine Marke mit *EINEM WORT* zu definieren. Die einzigartige Methodik hierfür kann einen bedeutenden Wettbewerbsvorteil verschaffen und hat sich nachweislich als erfolgreich im Markt erwiesen.

Können Sie sagen, wofür Ihre Marke steht?

Dieses Buch wird es Ihnen ermöglichen, es mit nur *EINEM WORT* auszudrücken.

Inhaltsverzeichnis

1	Einführung	1
2	Die zentrale Rolle der Markenpositionierung	23
3	Wie interagieren Marken mit Konsumenten und wie interagieren Konsumenten mit Marken?	45
4	Die Grundlagen starker Marken: Warum Kompetenz, Differenzierung und Relevanz die entscheidenden Dimensionen sind	59
5	Wahrnehmung versus Realität: Die zwei Seiten des Markenbewertungsprozesses	81
6	Wie selbst-expressive menschliche Werte die Markenattraktivität steigern	91
7	Die essenzielle Rolle von Konsumenten-Insights und wie man sie durch morphologische Forschung erschließt	105
8	Simplizität auf der anderen Seite der Komplexität: Das eine Wort identifizieren, das Ihre Marke definiert	125

Inhaltsverzeichnis

9	Ein-Word-Positionierung und Markenvision, -mission und -purpose	153
10	Markenpositionierung und Markenverhalten: Erfolgreiche Übersetzung der Markenpositionierung in Marketingmaßnahmen	161
11	Die Wiederbelebung von Vintage-Marken	179
12	Die Schärfung etablierter Marken (Produkt- und Servicemarken)	193
13	Markenkreation: Von Anfang an alles richtig machen	207
14	B2C- versus B2B-Marken	219
15	Marken in der Unternehmenswelt (entscheidende Implikationen für Unternehmens- und Arbeitgebermarken)	231
16	Organisation des Markenbotschaft-Mixes	245
17	Die aktuelle und zukünftige Rolle von KI in der Markenwelt	257
18	Die transformative Verantwortung von Marken im fortgeschrittenen einundzwanzigsten Jahrhundert	271

Über den Autor

Michael Behnke hat über 40 Jahre Erfahrung in den Bereichen internationales Branding und Kommunikation und hat in Europa, den USA und Lateinamerika gelebt. Er ist Gründer und Präsident der Markenberatung Belly Button Paris in Paris, Frankreich, und unterrichtet seit zehn Jahren Branding, Marketing und Kommunikation an der American University of Paris.

1

Einführung

Laut The Nielsen Company, einem globalen Marktforschungsinstitut, scheitern 90 % der Markteinführungen von CPG[1]-Marken innerhalb der ersten zwei Jahre. Der Harvard Business Report[2] berichtet, dass 75 % der Markteinführungen von FMCG[3]-Marken auf dem US-Markt nicht einmal das bescheidene Umsatzziel von 7,5 Mio US-$ im ersten Jahr erreichen, während weniger als 3 % die Zielvorgaben von 50 Mio € oder mehr innerhalb der ersten 12 Monate erfüllen. Das EUIPO, das Europäische Markenamt, registriert jedes Jahr fast 135.000 Marken – aber nur wenige davon erreichen jemals ein nachhaltiges Umsatzniveau.

Auch wenn diese Zahlen lediglich als Richtwerte dienen und stark von der jeweiligen Branche abhängen, gibt es in der Regel mehrere Gründe für diese eher enttäuschende Performance: schwache Produktleistung, unzureichende Distribution, mangelnde Marketingbudgets oder die Stärke der Wettbewerber. Häufig liegt die Ursache jedoch darin, dass es einer Marke nicht gelingt, ein klares und eindimensionales Wertversprechen zu entwickeln – auch als *Brand Positioning* oder *Brand Essence* bezeichnet –, das sie von Wettbewerbern abhebt und für Konsumenten relevant macht.

Es ist wichtig zu beachten, dass es bei der Definition des Scheiterns Nuancen gibt. Manche Markteinführungen scheitern komplett und verschwinden

---

[1] CPG (consumer package goods): Konsumgüter des täglichen Bedarfs
[2] Why Most Product Launches Fail – Havard Business Report/April 2011 von Joan Schneider und Julie Hall.
[3] FMCG (fast moving consumer goods): schnelllebige Konsumgüter.

vom Markt, während andere Schwierigkeiten haben, Marktanteile zu gewinnen oder ihre Ziele zu erreichen. Eine erfolgreiche Einführung oder Neupositionierung einer Marke erfordert mehrere klar definierte Schritte, darunter eine umfassende Wettbewerbsanalyse, die Identifikation von Konsumentenbedürfnissen, Haltungen und Motivationen, ein tiefes Verständnis der Produkt- oder Dienstleistungsmerkmale sowie der Markenhistorie – um nur einige zu nennen. Wie bei einer Untersuchung zählt jedes Detail. Sorgfältige Vorbereitung und Analyse liefern die Grundlage für effektive Marketingstrategien, die der Marke den nötigen Schub zum Erfolg geben.

Der entscheidendste Faktor für den Markenerfolg ist ein einzigartiges Markenwertversprechen, dessen Aufgabe es ist, klar und umsetzbar zu definieren, wofür die Marke steht. Die *Brand Value Proposition* oder die *Marken Essenz* wird so zum zentralen Element aller zukünftigen Markenaktivitäten.

Sämtliche Marketing- und Vertriebsstrategien werden somit von der Marken Essenz geleitet, sodass an allen Kontaktpunkten zwischen Marke und Konsument ein konsistentes Markenerlebnis gewährleistet ist. Die Zusammenfassung Ihrer Marke *in nur einem Wort* schafft den Fokus und die Disziplin, die es braucht, um echte Power Marken mit globalem Potenzial und Reichweite aufzubauen.

Heute scheitern zu viele Marken entweder daran, klar zu definieren, wofür sie wirklich stehen, oder es fehlt ihnen an Fokus in Marketing und Kommunikation, um ihre Einzigartigkeit mit der nötigen Klarheit und Konsequenz zu vermitteln. Die Definition der Marken Essenz ist eine komplexe Aufgabe, die methodisches Vorgehen und starke Fokussierung erfordert. Dennoch bleiben viele Markenpositionierungen entweder zu komplex oder zu abstrakt, um konkrete Marketing- und Kommunikationsmaßnahmen abzuleiten. Komplexität und Abstraktion behindern ein stimmiges Markenerlebnis, bei dem jeder Kontaktpunkt ein Erlebnis schafft, das mit dem vorherigen und dem folgenden konsistent ist. Gerade diese konsistenten Markenerlebnisse führen dazu, dass Konsumenten sich langfristig mit einer Marke identifizieren und sie dauerhaft annehmen.

Die Konsistenz der materiellen und immateriellen Leistungsparameter einer Marke ist die erste und wichtigste Voraussetzung und der Hauptgrund, warum Konsumenten Marken kaufen. Die Erwartungen der Konsumenten an Marken sind subjektiv, aber meist klar definiert. Im Allgemeinen sind sie nicht verhandelbar, und als Grundfunktion muss jede Marke den Konsumenten eine gleichbleibende Qualität und Leistung garantieren. Die meisten Marken erfüllen heute diese Anforderungen an Qualität und andere messbare Leistungsindikatoren. Es gibt jedoch zahlreiche Ausnahmen. Qualitätsmängel in der Produktion, gestiegene Rohstoffpreise, die Markeninhaber zu

Rezeptur- oder Produktanpassungen verleiten (wie im aktuellen Inflationsumfeld), oder eine einfache Änderung des Verpackungsformats oder -designs können die Wahrnehmung der Markenleistung beeinflussen. Eine radikale Änderung des Verpackungsdesigns einer deutschen Katzenstreumarke im Rahmen einer Marken-Neupositionierung im Jahr 2018 führte zu einer Verdreifachung der Qualitätsbeschwerden auf der Kundenservice-Plattform, obwohl die Produktzusammensetzung unverändert geblieben war. Was sich jedoch verändert hatte, war die Wahrnehmung der Produktleistung durch die Konsumenten, ausgelöst allein durch das neue Verpackungsdesign. Daraus folgt, dass selbst geringfügige Veränderungen im Markenmix dazu führen können, dass die heute marketingerfahrenen Konsumenten vermuten, die Produktleistung und damit das gesamte Markenerlebnis könnten sich verändert haben.

Tatsächlich können Markenwahrnehmungen einen spürbaren Einfluss auf das tatsächliche Markenerlebnis haben. Eine 2021 von der University of Sussex[10] durchgeführte Studie zeigte, dass Markenbotschaften die Geschmacksvorlieben der Konsumenten bei Bier signifikant beeinflussen können. Dieses Phänomen wird in s. Kap. 5 noch ausführlicher behandelt. Unsere Interaktion mit Lebensmitteln und Getränken, aber auch mit anderen Produkten und Dienstleistungen, beginnt mit den Markensignalen, die wir bereits vor dem eigentlichen Produkterlebnis wahrnehmen. Diese Signale erzeugen Erwartungen bei den Konsumenten der jeweiligen Zielgruppe, die wiederum einen direkten und unmittelbaren Einfluss auf deren Wahrnehmung der Produkt- oder Dienstleistungsnutzung haben können.

Weniger offensichtlich ist, dass auch Markenbotschaften und Kommunikation Konsistenz erfordern – nicht unbedingt in der Form, aber im Inhalt. Eine Markenpositionierung, der es an Fokus und Prägnanz mangelt, bietet fast immer zu viel Spielraum, um wirklich konsistente Markenbotschaften zu vermitteln, die jedoch unerlässlich sind, um die Einstellungen und Überzeugungen der Konsumenten kontinuierlich zu festigen.

Dieses kompromisslose Streben nach Konsistenz mag für Marketing Experten wie eine Einschränkung wirken, wenn es darum geht, starke Marken aufzubauen oder eine Marke begehrenswert und zeitgemäß zu halten. Gleichzeitig müssen Marken jedoch stets einen Balanceakt zwischen Konsistenz und Wandel vollziehen. Konsistenz allein reicht nicht aus. Konsumenten erwarten auch, dass sich Marken erneuern, um mit der Zeit und neuen Trends Schritt zu halten. Entscheidend ist dabei, dass sich der Wandel nur auf die Form, nicht aber auf den Inhalt bezieht – also gleichzeitig Sicherheit und Frische vermittelt, ein Phänomen, das oft als Marken Paradox bezeichnet wird.

Norman Berry, Worldwide Creative Director bei Ogilvy and Mather in New York, war Mitte der 1980er Jahre eine der herausragenden Persönlichkeiten der Werbebranche und prägte den Begriff der *Freiheit einer klar definierten Strategie*. Als erfahrener Kreativer wusste er, dass nur die Einfachheit und Schärfe einer klar definierten Strategie ihm die Freiheit gab, sich darauf zu konzentrieren, wie man eine Botschaft in kraftvolle Markenkommunikation übersetzt oder wie man eine neue Form für denselben konsistenten Markeninhalt findet. Norman verstand, dass seine kreative Aufgabe darin bestand, das „*Wie* man es sagt" neu zu definieren, da das „*Was* man sagt" durch die klar definierte Essenz einer Marke festgelegt und unverrückbar war.

Jeder kreative Prozess benötigt eine klare und eindimensionale Richtung, um eine wirkungsvolle kreative Idee zu entwickeln. Im Markenaufbau dürfen und sollen diese Ideen variieren, während die eigentliche Bedeutung der Markenbotschaft für die Konsumenten über die Zeit hinweg absolut konsistent bleiben muss. Seine kreative Vision verdeutlicht die Bedeutung einer klaren Definition der Markenbotschaft. Er forderte absolute Klarheit darüber, was die Marke sagen muss. Nur eine klar definierte, fokussierte und differenzierte Markenbotschaft bietet die kreative Freiheit, den besten und wirkungsvollsten Weg zu finden, diese zu kommunizieren. Folglich ist das *Was* die Grundlage jedes kreativen Prozesses, bei dem sich alle kreative Energie darauf konzentriert, das *Wie* – also die Form, nicht den Inhalt – der einzigartigen Markenpositionierung zu gestalten. Wofür eine Marke steht, muss als über die Zeit hinweg konsistent, wirkungsvoll und für die Zielgruppe relevant betrachtet werden. Die klare Definition des „*Was* man sagt" ist die alleinige Verantwortung des Markeninhabers und des Markenstrategen.

Inkonsistenz in der Markenkommunikation entsteht häufig durch unzureichend definierte oder zu komplexe Markenpositionierungen, die zu viel Interpretationsspielraum lassen und eine trügerische Freiheit vermitteln, was meist zu Markenbotschaften führt, denen der nötige Fokus und die Konsistenz fehlen. Genau hier beginnen viele Marken-Probleme. Es ist eine Art Kettenreaktion: Inkonsistente Botschaften führen zu unscharfen Markenbildern, die in der Regel zu geringerer Markenbekanntheit oder Relevanz führen.

Bevor wir uns dem Prozess widmen, zu definieren, wofür eine Marke stehen soll, lohnt es sich, kurz zu überlegen, warum Marken so wirkungsvolle Instrumente sind, um Konsumentenpräferenzen zu beeinflussen oder sogar völlig neue Bedürfnisse zu schaffen. Seit über einem Jahrhundert sind Marken zu festen Bestandteilen unseres Lebens geworden. Sie sind allgegenwärtig und begleiten uns Tag und Nacht – bewusst oder unbewusst. Doch nur wenige schaffen es in unsere engere Auswahl, und noch weniger werden tatsächlich konsumiert.

Erste Formen von Markenbildung lassen sich bis in die Antike zurückverfolgen, als Handwerker ihre Werke mit einem Symbol prägten oder gravierten. Der Ursprung der Marken, wie wir sie heute kennen, ist jedoch eine Folge der Industriellen Revolution: Die durch Maschinen ermöglichte Massenproduktion führte zu verschärftem Wettbewerb und einem wachsenden Bedürfnis nach Differenzierung. Mit der Massenproduktion entstand auch der Massenkonsum (eine unverzichtbare Voraussetzung für das Fortbestehen der Massenproduktion), wodurch die Beziehung zwischen Herstellern und Konsumenten distanzierter wurde. Anders als bei der handwerklichen Fertigung durch einzelne Familien war die industrielle Produktion meist anonym, sodass Konsumenten weniger auf das Vertrauen in eine persönliche Beziehung zum Hersteller oder Händler setzen konnten. Marken entstanden schließlich, um diese Lücke zu schließen, indem sie konsistente Produkt- und Serviceerlebnisse boten und Vertrauen bei den Zielkonsumenten aufbauten.

Unbestreitbar ist, dass das Branding im Laufe der Jahre immer ausgefeilter und komplexer geworden ist und das Aufkommen sozialer Medien das Branding-Paradigma grundlegend verändert hat. Marken werden heute über vielschichtige Stakeholder-Communities aufgebaut und gesteuert, in denen auch der Konsument eine entscheidende Rolle spielt. Branding ist im Kern interaktiv geworden, und das „Einweg"-Modell der Vergangenheit wurde durch neue Formen des Brandings ersetzt, die zunehmend auf Dialog mit der Zielgruppe basieren. Ermöglicht durch soziale Medien sind Konsumenten heute mehr denn je Mitgestalter des gesamten Marken-Prozesses. Während früher die Markeninhaber bestimmten, wofür ihre Marken stehen sollten, sind Marken heute auch das, was Konsumenten über sie sagen. Dies hat zu einem grundlegenden Paradigmenwechsel im Branding geführt: vom bloßen Kauf einer Marke hin zum „Sich-Einlassen" auf eine Marke.

Wenn wir von Marken sprechen, meinen wir oft ein Produkt, eine Dienstleistung, einen Ort oder eine Person. Marken werden meist durch charakteristische Farbwelten, Logos, Markensignaturen oder bestimmte Produkt- oder Verpackungsformate wie die Dove Beauty Bar, die Nespresso-Kapsel oder die ikonische Coca-Cola-Flasche wahrgenommen. Letztere wurde 1915 entworfen, angemeldet und eingeführt, um die Einzigartigkeit der Marke zu unterstreichen – zu einer Zeit, als sich in den USA Hunderte von Nachahmern ausbreiteten. Bereits 1916 hatten Gerichte im ganzen Land 153 Nachahmer der Coca-Cola-Marke verboten.

In Wirklichkeit ist eine Marke jedoch keines der oben genannten Dinge, sondern vielmehr die einfache Erinnerung an die Gefühle und Emotionen, die Logos, Slogans, Werbebotschaften und die regelmäßige Nutzung in unserem Bewusstsein hervorrufen. Marken sind immateriell und entstehen durch die Ansammlung subjektiver Wahrnehmungen im Laufe der Zeit. Diese Wahrnehmungen werden auf vielfältige Weise und durch zahlreiche Kontaktpunkte gebildet – sei es durch die Kommunikationspräsenz einer Marke, Werbebotschaften, ein Logo an einer Ladenfront, Mund-zu-Mund-Empfehlungen oder einfach durch die alltägliche Präsenz einer Marke in unserem unmittelbaren Umfeld. Marken existieren letztlich nur in unseren Köpfen.

Das allgemeine Maß an Markenbekanntheit, das tatsächliche Produkt- oder Serviceerlebnis während und nach der Nutzung sowie die im Laufe der Zeit erworbenen Markenwertwahrnehmungen spielen eine bedeutende Rolle. Allein das optische Erfassen einer Verpackung im Supermarktregal, bei Freunden oder das Beobachten eines anderen Kunden an der Kasse trägt bewusst oder unbewusst zur Markenbekanntheit, zur Wahrnehmung oder sogar zum gesamten Markenerlebnis bei. Jeder einzelne Kontaktpunkt zwischen Konsument und Marke trägt zum Aufbau der Marke oder ihres Images in Form von Erinnerungen bei, die durch die während dieser Kontakte erzeugten Wahrnehmungen entstehen. Im Rahmen des Markenwerts ist jeder Markenkontakt mit den Erfahrungen verknüpft, die sie gemeinsam in unserem Bewusstsein auslösen.

Im Laufe der Zeit hat sich die Gesamtzahl der Kontaktpunkte[4] in unserem Alltag dramatisch erhöht. Studien deuten darauf hin, dass in den 1970er-Jahren traditionelle Medien wie Fernsehen, Radio, Presse und Plakatwerbung durchschnittlich 600–1600 Markenbotschaften oder Markenkontakte pro Tag erzeugten – offensichtlich deutlich mehr für Konsumenten, die in dicht besiedelten städtischen Gebieten lebten, als für solche in Vororten oder ländlichen Regionen. Im Jahr 2007 schätzte das amerikanische Marktforschungsunternehmen Yankelovich die tägliche Werbe- und Markenwirkung auf einen durchschnittlichen urbanen Konsumenten auf 5000 Kontakte. Die neuesten Daten aus dem Jahr 2021 legen nun nahe, dass die Kontaktfrequenz auf 6000 bis 10.000 Markenbotschaften (siehe Fußnote 4) pro Tag angestiegen sein könnte.

Für diesen dramatischen Anstieg gibt es zahlreiche Gründe. Traditionelle Medien, soziale Netzwerke, Direktmarketing, Außenwerbung und POS

---

[4] Die Summe aller Markenbotschaften insgesamt und über Werbung hinaus.

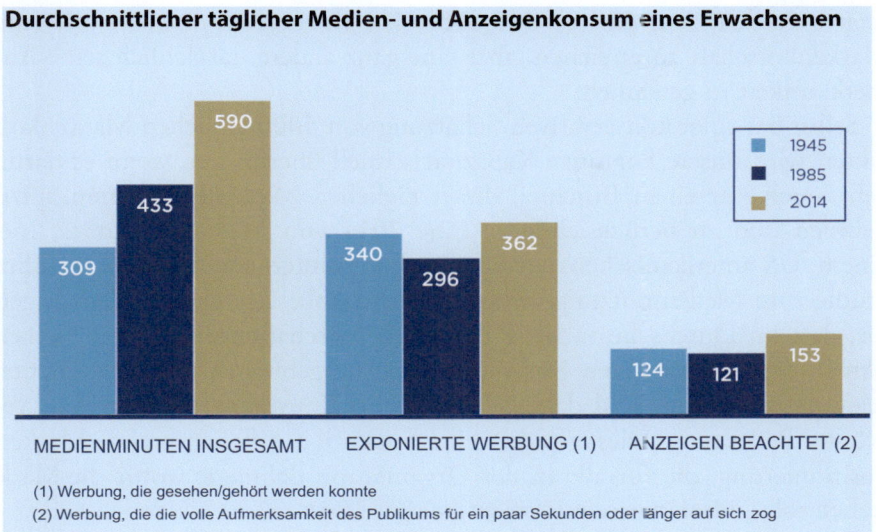

Abb. 1.1 Durchschnittliche tägliche Medien- und Werbekontakte von Erwachsenen. (Quelle und Genehmigung: Media Dynamics, Inc.)

(Point of Sale) sind nur einige Beispiele für Marken, die uns im Rahmen unserer täglichen Gewohnheiten, Routinen und Arbeit begegnen. Tag für Tag summieren sich Tausende solcher Markenkontakte, die unsere kognitive Kapazität herausfordern, um überhaupt relevante Markeninformationen selektiv aufnehmen zu können. Zunächst die Medienfragmentierung und später die Demokratisierung des Internets und der sozialen Medien haben die durchschnittliche tägliche Exposition erheblich beeinflusst. Gleichzeitig haben Marketingtechniken, die ursprünglich in den 1970er-Jahren entwickelt wurden, um den Grad der tatsächlichen oder wahrgenommenen Produktveralterung zu erhöhen (wie sie beispielsweise von den meisten Fast-Fashion-Marken praktiziert werden), die Wiederkaufszyklen vieler Produkt- und Dienstleistungskategorien verkürzt und Konsumenten dazu gebracht, ihre Markenwahl immer häufiger zu überdenken. Dies erklärt auch, warum sich durch die Ausweitung der Medienkanäle und die Informationssuche der Konsumenten die Markenkontakte an einem beliebigen Tag exponentiell vervielfacht haben.

Niemand kennt die exakten Zahlen, und zweifellos gibt es erhebliche Schwankungen, abhängig vom Lebensstil, Beruf und Wohn- oder Arbeitsort der Konsumenten. Doch selbst wenn diese Zahlen nur Annäherungen sind, zeigen sie dennoch, dass es eine Sache ist, einen Konsumenten mit einer Markenbotschaft zu erreichen, aber eine ganz andere, tatsächlich seine Aufmerksamkeit zu gewinnen.

Selbst bei einer konservativen Schätzung von 5000 täglichen Markenkontakten wird unsere kognitive Kapazität schnell überfordert, wenn es darum geht, auch nur einen Bruchteil dieser täglichen Markenbotschaften aufzunehmen und zu berücksichtigen. Eine 2014 von Media Dynamics, Inc., einem US-amerikanischen Medienforschungsunternehmen, durchgeführte Studie zum Mediennutzungsverhalten (siehe Abb. 1.1) kam zu dem Ergebnis, dass im Durchschnitt 58 % der Werbebotschaften unbeachtet bleiben. Um in diesen überfüllten Kommunikationsumgebungen für Konsumenten relevant zu werden, sind daher Klarheit und Konsistenz der Botschaft von größter Bedeutung. Dies erfordert eine eindeutige, differenzierende Markenpositionierung, die für alle in der Organisation definiert, wofür die Marke stehen soll – idealerweise mit *einem einzigen Wort*.

Ein weiterer wichtiger Aspekt ist, dass Marken bestrebt sind, emotionale Bindungen zu schaffen. Starke Marken bauen tiefe emotionale Beziehungen zu ihren Zielgruppen auf. Diese emotionalen Verbindungen ermöglichen es Marken, Vertrauen und Zuversicht zu etablieren, was durch eine makellose Konsistenz im Markenerlebnis weiter verstärkt wird. Natürlich verfügen Marken auch über rationale Dimensionen, die sich meist in Produkt- oder Dienstleistungsmerkmalen ausdrücken, die eine bestimmte gewünschte Leistung suggerieren, die wiederum für die jeweilige Zielgruppe der Marke relevant sein muss. Rationale Merkmale können eine funktionale Kompetenz definieren, für die eine Marke bekannt wird. Während eine funktionale Kompetenz zur Differenzierung einer Marke beitragen kann, erfordert der Vergleich alternativer Marken allein auf Basis funktionaler Merkmale einen erheblichen kognitiven Aufwand, der den Durchschnittskonsumenten oft überfordert. Infolgedessen greifen Konsumenten im Entscheidungsprozess meist auf emotionalere Markendimensionen zurück. Vertrauen, Zuversicht, Wertwahrnehmung und erinnerte Erfahrungen überwiegen schließlich die rationalen Entscheidungskriterien und führen unbewusst zu einem emotional getriebenen Entscheidungsprozess.

Die gleichen Prinzipien gelten auch im B2B-(Business-to-Business-)Entscheidungsprozess, bei dem rationale Leistungskriterien eine größere Rolle spielen. Doch auch im B2B-Bereich geben emotionale Auslöser wie Vertrauen und Zuversicht den Ausschlag zugunsten jener Marken, die stärkere emotionale Bindungen aufgebaut haben. In zahlreichen Studien der Verhaltensökonomie wurde belegt, in welchem Ausmaß emotionale Entscheidungsfindung eine Konsumentenrealität darstellt. Der Nobelpreisträger und

Psychologe Daniel Kahneman, ein Pionier auf diesem Gebiet, kam zu dem Schluss, dass ein erheblicher Teil des Entscheidungsprozesses – selbst im Finanz- und Investmentbereich – auf emotionaler Logik basiert. Ein einfacher Blaseneffekt oder eine plötzliche Massenbewegung, wie sie bei Investmenttrends zu beobachten ist, verzerren häufig die Schlussfolgerungen, die aus rationalen Daten gezogen werden könnten. Und nicht zu vergessen: Die typischen Einkäufer im B2B-Bereich sind außerhalb ihrer Arbeit ebenfalls B2C-(Business-to-Consumer-)Konsumenten. Und ungeachtet dessen, was die meisten Konsumenten behaupten, werden ihre Entscheidungsprozesse überwiegend von unbewussten Impulsen gesteuert, wobei die emotionalen Bindungen zu Marken die stärkste Kraft darstellen.

Während Konsistenz in der Markenbotschaft für den Aufbau erfolgreicher Marken von zentraler Bedeutung ist, entfaltet sie ihre volle Wirkung erst in Kombination mit Wiederholung. Procter & Gamble (P&G), einer der weltweit führenden Hersteller und Vermarkter erfolgreicher Haushalts- und Körperpflegemarken, besaß im Jahr 2020 insgesamt 22 Megamarken, von denen jede einen globalen Umsatz von über einer Milliarde US-Dollar erzielte. Als prozessorientiertes Unternehmen ist Procter überzeugt, dass „Werbung durch Wiederholung wirkt". Diese Überzeugung kommt nicht von ungefähr. P&G zählt zu den forschungsintensivsten FMCG-Unternehmen weltweit. Wiederholung wirkt tatsächlich – und das nicht nur in der Werbung. Das Prinzip der Wiederholung gilt in gleicher Weise für die Markenkommunikation. Eine einfache, fokussierte und relevante Botschaft, die ein Produkt- oder Dienstleistungsmerkmal in einen differenzierenden Nutzen übersetzt und an jedem einzelnen Konsumentenkontaktpunkt wiederholt wird, trägt letztlich am meisten zum Aufbau von Führungsmarken bei.

Erfolgreiche und leistungsstarke Markenpositionierungen beruhen in erster Linie darauf, das eine unterscheidende Merkmal auszuwählen, das sich zur Schaffung von Relevanz und Differenzierung eignet. Erfolgreiche Marken übersetzen diese Merkmale in hochrelevante Konsumentennutzen, idealerweise gestützt auf exklusive Konsumentenerkenntnisse, die zuvor durch intensive Konsumentenforschung gewonnen wurden. Besonders die *morphologische* Forschung, die auf der Gestalttheorie und der Freud'schen Psychologie basiert, ist ein wirkungsvolles Instrument, um die unbewussten Seiten der Konsumenten Bedürfnisse zu erschließen und relevante Bedürfnisstrukturen aufzudecken. Die morphologische Forschung ist seit vielen Jahren ein integraler Bestandteil des Ansatzes zur Entwicklung eines Ein-Wort-Markenwertversprechens und wird in s. Kap. 7 ausführlicher behandelt.

Es ist nicht nur entscheidend, eine Markenpositionierung um die Produkt- oder Dienstleistungsrealität herum aufzubauen, sondern auch das bereits bei Konsumenten oder Kunden etablierte Markenkapital muss berücksichtigt werden. Die einzigen Ausnahmen von dieser Grundregel sind neue Marken, die ihr Markenvermögen erst von Grund auf aufbauen müssen. Markenwurzeln, grafische Identitätssignaturen, frühere Positionierungen, ikonische Produkte und Kommunikationsmeilensteine, Marken- und Unternehmensgeschichte, erlebte, erzählte oder übermittelte Markenerfahrungen, der kulturelle Raum, den eine Marke einnimmt, und so weiter – all diese Dimensionen müssen in der zukünftigen Markenpositionierungsplattform aufeinander abgestimmt werden.

Eine Marke ist ein hochkomplexes Konstrukt, und das Ziel im Branding besteht darin, diese enorme Komplexität idealerweise auf ein einziges Wort oder eine einzige Stoßrichtung zu verdichten. Eine komplexe Markenpositionierung ist fast immer gleichbedeutend mit mangelndem Fokus, was zu Verwirrung und letztlich zu weniger konsistenten Markenaktivitäten im Zeitverlauf führt. Erfolgreiche Marken stehen daher immer nur für eine einzige Sache. Die eine Dimension, die eine Marke nicht nur beanspruchen, sondern auch vollständig besetzen und letztlich besitzen kann, basiert stets auf einer greifbaren Produkt- oder Dienstleistungsrealität. Es ist bemerkenswert, dass sich die Produkt- oder Dienstleistungsrealität nicht nur auf ein Produktmerkmal beziehen muss, sondern manchmal auch in der Beschaffenheit der Rohstoffe oder Zutaten, der Formel oder Rezeptur, dem Produktionsprozess oder anderen Elementen des erweiterten Markenuniversums zu finden ist. Jedes noch so kleine Detail kann einen Unterschied bei der Entwicklung der finalen Positionierungsplattform machen. Dementsprechend zählt im Branding jede Information und sollte vor dem Marken-Destillationsprozess gesammelt werden, der unerlässlich ist, um das *eine* magische Wort oder die Stoßrichtung zu identifizieren (s. Kap. 8).

Pablo Picasso sagte einmal, *er habe ihn vier Jahre gebraucht, um wie Raffael zu malen, aber ein Leben lang, um wie ein Kind zu malen*. Indirekt bezog er sich damit auf einen Gedanken von Oliver Wendell Holmes, einem Arzt und Harvard-Professor für Anatomie und Physiologie im 19. Jahrhundert: *Für die Einfachheit auf dieser Seite der Komplexität würde ich keinen Pfifferling geben. Aber für die Einfachheit auf der anderen Seite der Komplexität würde ich alles geben, was ich habe.*

Wahre Einfachheit oder Simplizität liegt tatsächlich „auf der anderen Seite der Komplexität", und Picassos künstlerische Vision lässt sich auf kein anderes Feld besser übertragen als auf das Branding. Er bezog sich darauf, dass mit zunehmendem Lernen und Können zunächst unser Denken, dann unser Handeln immer ausgefeilter und komplexer werden. Wir erwerben die notwendigen Fähigkeiten, um unsere Arbeit zu perfektionieren. Doch je mehr Aspekte wir täglich berücksichtigen müssen, desto mehr verlieren wir die intuitive Leichtigkeit und Agilität unserer Kindheit. Genau hier bleiben die meisten von uns in der Komplexität ihres Know-hows und ihrer Expertise stecken. Wahre Meister ihres Fachs sind in der Lage, diese erworbene Komplexität abzulegen und sich nicht mehr auf die Details zu konzentrieren. Das Ergebnis steht im Mittelpunkt ihrer Aufmerksamkeit, ihres Könnens und ihrer Meisterschaft – die Komplexität des Entstehungsprozesses bleibt im Hintergrund. Erst dann erreichen wahre Meister den zweiten Zustand der Simplizität, jenen auf der anderen Seite der Komplexität. Meister konzentrieren sich auf die eine einzige, tugendhafte Dimension, die zählt – alle anderen treten in den Hintergrund. Während im Prozess der Definition oder Neudefinition der Markenpositionierung alle Elemente des Markenvermögens sorgfältig abgewogen und ausbalanciert werden, verdient nur der Aspekt der Produkt- oder Dienstleistungsrealität mit dem größten Differenzierungspotenzial besondere Aufmerksamkeit. Um eine One-Word-Marken-Positionierung zu gestalten, zählt nur dieses eine Merkmal – alle anderen werden zurückgestellt, gehen jedoch nicht verloren.

Dieses Buch handelt davon, wie man eine Markenpositionierung in *einem Wort* oder einer Stoßrichtung definiert. Es erläutert die Hintergründe dieser einzigartigen Methodik und den detaillierten Prozess zu ihrer Umsetzung. Anhand verschiedener Markenbeispiele wird gezeigt, wie sich das Wertversprechen einer Marke im Endzustand auf ein einziges Wort oder eine Stoßrichtung verdichten lässt. In diesem Prozess sind *Einfachheit, Klarheit und Fokus* die wichtigsten Leistungsindikatoren für die Markenpositionierungsplattform. Eine klar definierte Positionierung ist unerlässlich, um allen Marketing- und Vertriebsaktivitäten eine eindeutige und umsetzbare Richtung zu geben und gleichzeitig die Grundlage für eine differenzierte, relevante und konsistente Markenkommunikation über längere Zeit zu schaffen.

Es ist durchaus zutreffend, dass die Identifikation des einen „Wortes" oder der einen „Stoßrichtung" eine Herausforderung darstellt und nur einer Minderheit von Marken gelingt. Viele der Marken, denen dies in der Vergangenheit gelungen ist, sind jedoch zu führenden Akteuren in ihrem jeweiligen Bereich oder ihrer Branche geworden. Nike steht für *Empowerment,* Oreo für *Verspieltheit* und Evian für *jugendlichen Lebensstil.* Jede dieser Marken steht nicht nur für eine Sache im Bewusstsein der Konsumenten, sondern ihre präzisen und eindimensionalen Wertversprechen bieten auch allen Beteiligten, die an der Führung und Entwicklung der jeweiligen Marke mitwirken, eine klare und eindeutige Orientierung. Diese Positionierungsplattformen sind auf ihre eigene Weise vorbildlich und wurden konzipiert, um die Simplizität *auf der anderen Seite der Komplexität* zu erreichen.

Wie dem auch sei, der zielgerichtete Denkprozess, der zu ihrer Entstehung geführt hat, macht sie für alle in ihrer Mutterorganisation vollständig anwendbar. Sie sind leicht zu verstehen und umzusetzen. Sie schaffen es, menschliches Know-how, vielfältige Kompetenzen, Energie und Kreativität im Alltag zu bündeln. Sie sind äußerst wirkungsvoll darin, das gebündelte Talent Ihrer Organisation in dieselbe Richtung zu lenken. Ein einfaches Wort wie *Verspieltheit* dient als ultimativer Leitfaden in jedem Aspekt eines komplexen Marketing-, Innovations-, Vertriebs- und Kommunikationsmixes – sowohl für externe als auch interne Zielgruppen. In der Praxis bedeutet dies: Wenn eine Idee oder Initiative voraussichtlich *Verspieltheit* erzeugt, lohnt es sich, sie zu verfolgen; andernfalls stellt sich die Frage nach dem Sinn. Wie Norman Berry sagen würde, geben eindimensionale Markenpositionierungen allen Stakeholdern die Freiheit, die mit *einer klar definierten Strategie* einhergeht. Ohne Interpretationsspielraum lenken diese Markenwertversprechen jede Energie und Kreativität in dieselbe strategische Richtung. Dennoch befähigt das vollständige Verständnis dessen, wofür eine Marke wirklich steht, die Menschen im gesamten Unternehmen und kann zu mehr Produktivität, Innovation, höherer Motivation und Profitabilität führen.

Wenn alles so einfach ist, warum bauen dann nicht alle Marken auf Ein-Wort-Positionierungsplattformen auf?

Der Ursprung übermäßig komplexer Markenpositionierungen lässt sich häufig auf den Prozess der Marken Definition selbst zurückführen. *Nicht meine Idee* -Haltungen, ausgeprägte Managementhierarchien und komplexe Machtstrukturen, fehlende Unterstützung durch das Top-Management, schwache interne Marken-Kompetenzen oder unzureichende externe Ressourcen führen allzu oft zu ausgehandelten Markenpositionierungen, die auf dem kleinsten gemeinsamen Nenner basieren und darauf abzielen, die Zustimmung aller im Unternehmen zu erhalten. In solchen Fällen wird der Marken-Prozess zu einer internen politischen Inszenierung – auf lokaler, regionaler oder globaler Ebene.

Der bloße Mangel an Fokus, der durch ein wie zuvor beschriebenes ausgehandeltes Markenwertversprechen entsteht, wird dabei fast zum kleineren Problem. Viel gravierender ist, dass *ausgehandelte* Positionierungen allzu oft lediglich die Perspektive des Markeninhabers widerspiegeln und nicht die der Zielgruppen. Daher gelingt es diesen Markenwertversprechen in der Regel nicht, die tatsächlichen Bedürfnisse der Konsumenten zu adressieren. Bei ihrer Formulierung werden relevante Konsumenten-Insights meist ignoriert. Sie sind nicht nur zu abstrakt, um auf operativer Ebene die Energie und Kreativität eines Teams in eine Richtung zu lenken, sondern schaffen es auch kaum, die notwendige Relevanz und Dringlichkeit zu erzeugen, um die Marke auf die Einkaufsliste der Konsumenten zu bringen. Tatsächlich zeigen Branding-Projekte, die zu Ein-Wort-Positionierungsplattformen führen, dass die im Prozess erzeugte stärkere Relevanz und Wahrnehmbarkeit genutzt werden kann, um der Markenbotschaft Dringlichkeit zu verleihen und so letztlich die Konsumentenentscheidung zu beeinflussen

Um die wahre Kraft einer Marke zu entfalten, muss ihre Positionierung eindeutig und somit in *einem einzigen Wort* ausgedrückt sein. Dieses Prinzip gilt für alle Markentypen, unabhängig davon, ob es sich um FMCG-, Unternehmens-, Destinations- oder Personenmarken handelt oder ob sie sich an B2C-, B2B-, B2B2C- oder sogar politische Zielgruppen richten. *Make America Great Again* und *Get Brexit Done* sind markante Beispiele im politischen Branding. Die zugrundeliegenden Prinzipien dieses einzigartigen Branding-Ansatzes bleiben stets dieselben. Richtig angewendet, mit Disziplin und klarem Ergebnisfokus, liefern Ein-Wort-Positionierungsplattformen einen spürbaren Mehrwert für ihre Stakeholder.

Als BMW beschloss, seine Luxusautomarke durch die Besetzung des Begriffs *Fahrfreude* zu differenzieren, bezog das Unternehmen klar Stellung für eine eindeutige Angriffsrichtung. Als hochrelevanter Nutzen im Automobilmarkt entschied sich BMW, seine Marke über diese eindeutige Positionierungsplattform zu differenzieren – über alle Modelle und Preisklassen hinweg. Zudem hat BMW dies konsequent umgesetzt, sodass die Marke letztlich *Fahrfreude* in der Automobilbranche vollständig für sich beanspruchen konnte. Das bedeutet keineswegs, dass BMW-Fahrzeuge nicht auch für Ingenieurskunst, Sicherheit, technologische Innovation, Komfort oder Zuverlässigkeit stehen. Der Fokus auf *Fahrfreude* bot vielmehr eine eindeutige Differenzierungsplattform zur Ansprache der Konsumenten und stärkte gleichzeitig die gesamte BMW-Organisation.

Eindeutige Markenpositionierungen stiften sowohl für interne als auch externe Zielgruppen Sinn. In gewisser Weise funktionieren sie wie ein Prisma, durch das alle Markenaktivitäten betrachtet, konzipiert und bewertet werden. Sie dienen gleichzeitig als Leitfaden und als Maßstab und reichen bis in die Dimension des Employer Brandings, das im heutigen „Kampf um Talente" immer wichtiger geworden ist.

Während *Fahrfreude* einen greifbaren und hochrelevanten Nutzen für Konsumenten definiert, weist sie auch intern allen Mitarbeitenden die gleiche Richtung. Im Jahr 2023 beschäftigte BMW rund 155.000 Menschen.[5]

---

[5] BMW Gruppe Geschäftsbericht 2023.

Stellen Sie sich vor, welche Wirkung es hätte, wenn jeder Einzelne seine Energie, Kreativität, Urteilsvermögen und Vorstellungskraft einsetzt, um neue Wege zu finden, *Fahrfreude* für BMW zu steigern, neu zu erfinden und weiterzuentwickeln.

Fahrfreude ist der „eine Aspekt", für den die Marke BMW wirklich steht und den sie gegenüber dem Wettbewerb besitzt. Diese Markenpositionierung lenkt alles, was das Mutterunternehmen und die Automarke tun und anstreben – unabhängig vom Modell. Auch wenn jede Modellreihe eine andere Ausprägung von Fahrfreude bietet, ist *Fahrfreude* als Markenwertversprechen das vorherrschende und wahrnehmbare Attribut, das alle BMWs – einschließlich der Motorräder – gemeinsam haben. Nur eine Marke, die die Intelligenz und den Mut hat, nur für *eine* Sache zu stehen, steht wirklich für etwas.

Es ist durchaus zutreffend, dass im Luxusautomarkt nicht nur BMW seinen Käufern *Fahrfreude* bietet. Auch Mercedes, Audi, Porsche, Jaguar, Lexus und andere bieten ein angenehmes Fahrerlebnis, ebenso wie sie – einschließlich BMW – attraktives Design, Ingenieurskunst, fortschrittliche Technologien, Sicherheit und Zuverlässigkeit bieten. Entscheidend ist jedoch, dass BMW *Fahrfreude* zum zentralen Bestandteil seines Markenwerts gemacht hat – kompromisslos und mit Priorität vor allen anderen relevanten Markenbotschaften.

Gleichzeitig nutzt die Marke *Fahrfreude,* um sich von anderen relevanten Leistungsindikatoren der Automobilbranche abzuheben. BMW will nicht einfach nur Sicherheit bieten. Vielmehr strebt das Unternehmen danach, Sicherheitsfeatures zu entwickeln, die gleichzeitig die *Fahrfreude* erhalten oder gar steigern.

Die Maximierung der *Fahrfreude* über alle Modelle, Ausstattungen und Kontaktpunkte hinweg wird zum Markenmantra von BMW. So wird *Fahrfreude* zum zentralen und dauerhaften Eckpfeiler des Markenimages in den Köpfen der Konsumenten. Kurz gesagt: Mit jedem BMW-Marken-Erlebnis sorgt *Fahrfreude* für die notwendige Konsistenz und Dynamik, um das Markenerlebnis für die Zielgruppe kontinuierlich zu stärken und neu zu erfinden. *Fahrfreude* ist die einzige strategische Botschaft, die die Marke kommuniziert, während alle anderen relevanten Vorteile, die zur Erfüllung der Kundenerwartungen im Luxusautomarkt unerlässlich sind, taktisch nachgeordnet in der Kommunikationsstrategie platziert werden. Ein-Wort-Positionierungen beruhen somit nicht nur auf einem monodimensionalen Angriffsvektor, sondern führen auch zu einer ausgewogenen und priorisierten Botschaftshierarchie (s. Kap. 16).

1 Einführung **15**

Es ist leicht vorstellbar, wie der Fokus auf ein Ein-Wort-Markenwertversprechen auch den gesamten Markenentwicklungsprozess beschleunigt. Eine eindeutige Markenbotschaft, die an allen Kontaktpunkten immer wieder wiederholt wird, steigert die Markenbekanntheit und den Markenwert deutlich schneller. Sie erhöht die Produktivität der eingesetzten Ressourcen bei der Umsetzung.

Wie alle klar definierten Power Brands hat BMW für jede seiner taktischen Botschaften einen relevanten Platz im Gesamtmix festgelegt. In diesem Ansatz der Botschaftspriorisierung hat jede taktische Botschaft ihren exklusiven Platz in der Hierarchie. So kann sie ihre Wirkung am besten entfalten – eindeutig und ohne das übliche Botschaftschaos, das bei einem schlecht definierten Botschaftsmix entsteht, in dem zu viele Botschaften auf derselben Ebene konkurrieren.

Marketing Experten haben oft den Eindruck, dass bei der Hierarchisierung strategischer, taktischer und *politisch* relevanter Markenbotschaften einige verloren gehen. Doch für nur *eine* Sache zu stehen, bedeutet nicht, dass andere Botschaften verloren gehen. Erfolgreiches Branding ist auch eine Frage der Gewichtung und Priorisierung von Botschaften. Nicht jede Botschaft sollte im Mix die gleiche Bedeutung haben, und sich zu entscheiden bedeutet nicht, andere zu eliminieren. Es gibt für jede Markenbotschaft einen Platz, an dem sie ihre Wirkung und Relevanz maximieren kann, um die Zielgruppe bei der Markenwahrnehmung und der Kaufentscheidung zu unterstützen.

In den meisten Fällen bedeutet die Priorisierung einer Botschaft einfach, ihr einen klaren Platz im Botschaftsmix zuzuweisen – einen Platz, den sie wirklich besetzen kann. Natürlich kommuniziert auch BMW Design, Ingenieurskunst, Sicherheit, technologische Innovation, Komfort und Zuverlässigkeit. Doch keines dieser Attribute wird für die strategische Differenzierung der Marke genutzt. Tatsächlich werden die meisten dieser *taktischen* Attribute von Wettbewerbern beansprucht, die sie für ihre eigene strategische Differenzierung einsetzen. So wie BMW eindeutig für *Fahrfreude* steht, steht Volkswagen für *Zuverlässigkeit,* Mercedes für *Ingenieurskunst* und Volvo für *Sicherheit.* Allerdings kann dieser eindeutige Positionierungsfokus auch zur Falle werden: Volvo ist als Marke in der *Sicherheit* gefangen. Was einst ein echter Differenzierungspunkt war, ist heute fast banal, da alle Automarken ähnliche oder gleiche Sicherheitsfeatures bieten. *Sicherheit* bleibt zwar hochrelevant, hat aber in gewisser Weise ihre Differenzierungskraft verloren.

Gerade in Unternehmen mit hybriden Markensystemen und produktzentrierten Masterbrand-Organisationen bietet eine strategische Markenpositionierung, die auf *ein Wort* setzt, großes Potenzial als multidimensionaler

Treiber für die Markenentwicklung in der eigenen Kategorie und darüber hinaus. Von Marketing über Kommunikation und Vertrieb bis hin zu Produktinnovation, Fertigung, Handel und Service. *Ein-Wort*-Positionierungen können auch in der Zusammenarbeit mit Partnern und Lieferanten oder bei der Definition der Unternehmensmarke Differenzierung schaffen, indem sie die Entwicklung der Unternehmensvision, der Arbeitgebermarke, der CSR-Strategie oder sogar der Wachstumsstrategie von morgen leiten.

Die „Ein-Wort"-Positionierung definiert auch die Kernkompetenz einer Marke – das, was sie am besten kann, wofür sie bekannt wird und von Kunden und Konsumenten begehrt wird. Die Definition der Kernkompetenz ist das natürliche Nebenprodukt jeder klaren Markenpositionierung. Wie die Positionierungsplattform selbst liefert die *Markenkompetenz* strategischen Input und hilft, die Markenpositionierung in operative Maßnahmen zu übersetzen – etwa im Innovationsprozess oder bei der Markenstreckung. So kann eine Marke neue Marktsegmente erschließen oder Produktlinien erweitern. Die Sicherstellung, dass neue Produkte oder Dienstleistungen auf Kurs bleiben, ist strategisch und hochrelevant für den Aufbau starker und konsistenter Markenwerte mit der Zeit und über verschiedene Marktsegmente hinweg. Ein klares Verständnis der Markenkompetenz kann somit den Prozess der Identifikation und Erschließung neuer Geschäftsfelder für die Marke stimulieren und unterstützen.

Nur wenige Unternehmen haben ihren Marken die Rolle eingeräumt, die sie verdienen, und sie befähigt, ganze Organisationen zu steuern. Natürlich kann eine Produkt- oder Servicemarke, die Teil eines größeren Markenportfolios ist, niemals ein hybrides oder diversifiziertes Mutterunternehmen führen. Doch innerhalb dieser Organisationen und als Teil des Gesamtportfolios können diese Marken sehr wohl alle markenbezogenen Aktivitäten steuern – von Marketing über Vertrieb, Kommunikation und Talentmanagement bis hin zu Innovation, Fertigung und Partnerschaften innerhalb den Lieferketten. Im Transformationsprozess, der durch Ein-Wort-Markenwertversprechen ausgelöst wird, sollte die Markenessenz idealerweise alle Managementfunktionen und nachgelagerten Aktivitäten leiten und steuern. Sie ist zudem ein hervorragendes Instrument, um die Markendifferenzierung innerhalb des Portfolios zu stärken.

In der heutigen, vom Konsumerismus geprägten Welt sind die meisten Marktsegmente gesättigt. Sie bieten nur noch wenig Raum für organisches Wachstum. Für die meisten Marken besteht deshalb die einzige Möglichkeit wirklich zu wachsen darin, Marktanteile von Wettbewerbern im Kern eines Marktsegmentes und in angrenzenden Subsegmenten zu gewinnen. Gleichzeitig hat jahrzehntelange, intensive Marketingaktivität zu einem überbordenden Markenangebot geführt, das den durchschnittlichen Konsumenten schlicht überfordert.

Ein typischer, übergroßer Hypermarkt wie Walmart oder Target in den USA, Sainsbury im Vereinigten Königreich, Carrefour in Frankreich, Coop in Italien oder Kaufland in Deutschland führt bis zu 50.000 Produktreferenzen. Gleichzeitig zeigen Statistiken, dass ein routinemäßiger wöchentlicher Familieneinkauf im Durchschnitt aus 150 Artikeln besteht. Für viele Konsumenten wird allein das Auffinden und Auswählen eines bestimmten Produktsets aus all den markengeführten Alternativen oft zu einer herausfordernden, zeitaufwändigen und mühsamen Aufgabe. Angesichts dieser Auswahlmöglichkeiten hat sich die Zeit, die Konsumenten für die Überlegung neuer oder weniger bekannter Marken aufwenden, in gleichem Maße verringert, wie die Angebotskomplexität im Regal zugenommen hat. In einem solchen Kontext verringern Marken, denen es nicht gelingt, ihre Relevanz durch ein klares, einzigartiges Differenzierungsmerkmal zu kommunizieren, ihre Chancen, sich im Wettbewerb erfolgreich zu behaupten.

Jahrzehntelange intensive Marketingaktivitäten haben die Konsumenten zudem deutlich marketingaffiner gemacht, da der Massenkonsum das Kaufverhalten in einer nie dagewesenen Art und Geschwindigkeit geprägt und konditioniert hat. Die heutigen Konsumenten haben in ihrer Rolle als Käufer opportunistischere Ansätze gegenüber Marketing- und Promotiontechniken entwickelt. In diesem Zusammenhang sind die Aufgaben des Brandings komplexer geworden, nicht zuletzt, weil ein Teil der Markenführungskontrolle auf die Zielgruppe selbst übergegangen ist. Gleichzeitig sind Stakeholder-Gemeinschaften multidimensionaler geworden, wobei die Konsumenten selbst eine immer aktivere Rolle im fortlaufenden Markenentwicklungsprozess einnehmen – wie bereits erwähnt, ein Phänomen, das als *multifacettierte Stakeholder-Gemeinschaften* bezeichnet wird. Dies ist eine direkte Folge der Verbreitung und Demokratisierung des Internets Ende der 1990er Jahre und seiner leistungsstarken Suchmaschinen (Google startete die erste Google-Suche 1998), gefolgt von sozialen Medien, bei denen Facebook ab 2004 die Führung übernahm.

Während das traditionelle und eher statische Markenentwicklungsmodell weiterhin weit verbreitet ist, beginnen immer größere, oft globale Konsumentengemeinschaften, Branding-Prozesse in nahezu allen Bereichen zu beeinflussen, indem sie Gespräche über, Erfahrungen mit und Vorschläge zu einer bestimmten Marke nutzen und sowohl markeneigene als auch nutzereigene Social-Media-Kanäle verwenden, um ihre Gedanken und Gefühle zu teilen. Facebook, dann YouTube, Instagram, Twitter, LinkedIn und jüngst TikTok sowie WeChat oder Sina Weibo für China – um nur die wichtigsten zu nennen – haben den Konsumenten mächtige Plattformen gegeben, um sich Gehör zu verschaffen.

Die Demokratisierung von Social-Media-Kanälen mit lokaler, regionaler oder globaler Reichweite hat zweifellos zu einem Paradigmenwechsel beigetragen. Marken sind weniger das, was Markeninhaber aus ihnen machen wollen, sondern vielmehr das, was Konsumentengemeinschaften über sie sagen. Branding ist schlichtweg komplexer geworden und muss nun die Meinungen und Gefühle der Konsumenten ernsthaft in den Prozess einbeziehen. Im Kontext dieser Co-Creation haben Markeninhaber zweifellos einen Teil der Kontrolle über ihre Marken verloren. Im Kern haben die heutigen Konsumenten nicht nur ihre eigenen Ansichten über Marken, sondern auch die Mittel, diese hörbar zu machen.

Zahlreiche Bücher und Essays wurden über *Bedeutung* und *Sinn (Purpose)* im Zusammenhang mit Markenführung verfasst, und die Millennials sowie die Generation Z sind die ersten Generationen, die mit Blick auf die Zukunft konsumieren. Diese Konsumenten möchten sich erst mit einer Marke identifizieren, bevor sie ihr Geld ausgeben. Folglich messen diese beiden Generationen diesen neueren Markeneigenschaften eindeutig eine größere Bedeutung bei. Um diese Generationen erfolgreich anzusprechen, müssen *Bedeutung* und *Sinn* zentraler Bestandteil jeder zukünftigen Markenwertschöpfung werden. Im 21. Jahrhundert wird erfolgreiche Markenführung weniger produkt- und mehr menschenzentriert. Die Konsequenz daraus ist, dass funktionales Branding, wie es von vielen Unternehmen noch praktiziert wird, aufhören und einem emotionaleren Ansatz weichen sollte. Zudem legen die sich entwickelnden Dynamiken im heutigen co-kreativen Markenaufbau nahe, dass zukünftige Branding-Projekte zunehmend Dimensionen wie „Transparenz" und „Vertrauen" integrieren müssen.

Der technologische Fortschritt und der Übergang in eine postglobalisierte Wirtschaftswelt verändern unsere Gesellschaften in immer schnellerem Tempo. *Beschleunigung* ist vielleicht das Wort, das die Veränderungen der letzten 30 Jahre und insbesondere seit der Demokratisierung mobiler IT-Geräte, des Internets und sozialer Medien am besten beschreibt. Gleichwohl wirken sich Klimawandel mit seinen massiven Umwelteinflüssen, geopolitische Instabilität und die Nachwirkungen der Pandemie nachhaltig auf die Wahrnehmung der Konsumenten, ihre Konsummuster und letztlich auf die Rolle aus, die Marken im Leben der Konsumenten spielen.

Einigen Historikern zufolge waren 1500 Jahre nötig, um das gesammelte Wissen der Menschheit zu verdoppeln – eine Zeitspanne von der Antike bis zur Renaissance. Nur 250 Jahre später, zu Beginn der Ersten Industriellen Revolution, hatte sich unser Wissen erneut verdoppelt. Im 20. Jahrhundert, so wird angenommen, verdoppelte sich das Wissen alle 50 Jahre. Im heutigen Kontext der oft kritisierten Dritten Industriellen Revolution mit ihren immer leistungsfähigeren IT-Technologien schätzen einige Experten, dass sich das Wissen alle paar Jahre, vielleicht sogar noch schneller, verdoppelt. Natürlich geschieht dies nicht gleichmäßig auf der ganzen Welt oder in allen Lebensbereichen, doch die Geschwindigkeit des Wandels ist für jeden spürbar – unabhängig von Alter, sozialem Status oder Bildungsniveau. Mit dem bevorstehenden breiteren Einsatz von Künstlicher Intelligenz (KI) und Quantentechnologien wird voraussichtlich nicht nur die Wahrnehmung, sondern auch die Realität der Geschwindigkeit eine neue Stufe der Beschleunigung erreichen.

In diesem globalen Kontext immer schnellerer Veränderungen bieten Marken eine starke Möglichkeit, Stabilität zu vermitteln. Die Konsistenz des ganzheitlichen Markenerlebnisses wird in den kommenden Jahren eine noch größere Rolle spielen, während wir uns durch die turbulenten und destabilisierenden Zeiten dieser dritten Industriellen Revolution bewegen. In einer amorphen Welt, in der sich alles in atemberaubender Geschwindigkeit zu verändern scheint, werden Marken mehr denn je als Orientierungspunkte dienen, die es Konsumenten ermöglichen, Halt zu finden und für sich selbst Sinn zu entdecken und zu definieren. Die Marken, denen es gelingt, *Sinn* als integralen Bestandteil ihrer Markenidentität zu verankern, werden gestärkt aus der kommenden Zeit hervorgehen.

Ein Weg, dies zu erreichen, besteht darin, einen *selbstexpressiven menschlichen Wert* als Teil der Markenpersönlichkeit zu definieren – vermutlich das wirkungsvollste Instrument, das dem Marketing heute und langfristig zur Verfügung steht, um mit seiner Zielgruppe in Kontakt zu treten und eine Bindung aufzubauen. *Selbstexpressive menschliche Werte* helfen, Marken neue Dynamik zu verleihen und können sich als entscheidend für den Aufbau starker und dauerhafter Markteintrittsbarrieren erweisen. Auch dieses Grundprinzip gilt für alle Arten von Marken in ähnlicher Weise. Die Prinzipien *selbstexpressiver menschlicher Werte* werden in s. Kap. 6 ausführlicher erläutert.

Zeiten erhöhter Geschwindigkeit bringen auch Umfelder erhöhter Komplexität mit sich, in denen Marken agieren müssen. Zunehmende Angebotskomplexität, Selbstbedienungs-Kassen, digitale Zahlungsmethoden und Inflationsdruck erzeugen allesamt Veränderungswahrnehmungen, die neue und unbekannte Dimensionen in etablierte Einkaufsroutinen einführen, insbesondere im Lebensmitteleinzelhandel. Gleichzeitig verlieren langbewährte Push-Marketing-Techniken an Wirkung, da Konsumenten immer marketingaffiner werden und – noch wichtiger – zunehmend einem Überkonsum skeptisch gegenüberstehen.

Europäische FMCG-Distributoren erleben seit mehreren Jahren einen anhaltenden Wandel im Kaufverhalten der Konsumenten. Käufer wenden sich von der überwältigenden Produktvielfalt und den Versuchungen großer Hypermärkte ab und konzentrieren ihre Lebensmitteleinkäufe auf kleinere Formate. Vor allem innerstädtische oder nachbarschaftsorientierte Formate wie Monop, Franprix oder Carrefour City in Frankreich bieten eine reduzierte Auswahl, verbesserte Produktübersicht und Öffnungszeiten, die besser auf den modernen urbanen Lebensstil abgestimmt sind. Daher verlagern immer mehr Konsumenten zumindest teilweise ihre Einkäufe auf diese Handelsformate, die überschaubarere und weniger verlockende Auswahlmöglichkeiten im Regal bieten. Hard-Discounter und neuerdings auch Schnäppchenmärkte wie die niederländischen Anbieter „Normal" oder „Action" reduzieren gezielt die kognitiven Barrieren für Konsumenten, verkaufen Restposten und Waren aus Insolvenzen und bieten attraktive Preise, die das Gefühl einer wiedergewonnenen Kaufkraft vermitteln.

Monop, ein Franchise-Stadtformat der französischen Casino-Gruppe, ist in dieser Entwicklung führend. In innerstädtischen Lagen mit hoher Passantenfrequenz bieten diese Geschäfte in der Regel rund 6000 Produktreferenzen an (im Vergleich zu bis zu 50.000 Referenzen in einem traditionellen französischen Hypermarkt). Sie operieren auf einer Fläche von 150 bis 500 m^2 und nutzen verlängerte Öffnungszeiten, um dem hektischen Lebensstil der heutigen Stadtbewohner gerecht zu werden. Diese Formate ermöglichen einen einfacheren, spontaneren Zugang und geben den Konsumenten ein erhebliches Maß an Kontrolle über ihre Ausgaben beim Einkauf.

Auch der Inflationsdruck hat das Einkaufsverhalten in vielen Märkten Europas nachhaltig beeinflusst. In Frankreich beispielsweise stiegen die Lebensmittelpreise im Jahr 2023 um fast 13 %. Daten deuten darauf hin, dass dies die Konsumenten nicht nur zu kleineren Lebensmitteleinzelhändlern getrieben hat, sondern sie auch dazu motiviert hat, kürzere, aber häufigere Wocheneinkäufe zu tätigen, bei denen weniger Artikel im Einkaufswagen landen. Eine kürzlich von Kantar,[6] einem internationalen Marktforschungsinstitut, durchgeführte Studie ergab, dass die Frequenz der Lebensmitteleinkäufe in Frankreich im Jahr 2022 um 4,9 % zunahm, während die Anzahl der gekauften Artikel im gleichen Zeitraum um 4,5 % zurückging, was einer durchschnittlichen Reduktion von 5–6 Artikeln pro Einkauf entspricht. Gleichzeitig wechseln die Konsumenten, um ihre Kaufkraft zu erhalten,

---

[6] Quand l'inflation s'invite à la table des Français, Le Monde, 30. März 2023.

von führenden Marken zu Handelsmarken oder von diesen zu sogenannten „First Price"-Eigenmarken.

Die Inflation mag vorübergehend sein und die Auswirkungen auf das Konsumverhalten könnten sich mit der Zeit relativieren. Doch die Folgen von 60 Jahren Konsumgesellschaft, die Geschwindigkeit des Wandels sowie die allgemeine geopolitische und ökologische Instabilität sind unbestreitbare Faktoren, die nachhaltige Auswirkungen darauf haben werden, wie Konsumenten einkaufen und wie sich ihre Markenentscheidungen letztlich gestalten. Die Umweltwirkung der von uns konsumierten Produkte und die Werte, für die Marken stehen, werden zunehmend ins Zentrum der Entscheidungsprozesse der Konsumenten rücken – nicht nur in High-Involvement-Kategorien, sondern auch bei Alltagsprodukten. Apps wie Yuka in Frankreich, die es Konsumenten ermöglichen, Lebensmittel und Kosmetikprodukte anhand ihrer Zusammensetzung und Umweltwirkung zu scannen und zu bewerten, haben insbesondere bei jüngeren Zielgruppen bemerkenswerten Zuspruch gefunden und unterstreichen diesen Trend. Mehr denn je müssen Marken „walk the talk" – also ihren Versprechen Taten folgen lassen – oder riskieren, in den Einkaufslisten der Konsumenten herabgestuft oder gar gestrichen zu werden.

In Zeiten großer Veränderungen müssen sich auch Marken wandeln. Sie müssen zunehmend in der Lage sein, den *Marken Paradox* zu managen, also Kontinuität und Wandel zugleich zu bieten. Ein konsistentes Markenerlebnis zu gewährleisten, ist die Aufgabe jeder erfolgreichen Marke auf dem Weg zum Aufbau einer loyalen Konsumentenbasis. Doch während die Stärke einer Marke in der Bereitstellung gleichbleibender Qualität, Leistung und Gesamterfahrung liegt, müssen Marken sich kontinuierlich weiterentwickeln, um zeitgemäß und begehrenswert zu bleiben. In der Praxis sollte sich dies in einem homogenen und konsistenten Markenerlebnis äußern, das auf ständig erneuerte und frische Weise vermittelt wird.

Diese Forderung nach Erneuerung bedeutet nicht zwangsläufig einen ständigen Strom an Produkt- oder Serviceinnovationen. Wahre Innovation ist schwer zu erreichen, und um eine Marke zu aktualisieren, können bereits kleinere Maßnahmen wie ein neues Verpackungsformat oder -design, eine überarbeitete visuelle Identität oder auch ein Aktionsangebot dazu beitragen, der Marke eine dynamische und zeitgemäße Image-Dimension zu verleihen. In den meisten Fällen zählt die Wahrnehmung mehr als die Realität.

Wie sehr dies zutrifft, wurde durch zahlreiche Forschungsstudien belegt. Eine 2021 an der University of Sussex im Vereinigten Königreich durchgeführte Studie zu Food Quality and Preferences[7] zeigte, dass sowohl sensorische Beschreibungen auf dem Etikett als auch die Bierfarbe sensorische und hedonische Erwartungen erzeugten, die direkt beeinflussten, wie die Teilnehmenden ein Bier hinsichtlich Geschmack, Aroma oder Mundgefühl bewerteten. Markenbotschaften, Promotionen, Verpackungsdesign und Ähnliches bieten das Potenzial, Erwartungen zu erzeugen, die die Markenwahrnehmung positiv beeinflussen können. Auf diesen wichtigen Hebel zur Beeinflussung von Markenpräferenzen werden wir in s. Kap. 5 zurückkommen.

Die vor uns liegende Ära bietet große Chancen, insbesondere für jene Marken, denen es gelingt, eine klare und monodimensionale Positionierung zu definieren und umzusetzen, die den sich wandelnden Bedürfnissen und Entscheidungskriterien der Konsumenten von morgen entspricht. Eine differenzierte, monodimensionale Markenpositionierung, abgeleitet aus tiefgehenden motivatorischen Konsumenten-Insights, kontinuierlicher Markeninnovation und hierarchisierten Kommunikationsbotschaften, die alle die Markenessenz als das eine und einzige *magische* Wort erfassen, wird mehr denn je ein entscheidender Erfolgsfaktor in den zukünftigen Marktumfeldern sein.

Damit soll nicht suggeriert werden, dass Marken, die nicht nach diesen Prinzipien geführt werden, zwangsläufig scheitern. Mein Anliegen ist vielmehr, darauf hinzuweisen, dass Organisationen, die ihre operativen Aktivitäten vollständig an dem ausrichten, wofür ihre Marke steht, langfristig stärkere Ergebnisse erzielen. Ich bin überzeugt, dass die meisten CEOs weltweit sagen können, wofür ihre Marke steht – aber wie viele können es *mit nur einem Wort* ausdrücken?

Mit einer einzigartigen Methodik, praxisnahen Werkzeugen sowie zahlreichen realen Benchmarks und Fallbeispielen zeigt Ihnen dieses Buch, wie Sie jede beliebige Marke mit nur einem Wort definieren können. Es ist ein praxisorientierter Leitfaden, der darauf abzielt, die Leistungsfähigkeit Ihrer Marke zu steigern.

---

[7] A taste of things to come: The effect of extrinsic and intrinsic cues on perceived properties of beer mediated by expectations. University of Sussex, 2021. Helena Blackmore, Claire Hidrio und Martin R. Yeomans.

2

Die zentrale Rolle der Markenpositionierung

Das Markenpositionierungskonzept definiert, wofür eine Marke steht; im Kern handelt es sich um ein einzigartiges, differenzierendes und hochrelevantes Markenversprechen, das sie gegenüber dem Wettbewerb beansprucht. Die Markenpositionierung bildet das Fundament, auf dem die Marke letztlich aufgebaut wird. Sie beeinflusst sämtliche Aspekte der Marketing- und Vertriebsaktivitäten und strahlt häufig auch auf die Unternehmens- bzw. Muttermarke aus. Gleichzeitig liefert die Markenpositionierung die Leitlinie für alle zukünftigen Markenaktivitäten. Sie definiert nicht nur das Markenversprechen, die rationalen und emotionalen Nutzen sowie den wichtigsten Grund für Glaubwürdigkeit, sondern bestätigt auch die Markenpersönlichkeit und einen Wertekanon, an dem sich das Handeln orientiert. Zusammengenommen bestimmen all diese Elemente die konkrete Ausgestaltung der Markenaktivitäten und prägen, wie die Marke von den Zielgruppen wahrgenommen wird.

Das primäre Ziel der Markenpositionierung besteht darin, klar zu definieren, wofür eine Marke steht: fokussiert, eindeutig und umsetzbar. Ich habe viele Markenpositionierungsdefinitionen gesehen, die auffallend abstrakt bleiben und sich daher nicht natürlich und intuitiv in konkrete Marketingprogramme übersetzen lassen. Sie geraten fast immer in Vergessenheit und landen im Unternehmensarchiv. Nach meiner Erfahrung geschieht dies besonders häufig in vielschichtigen Unternehmensstrukturen wie globalen Konzernen. Ganze Marketingteams und Branding-Agenturen verstricken sich in der Informations- und Datenkomplexität einer traditionsreichen Marke sowie in internen Freigabeprozessen und Hierarchien, sodass die

Marke meist dem *Not-invented-here-Syndrom* interner Politik zum Opfer fällt. Markenarbeit unter diesen Bedingungen mündet häufig in einem sogenannten *Positionierungskompromiss,* also der Akzeptanz des kleinsten gemeinsamen Nenners, der alle Anspruchsgruppen zumindest ansatzweise zufriedenstellt. Unter solchen Umständen entwickelte Positionierungen sind fast immer nicht umsetzbar und führen selten zu greifbaren Ergebnissen. Sie sind eine Verschwendung von Zeit und wertvollen Ressourcen.

Eine Marke zu positionieren oder neu zu positionieren ist keine leichte Aufgabe, da dies stets bedeutet, sich durch eine enorme Informationskomplexität zu arbeiten: die Produkt- und Werbegeschichte, die Positionierungen der Wettbewerbsmarken und deren Image-Dimensionen, die um dieselbe Zielgruppe konkurrieren können, sich wandelnde Konsumentenerwartungen, neue Medienkanäle und Kommunikationsplattformen. Besonders die letzten 20 Jahre haben im Bereich Markenführung enorme Veränderungen mit sich gebracht, ausgelöst durch die weltweite Demokratisierung des Internetzugangs und das Aufkommen sozialer Netzwerke ab 2004. Beide technologische Entwicklungen haben die Art und Weise, wie Marken erfolgreich aufgebaut und geführt werden, grundlegend verändert. Auf dieses Thema werden wir später noch ausführlicher eingehen.

Etablierte Marken verfügen in der Regel über eine lange Geschichte, in deren Verlauf sie zahlreiche Facetten und Dimensionen angesammelt haben. Diese Facetten und Dimensionen liefern stets erste wichtige Anhaltspunkte für eine erfolgreiche Positionierungsplattform, inspiriert durch Werbung, Produkt- oder Markenhistorie und weitere Elemente des Markenwerts. Zusammengenommen haben all diese Komponenten im Laufe der Zeit Spuren bei den Konsumenten hinterlassen und tragen dazu bei, das Image und die Wertwahrnehmung der Marke zu formen. Junge Marken bieten diese Referenzpunkte nicht und müssen von Grund auf definiert werden. Sie profitieren jedoch meist von einer geringeren Informationskomplexität und davon, dass ihr Kernversprechen auf einer innovativen Idee basiert, die zu diesem Zeitpunkt noch recht klar und unverfälscht ist. Die Herausforderung bei jeder Markenpositionierung oder -neupositionierung besteht darin, diese Komplexität zu überwinden und alle verfügbaren und relevanten Informationen so zu verdichten, dass eine Markenpositionierung in einem Zustand absoluter Simplizität entsteht. *Die Simplizität auf der anderen Seite der Komplexität.*

Im Prozess der Markenpositionierung oder -neupositionierung zählt jedes noch so kleine Detail, und die Definition einer starken Markenpositionierung beginnt immer mit einer gründlichen Analyse und Untersuchung aller Aspekte des Markenwerts. Das bedeutet, das Produkt, seine Zusammensetzung und die genaue Rolle und den Nutzen jeder einzelnen Komponente oder Zutat, die Herkunft der Rohstoffe, den Herstellungsprozess sowie die Produktleistung – sowohl im Labor als auch aus Sicht der Konsumenten – genau zu prüfen. Marken-, Produkt- und Verpackungshistorien sind dabei ebenso relevant wie die bisherigen Kommunikations- und Werbebotschaften der Marke.

Der Ausgangspunkt ist immer das *Produkt*[1]. Jede Markenpositionierung muss in der Produktrealität verankert sein. Es gibt viel in den Archiven zu entdecken und von Menschen zu lernen, die schon lange im Unternehmen und mit der Marke verbunden sind. Oft sind diese Personen das lebendige Gedächtnis des Markenwerts und können die Hintergründe eines bestimmten Namens, Logos oder Slogans sowie die genaue Rolle der Markenattribute zu Zeiten erklären, als die Marke ihre Höchstleistung erreichte und von der Zielgruppe begehrt wurde. Scheuen Sie sich auch nicht, direkt mit denjenigen zu sprechen, die im Innovations- und Produktionsprozess tätig sind – Entwickler, Ingenieure und Produktionsmitarbeiter. Sprechen Sie zudem mit den Konsumenten und, am wichtigsten, nutzen Sie das Produkt selbst: nicht nur einmal, sondern über einen längeren Zeitraum. Die Nutzungserfahrung liefert meist tiefe Einblicke in das Leistungsmerkmal, das die Differenzierung ermöglicht und ein *Produkt* zur erfolgreichen Marke macht. Sie versetzt Sie zudem in die Lage, sich in die Konsumenten hineinzuversetzen – nicht nur durch deren Feedback, sondern auch durch Ihre eigene, persönliche Erfahrung. Das gleiche Vorgehen gilt für Dienstleistungs-, Destinations- und Personenmarken. Je mehr Sie Ihr *Produkt* kennen und verstehen, desto größer ist die Chance, jenes kleine Differenzierungsmerkmal zu identifizieren, das es Ihnen letztlich ermöglicht, ein differenzierendes und relevantes Markenversprechen zu formulieren.

Wir arbeiteten einmal an einer bekannten Frischkäsemarke in Deutschland. Sie existierte seit Jahrzehnten, doch sowohl Marken- als auch Handelsmarken-Konkurrenten hatten ihre Differenzierungskraft im Laufe der Zeit geschwächt. Auf den ersten Blick verwendeten alle Marken in diesem Marktsegment das gleiche Rezept. Sie betonten zudem alle die besondere Herkunft und Qualität ihrer Milch, die von kleinen, familiengeführten Höfen in bekannten und geschützten Naturlandschaften stammte. Diese Orte waren für sich genommen bereits imageträchtig und mit vielen positiven, aber auch stereotypen Assoziationen in der Zielgruppe verbunden.

---

[1] In dieser Definition bezieht sich der Begriff *Produkt* auch auf eine Dienstleistung, einen Ort/eine Destination, eine Person oder jede andere Entität, die zu einer Marke entwickelt werden kann.

Auch die zur Herstellung verwendeten Rezepte unterschieden sich kaum zwischen den Wettbewerbern. Wir analysierten alle Details, werteten umfangreiche Konsumentenforschung zur Marke sowie zu Produktnutzung und Einstellungen aus. Es fand sich schlichtweg kein greifbarer Differenzierungspunkt.

Eines Tages sprachen wir dann mit einem der algedientesten Lebensmitteltechnologen, der die längste Erfahrung im Unternehmen und mit diesem Produkt hatte. Wir gingen den gesamten Beschaffungs- und Produktionsprozess noch einmal Schritt für Schritt durch, und als wir schließlich beim Pasteurisierungsprozess der Milch ankamen, die für diesen Käse verwendet wurde, kam durch seine Erklärungen ein kleines Detail unbeabsichtigt ans Licht. In s. Kap. 4 werden wir erläutern, wie dieses winzige Detail letztlich den Anstoß für die neue Markenpositionierung gab.

Um erfolgreich zu sein, muss jede Markenpositionierung oder -neupositionierung umsetzbar sein. Das bedeutet, sie muss sich für alle Beteiligten leicht und nahezu intuitiv in konkrete und greifbare Maßnahmen übersetzen lassen – von Marketing und Kommunikation bis hin zu Vertrieb und Produktinnovation. Damit dies gelingt, muss eine relevante Markenpositionierung drei zentrale Voraussetzungen erfüllen: (1) Sie muss auf einer *Produkt*-Realität basieren, (2) sie muss sich vom Wettbewerb differenzieren und (3) sie muss für die Zielgruppen relevant und bedeutsam sein.

Die Produktrealität verstehen

Die *Produkt*-Realität ist der Ausgangspunkt jeder Markenpositionierung, sei es die Neupositionierung einer bestehenden Marke oder die Positionierung einer zukünftigen Marke. Konsumenten erwarten von Marken eine konsistente und verlässliche Leistung. Sie bewerten die Performance einer Marke anhand ihrer eigenen Erfahrungen, der sogenannten *User Experience* (*UX*), wobei auch Meinungen Dritter – von Freunden oder aus Online-Communities – diese Leistungswahrnehmung beeinflussen können. Während die tatsächliche Nutzung eines Produkts oder einer Dienstleistung maßgeblich die subjektive Leistungswahrnehmung bestimmt, gibt es auch zahlreiche weitere Kriterien und Reize, die diese Wahrnehmung beeinflussen können (s. Kap. 5).

Die meisten Konsumgüter, unabhängig vom jeweiligen Marktsegment, haben heute Schwierigkeiten, eine einzigartige Produktrealität auf Basis einer Rezeptur oder Produktformulierung zu definieren. Markenwettbewerber und Handelsmarken kopieren jedes Angebot, das nicht durch ein

Patent geschützt ist. Dies kann den Spielraum für Positionierungsansprüche erheblich einschränken. Gleiches gilt für Dienstleistungsangebote oder Destinationsmarken. Daher erfordert die Entwicklung einer differenzierenden Positionierungsplattform eine tiefgehende Recherche in der Historie und der Produktrealität einer Marke. Ziel ist es, jenes kleine Stück *Produktrealität* zu identifizieren, das eine differenzierende Aussage ermöglicht und der Marke das unverzichtbare Maß an *Differenzierung und Relevanz* verleiht. Leider existiert das Patentrezept für Differenzierung selten in gebrauchsfertiger Form. In den meisten Fällen gelingt es erst durch eine kreative Übersetzung der grundlegenden Positionierungsplattform in eine kraftvolle Formulierung, daraus ein tragfähiges Markenversprechen zu machen. Dieses Buch zeigt, wie man letztlich dorthin gelangt – indem man sich auf *ein einziges Wort* festlegt. Nicht nur Picasso war ein Verfechter der Einfachheit, auch Antoine de Saint-Exupéry, der weltberühmte französische Flieger und Buchautor, teilte diese Vision: *Vollkommenheit ist nicht dann erreicht, wenn man nichts mehr hinzufügen kann, sondern wenn man nichts mehr weglassen kann, wenn ein Werk auf seine Essenz reduziert ist.*

Nehmen wir das Beispiel Evian Mineralwasser. Zu Beginn des 21. Jahrhunderts hatte Evian den Großteil seines Wettbewerbsvorteils nicht nur gegenüber den engsten alpinen Wasser-Konkurrenten verloren, sondern auch gegenüber zahlreichen neuen Quellwassermarken, die kürzlich auf den Markt gekommen waren. Das einfache Versprechen von Authentizität war gegenüber all diesen neuen Wettbewerbern, die ebenfalls auf ihre Herkunft aus den Alpen verwiesen, nicht mehr ausreichend differenzierend. Evian besann sich auf seine Markenwurzeln: Mineralien und Spurenelemente, die während eines 50.000-jährigen Filterprozesses durch das Gestein der französischen Alpen aufgenommen werden. Tatsächlich empfahlen Ärzte bereits 1935, Evian aufgrund seiner Mineralstoffzusammensetzung auch Babys zu geben. Doch auch Mineralien und Spurenelemente zählen zu den dominanten Attributen des Marktes für abgefülltes Wasser – sie reichen heute nicht mehr aus, um eine Wassermarke im überfüllten Markt zu differenzieren. Entscheidend war jedoch die einzigartige Rolle, die Evian seiner Zutatenstory zuwies. Mineralien und Spurenelemente sind für bestimmte Körperfunktionen, wie die Zellerneuerung, essenziell. Evian nutzte diesen biologischen Zusammenhang, um ein funktionales Markenversprechen mit einem leichten Gesundheitsbezug zu formulieren. Seit Mitte der 2000er Jahre sind solche Aussagen in Europa zunehmend reguliert, und jeder direkte Zusammenhang zwischen Produktkonsum und Gesundheitsversprechen muss wissenschaftlich belegt werden.

Evian umging dies mit einem cleveren Schachzug, indem die Zellerneuerung mit *Jugend* verknüpft wurde. Anstatt jedoch eine *Jungbrunnen*-Positionierung zu beanspruchen, die die Marke unmöglich hätte belegen können, hob Evian das *Jugend*-Versprechen auf eine visionäre Ebene, wie es im damaligen neuen Slogan zum Ausdruck kam: „Live Young." Evian erhob das Attribut *Jugend* zu einer Haltung und transferierte den Nutzen von der biologischen auf die kognitive Ebene. Das ist klug und hochrelevant für die wohlhabende, gesundheitsbewusste Zielgruppe. Der Claim nutzt zudem eine Call-to-Action-Technik (CTA), die eine gewisse Dringlichkeit vermittelt und den attitudinalen Charakter der Markenessenz, die zur Markenvision wurde, verstärkt.

Ende der 1980er Jahre zeigte die Konsumentenforschung einen signifikanten Paradigmenwechsel im Selbstverständnis der Menschen. Fortschritte in der Medizin, wirksamere Therapien, Ernährungswissenschaften und die wachsende Beliebtheit körperlicher Aktivität veränderten die Sicht auf das eigene Leben. Über Jahrhunderte strebte die Menschheit danach, *mehr Jahre zum Leben hinzuzufügen*. Plötzlich wurde *mehr Leben in die Jahre zu bringen* zum neuen Leitmotiv. Die Definition des Alterns wurde von einer ganzen Babyboomer-Generation neu interpretiert, und Lebensziele wandelten sich von einer Definition über *Jahre* hin zu *Genuss und Freude. Live Young,* Evians Markensignatur, die diese neue Positionierung in einen einprägsamen Werbeclaim fasste, traf den Nerv der Zielgruppe – und tut dies bis heute.

Abgesehen davon, dass dies ein brillanter und kreativer Schritt zur Neupositionierung der Marke war, handelte es sich auch um eine Positionierung, die äußerst umsetzbar und operativ war. Für alle, die mit und rund um die Marke Evian arbeiten, lässt sich *jugendliches Leben* leicht in Marketing- und Vertriebsbotschaften oder -aktivitäten übersetzen. Es bietet zudem eine klare Richtung für Produktinnovationen. Ein Beweis dafür waren Evians Markenimage-Kampagnen, etwa der preisgekrönte TV-Spot *roller-baby* aus dem Jahr 2009, der der Neupositionierung der Marke weltweit Sichtbarkeit verschaffte und mit über 130 Millionen Aufrufen zur viralsten Werbebotschaft aller Zeiten wurde. Die Kampagne läuft auch nach 15 Jahren noch immer (siehe Abb. 2.1).

Das Beispiel Evian zeigt, wie kluges Denken und Kreativität einen Mangel an echter Produktdifferenzierung auf Attributebene ausgleichen können. Zugegeben, Evian verwendet mehr als ein Wort, um die Markenessenz zu definieren; dennoch steht *live young* für eine sehr prägnante und eindeutige Ausrichtung, die bei der operativen Umsetzung von Marketing- und Vertriebsmaßnahmen wenig Interpretationsspielraum lässt.

2 Die zentrale Rolle der Markenpositionierung

Abb. 2.1 Aktuelle Evian-Werbung, Vereinigte Staaten. Mit freundlicher Genehmigung von Danone Waters

Evian unterschied sich, wie die meisten Marken, über intrinsische Produkteigenschaften: Mineralien und Spurenelemente. Obwohl die Zusammensetzung dieser Elemente im Evian-Wasser einzigartig ist, ist die Tatsache, dass Mineralwässer jeweils eine eigene Mineral- und Spurenelementzusammensetzung aufweisen, nicht einzigartig. Tatsächlich muss für die Bezeichnung als Mineralwasser die Mineralstoffzusammensetzung über die Zeit stabil bleiben – mit Ausnahme von Quell- oder Ursprungswässern, bei denen die Dichte von Mineralien und Spurenelementen schwanken kann. Die Einzigartigkeit im Fall Evian besteht darin, dass diese intrinsischen Eigenschaften lediglich als Glaubwürdigkeitsbeleg für eine clevere neue Markenvision genutzt wurden. Ein gutes Beispiel dafür, was erfolgreiche Markenpositionierung ausmacht, sind Kreativität, Offenheit und die Fähigkeit, über den Tellerrand hinauszudenken.

Auch extrinsische Eigenschaften eignen sich für die Differenzierung einer Marke. Ein Beispiel hierfür ist Absolut Vodka. Diese schwedische Wodka-Marke konnte sich weder auf die traditionellen Herkunftsmerkmale (Russland oder Polen) stützen, noch verfügte sie über eine spezifische Produkteigenschaft, das sie einzigartig machte. Die Marke beanspruchte mit ihrem Namen die Qualitätsführerschaft und unterstrich dies mit einer einzigartigen, runden, transparenten Flasche und einem besonderen Etikett. Diese Flasche ist eine bemerkenswertes extrinsische Produkteigenschaft und fungiert gewissermaßen als Schaufenster für die Reinheit des Produkts – ein zentrales Qualitätsmerkmal von Wodka aus Verbrauchersicht. Die Flasche

Abb. 2.2 Erste globale Printanzeige von Absolut Vodka aus dem Jahr 1981 – „Absolut Perfection". Mit freundlicher Genehmigung von Pernod-Ricard

durchbrach zudem die Konventionen des Marktes, indem sie sich natürlich abhob und im Regal für Aufmerksamkeit sorgte. Ursprünglich 1879 in Åhus im Süden Schwedens gegründet, wurde Absolut Vodka zunächst nur außerhalb der Stadtgrenzen von Stockholm als preisgünstiges Produkt verkauft, um die damals als „Rent Bränvin" (wörtlich „königlicher Brandwein") bezeichneten Monopolpreise der Stadt zu unterbieten. Nach der Verstaatlichung 1971 wurde die Marke in *Absolut Rent Bränvin* umbenannt und weiterhin aus lokal angebautem Weizen und Quellwasser hergestellt. Die Marke erhebt keinen Anspruch auf einen Wettbewerbsvorteil durch ihr Destillationsverfahren. Der einzige wirklich eigenständige Differenzierungsfaktor von Absolut Vodka ist die einzigartige Flasche, eine extrinsische Produkteigenschaft, das die Marke ab 1981 mit dem Gang auf den Weltmarkt zu einer Ikone machte und damit die längste Werbekampagne der Werbegeschichte startete (Abb. 2.2).

Seitdem ermöglichte es allein der Markenname Absolut, die Qualitätsführerschaft unter den Wodkas zu beanspruchen. Zusammen mit der einzigartig

2 Die zentrale Rolle der Markenpositionierung

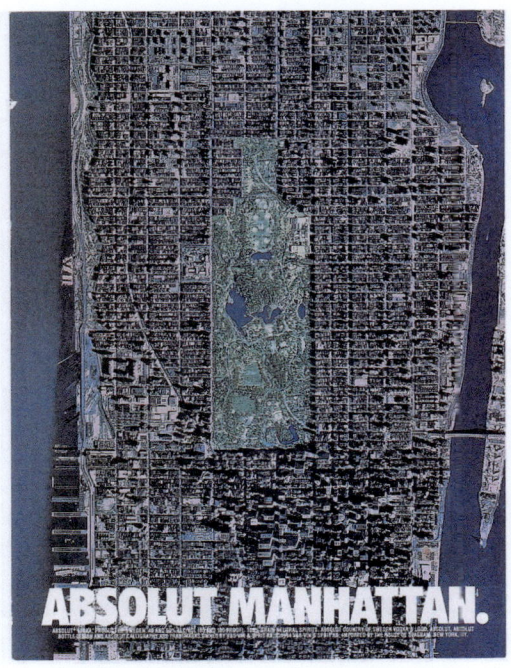

Abb. 2.3 Absolut Manhattan Printanzeige. Mit freundlicher Genehmigung von Pernod Ricard

geformten und hochgradig wiedererkennbaren Flasche sind dies die zentralen Produkteigenschaften, auf denen die Differenzierung der Marke bis heute beruht. Beide sind extrinsisch. Es ist nur fair zu sagen, dass auch glückliche Zufälle Absolut zur Nummer eins verhalfen. 1986 ließ sich Andy Warhol, der (selbst keinen Alkohol konsumierte und Absolut Vodka gelegentlich als Parfüm nutzte) so sehr von der Flasche inspirieren, dass er sie zu einem seiner bekanntesten Werke machte. Ein weiteres bemerkenswertes Element im Markenmix von Absolut ist die konzeptionelle Nutzung des Namens in Verbindung mit der Flasche. Tatsächlich macht das Wort *absolut* alles, worauf es sich bezieht, automatisch zu einer Art Referenz. *Absolut* suggeriert schlicht *das Beste unter allen.* Diese einfache, aber äußerst wirkungsvolle Tatsache ermöglichte es Absolut, die Markenbekanntheit weltweit konzeptionell zu nutzen – unabhängig von lokalen kulturellen Unterschieden. Ein Beleg dafür ist die Kommunikationskampagne von Absolut, die Hunderte von **lokalen Anzeigen** nach demselben kreativen Prinzip wie in Abb. 2.3, 2.4, 2.5 und 2.6 umsetzte. *Absolut simplicity* liegt *auf der anderen Seite*

Abb. 2.4 Absolut L.A. Printanzeige. Mit freundlicher Genehmigung von Pernod Ricard

der Komplexität: Ein Name und eine Flasche genügen, um eine begehrenswerte Marke zu schaffen, indem das Potenzial zweier extrinsischer Eigenschaften genutzt wird.

Mitunter kann eine Produkteigenschaft, die auf den ersten Blick wie eine Schwäche oder ein Wettbewerbsnachteil wirkt, als starker Differenzierungsfaktor dienen. So war es bei der französischen Erfrischungsgetränkemarke Orangina. Das Besondere an Orangina ist die Rezeptur mit Fruchtfleisch, die dem Getränk einen intensiveren Orangengeschmack und eine Textur verleiht, die frisch gepresstem Orangensaft ähnelt. Allerdings hatte Orangina ein Problem: Nach einigen Tagen setzte sich das Fruchtfleisch am Boden der halbtransparenten Flasche ab – was alles andere als *unwiderstehlich* wirkte. Die Lösung ist einfach: Die Flasche vor dem Trinken schütteln. Ähnlich wie die Marke Absolut, die es schaffte, ihre Flasche zu einer Ikone zu machen, nutzte auch Orangina die Geste des Schüttelns, um die Produktnutzung zu ikonisieren und so eine potenzielle Schwäche in eine Stärke zu verwandeln. Im Laufe der Zeit wurde das Schütteln der Flasche vor dem Genuss zu einem Ritual, das der Marke ihre Differenzierung im Markt für Erfri-

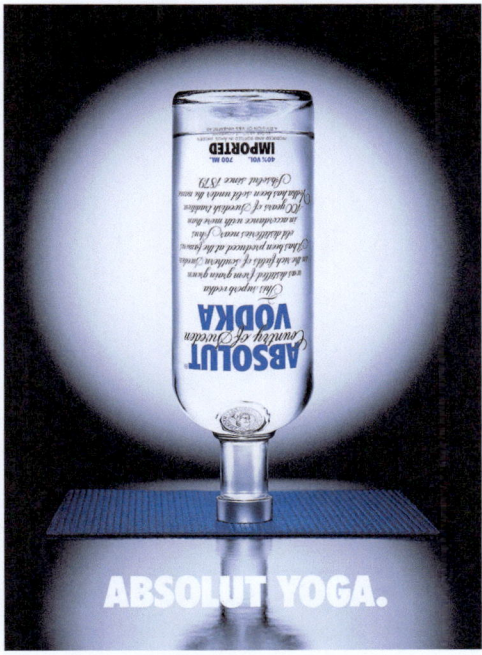

Abb. 2.5 Absolut Yoga Printanzeige. Mit freundlicher Genehmigung von Pernod Ricard

schungsgetränke verschaffte. Das Ritual *shake it before you taste it* ist seit über 30 Jahren institutionalisiert und spielt eine zentrale Rolle in den Kommunikationsbotschaften von Orangina – bis hin zum Konsum in französischen Bistros.

Differenzierung

Markendifferenzierung ist der Prozess, bei dem das ausgewählte Produktmerkmal in ein einzigartiges Positionierungsversprechen transformiert wird, das üblicherweise als Markenessenz bezeichnet wird. Wie der Begriff bereits andeutet, ist die Markenessenz die zentrale Botschaft, für die eine Marke steht. Das Versprechen, das sie im Markt und gegenüber dem Wettbewerb hervorhebt. Das Wort *Essenz* verdeutlicht zudem, dass die zugewiesene Markenbedeutung auf jenes Element verdichtet wurde, das es der Marke ermög-

Abb. 2.6 Absolut Bastille Printanzeige. Mit freundlicher Genehmigung von Pernod Ricard

licht, einen einzigartigen Nutzen für ihre Zielgruppen zu beanspruchen. Je präziser die Markenessenz definiert ist, desto mehr kreativen Spielraum bietet sie bei der Ausgestaltung auf den verschiedenen Ebenen des Marketing-Mix.

Differenzierung kann auf unterschiedlichen Ebenen erreicht werden. Die meisten Marken differenzieren sich auf Produkt- oder Dienstleistungsebene. Differenzierung kann jedoch auch auf Marktebene erfolgen, wie Apple es tat, als das Unternehmen 1984 mit der Einführung des Apple Macintosh den gesamten PC-Markt angriff. Im Gegensatz zu den meisten Marken, die Differenzierung anstreben, baute Apple seine Differenzierung nicht auf einem bestimmten Produktmerkmal auf, sondern positionierte den neuen Macintosh als visionäre und beinahe *ideologische* Alternative zu allen Microsoft-basierten PCs – unabhängig von der jeweiligen Marke. Die bahnbrechende Einführung gelang damals mit einem einzigen, 60-sekündigen TV-Spot, inszeniert von Ridley Scott, der nur einmal während des Superbowls

1984 ausgestrahlt wurde und in dem Apple verkündete, dass *mit der Einführung des neuen Macintosh das Jahr 1984 nicht wie 1984 sein wird.* Eine gesamte Branche herauszufordern und eine Alternative zu einem etablierten Produktstandard zu bieten, kann eine äußerst wirkungsvolle Methode zur Markendifferenzierung sein – unter einer Bedingung: Das Produkt muss einen relevanten Nutzen bieten, der sich radikal von den derzeitigen Wettbewerbsfaktoren im Markt unterscheidet. Im Fall von Apple war und ist dies die *User Experience*. Lipton verfolgte einen ähnlichen Ansatz, indem das Unternehmen seine Tees als Alternative zu Kaffee positionierte. Nestlé nutzte die Hightech-Innovation des Nespresso-Systems, um als echter Game Changer in den Markt für Röst- und Filterkaffee einzudringen.

Um eine solide Differenzierung zu erreichen, benötigt Ihre Marke nicht zwangsläufig eine radikal andere Produktrealität als Grundlage. Jedes Produktmerkmal, das es Ihrer Marke ermöglicht, einen unverwechselbaren Differenzierungspunkt zu beanspruchen, den andere Marken noch nicht besetzen, kann in ein eigenständiges und verteidigbares Markenversprechen überführt werden. Wenn sich dieser Differenzierungspunkt zudem als besonders relevant oder aufmerksamkeitsstark für Ihre Zielgruppe erweist, haben Sie möglicherweise einen Volltreffer gelandet. Die meisten Marken differenzieren sich tatsächlich nicht über ein radikal anderes Produktmerkmal; sie wählen vielmehr einen Differenzierungspunkt, der es ihrer Marke erlaubt, im Laufe der Zeit eine anerkannte und eigenständige Kompetenz zu entwickeln. Anders ausgedrückt: Sie machen das Differenzierungsversprechen zum Mittelpunkt ihrer Innovationsaktivitäten.

Nehmen wir das Beispiel der Automobilindustrie. Alle Automobilhersteller verfügen über das notwendige technische Know-how, um ihren Kunden ein sicheres Fahrerlebnis zu versprechen. Zudem bieten fast alle die gleichen oder ähnliche Produktmerkmale wie ABS-Bremssysteme, Front- und Seitenairbags, Fahrstabilitätssysteme (EPS) und so weiter. Auf einer bestimmten Ebene ihrer Markenkommunikation versprechen sie alle Sicherheit als Nutzen. Der Unterschied besteht darin, dass keiner von ihnen – außer Volvo – Sicherheit zum zentralen Bestandteil seiner Markenpositionierung gemacht hat. Aus Sicht der Verbraucher ist es Volvo, die *Sicherheit* als Marke besitzt und die größte Legitimität hat, Sicherheit als Kernkompetenz zu beanspruchen. Volvo hat seine *Sicherheits*-Positionierungsplattform über die Jahre konsequent als Hauptdifferenzierungsmerkmal weiterentwickelt. Gleiches gilt für BMW, die *Fahrfreude* für sich beansprucht – ein Bündel von Eigenschaften und Nutzen, das viele Autos für sich in Anspruch nehmen könnten. Oder Mercedes, das seine Marke über *Ingenieurskunst* differenziert – ein

Anspruch auf hochwertige Verarbeitung, den ebenfalls die meisten Luxusautomarken erfolgreich erfüllen. Bei all diesen Marken liegt der Unterschied darin, dass ihre jeweiligen Versprechen markenzentral verankert wurden, sodass sie diese wirklich besitzen und damit definieren, wofür jede einzelne Marke steht.

Zusammen zeigen die obigen Beispiele, dass Differenzierung über nahezu jedes intrinsische oder extrinsische Produktmerkmal erreicht werden kann, das sich in einen relevanten Nutzen für die Zielgruppe übersetzen lässt – sofern dieses nicht bereits von einer konkurrierenden Marke im aktuellen oder künftigen Zielmarkt beansprucht wird. Es kann vorkommen, dass Marken aus unterschiedlichen Branchen dasselbe Wort für ihre Differenzierung verwenden. Solange diese Marken nicht im selben Marktsegment und um denselben Kunden konkurrieren, ist das unproblematisch. Coca-Cola steht inzwischen für *Happiness*. Das ist auch das differenzierende Markenversprechen von Hamlet, einer Zigarrenmarke, während Cadbury-Schokolade sich über *Joy* differenziert, was *Happiness* sehr nahekommt. Oder Oreo-Kekse und die Einzelhandelskette Trader Joe's, die beide *Playfulness* als Positionierungsplattform nutzen. Keiner von beiden steht in direktem Wettbewerb zum anderen.

Markenrelevanz und Markenstärke (Salience)

Eine erfolgreiche Differenzierung einer Marke über ein materielles oder immaterielles Produkt- oder Dienstleistungsmerkmal allein reicht nicht aus. Das Markenpositionierungskonzept muss zudem als relevant für die jeweilige Zielgruppe wahrgenommen werden. Relevanz bezeichnet das Ausmaß, in dem eine bestimmte Marke als Antwort auf ein spezifisches Konsumentenbedürfnis gesehen wird. Diese Bedürfnisse können physischer oder kognitiver Natur sein. Abstrakt betrachtet lassen sich Bedürfnisse und Marken wie *Probleme und Lösungen* verstehen. Wenn ein Bedürfnis entsteht, sucht der Konsument nach der bequemsten, zugänglichsten und qualitativ hochwertigsten Möglichkeit, dieses zu befriedigen. Die Aufgabe einer Marke besteht darin, den Auswahlprozess zu vereinfachen, sodass Konsumenten die *Lösung* identifizieren und auswählen können. Während dieses subjektiven Prozesses fungieren Marken als wichtige Abkürzungen zu greifbaren Produkt- oder Dienstleistungs*lösungen,* wobei die Dimensionen des Markenimages gleichzeitig zur Steigerung der Wertwahrnehmung dieser Lösungen beitragen.

Offensichtlich ist dies nicht so einfach und eindimensional, wie es klingt, und die wahrgenommene Fähigkeit einer Marke, ein bestimmtes Bedürfnis zu erfüllen, ist nur ein Element im Kaufentscheidungsprozess. Weitere Kriterien wie bisherige Markenerfahrungen, die Preis-Leistungs-Wahrnehmung der Marke, ihr Markenwert und -status, ihre Zugänglichkeit und vieles mehr spielen ebenfalls eine Rolle. Bedürfnisse können bewusst sein, wie das Verlangen nach einer Erfrischung oder einer Süßigkeit, oder eher unterschwellig und unbewusst, wie das Bedürfnis nach sozialer Anerkennung oder Zugehörigkeit. Nicht erfüllte Bedürfnisse führen jedoch im Laufe der Zeit zu einem gewissen Dringlichkeitsgefühl, das Konsumenten zum Handeln motiviert.

Relevanz besitzt im Markenmanagement mehrere Dimensionen. Damit eine Marke von einem Konsumenten als relevant wahrgenommen wird, muss sie zunächst einen Nutzen beanspruchen, für den beim Konsumenten ein Grundbedürfnis besteht. Anders ausgedrückt: Wer keinen Hund besitzt, wird höchstwahrscheinlich kein Bedürfnis nach Hundefutter entwickeln.

Die nächste Relevanzebene betrifft die eigentliche Produktkategorie, in der eine Marke konkurriert. Hier haben Konsumenten bereits eine Vorauswahl an Marken für ihren relevanten Entscheidungsrahmen getroffen, sodass eine betrachtete Marke mit alternativen, konkurrierenden Marken verglichen wird. Genau hier spielt die Markenrelevanz eine Schlüsselrolle. Die Frage ist nun nicht mehr, ob eine Marke ein relevantes Bedürfnis bedient, sondern in welchem Ausmaß sie dies tut. Häufig wird die Relevanz einer Marke auf ihre Preis-Leistungs-Wahrnehmung reduziert. Das heißt, es geht um das Verhältnis zwischen dem vom Konsumenten wahrgenommenen Wert einer Marke und ihren tatsächlichen Kosten. Während der Preis im Entscheidungsprozess der Konsumenten heute wichtiger ist als je zuvor, war das Preisniveau gleichzeitig noch nie so relativ wie heute. Wenn die Wertwahrnehmung einer Marke hoch genug ist, kann sie erfolgreich gegen eine Konkurrenzmarke bestehen, selbst wenn diese einen deutlich niedrigeren Preis anbietet.

Selbst in einem Umfeld, in dem Marken eine intrinsische Relevanz innerhalb ihres spezifischen Marktsegments und bei ihren Zielgruppen besitzen, kann das Ausmaß der Relevanz, auf das sie zählen können, im Zeitverlauf variieren – oft in Abhängigkeit von sich ändernden Lebensstilbedürfnissen. Denken wir an ein Paar, das eine Familie gründen möchte. Die Relevanz ihrer aktuellen Markenpräferenzen wird sich mit dem Übergang zur Elternschaft und all ihren Konsequenzen sicherlich verändern – von der Auswahl von Lebensmitteln und Transportmitteln bis hin zu Freizeitaktivitäten, Reisezielen und sogar Möbel- und Wohnentscheidungen.

Ein weiterer Faktor, der die Relevanz beeinflussen kann, ist die Risikowahrnehmung, die Konsumenten mit der Auswahl und dem Kauf eines bestimmten Produkts oder einer Dienstleistung verbinden. Diese

Risikowahrnehmung kann finanzieller oder imagebezogener Natur sein, etwa beim Kauf eines hochpreisigen Produkts oder einfach beim Erwerb eines Produkts oder einer Dienstleistung, das als wichtiges Statement für das eigene Image empfunden wird. In beiden Fällen werden Konsumenten sich intensiver mit der Markenwahl und dem Kaufentscheidungsprozess auseinandersetzen. Die Relevanzwahrnehmung eines Konsumenten wird stark von diesen High- und Low-Involvement-Prozessen beziehungsweise Risikoabwägungen beeinflusst. Für Markeninhaber ist es daher wichtig, diese Aspekte in die Entscheidungsprozessmodelle einzubeziehen, die verbraucherzentrierte Marken mit dem Ziel entwickeln, ein reibungsloses und lohnendes Kauferlebnis zu schaffen (s. Kap. 4).

Im Gegensatz zur Relevanz bezieht sich *salience* auf die Präsenz und Stärke einer Marke im Entscheidungsprozess. Salience ist ein Marketingbegriff, der im Wesentlichen Relevanz und weitere markenbezogene Faktoren wie Markenbekanntheit, Markenimage und gegebenenfalls frühere Markenerfahrungen zu einer Gesamtgröße kombiniert, die Konsumenten bei ihrer Kaufentscheidung heranziehen. Salience bezieht sich auf die positiven Informationen, die eine Marke im Gedächtnis eines Konsumenten hinterlassen hat und die spontan abrufbar sind. Sie unterscheidet sich vom Markenwert, der in der Regel breiter gefasst ist und sämtliche Informationen umfasst, die ein Konsument über eine Marke besitzt – unabhängig davon, ob sie spontan verfügbar sind oder erst durch einen externen Impuls abgerufen werden. Einige außergewöhnliche Marken haben es sogar geschafft, ihren Markennamen als Bezeichnung für bestimmte Konsumentenaktivitäten zu etablieren. Viele von uns sprechen bei Internetsuchen davon, *zu googeln*, während *Kleenex* oder die deutsche Marke *Tempo* zum Synonym für Papiertaschentücher geworden sind. Marken mit einer starken Top-of-Mind-Bekanntheit weisen in der Regel auch eine hohe Salience auf, wie etwa Coca-Cola bei Erfrischungsgetränken oder FEDEX bei Lieferdiensten – zumindest im US-amerikanischen Markt.

Salience kann einen erheblichen Einfluss auf die Wertwahrnehmung einer Marke und damit auf ihre Preisstrategie haben. Nehmen wir das Beispiel des deutschen Volkswagen-Konzerns. Volkswagen besitzt zahlreiche Pkw- und Nutzfahrzeugmarken in Europa. Um den Effekt der Markensalience zu verdeutlichen, betrachten wir Skoda, VW und Audi. Zur Maximierung von Entwicklungs- und Produktionseffizienzen nutzt VW für drei verschiedene Modelle seiner Marken das gleiche technische Chässis: den Skoda Octavia, den VW Passat und den Audi A4. Zwar gibt es Unterschiede im Motordesign, bei den verwendeten Materialien im Innenraum und im Fahrzeugdesign selbst, doch bieten die voll ausgestatteten Versionen dieser drei

Modelle ein sehr ähnliches Niveau an Ingenieursqualität, Verarbeitung und Komfort. Die Preispositionierung hingegen erzählt eine andere Geschichte. Zum Zeitpunkt dieses Vergleichs und laut Argus-Daten aus 2021 in Frankreich lag der Listenpreis für einen Skoda Octavia bei 43.260 €, für einen VW Passat bei 54.000 € und für einen Audi A4 bei 63.015 € – ein Preisunterschied von rund 83 % zwischen Skoda und Audi. Sicherlich lässt sich diese Preisdifferenz nicht ausschließlich mit dem Saliencefaktor erklären, aber ein großer Teil schon. Der Salience-Aspekt zeigt sich auch im Preisvergleich zwischen normalem Coffee-to-go und demselben Kaffee von Starbucks, wie in Abb. 2.7 dargestellt.

Vor einigen Jahren ergab eine Analyse des globalen Marktforschungsunternehmens Millward Brown, dass bei den S&P 500-Unternehmen im Durchschnitt 30 % ihrer Marktbewertung allein durch die Marke repräsentiert werden. All dies sind Beispiele dafür, wie Salience als ultimative Marketinggröße die Markenwertwahrnehmung steuert und Relevanz in den Kaufwunsch der Konsumenten transformiert.

Wie oben dargelegt, ist die Definition der Markenpositionierung eine entscheidende Aufgabe, die unerlässlich ist, um festzulegen, wofür eine Marke steht und wie sie sich mit hoher Relevanz vom Wettbewerb differenziert. Sie muss in der Produktrealität verankert sein und gleichzeitig die Markenhistorie (Produkt und Kommunikation) sowie relevante Zielgruppendaten mit besonderem Fokus auf Konsumenten-Insights berücksichtigen. Für maximale Wirkung und Effizienz sollte die Markenpositionierung durch ein einziges Wort oder eine eindimensionale Stoßrichtung definiert werden. Zu einem späteren Zeitpunkt werden wir erörtern, wie sich eine

Abb. 2.7 Preisvergleich: regulärer Coffee-to-go versus Starbucks. Eigenes Bild des Autors

Ein-Wort-Positionierung mithilfe bewährter Instrumente der Markenführung entwickeln lässt. Da die Markenpositionierung die Markenperformance für Jahre prägt, sollte sie mit allen verfügbaren Ressourcen innerhalb einer Organisation ausgestattet werden.

Die Markenpositionierung im Rahmen des Branding-Prozesses

Um ihr volles Potenzial im Marketing- und Vertriebsprozess auszuschöpfen, übernimmt die Markenpositionierung die Rolle eines Prismas, durch das alle Marken-, Marketing- und Vertriebsaktivitäten betrachtet werden. Die Markenpositionierung ist strategisch und bildet das Fundament für alle nachfolgenden Schritte der Markenentwicklung. Das bedeutet, dass ab diesem Zeitpunkt jedes noch so kleine Detail des Markenkosmos im Einklang mit der Markenpositionierungsplattform gedacht und entschieden werden muss. In einem ersten Schritt betrifft dies in der Regel die Entwicklung oder Erneuerung der Markenidentität. Am besten beginnt man damit, die Werte der Marke zu definieren und in einem zweiten Schritt die Markenpersönlichkeit. Beide Definitionen sind subjektiv und ermöglichen es, die Markenpositionierung in erste umsetzbare Maßnahmen zu übersetzen, die Richtung und Orientierung für die Entwicklung der *grafischen* Markenidentität geben.

Werte definieren, wofür eine Marke steht und was sie in all ihren Aktivitäten einhalten wird. Das bedeutet, dass Sie und Ihre Marke, sobald Sie die Markenwerte festgelegt haben, diese auch tatsächlich leben müssen. Ein guter Ansatz zur Festlegung der Markenwerte ist es, zunächst die *Vision* und die *Mission* Ihrer Marke zu definieren. Nehmen wir Nike als Beispiel. Seit der Gründung durch Phil Knight und Bill Bowermann im Jahr 1972 vertritt Nike die Überzeugung, dass *jeder, der einen Körper hat, ein Athlet ist*. Diese Markenvision ist bis heute lebendig und wird täglich von der Nike Marke und ihren Mitarbeitenden gelebt. Sie war und ist der Ausgangspunkt für Nikes Markenmission, die wie folgt definiert wird: *Inspiration und Innovation für jeden Athleten der Welt zu bringen* (wobei ein Athlet wiederum als jede Person mit einem Körper definiert wird). Nike hat eine starke und ambitionierte Vision für seine Marke formuliert, und insbesondere die Vision und das *Mission Statement* geben die Werte vor, nach denen Nike lebt: Ermutigung und positiver Wandel, Vielfalt und Inklusion. (Nike kommuniziert seine Markenwerte nicht direkt, die Auswahl spiegelt die Einschätzung des Autors wider.) Markenwerte sind ein zentrales Element der Markenpositionierung und ein entscheidender Bestandteil dessen, wofür Ihre Marke aus

2 Die zentrale Rolle der Markenpositionierung

Sicht der Zielgruppen steht. Sorgfältig ausgewählt, muss jeder Markenwert leicht in konkrete Handlungen übersetzbar und im Alltag erlebbar sein, um so den Beweis zu liefern, dass Ihre Marke nicht nur sagt, was sie tut, sondern auch tut, was sie sagt.

Nach der Definition der Markenwerte können Sie die Markenpersönlichkeit festlegen. Auch wenn diese Übung subjektiv ist, sollte die Definition der Markenpersönlichkeit mit den zuvor festgelegten Werten korrelieren und übereinstimmen. Wie bei Menschen können auch Marken eine unverwechselbare Persönlichkeit erhalten. Die Markenpersönlichkeit verleiht der Marke eine menschliche Komponente und bestimmt Tonalität und Stil, mit denen Konsumentinnen und Konsumenten sich zur Marke in Beziehung setzen oder sich mit ihr identifizieren. Zudem fühlen sich Konsumenten oft stärker zu einer Marke hingezogen, wenn deren Persönlichkeit einem Muster entspricht, das eine emotionale, quasi menschliche Identifikation ermöglicht. Diese Form der Identifikation kann auf zwei Ebenen erfolgen: in Bezug auf das *reale* (tatsächliche) Selbstbild eines Konsumenten oder in einer eher aspirativen Form, bezogen auf das *ideale* Selbstbild. Die Prinzipien von *realem* oder *idealem* Selbstbild werden später noch im Zusammenhang mit den selbstausdrucksbezogenen Werten der Markenpersönlichkeit behandelt (s. Kap. 6). In beiden Fällen sind es jedoch die Persönlichkeitsmerkmale der Marke, die die Identifikation und Bindung der Konsumenten mit der Marke ermöglichen.

Zur Veranschaulichung lohnt sich ein Blick auf die Arbeit von Jennifer L. Aaker, Assistant Professor an der Anderson School of Management, University of California, die 1997 zum Thema Markenpersönlichkeit forschte.[2] In ihrer Publikation identifiziert sie die folgenden fünf dominanten Dimensionen der Markenpersönlichkeit:

1. **Aufrichtigkeit** mit den Subdimensionen „bodenständig, ehrlich, gesund, fröhlich" – eine Persönlichkeit, die zu Marken wie Warby Parker oder Toms passen könnte
2. **Spannung** mit den Subdimensionen „wagemutig, temperamentvoll, einfallsreich, modern" – eine Persönlichkeit, die in den Anfangsjahren gut zur Marke Tesla gepasst hätte
3. **Kompetenz** mit den Subdimensionen „zuverlässig, intelligent, erfolgreich" – eine Persönlichkeit, die zur Automarke Volkswagen passen könnte

---

[2] „Big Five" – Journal of Marketing Research, Vol. 34, No. 3 (Aug., 1997), S. 347–356

4. **Raffinesse** mit den Subdimensionen „gehoben, charmant" – eine Persönlichkeit, die zu vielen heutigen Luxusmodemarken wie Yves Saint Laurent, Dior oder Nespresso passt
5. **Robustheit** mit den Subdimensionen „naturverbunden und kernig" – eine Persönlichkeit, die sowohl zu The North Face als auch zur Marke Harley Davidson passen könnte

Dies sind jedoch nur einige Beispiele, die das Konzept der Markenpersönlichkeit veranschaulichen sollen. Sie sind nicht als abschließende Aufzählung zu verstehen, und letztlich liegt es an Ihnen, die Markenpersönlichkeit festzulegen, die Sie Ihrer Marke zuweisen möchten. Auch wenn diese Definition subjektiv bleibt, muss die Markenpersönlichkeit eng mit den Markenwerten verknüpft sein und es der Zielgruppe ermöglichen, sich leicht mit Ihrer Marke zu identifizieren und sich in ihr wiederzufinden.

Sobald Markenwerte und Markenpersönlichkeit festgelegt sind, können Sie nun auch die *Markenidentität* (ID) definieren. Auch dies sollte im Einklang mit der Markenpositionierung sowie den Werten und der Markenpersönlichkeit erfolgen. Beide geben Tonalität und Stil vor, die Ihre Entscheidungen zur Markenidentität leiten: primäre und sekundäre Farbpaletten und Schriften, Ikonografie und weitere illustrative Elemente, Logo und Markenblock, Markensignatur und so weiter. Die Markenidentität ist der direkte und greifbare Ausdruck dessen, wofür Ihre Marke steht. Sie übersetzt Markenwerte und Markenpersönlichkeit in nachvollziehbare Bildimpulse und ermöglicht es Ihrer Zielgruppe, konkrete Bilddimensionen Ihrer Marke zu entwickeln. Die Markenidentität unterstützt zudem die Markenwiedererkennung und das Erinnern an die Marke, etwa im Rahmen von Kaufentscheidungen.

In diesem Zusammenhang besteht die Aufgabe der Markensignatur oder des Markenslogans darin, die Markenpositionierung in eine prägnante und bedeutungsvolle Formulierung zu übersetzen. Gelingt dies, bleibt sie der Marke über Jahre hinweg erhalten und fördert so die bessere Verankerung der Markensignatur bei der Zielgruppe. Nur sehr wenige Markenslogans werden letztlich von Konsumenten erinnert und wiedererkannt – wenn Sie selbst den Versuch machen, werden Sie feststellen, dass Ihre persönliche Erinnerung wahrscheinlich kaum mehr als zehn Slogans umfasst. Das schmälert jedoch keineswegs die Bedeutung der Markensignatur. Ihre zentrale Funktion ist es, als Sprungbrett für die Markenstory zu dienen und die Entwicklung der Markenerzählung und des Storytellings weiter voranzutreiben.

In diesem Sinne kann die Markensignatur nicht nur in der Marketingkommunikation, sondern entlang der gesamten Customer Journey bis hin zum Verkaufsgespräch eingesetzt werden. Nikes *Just Do It* bringt die Positionierung der Marke als visionäre Marke, die an *jeden mit einem Körper als potenziellen Athleten* glaubt, perfekt auf den Punkt. Gleichzeitig hat Nike den Slogan von Anfang an als Handlungsaufforderung im Verkaufsgespräch bis hin zum Einkaufserlebnis im stationären Handel genutzt. Bis heute verwenden Nike-Verkäufer:innen den Slogan, um einen zögernden Kunden beim Schuhkauf zu überzeugen ... *just do it*!

Sind die zentralen Elemente der Markenidentität festgelegt und finalisiert, gilt es zu entscheiden, wie sie eingesetzt werden. In Organisationen mit mehreren Markenbeteiligten, wie unabhängigen lokalen Marketing-, Promotion- oder Vertriebsteams, sorgt die Festlegung eines verbindlichen Regelwerks für die Nutzung der zentralen Elemente der Markenidentität dafür, dass die Marke überall einheitlich und konsistent auftritt. Dies geschieht in der Regel durch die Entwicklung eines *Brand Books*. Das Brand Book definiert im Wesentlichen alle Elemente, die die Marke ausmachen. Es gibt Orientierung und Regeln für die Verwendung dieser Markensignale im Kontext jeglicher Marketing-, Promotion- oder Vertriebsaktivitäten. Das Brand Book enthält detaillierte Vorgaben zum Markenlogo, zu Form und Farbe sowie deren Anwendung. Es regelt den erforderlichen Weißraum um das Logo zur besseren Sichtbarkeit, gibt Empfehlungen für Printlayouts oder Videoformate oder für das Design und die Ergonomie lokaler Markenwebsites, um nur einige Beispiele zu nennen. Zahlreiche Beispiele für Brand Books finden sich im Internet.

Das Brand Book definiert alle visuellen Elemente der Markenidentität und fasst die zentralen Markenbotschaften zusammen, die direkt aus der Markenpositionierung abgeleitet sind. Es ist die strategische Leitlinie, an die sich alle halten müssen, die markenbezogene Aktivitäten steuern oder beeinflussen. Es stellt sicher, dass die Markenpositionierung in ausführbare Elemente der Markenidentität und deren jeweilige Kommunikationsformate übersetzt wird. Seine Aufgabe ist es, maximale visuelle und inhaltliche Konsistenz über alle Markenaktivitäten und Regionen hinweg zu gewährleisten.

Marken, die eine konsequente Einheitlichkeit in ihren Identitätscodes und Botschaften wahren, bauen kurzfristig Markenbekanntheit und mittel- bis langfristig Markenwert effizienter auf. Sowohl Identitätscodes als auch Botschaften müssen aus der Markenessenz als zentraler Markenbotschaft abgeleitet werden. Alle weiteren Markenbotschaften werden in Bezug auf die Markenessenz organisiert und hierarchisiert und sind Teil des Markenbotschaft-Mixes (s. Kap. 16). Das bedeutet, dass die Marke stets im Sinne der Markenessenz gedacht wird. Sobald die Markenessenz zur Richtschnur für alle markenbezogenen Entscheidungsprozesse wird – beginnend bei der Auswahl der Werte, der Markenpersönlichkeit, Identitätscodes, Werbe- und Promotionsbotschaften, dem Verkaufsgespräch bis hin zum Innovationsprozess – wird Ihre Marke durch vollständige Konsistenz der Botschaften an allen Kontaktpunkten mit den Konsumenten erfolgreich sein. Dieses Prinzip funktioniert am besten, wenn eindimensionale Markenpositionierungsplattformen entwickelt werden, die, wie wir sehen werden, ganze Teams vereinen und deren Energie und Kreativität bündeln, um die Marke in eine klar definierte Richtung zu lenken, wie sie durch die Markenessenz vorgegeben ist.

3

Wie interagieren Marken mit Konsumenten und wie interagieren Konsumenten mit Marken?

Konsumenten können dauerhafte Beziehungen zu Marken aufbauen. Diese Beziehungen werden in erster Linie von Emotionen getragen. Ich bin zu der Überzeugung gelangt, dass Marken, denen es gelingt, eine emotionale Beziehung zu ihrer Zielgruppe herzustellen, eine beständigere Bindung zu Konsumenten aufbauen und langfristige Beziehungen persönlicher Verbundenheit entwickeln können. Dies gilt insbesondere für B2C-Marken (Business-to-Consumer), trifft jedoch, wie wir sehen werden, in gewissem Maße auch auf B2B- (Business-to-Business) und Unternehmensmarken zu. Gleichzeitig bedeutet dies nicht, dass *emotionale* Marken ausschließlich auf emotionaler Ebene agieren. Um erfolgreich zu sein, benötigt jede Marke sowohl einen funktionalen als auch einen emotionalen Nutzen, die beide in vollständiger Kohärenz und Konsistenz zueinander stehen.

Funktionale Nutzen (benefits) definieren, was eine Marke für uns als Konsumenten leistet. Emotionale Nutzen beschreiben, wie uns eine bestimmte Marke fühlen lässt. Dieser grundlegende Unterschied verdeutlicht bereits das Potenzial emotionaler Markenführung, da die meisten unserer Handlungen stark von einem grundlegenden menschlichen Bedürfnis oder Wunsch, sich gut zu fühlen, beeinflusst werden. Dieses Prinzip gilt für alle Arten von Marken, unabhängig davon, ob es sich um Produkte, Dienstleistungen, Reiseziele, eine politische Partei oder eine Person handelt.

Marken auf funktionaler Ebene zu vergleichen, kann sich für Konsumenten schnell als schwierig und mühsam erweisen (weniger im B2B-Bereich, wo Fachleute in der Regel die technischen Qualifikationen sowie die jeweiligen Leistungsindikatoren verarbeiten, um konkurrierende Markenangebote auf sachlicher Basis zu vergleichen). Konsumenten fehlt oft das Wissen, um Marken anhand ihrer funktionalen Merkmale zu vergleichen. Nehmen wir das Beispiel von Duschgels, die in unterschiedlichen Formaten, mit verschiedenen Inhaltsstoffen und zu deutlich unterschiedlichen Preisen angeboten werden. Selbst wenn einige von uns die Zeit aufbringen, das Etikett zu lesen, ist es ohne fundierte Chemiekenntnisse oder die Bereitschaft, einzelne Inhaltsstoffe online zu recherchieren, ziemlich schwierig, die Unterschiede zwischen den einzelnen Markenangeboten im Regal vor uns zu erkennen. Man sieht auch kaum Käufer, die ihr Smartphone nutzen, um den Preisvorteil einer Marke gegenüber einer anderen anhand des jeweiligen Produktvolumens zu berechnen. Meistens greifen Konsumenten einfach zum günstigsten Preis. In einer Einkaufssituation werden Käufer schnell von kognitiv komplexen Auswahlmöglichkeiten überfordert und treffen Entscheidungen zunehmend auf emotionaler Basis. Hier spielt die Marke eine herausragende Rolle.

Dieses Prinzip gilt umso mehr in Kaufsituationen mit hohem Risiko oder hoher Involvierung. Je mehr funktionale Aspekte zu berücksichtigen sind, desto wahrscheinlicher ist es, dass der durchschnittliche Konsument sich überfordert fühlt und letztlich auf einen emotional getriebenen Entscheidungsprozess zurückgreift. In diesem Zusammenhang werden rationale oder funktionale Markeninformationen genutzt, um die emotionale Entscheidung rational zu begründen. Die Entscheidung für oder gegen eine bestimmte Marke kann sowohl von den eigenen Überzeugungen und Gefühlen der Konsumenten als auch von denen anderer beeinflusst werden. Markenbewertungen oder einfache Mundpropaganda können im Entscheidungsprozess eine entscheidende Rolle spielen. Wie auch bei der Konsumentscheidung sind die meisten dieser externen Faktoren emotional motiviert, sei es durch eigene Markenerfahrungen oder durch Hörensagen. *Social Shopping* liefert hierfür ein anschauliches Beispiel, indem es Konsumenten ermöglicht, vor einer Kaufentscheidung die Zustimmung von Gleichgesinnten einzuholen.

Nichtsdestotrotz bleiben funktionale Markenversprechen wichtig. Ihre Aufgabe ist es, eine wichtige Absicherung zu bieten, die hilft, eine ansonsten emotional motivierte Kaufentscheidung zu rechtfertigen. Funktionale Nutzen liefern eine *rationale Untermauerung,* insbesondere in Kaufsituationen mit hohem wahrgenommenem Risiko, in denen Konsumenten ihre emotionale Entscheidung durch funktionale Kriterien oder Attribute rational begründen müssen. Dies trägt dazu bei, ein gewisses Maß an Objektivität in den Prozess einzubringen und so das Vertrauen zu stärken. Selbst bei der einfachen Auswahl eines Duschgels und ohne tiefere Chemiekenntnisse können für die meisten von uns einige funktionale Kriterien eine Rolle spielen, wie das Vorhandensein eines bekannten Wirkstoffs (z. B. Arganöl oder Aloe-Vera-Extrakts) oder einfach das Fehlen anderer, wie Parabene oder sonstige Konservierungsstoffe.

Im ständigen Wiederholen von Kaufentscheidungsprozessen trägt jede Einkaufserfahrung dazu bei, die Expertise zu entwickeln, die Konsumenten als Käufer gewinnen. Je mehr Konsumenten im Laufe ihres Lebens einkaufen, desto stärker fließen vergangene Einkaufserfahrungen in die Art und Weise ein, wie wir Marken- und Produktentscheidungen treffen. Unabhängig davon, ob wir im Supermarkt oder in einer Luxus-Boutique einkaufen. Im Laufe der Zeit tragen all diese Erfahrungen dazu bei, ein individuelles Kompetenzniveau zu etablieren, mit dem ein Konsument Informationen sucht, auswählt und eine bestimmte Marke kauft. Das Konzept des Shopper Marketings, dass das Verhalten von Konsumenten als Käufer erforscht, hat hierzu wertvolle Erkenntnisse geliefert, die sich in effektive Marketing- und Promotiontechniken übersetzen lassen.

Funktionale Nutzen spielen auch in einem weiteren, einkaufsbezogenen Kontext eine wichtige Rolle, der als *Post-Purchase Dissonance (PPD)* bezeichnet wird. Post-Purchase Dissonance beschreibt eine Form der nachträglichen Bewertung durch Konsumenten, die sich auf die Vor- und Nachteile ihres Kaufakts bezieht. PPD setzt in der Regel nach einer getroffenen und umgesetzten Kaufentscheidung ein. Jeder von uns hat schon einmal das Gefühl von Zweifel oder Reue erlebt, nachdem er sich für ein bestimmtes Produkt oder eine Marke entschieden hat. *Post-Purchase Dissonance* tritt am häufigsten in Kaufsituationen auf, die mit einem höheren wahrgenommenen Risiko oder einer höheren Involvierung verbunden sind. Dieses psychologische Phänomen ist umfassend erforscht und gilt als umso häufiger und intensiver, je geringer das Selbstvertrauen eines Konsumenten ist; auch das verfügbare Einkommen kann PPD beeinflussen. Geringes Selbstvertrauen und/oder niedrigere Einkommensniveaus erhöhen tendenziell die Wahrscheinlichkeit und Häufigkeit von *Post-Purchase Dissonance*, während wohlhabendere Konsumenten oder solche mit einer affirmativeren Selbstwahrnehmung weniger davon betroffen zu sein scheinen. Allerdings handelt es sich hierbei nicht um ein Schwarz-Weiß-Szenario, und Konsumenten erleben *Post-Purchase Dissonance* zu unterschiedlichen Anlässen und in unterschiedlicher Intensität. *Post-Purchase Dissonance* kann auch aus anderen Gründen auftreten, etwa wenn nach dem Kauf eines scheinbar attraktiveres Markenangebot entdeckt wird, ein negativer Aspekt auftritt, eine negative Bewertung des Produkts oder der Dienstleistung gelesen wird oder eine durch die Produktnutzung ausgelöste, nicht erfüllte Erwartung entsteht.

Post-Purchase Dissonance steht in engem Zusammenhang mit Impulskäufen – Kaufentscheidungen, die vor allem durch spontanes emotionales Verhalten motiviert sind. Im Modebereich spricht man in diesem Zusammenhang auch von „Wardrobe Rage": Modekäufe sind häufig weniger reflektiert und geplant. Eine aktuelle britische Studie ergab, dass etwa die Hälfte der Modekäufer angibt, eine Form von *Wardrobe Rage* zu erleben, wobei der durchschnittliche Teilnehmer 57 ungetragene Kleidungsstücke besitzt. Es gibt jedoch auch andere, ernsthaftere Nebenwirkungen. Im Durchschnitt müssen E-Commerce-Marken mit einer Rücksendequote von bis zu 30 % bei Online-Käufen rechnen, insbesondere im Textilbereich.

Es versteht sich von selbst, dass *Post-Purchase Dissonance,* die in der Regel ein Gefühl von Zweifel oder sogar Reue hervorruft, auch die Markentreue negativ beeinflussen und letztlich die Geschäftsergebnisse beeinträchtigen kann. Da Marken durch Konkurrenzangebote oder Nutzungserfahrungen ständig loyale Kunden verlieren, wird die Gewinnung neuer Kunden zu einer dauerhaften *Pflichtaufgabe*. Dies ist kostenintensiv und wirkt sich zwangsläufig auf das Geschäftsergebnis aus. Joey Coleman,[1] Autor des Buches *Never Lose a Customer Again*, kommt zu dem Schluss, dass in vielen Branchen eine Verbesserung der Kundenbindungsrate um 5 % je nach Produktkategorie einen Gewinnanstieg von 25–100 % bewirken kann. Besonders bei Kaufentscheidungen mit hohem Konsumentenengagement führt ein kürzlich getätigter (selbst recherchierter) Kauf nicht zwangsläufig dazu, dass Konsumenten nicht weiterhin nach alternativen Marken- oder Produktangeboten Ausschau halten. Schaufensterbummel nach einem wichtigen Kauf ist beispielsweise eine Möglichkeit, wie sich *Post-Purchase Dissonance* im Konsumentenverhalten manifestiert. Auch die Intensität der *Post-Purchase Dissonance* kann mit der Anzahl der verfügbaren Alternativen in einem Marktumfeld zunehmen. Markeninhabern ist daher zu empfehlen, gezielte Programme zu entwickeln, die darauf abzielen, *Post-Purchase Dissonance* zu reduzieren. Eine konsequente Umsetzung wird hierdurch die Kundenbindung signifikant verbessern.

Tatsächlich werden viele Marken nach wie vor überwiegend auf funktionalen Nutzen aufgebaut, insbesondere in Marktsegmenten, in denen Leistung zählt. Marken der Körperpflege wie Dove setzen seit ihrer Einführung 1957 auf funktionale Nutzen. *Cremen beim Waschen* ist eine 2-in-1-Produktformel, mit der die Marke erfolgreich einen funktionalen Leistungsvorteil als zentrales Differenzierungsmerkmal beansprucht. Oder die Marke M&M's

---

[1] Joey Coleman, *Never Lose a Customer Again,* Portfolio, April 2018.

von Mars, Inc. führte sich mit dem funktionalen Nutzen *die Schokolade, die im Mund und nicht in der Hand schmilzt* ein. Heute ist M&M's durch die Einführung der M&M-Charaktere stark emotionalisiert worden. Diese *Candy-Persönlichkeiten* wurden erstmals Mitte der 1950er Jahre vom Grafikdesigner Will Vinton entwickelt. Inspiriert von den leuchtenden M&M-Farben entwarf er die einzigartigen Markencharaktere, von denen jeder eine eigene Persönlichkeit besitzt.

Strategisch ermöglichte dies der Marke, eine Vielzahl differenzierter Markenbotschafter zu schaffen und zu nutzen, um ihre Marke und das Produktsortiment auf emotionaler Ebene zu bewerben. Jeder Charakter steht für eine andere Produktformel und hat eine eigene, unverwechselbare Persönlichkeit, die teilweise von einem stereotypen menschlichen Gegenstück inspiriert ist. Die gelbe Figur (Erdnuss) ist freundlich und liebenswert, jedoch etwas naiv und nicht der Hellste. Blue M&M's (Mandel) wirkt cool und entspannt, während das rote Clanmitglied (Vollmilchschokolade) sich wie der klassische Alpha-Mann verhält. Die Vielfalt dieser Persönlichkeiten ist gut gewählt und gibt der Marke die Möglichkeit, auf unterschiedlichen emotionalen Ebenen und je nach persönlicher Präferenz mit Konsumenten in Kontakt zu treten. Während M&M's immer noch *im Mund und nicht in der Hand schmelzen,* hat die Marke einen großen Schritt in Richtung emotionaler Bindung zu ihren Zielgruppen gemacht.

Emotionale Nutzen treten in unterschiedlichen Ausprägungen auf. Sie ermöglichen es Marken, auf mehreren Ebenen und in verschiedenen Dimensionen mit Konsumenten zu interagieren und sie einzubinden. Zu diesen Dimensionen zählen Markenwerte, Markenvision und Überzeugungen oder Markenpersönlichkeiten, um nur einige zu nennen. Auch wenn Marken nicht buchstäblich als Menschen wahrgenommen werden, können ihre Botschaften und ihr Verhalten grundlegende Eigenschaften widerspiegeln, die auch in zwischenmenschlichen Beziehungen zu finden sind. Marken fungieren für ihre Zielgruppen oft als Vorbilder und können so Orientierung, Referenzpunkte und Richtung geben – ganz wie Menschen es tun. In diesem Sinne gibt es jedoch auch Grenzen für die Verehrung von Marken durch Konsumenten. Nehmen wir das Beispiel Nike. Die Marke Nike positioniert sich gewissermaßen als Coach, der dir hilft, deine *eigene persönliche Größe* zu finden. In dieser Rolle – fast schon anthropomorph – inspiriert Nike Menschen dazu, durch sportliche Leistung Selbstvertrauen zu gewinnen. Leistung steht für eine Form von Erfolg, und das Selbstvertrauen, im Sport erfolgreich zu sein, lässt sich leicht auf den Erfolg im Leben übertragen. Dieses Erfolgskonzept war in den *machtfokussierten* 1980er- und 1990er-Jahren weit verbreitet und wurde nicht nur von Nike, sondern auch von anderen

Marken wie Tag Heuer oder Rolex repräsentiert. In dieser Zeit begannen Konsumenten, Kleidung mit übergroßen Markenlabels zu tragen (damals als *Label on the outside* bezeichnet), was bis heute im Trend liegt.

Eine Möglichkeit, wie sich die emotionale Stärke von Nike zeigt, ist die demonstrative Bereitschaft der Markenanhänger, durch die Größe oder die Prominenz des Nike-Logos auf ihrer Kleidung oder die Anzahl der Menschen, die stolz ein Nike-Swoosh-Tattoo tragen, ein Statement zu setzen. Die Grenzen für das Engagement und die Bindung der Kunden an Marken werden immer weiter verschoben. Ich habe einmal auf einer Selbstfahrer-Safari in Nordnamibien an einer Tankstelle eine junge Frau kurz kennengelernt. Namibia hat zwei Millionen Einwohner auf einer Fläche, die anderthalbmal so groß ist wie Frankreich. Man kann problemlos 200 Meilen fahren, ohne auf eine nennenswerte Siedlung zu stoßen, und noch weiter, bevor man eine Tankstelle findet. Daher zögert man nicht, wenn man eine sieht, um den Tank zu füllen. Ihr Name war Berta und sie arbeitete als Tankwartin in einer Ortschaft namens Kamanjab. In dieser Gemeinde leben etwa 10.000 Menschen, was sie zu einem bedeutenden Knotenpunkt für die Versorgung mit Lebensmitteln, Baumaterialien und natürlich Treibstoff macht. Nun mag man sich fragen, was das mit Markenführung zu tun hat. Für Berta war Nike die Marke aller Marken. So sehr, dass sie mit natürlichem Stolz das Nike-Swoosh-Logo als Goldeinlage in einem ihrer Schneidezähne trug. Jedes Mal, wenn sie einen Kunden anlächelte, blitzte es wie ein Scheinwerfer aus ihren strahlend weißen Zähnen. Als ich sie fragte, warum sie das Risiko eingehe, einen Zahn mit einem Markenzeichen zu versehen, antwortete sie fröhlich: *Ich liebe diese Marke so sehr und möchte, dass es jeder sieht.* Ohne Zweifel hatte Nike bei dieser jungen Namibierin ein sehr hohes Maß an Konsumentenbindung erreicht – und das fernab von Concept Stores und Einkaufszentren.

Diese kleine Anekdote ist ein Beispiel dafür, wie stark Marken ihre Kundinnen und Kunden binden können, wenn sie greifbare Bedeutungen für emotionale Verbindungen bieten. Natürlich wird nicht jede Marke denselben Einfluss wie Nike erreichen, nicht zuletzt, weil Konsumenten:innen sich nur auf eine begrenzte Anzahl von Marken auf solch tiefgehender Ebene einlassen können. Dennoch besteht weiterhin erhebliches Potenzial, eine Marke eher auf emotionalen als auf funktionalen Dimensionen aufzubauen. Die Emotionalisierung von Marken erfordert einen Fokus auf deren Werte, Überzeugungen und ein klares Verständnis davon, wofür sie stehen.

Marken, die sich entscheiden, auf emotionaler Ebene mit Konsumenten:innen zu interagieren, haben dafür verschiedene Ansätze. Der Prozess des Markenengagements beginnt mit der Zielgruppe, die eine Marke ansprechen möchte. Die Zielgruppendefinition ist aus soziodemografischer Sicht wichtig, noch bedeutsamer jedoch aus einer generationsbezogenen und psychografischen Perspektive. Die generationsbezogene Ansprache betrachtet Konsumenten:innen aus soziologischer Sicht. Wir alle wachsen in unterschiedlichen Welten auf, nicht nur geografisch, sondern auch historisch. Technologische Fortschritte, politische und wirtschaftliche Rahmenbedingungen sowie kulturelle Trends in Musik, Film oder Kunst prägen maßgeblich, wie wir uns als Menschen entwickeln.

Der Kontext, in dem wir aufwachsen, hat einen erheblichen Einfluss darauf, wie wir die Welt sehen, woran wir glauben und wie wir uns als Konsumenten:innen verhalten. Millennials und die Generation Z sind beispielsweise die ersten Generationen, die sich an eine Welt ohne Internet nicht mehr erinnern können – und für die meisten gilt das auch für soziale Medien. Auch wenn diese im Grunde einfache Medien- und Kommunikationskanäle sind, ähnlich wie die traditionellen Offline-Kanäle, über die Marken weiterhin stark kommunizieren, haben sie doch einen erheblichen Einfluss darauf, wie diese Generationen interagieren, die Welt wahrnehmen, was sie anstreben und was sie als Bürger:innen und Konsumierende antreibt und motiviert.

Folglich wird die Attraktivität dessen, wofür eine Marke steht, nicht zwangsläufig durch dieselben Parameter für Babyboomer wie für Millennials definiert. Seit dem späten zwanzigsten Jahrhundert haben sich emotionale Marken zunächst von einem Angebot auf Basis statutärer Elemente hin zur Nutzung von Werten und schließlich zur Ausarbeitung einer Markenvision entwickelt. Marken des 21. Jahrhunderts werden zunehmend durch den *Brand Purpose* definiert. Der Grund dafür ist, dass Millennials und die Generation Z stärker von der Suche nach „*Sinn*" getrieben sind. Das offensichtlichste Indiz hierfür zeigt sich im Bereich der Arbeitgebermarken, wo *Sinn* mindestens ebenso wichtig geworden ist wie *Geld*, wenn nicht sogar wichtiger. Allerdings werden sowohl visionäre als auch Purpose-Marken nur dann wirksam sein, wenn sie auch greifbare Belege und Nachweise liefern, dass ihren Worten auch Taten folgen.

Weitere Game-Changer sind die weltweite Demokratisierung des Internets und sozialer Netzwerke, die die Reichweite und den Einfluss von *multiplen Stakeholder-Communities* erhöht haben. Konsumenten:innen sind von passiven Empfängerinnen und Empfängern von Markenbotschaften zu aktiven Mitgestaltenden geworden, die über verschiedene Touchpoints mit Marken interagieren – weiterhin durch Mundpropaganda, aber nun in viel größerem Umfang und mit deutlich mehr Reichweite über soziale Medien und Bewertungsplattformen wie Online-Shops, Trustpilot, Glassdoor, Yelp oder

Trip Advisor. Dadurch sind persönliche Meinungen der Konsumierenden zu einem entscheidenden Faktor bei der Prägung des Markenimages geworden. Marken müssen heute ihre Zielgruppen einbeziehen, indem sie nicht nur deren Bedürfnisse ansprechen, sondern auch deren Überzeugungen berücksichtigen. Branding hat sich weiterentwickelt und dreht sich längst nicht mehr nur darum, wofür eine Marke stehen soll, sondern zunehmend auch darum, was Konsumenten:innen über sie sagen.

Die Diskrepanz ist offensichtlich. Während früher Markeninhaber die Positionierung ihrer Marke nahezu vollständig kontrollieren konnten, müssen sie sich heute damit auseinandersetzen, dass die Zielgruppe letztlich darüber entscheidet, ob eine Marke als glaubwürdig wahrgenommen wird oder nicht. *Wahrheit* ist zu einer neuen, wichtigen Währung im Branding geworden. Zugegeben, das war sie schon immer, aber meist beschränkt auf die physische Markenleistung. Heute hat sich das Konzept des *Vertrauens* weiterentwickelt. Laut einer Studie der globalen Markenagentur Edelmann aus dem Jahr 2019 sind rund zwei Drittel der Konsumierenden *belief-driven buyers*, die sich auf Basis emotionaler Werte mit Marken verbinden, während funktionale Vorteile in vielen Produktkategorien einfach nur zum *Eintrittspreis* einer Produktgattung degradiert wurden. Die Studie zeigt zudem, dass das ethische Verhalten einer Marke inzwischen fast genauso hoch bewertet wird wie das tatsächliche Nutzungserlebnis (82 % gegenüber 87 %) im Entscheidungsprozess der Konsumierenden.

Die Edelmann-Studie liefert jedoch noch eine weitere Erkenntnis: Branding befindet sich im Wandel von einem *menschenzentrierten* zu einem *menschheitszentrierten* Ansatz. Oder wie Tim O'Reilly,[2] Autor von *What's the Future and Why it is up to us?*, betont, müssen erfolgreiche Marken sich heute weiterentwickeln – von *making better things to making things better*. Zusammengefasst bedeutet der menschheitszentrierte Markenansatz, dass Markenkompetenz nicht nur zur Bereitstellung von Produkten und Dienstleistungen, sondern auch für einen positiven gesellschaftlichen Beitrag genutzt wird.

O'Reillys philosophischer Ansatz zeigt sich bereits bei einer wachsenden Zahl von Marken, die einen *Purpose* beanspruchen, um zu definieren, wofür sie stehen. Purpose Branding kann als nächste Generation des *emotionalen* Brandings betrachtet werden.

Multinationale Konzerne gehörten zu den ersten, die das Konzept des *Purpose Branding* übernommen haben und verschiedene Vorteile ihrer

---

[2] Tim O'Reilly, *What's the Future and Why is it up to us?*, Harper Business, Oktober 2017.

Aktivitäten im größeren gesellschaftlichen Kontext beanspruchen. Purpose Branding beschränkt sich jedoch nicht nur auf Unternehmensmarken, die schon lange mit verschiedenen Stakeholder-Communities arbeiten und in der Regel über ausgefeilte CSR-Strategien verfügen. Die meisten Unternehmen erkennen zunehmend die Auswirkungen ihres Handelns über den rein finanziellen Erfolg hinaus. Umweltwirkungen, Diversität, gesellschaftliche Integration von Geschäftsprozessen und Mitarbeitenden haben das Konzept des Corporate Branding um weitere Dimensionen erweitert. All dies gilt auch für FMCG-Marken (Fast Moving Consumer Goods), wobei sich lediglich die Art der Stakeholder, deren Bedürfnisse, Überzeugungen und Motivationen unterscheiden.

Während einige Purpose-Brand-Initiativen als ernsthaft und wirkungsvoll gelten können (Unilever—*making sustainable living commonplace*), werfen andere Fragen nach ihrer wahren Motivation auf (Nestlé—*unlock the power of food to enhance quality of life for everyone*). Ich möchte an dieser Stelle nicht weiter auf die Unterschiede zwischen diesen beiden *purpose-driven* Konsumgütergiganten eingehen, aber Sie sollten sich selbst ein Bild machen und urteilen.

Das eindrucksvollste Beispiel für positiven Wandel ist jedoch *Patagonia*. Seit langem dem Schutz von Ressourcen und Umwelt verpflichtet, verfolgt *Patagonia* seit jeher einen nachhaltigen Ansatz in der (höchst umweltschädlichen) Textilindustrie. 1973 von Yvon Chouinard als Unternehmen für Bergsportausrüstung gegründet (die ersten Produkte waren handgeschmiedete Stahlhaken), entwickelte sich das Unternehmen weiter und bot ein breiteres Sortiment an Bergsportausrüstung an, bis schließlich die erste Textilkollektion eingeführt wurde (Rugbyshirts aus Schottland, gefertigt aus robustem Stoff mit schützendem Kragen, der verhinderte, dass die Ausrüstungsschlingen in den Hals schnitten). Als Unternehmen hatte Patagonia von Anfang an und über die gesamte Entwicklungszeit hinweg ein außergewöhnliches Umweltbewusstsein. Und als Marke entwickelte Patagonia eine Vision für funktionale Exzellenz und den Schutz von Ressourcen und Umwelt, indem bereits 1980 recycelte Polyesterfasern aus Plastikflaschen und recyceltes Papier für Kommunikationsmaterialien verwendet wurden. Obwohl Patagonia zu dieser Zeit noch ein *For-Profit-Unternehmen* war, rückte der Einfluss des Geschäftsmodells auf Ressourcen und Umwelt immer stärker in den Fokus. Die Marke begann, nicht nur über ihre Erfolge zu kommunizieren, sondern auch öffentlich zu teilen, was nicht gut lief. Transparenz war – im Gegensatz zu vielen anderen Marken – schon immer und ist bis heute Teil der DNA von Patagonia. Heute beanspruchen die meisten Marken eine gewisse ökologische und gesellschaftliche Verantwortung; Patagonia handelte jedoch schon so, lange bevor die meisten Unternehmen weltweit überhaupt vom umfassenderen Konzept der Nachhaltigkeit gehört hatten.

Seit 1986 spendet Patagonia 10 % seines Gewinns an Umweltschutzinitiativen (seit 2002 1 % des Umsatzes). 2012 wurde das Unternehmen zur B-Corporation. 2018 definierte Yvon Chouinard das Purpose-Statement der Marke Patagonia neu: *we're in business to save our home planet*. Und Patagonia hat dies auch tatsächlich umgesetzt! 2022 wandelte Yvon Chouinard Patagonia, mit einem Wert von rund 3 Milliarden US-Dollar, in eine gemeinnützige Organisation um, mit nur einem einzigen Anteilseigner: dem Planeten. Heute fließt jeder Gewinn, der nicht in das Unternehmen reinvestiert wird, in eine Stiftung, die weltweit ausschließlich Umweltprojekte mit rund 100 Mio US-$ jährlich unterstützt – im Einklang mit den Geschäftsergebnissen, versteht sich. Tatsächlich ist Patagonia nicht allein; viele erfolgreiche Unternehmer:innen haben sich gemeinnützigen Formaten zugewandt, um zu zeigen, dass ihre Marken dazu beitragen, *die Welt zu verbessern:* die Bill & Melinda Gates Foundation, die Musk Foundation, um nur einige zu nennen. Allerdings haben verschiedene Medienrecherchen Zweifel an den wahren Motiven hinter diesen „purpose-driven" Branding-Initiativen aufkommen lassen. Wie bereits erwähnt, wird „Vertrauen" immer wichtiger, und ich bin persönlich überzeugt, dass der einzige Weg, Vertrauen für die Marken von morgen aufzubauen, über „Transparenz" führt – ein Konzept, das Patagonia im Gegensatz zu anderen vollständig verinnerlicht hat.

Als Purpose-Brand steht Patagonia jedoch für weit mehr als nur leistungsstarke Produkte und Umweltschutz. Es ist auch ein kluger Weg, die Kernzielgruppen emotional zu binden, indem natürliche Reservate geschützt und wiederhergestellt werden, was wiederum loyale Markenfans in Patagonia-Bekleidung anzieht. Mit seinem aktuellen Modell hat Patagonia zudem gezeigt, dass es einen alternativen Weg gibt, Geschäftserfolg und Nachhaltigkeit zu vereinen – und damit möglicherweise den Weg zu einem Geschäftsmodell der nächsten Generation ebnet, das Wertschöpfung wirklich nachhaltig und gemeinsam ermöglicht. Dies könnte auch dazu beitragen, das Potenzial für persönliche Gier zu verringern, das so typisch ist für unsere hyperglobalisierte, vom Neoliberalismus geprägte Welt. Letztlich – und mit Blick auf jüngere Konsumentengenerationen – könnte Gutes zu tun tatsächlich der beste Weg sein, um zu wachsen. Zusammenfassend lässt sich sagen, dass emotionales Branding viele verschiedene Formen, Formate und Nuancen hat und der richtige Ansatz immer von der *Produkt- oder Dienstleistungsrealität* Ihrer Marke abhängt.

Bisher haben wir betrachtet, wie Marken mit Konsumentinnen und Konsumenten interagieren können. Wechseln wir nun die Perspektive und betrachten, wie Konsumierende mit Marken interagieren. Auf der ersten Ebene beziehen sich Konsumierende auf Marken durch Vertrauen. Vertrauen in gleichbleibende Qualität und in das gesamte Nutzungserlebnis einer Marke. Vertrauen in Marken entsteht auch durch Konsistenz – und zwar aus Sicht der Konsumierenden. Konsistenz kann anhand verschiedener subjektiver Parameter bewertet werden, etwa durch die tatsächliche Produktleistung, die ständig mit den Erwartungen der Konsumierenden abgeglichen wird. Das etablierte Verpackungsdesign sowie Formate und Funktionen wie Form, Größe und Ergonomie eines Produktformats sorgen für Konsistenz und stärken als Nebeneffekt das Sicherheitsgefühl der Konsumierenden. Hier bergen verkleinerte Formate (leider heutzutage zunehmend durch *Shrinkflation*), Verpackungsänderungen, die das Produkthandling beeinflussen, oder ein radikal neues Design-Identität das Risiko, die Wahrnehmung von Konsistenz negativ zu beeinflussen. Am häufigsten führt ein zu radikaler Wechsel im Verpackungsdesign zu einer starken Störung der Konsistenzwahrnehmung, und Konsumierende nehmen häufig an, dass sich auch das Produkt selbst verändert hat. Als wir vor einigen Jahren für einen unserer FMCG-Kunden in Deutschland eine völlig neue Verpackung einführten, stiegen die Qualitätsbeschwerden der Konsumierenden auf ein Allzeithoch, obwohl die Produktformulierung und damit die Produktleistung unverändert geblieben waren. Der beste Weg, solche Störungen zu vermeiden, ist, die Veränderung klar zu kommunizieren und zu erklären – und zwar am besten direkt über die Verpackung als primären Medienkanal der Marke.

Jean-Noël Kapferer – Professor an der renommierten HEC in der Nähe von Paris – definierte die Funktion von Marken als *Vereinfachung der Konsumentscheidungen,* während einfache Produkte (Commodities) diese eher verkomplizieren. Konsumierende beziehen sich tatsächlich auch deshalb auf Marken, weil sie ihnen helfen, die kognitiven Herausforderungen beim Einkauf zu reduzieren. Marken fungieren als Abkürzungen zwischen Konsumentenbedürfnissen und erwarteten Erlebnissen. Konsumierende engagieren sich aus Vertrauen für Marken, und die Erwartung eines konsistenten Markenerlebnisses ist ein zentrales Ziel im Entscheidungsprozess. Wird dies überzeugend umgesetzt, kann es sogar dazu beitragen, dass Ihre Zielgruppe einen höheren Preis akzeptiert.

Über das Thema *Vertrauen* hinaus können Marken einen stärker psychologischen Ansatz nutzen, um Potenzial für die Zustimmung der Konsumenten zu schaffen. Dies basiert auf der Theorie der *realen* versus *idealen Selbstwahrnehmungen,* die alle Konsumenten in gewissem Maße im Laufe ihres Lebens entwickeln. Im Kern geht es bei diesem Konzept um Wahrnehmungen im Vergleich zu Aspirationen. Das *reale Selbst* bezieht sich auf die

Wahrnehmungen, die Konsumenten über sich selbst verinnerlicht haben, wie etwa Eigenschaften oder Merkmale, die subjektiv als Stärken oder Schwächen empfunden werden. Auf einer ersten Ebene können Marken, die ein tiefes Verständnis für die *realen Selbst*-Wahrnehmungen ihrer Konsumenten besitzen, erfolgreich langfristigere und authentischere Beziehungen aufbauen. Auch hier ist Vertrauen der Haupttreiber, und Konsumenten treten mit Marken auf dieser Ebene in Kontakt, da sie ihre eigene Identität auf eine ehrlichere und authentischere Weise angesprochen sehen.

Die Theorie legt jedoch auch nahe, dass die Entscheidungsfindung der Konsumenten ebenso von ihren Lebensaspirationen geleitet wird, oder anders ausgedrückt, von ihrem Streben nach ihrer *idealen Selbstwahrnehmung*. Diese zweite und übergeordnete Ebene der Markenbindung bietet großes Potenzial für Bindung und aktive Beteiligung, da sie es Marken ermöglicht, auf die Aspirationen der Konsumenten einzugehen und somit das *ideale Selbst* anzusprechen. Selbstausdrucksstarke menschliche Werte (self-expressive human values) erlauben es Ihrer Marke, sich mit den Zielen der Konsumenten zu identifizieren. Ein Weg, diesen Ansatz zu nutzen, besteht darin, einen *selbstausdrucksstarken menschlichen Wert der Markenpersönlichkeit* für Ihre Marke zu definieren. Dies bezieht sich auf den einen selbstausdrucksstarken Wert, für den Ihre Marke steht und nach dem sie handelt. Hier übernimmt der selbstausdrucksstarke menschliche Wert die Rolle der *Markenessenz*. Es handelt sich um die Markenessenz, übersetzt in einen Wert. Dieser Wert, ausgedrückt in nur *einem Wort* oder einer klaren Ausrichtung, weist auf die aspirative Reise des Konsumenten vom *realen Selbst* zum *idealen Selbst* hin. Unter der Voraussetzung, dass der selbstausdrucksstarke menschliche Wert Ihrer Marke von einer bestimmten Zielgruppe universell anerkannt und geteilt wird, besitzt er das Potenzial, im Kontext der Suche der Konsumenten:innen nach ihrer *idealen Selbstidentität* vielfältige Funktionen zu erfüllen.

Nike verkörpert diese Theorie in seinem Markenansatz. Der selbstausdrucksstarke menschliche Wert, den Nike für sich beansprucht, ist *Empowerment (Ermächtigung)*. *Empowered* ist die Markenessenz von Nike, ausgedrückt in Form eines Wertes. Dieser Wert macht die Markenessenz von Nike für Konsumenten:innen greifbarer und gibt konkrete Markenhandlungen vor (*walk the talk*). Indem Nike die ideale Selbstwahrnehmung seiner Zielgruppe anspricht, stiftet sie Sinn und aspirativen Wert, der weit über die reine Produktleistung hinausgeht. Berta von der Tankstelle in Kamanjab, Namibia, ist ein lebender Beweis dafür. Zu verstehen, wie Konsumenten mit Marken interagieren, ermöglicht es Ihnen, eine Markenpositionierung zu definieren, die Ihre Marke nicht nur vom Wettbewerb differenziert, sondern auch attraktiver macht. Und das alles in nur *einem Wort.* Das volle Potenzial selbstausdrucksstarker menschlicher Werte und die Methodik zu deren Definition werden in s. Kap. 6 behandelt.

Eine weitere Möglichkeit, wie Konsumenten mit Marken in Kontakt treten, ist über deren *Vermächtnis* oder *Nostalgie.* Dies war schon immer so, da Konsumenten in der Regel bereits in ihrer Kindheit indirekt mit bestimmten Marken in Berührung kommen, einfach weil ihre Eltern bestimmte Marken zu Hause gekauft und verwendet haben. Auch Hörensagen oder die Tatsache, dass bestimmte Marken eine lange Geschichte und eine breite Nutzerbasis haben, verschaffen ihnen Status, der sich in Vermächtnis und Nostalgie übersetzen kann. Nostalgie und Vermächtnis implizieren beide ein Gefühl von Vertrauen, und Vertrauen ist der Motor für Konsumentenmotivation und Kaufentscheidungsprozesse.

Dennoch stellt sich die Frage, warum Vermächtnis und Nostalgie in einer von technologischer Innovation und deren inhärenter Beschleunigung geprägten Welt weiterhin relevant sind? Man könnte argumentieren, dass beide Dimensionen dem Fortschrittsgedanken und der überwältigenden Geschwindigkeit des Wandels entgegenstehen. Zuerst kam das weltweite Netz, dann die globale Vernetzung und nun die künstliche Intelligenz – all dies bietet Konsumenten:innen aller Altersgruppen immer weniger greifbare Bezugspunkte im Alltag. Selten war die Welt vor unserer Haustür so amorph. In einer Welt, in der alles ständig in Bewegung ist, vermitteln Marken ein gewisses Maß an Beständigkeit, bieten vertraute Orientierungspunkte und geben ein Gefühl von Orientierung. In diesem Zusammenhang fungieren Marken gewissermaßen als kognitives Gegengift, das einen Teil des Drucks des kontinuierlichen, beschleunigten Wandels auffängt. Ist es Zufall, dass Vinyl-Schallplatten 2021 mehr verkauft wurden als CDs, dass Mode, Retro-Design bei Möbeln und Haushaltsgeräten sowie Musik aus den 1960er bis 1980er Jahren so beliebt sind? Oder sind diese Kulturreferenzen deshalb so begehrt, weil sie kognitiven Trost spenden an jenen Orten, an die wir uns alle aus der komplexen Außenwelt zurückziehen? Dies ist nur eine Hypothese, aber zugrunde liegende Motivationsmuster könnten durchaus darin bestehen, dass *Vermächtnis* und *Nostalgie* aus einer Zeit stammen, in der die Welt noch leicht zu verstehen war und das Leben scheinbar unter persönlicher Kontrolle stand – was uns erdet, bevor wir die nächste Welle reiten. Marken stiften durch ihr Vermächtnis und die von ihnen ausgelöste Nostalgie Sinn in Zeiten, in denen Sinn zu einer knappen Ressource geworden ist.

4

Die Grundlagen starker Marken: Warum Kompetenz, Differenzierung und Relevanz die entscheidenden Dimensionen sind

Warum sind manche Marken erfolgreich, während andere scheitern? Warum wachsen bestimmte Marken schneller als andere? Warum können einige Marken einen Preisaufschlag verlangen, während andere im Preiskrieg kämpfen müssen? Warum werden manche Marken zu globalen Marken, während andere lokale Nischenanbieter bleiben? Der Grund ist eindeutig nicht, dass die wenigen Erfolgreichen einfach Glück hatten und die anderen weniger vom Glück begünstigt waren.

Marken werden zu starken Marken, weil ihre DNA sorgfältig dafür konzipiert wurde – entweder von Anfang an oder nach einem umfassenden Repositionierungsprozess. Es gibt kein Geheimnis für erfolgreiches Markenmanagement, sondern vielmehr einen disziplinierten und konsequenten Prozess, der darin gipfelt, zu definieren, wofür eine Marke in nur *einem Wort* oder aus einer klaren Perspektive steht. Die Definition dessen, wofür eine Marke in nur *einem Wort* steht, sorgt für absolute Fokussierung – nicht nur im Markenmanagement, sondern auch bei der Ausschöpfung des Marktpotenzials.

Erfolgreiche Marken basieren auf drei gleichwertigen Dimensionen: Kompetenz, Differenzierung und Relevanz. Diese Säulen sind miteinander verbunden und voneinander abhängig. Sie sind als Gesamtheit unverzichtbar, keine kann die Marke allein vollständig definieren. Kompetenz, Differenzierung und Relevanz haben sowohl eine definierende als auch eine richtungsweisende Funktion. Sie liefern die Grundlage dafür, wofür Ihre Marke letztlich stehen wird, und begleiten sie auf ihrem Weg zu Innovation und Wandel. Marken leben im Grunde in einem Paradoxon: Sie müssen gleichzeitig Kontinuität und Veränderung bieten. Klar positionierte Marken bieten diese gewünschte Kontinuität, wenn Märkte und Produkte sich in einem Umfeld ständiger Veränderung bewegen. Wandel beeinflusst die Bedürfnisse der Konsumenten, und Marken müssen große Sensibilität und Agilität zeigen, um diese sich entwickelnden Bedürfnisse zu erkennen und zu bedienen.

Im Markenmanagement bezeichnet Kompetenz die einzigartige Expertise einer Marke: das eine, worin sie am besten ist. Milkas Kompetenz ist es, den *zartesten Schokoladengeschmack* zu kreieren. BMW beansprucht, das *Fahrerlebnis* besser zu beherrschen als die unmittelbare Konkurrenz. Disney ist der König der *Magie*. Kompetenz definiert das einzigartige Know-how und die Expertise einer Marke und unterstützt gleichzeitig ihre Differenzierung. Die Differenzierung leitet sich immer direkt aus der Kernkompetenz einer Marke ab. Das eine funktioniert nicht ohne das andere, und die Definition der Markenkompetenz auf Basis eines exklusiven Merkmals, einer Eigenschaft oder eines Prozesses wirkt sich unmittelbar auf das Differenzierungsversprechen aus. Die Markenkompetenz liefert die Grundlage, auf der die Differenzierung aufgebaut wird. Das anfängliche und noch rohe Konzept der Differenzierung wird dann auf ein einziges Wort oder eine spezifische Perspektive verdichtet, die erfolgreiche Marken zur Selbstdefinition nutzen.

Doch Kompetenz und Differenzierung allein reichen nicht aus. Marken müssen auch einen Nutzen bieten, der für ihre Zielgruppen relevant ist. Je stärker diese Relevanz von den Zielkonsumenten empfunden wird, desto höher ist die Wahrscheinlichkeit eines Markenkaufs. *Fahrfreude* ist zweifellos ein starker Relevanztreiber in der Automobilbranche, und *Magie* besitzt eine ähnlich anziehende Qualität im Unterhaltungsbereich. Natürlich sind in beiden Branchen – Automobil und Unterhaltung – *Fahrfreude* und *Magie* nicht die einzigen Treiber, und BMW sowie Disney sind nicht die einzigen Marken, die diese hochrelevanten Nutzenversprechen für sich beanspruchen. Doch sie sind diejenigen, die diese *Differenzierungstreiber* über die Zeit hinweg mit größerer Konsequenz verfolgt und sich eindeutig zu eigen gemacht haben. Beide haben ihre Differenzierung genutzt, um Produkte zu entwickeln, die diese Erlebnisse auf greifbare Weise vermitteln – ob objektiv oder nur subjektiv wahrgenommen, spielt dabei keine Rolle. Disney hat einen unverwechselbaren Stil entwickelt, Magie nicht nur in Zeichentrickfilmen, sondern auch in Spielfilmen zu erschaffen. Und das Fahrerlebnis in einem BMW fühlt sich für viele Konsumenten ganz anders an als das in einem Mercedes. Wahrscheinlich wurde jedes noch so kleine Detail in einem BMW daraufhin gestaltet, die Wahrnehmung von Fahrfreude zu verstärken: der Motorsound, das Geräusch der schließenden Türen, der Widerstand des Lenkrads oder das Nachgeben des Gaspedals, um nur einige Beispiele zu nennen. Jedes einzelne dieser Details trägt zur Wahrnehmung von Fahrfreude bei und verstärkt sie.

Mercedes-Benz hingegen steht für Ingenieurskunst auf höchstem Niveau. Beide Marken sind somit für eine ausgeprägte Kompetenz bekannt, die ihnen Differenzierung ermöglicht und gleichzeitig starke Relevanz für ihre Zielkunden bietet. Gleichzeitig sieht man selten, dass ein treuer Mercedes-Fahrer zu BMW wechselt – und umgekehrt. Das offenbart einen weiteren Aspekt: Durch die Definition ihrer Kompetenz und Differenzierungsplattformen gewinnen beide Marken auch unverwechselbare Image-Dimensionen. Beide werden zwar mit *Erfolg* im Leben assoziiert, doch jede interpretiert *Erfolg* auf ihre eigene Weise und bietet damit unterschiedliche Relevanzdimensionen. Konzeptionell definiert Mercedes Erfolg als die Fähigkeit, die Regeln zu beherrschen, während BMW Erfolg als eine Haltung versteht, die diese Regeln herausfordert. Die Marke Mercedes verhält sich wie ein cleverer Konformist, BMW wie ein Rebell, der gesellschaftliche Konventionen infrage stellt. Das mag wie ein kleines Detail erscheinen, doch in der Wahrnehmung der Konsumenten machen diese Nuancen den entscheidenden Unterschied. Letztlich sind es diese Feinheiten, die Marken- und Produktpräferenzen prägen und im Laufe der Zeit Markentreue entstehen lassen.

Werfen wir einen genaueren Blick auf jede der drei Erfolgssäulen. Der erste Ansatzpunkt für die Kompetenz Ihrer Marke liegt in der Stärke ihrer Wurzeln (root strength). Wie der Begriff schon andeutet, bezeichnet die Wurzelstärke – ein Element des *Brand Key*-Modells, das in s. Kap. 8 behandelt wird – das ursprüngliche Attribut oder die Grundidee, die Ihre Marke als Kompetenz nutzt, um zum Zeitpunkt der Markteinführung ein einzigartiges Produkt- oder Serviceangebot zu beanspruchen. Nestlé, der weltweit größte Lebensmittelkonzern, der Hunderte von Marken weltweit besitzt und führt, begann 1866 mit der Idee eines deutschen Apothekers, der eine neue und bessere Rezeptur für Milchpulver für Säuglinge entwickelt hatte. Heinrich Nestle und seine Frau waren einige Jahre zuvor in die Schweiz ausgewandert und passten ihren Namen, um sich besser in die französischsprachige Westschweiz zu integrieren, leicht an: Aus Heinrich Nestle wurde Henri Nestlé – daher der Markenname Nestlé. Die Rezeptur kombinierte Milch, Getreide und Zucker und wurde als Pulver angeboten. Die Säuglingssterblichkeit war damals hoch, und neben Hygieneproblemen war die mangelhafte Ernährung eine der Hauptursachen. Frische Milch war in städtischen Gebieten oft schwer erhältlich, und das Stillen war bei Frauen der Schweizer Mittel- und Oberschicht etwas aus der Mode gekommen. Nestlé-Babymilch, zunächst als Nestlé *Milch Pulver* vermarktet, ist bis heute ein Kernprodukt im Markenportfolio des Unternehmens. Milchpulver bildete die ursprüngliche Kernkompetenz von Nestlé als Lebensmittelmarke. Diese Kernkompetenz in der Milchverarbeitung ermöglichte später den Einstieg in den Schokoladenmarkt, wobei das Know-how und die Kompetenz genutzt wurden, um auch bei Schokolade eine überlegene Produktqualität zu erzielen.

In beiden Produktkategorien ermöglichte Nestlés Know-how bei der Milchverarbeitung der Marke, ein einzigartiges Produktangebot zu entwickeln und gleichzeitig die Markenkompetenz zu nutzen, um sich zu differenzieren und das Geschäft auszubauen – erst organisch in den Kernmärkten und im Laufe der Zeit durch eine Markenexpansionsstrategie. All dies geschah in einem Wettbewerbsumfeld, in dem andere Marken ähnliche Angebote auf den Markt brachten, wie etwa Liebig-Kondensmilch in den Vereinigten Staaten. Doch die Rezeptur von Nestlé war einfacher und bequemer in der Anwendung, und Frauen übernahmen Nestlés Milk Flour rasch – zunächst in Europa und kurz darauf auch in den USA.

Heute gilt Oreo als der Inbegriff des amerikanischen Sandwich-Kekses mit Cremefüllung. Die Marke wurde 1912 von der Firma Nabisco eingeführt und hatte zum 100. Geburtstag bereits über 500 Mrd Kekse verkauft. Allerdings hatte eine andere Marke, Hydro Cookie, bereits vier Jahre vor Nabisco, nämlich 1908, einen sehr ähnlichen Keks auf den Markt gebracht. Das beweist, dass die Genialität einer Idee allein nicht den Erfolg garantiert. Um eine Kompetenz zu besitzen, reicht es nicht, sie zu entwickeln – man muss sie auch über Jahre hinweg im Markt beanspruchen und verteidigen.

Gerade für Start-ups ist dies besonders relevant. Im Laufe der Jahre habe ich viele kommen und gehen sehen, und nur wenige wurden zu dem Einhorn, von dem Investoren und Venture-Capital-Firmen träumen. Natürlich gibt es nie nur einen ausschlaggebenden Faktor, aber bei denjenigen, die scheiterten, waren Finanzen und Markenführung meist die Schwachstellen. Lehrbuch-Marketing ist sicherlich ein guter Ausgangspunkt, aber der Weg zu einem klar definierten, differenzierten und relevanten Markenwertversprechen ist weit. Es ist nicht nur die Grundidee, die die Basis für die Markendifferenzierung bildet, sondern die Perspektive, die Sie ihr geben – sie muss für Ihre Marke wirklich einzigartig und für Ihre Zielgruppen unwiderstehlich relevant sein. Wie wir später sehen werden, gibt es viele Facetten der Markenpositionierung, die eine Rolle spielen können, aber es wird nur eine geben, für die Ihre Marke letztlich bekannt sein wird.

Eine ausbaufähige Kompetenz zu identifizieren, ist nicht immer offensichtlich. Manchmal muss man sehr genau hinschauen, hartnäckig bleiben und tief in ein Produkt oder eine Marke eintauchen, um eine Kompetenz zu entdecken, die einzigartig genug ist, um im Differenzierungsprozess genutzt zu werden.

Diese Phase des Markenprojekts ähnelt stark einer journalistischen Recherche. Es gilt, über das Offensichtliche hinauszublicken, alle Komponenten – und seien sie noch so klein – zu hinterfragen und zu bewerten. Anstatt die Details einer Formel oder Rezeptur selbst zu analysieren, lassen Sie sich diese von den Technikern aus F&E bis ins Detail erklären. Versuchen Sie, die Rolle jeder einzelnen Zutat im Produkt vollständig zu verstehen: Wo und wie wird sie beschafft, wie wirkt sie im Zusammenspiel mit den anderen, warum ist sie enthalten und welches Ergebnis erzielt sie in der Endformulierung des Produkts?

Oft sprechen F&E und Marketing nicht dieselbe Sprache, und als Markenexperte müssen Sie das Gesagte so übersetzen, dass es für beide Seiten verständlich wird. Als ich an der Repositionierung der Marke Actimel von Danone arbeitete, hatte das Marketing große Schwierigkeiten, die positiven Effekte der einzigartigen Joghurtkulturen von Actimel auf den menschlichen Darm und deren Rolle bei der Stärkung der natürlichen Abwehrkräfte zu verstehen. Sie betrachteten nur das Offensichtliche und machten sich nicht die Mühe, tiefer zu hinterfragen und wirklich zu begreifen. Rund 70 % unseres Immunsystems befinden sich im Darm. Hier siedeln und vermehren sich Milliarden lebender Bakterien an der Darmwand. Solange die guten Bakterien überwiegen, befindet sich das System in einem positiven Gleichgewicht – ein entscheidender Vorteil für die primären Abwehrkräfte unseres Körpers.

Bestimmte lebende Joghurtkulturen sind in der Lage, die natürliche Säurebarriere des Magens zu überwinden und den Darm zu erreichen, wo sie sich ansiedeln und vermehren. Gibt es keinen Platz zur Ansiedlung, findet keine Vermehrung statt. Schädliche Bakterien können sich nicht halten und werden ausgeschieden. Indem jede einzelne Actimel-Flasche Millionen *guter* Bakterien liefert, trägt dieses kleine Getränk dazu bei, das positive Gleichgewicht im Darm aufrechtzuerhalten. Zugegeben, es ist etwas komplexer, aber im Wesentlichen läuft es darauf hinaus. Um diese Prinzipien zu verstehen, war einiges an Hartnäckigkeit im Gespräch mit dem damaligen F&E-Direktor nötig. Doch sobald das Prinzip der Hypothese hinter der einzigartigen Wirkung der Actimel-Joghurtkultur klar wurde, war die Kernkompetenz der Marke sofort definiert – und führte später zu einer hochdifferenzierenden Positionierung als eine der ersten Functional-Food-Marken. Die Stärkung der natürlichen Abwehrkräfte wurde zur klaren, einprägsamen Stoßrichtung von Actimel. Die Definition dieser greifbaren und relevanten Kompetenz der Marke Actimel gab dem gesamten Marketing- und Vertriebsteam sofort eine eindeutige Richtung, die rasch aufgegriffen und in mehreren wissenschaftlichen Studien weiterverfolgt wurde. Dies ermöglichte letztlich die Erstellung einer wissenschaftlichen Monografie zur Untermauerung der Actimel-Claims im regulatorischen Kontext. All diese Arbeit lieferte anschließend die Grundlage für die Formulierung des Markenversprechens von Actimel. Die Marke wurde schnell für die Stärkung der körpereigenen Abwehrkräfte bekannt: eine klar definierte, fokussierte Markenpositionierung, die vollumfänglich umgesetzt wurde.

Dieser fokussierte Ansatz beantwortete eindeutig ein universelles Konsumentenbedürfnis (*Schutz*) und ermöglichte Actimel eine rasche Expansion in weitere Märkte. Heute verkauft diese globale Megamarke jährlich 2,5 Mrd Actimel-Flaschen. Die einheitliche Positionierung von Actimel gab auch den globalen und lokalen Marketingteams eine klare und greifbare Orientierung. Die Marketing- und Vertriebsaktivitäten der Marke wurden in einem übergreifenden Werbe- und Promotionskonzept gebündelt, das sich lokal leicht anpassen ließ und für Konsistenz sorgte, dabei aber genügend Raum für inspirierende neue Ideen bot. Hier zahlte sich auch Danones „*glocal*"-Ansatz aus: globale Markenstrategien zu definieren und gleichzeitig Freiraum für kreative lokale Anpassungen zu lassen. So konnten die lokalen Märkte auf unterschiedliche kulturelle Kontexte mit feinen Nuancen eingehen.

Einige Jahre später arbeiteten wir an einer deutschen Schmelzkäsemarke, die das Ziel hatte, international zu expandieren (ich habe diese Marke bereits kurz in s. Kap. 2 angesprochen). Das Besondere hierbei war, dass diese Marke vielen direkten Wettbewerbern gegenüberstand – sowohl Marken- als auch Handelsmarken – und, was noch schwerer wog, keine wirkliche Differenzierung in ihrer Produktformel aufwies. Wie ihre Konkurrenten strebte auch Milkana danach, sich über die geschützte und malerisch-idyllische Region, aus der die Milch für den Käse stammte, zu differenzieren. Obwohl die Wettbewerber unterschiedliche Regionen für die Herkunft ihrer Milch beanspruchten, sahen die stereotypen Werbespots alle ziemlich ähnlich aus. Jede dieser regionalen Verweise stützte sich auf positive Klischeebilder, die Konsumenten mit diesen Regionen verbinden. Dies erzeugte eine Illusion von Differenzierung, während die Marken tatsächlich kaum voneinander zu unterscheiden waren.

Die Grundrezeptur für diesen streichfähigen Schmelzkäse wurde übrigens bereits 1911 von einem schweizerisch-amerikanischen Käsehersteller namens Walter Gerber entwickelt, der sein Verfahren zur Verarbeitung dieses speziellen Käses patentieren ließ. Auch wenn es keine greifbaren Belege gibt, diente das Originalrezept vermutlich als Inspiration für die Marken, die später ihre eigenen Rezepturen entwickelten. Das Produktionsverfahren bestand typischerweise darin, traditionell hergestellten Käse – in diesem Fall Cheddar – mit einem Emulgator wie Natriumcitrat zu erhitzen, wodurch eine glatte, streichfähige Produktformel entstand, die einen schmackhaften, leicht streichbaren und recht erschwinglichen Käse hervorbrachte. In Deutschland wurde Milkana nach dem Krieg zu einer gewissen Ikone und zum Symbol für den neuen Überfluss an Lebensmitteln nach Jahren der Rationierung.

Auch hier war der Ausgangspunkt für die Neupositionierung der Marke Milkana die Suche nach ihrer Kernkompetenz: etwas, das keine andere Marke für sich beanspruchen konnte. Unsere Recherche ergab jedoch nichts Verwertbares in der Rezeptur. Der *regionale Bezug* war bereits weitgehend banalisiert. Auch das Verpackungsformat und die Produktvarianten boten kein Differenzierungspotenzial. Wir stellten alles auf den Kopf. Wir sprachen mit allen an der Herstellung von Milkana Beteiligten, insbesondere mit denjenigen, die am längsten im Unternehmen waren. Leider werden diese Mitarbeitenden in Konzernstrukturen oft an den Rand gedrängt und unterschätzt. Doch gerade sie verfügen über das längste Gedächtnis und haben das größte Potenzial, das gesuchte, unschätzbare Detail zu liefern. Schließlich, als alle Optionen nahezu ausgeschöpft waren, sprachen wir erneut mit einem der Lebensmitteltechnologen von Milkana. Diesmal stellten wir detailliertere und hartnäckigere Fragen als beim ersten Mal. Wir gingen jedes noch so kleine Detail der Rezeptur und des Produktionsprozesses noch einmal durch – und fast zufällig kam eine kleine Besonderheit in Milkanas Käsekompetenz ans Licht.

Es gab schließlich einen Unterschied in der Temperaturführung zu einem ganz bestimmten Zeitpunkt im Prozess. Nicht in absoluten Zahlen – das erstmals 1865 von Louis Pasteur beschriebene und patentierte Verfahren nutzt Temperaturen um 85 °C, um die Milch am Gären zu hindern –, sondern im konkreten Weg, wie diese Temperatur erreicht wurde. Dieser Weg unterschied sich von dem der Konkurrenz und ermöglichte es uns, eine überlegene Qualität, Textur und Geschmack zu beanspruchen. Es war dieses kleine Detail, das für viele im Unternehmen bedeutungslos erschien, das uns jedoch einen neuen Ansatzpunkt für die Umpositionierung der Marke bot: ein Herstellungsprozess, der darauf ausgelegt ist, die natürliche Güte der Milch zu bewahren, aus der der Käse gemacht wird, und der es der Marke ermöglichte, den differenzierenden und relevanten Nutzen eines *einfachen, natürlichen Genusses* zu kommunizieren. Wir hatten gefunden, wonach wir suchten, und dieses kleine, scheinbar unbedeutende Detail erlaubte es uns, das größere Konzept der *Authentizität* für Milkana zu beanspruchen.

Das Konzept des *einfachen, natürlichen Genusses* bot mehrere Dimensionen, von denen wir eine identifizierten, die das Potenzial hatte, die Marke

Abb. 4.1 Illustration von Milkanas *einfachem, natürlichen Genuss*. Eigenes Bild des Autors

zu differenzieren: Die einfachen Dinge im Leben sind oft die Quelle des größten Genusses (siehe Abb. 4.1). Dies verschaffte der Marke einen universell attraktiven Nutzen, der ihre internationalen Ambitionen unterstützte. Gleichzeitig bot es eine differenzierte Wertpositionierung gegenüber dem wichtigsten globalen Wettbewerber, der französischen Marke *La vache qui rit* des Bel-Konzerns. Campbell's Soup hat kürzlich denselben Positionierungsansatz für seine US-Kampagne *real food that matters for life's moments* wiederentdeckt. Ein weiteres Beispiel für die intrinsische Kraft von Markenführungskonzepten, die auf Nostalgie und Tradition setzen – als Gegenmittel zur beschleunigten Veränderung und Komplexität unserer Zeit.

Werfen wir nun einen genaueren Blick auf die Dimension der Markendifferenzierung. Im Laufe der Zeit verlieren etablierte Marken mitunter völlig den Blick für ihre ursprüngliche Stärke, weil sie von der Komplexität ihrer eigenen Markenbotschaften überwältigt werden, die sich über die Jahre ohne echte Priorisierung angesammelt haben. Haben sie den Fokus verloren, beginnt der unvermeidliche Niedergang. Dann ist es an der Zeit, ernsthaft über ein Repositionierungsprojekt nachzudenken und zur ursprünglichen Stärke der Marke zurückzukehren, die einst den Grundstein für ihren erfolgreichen Start und ihre Entwicklung legte. Dabei gibt es vieles zu beachten. Zunächst müssen potenzielle Produktattribute identifiziert und gegeneinander abgewogen werden. Nicht im luftleeren Raum, sondern im Kontext des Wettbewerbsumfelds und stets in Verbindung mit den Bedürfnissen der Konsumenten. Dies ist eine komplexe Aufgabe, und viele potenzielle Claims werden es nicht bis zum Schluss schaffen. Am Ende wird nur einer als Basis für die Differenzierung der Marke dienen. Doch keine einzige Markenbotschaft geht verloren. Markenpositionierung oder -repositionierung bedeutet, Botschaftshierarchien und Prioritäten zu definieren, indem für jede Botschaft der ideale Platz im Gesamtmix festgelegt wird.

Anschließend müssen potenzielle Claims auf Basis des gewählten Attributs formuliert und mit den identifizierten Konsumentenbedürfnissen und -einsichten abgeglichen werden. Die s. Kap. 9 und 10 werden dieses und weitere Konzepte im Rahmen des Markenbildungs- oder Rebranding-Prozesses ausführlicher behandeln.

Markendifferenzierung kann im Positionierungsprozess verschiedene Rollen einnehmen. Sie kann über funktionale Treiber wie Qualität, Preis, ein Attribut, ein Verfahren, eine Rezeptur oder eine Dienstleistung erreicht werden. Sie kann aber auch durch emotionale Hebel wie Werte, Einstellungen oder die Markenvision definiert werden. Damit Ihre Markendifferenzierung wirksam und dauerhaft eigenständig bleibt, muss sie immer in der Produkt- oder Servicerealität verankert sein – also in etwas Greifbarem, das als Beleg für Ihren Differenzierungsanspruch dienen kann. Ohne diese Substanz ist keine Markendifferenzierung möglich, denn Substanzlosigkeit führt im realen Nutzungskontext fast zwangsläufig zu einer Enttäuschung der Konsumenten.

Zu Beginn wird Differenzierung immer konzeptionell definiert. Der Inhalt zählt mehr als die Form. So stellen Sie sicher, dass Ihre Differenzierung Substanz hat und Sie absolute Klarheit darüber gewinnen, wofür Ihre Marke stehen soll. Die Versuchung ist groß, die Marke über einen einprägsamen Slogan oder Kommunikationsclaim zu definieren, doch birgt dies stets das Risiko, sich in eine Formulierung zu verlieben und dabei den eigentlichen Kern der Differenzierung zu verfehlen.

Markendifferenzierung treibt die Markenrelevanz. Sie ermöglicht es der Marke, einen belegbaren Anspruch zu erheben, der bei Konsumenten auf Resonanz stößt. Dies unterstützt auch die Einprägsamkeit Ihrer Marke, weckt über die Zeit Interesse und kann letztlich zu einer Kaufentscheidung führen. So wie *Kompetenz* und *Differenzierung* untrennbar miteinander verbunden sind, gilt dies auch für Differenzierung und Relevanz. Alle drei müssen im Einklang wirken, um das Konsumentenverhalten im Sinne Ihrer Ziele zu beeinflussen.

Um eine durchschlagende, differenzierte Markenpositionierungsplattform zu definieren, ist ein tiefes Verständnis der Bedürfnisse Ihrer Zielkonsumenten erforderlich. Je besser und tiefer Sie diese Bedürfnisse oder *Consumer Insights* verstehen, desto überzeugender wird Ihre Markendifferenzierung ausfallen. Gleichzeitig leitet dieses Verständnis die Marke bei der Steigerung ihrer Relevanz. In der Regel haben Konsumenten mehr als ein Bedürfnis in Bezug auf eine bestimmte Produkt- oder Dienstleistungskategorie. Das Verständnis und die Gewichtung dieser Bedürfnisse oder *Insights* werden im Analyseprozess und bei der Bewertung Ihrer Produkt- oder Servicerealität sehr wichtig sein (s. Kap. 7 und 8). Alle Merkmale und Attribute, die keinem identifizierten Konsumentenbedürfnis entsprechen, werden in dieser Phase vorübergehend ausgeschlossen, da sie sich nicht für die differenzierende Positionierung Ihrer Marke eignen.

Es gibt verschiedene generische Formen von Konsumentenbedürfnissen, auf die viele Marken bei der Definition ihrer Differenzierung zurückgreifen. Am häufigsten ist es der Preis. Konsumenten suchen vor einer Kaufentscheidung nach einem Preis-Leistungs-Verhältnis, sofern der Preis ein relevantes Bedürfnis darstellt. Seit den 2010er Jahren und den Folgen der Subprime-Krise ist der Preis in Kaufentscheidungsprozessen noch wichtiger geworden. Gleichzeitig war der Preis nie so relativ wie heute: Der absolute Preis, den ein Konsument für eine bestimmte Marke zu zahlen bereit ist, wird weniger durch sein Budget als vielmehr durch den wahrgenommenen Wert der Marke bestimmt. Nehmen wir das Beispiel des iPhone 15 von Apple. Laut Investipedia, das zum US-Verlag Dotdash Meredith gehört, wird die Einstiegsvariante dieses Telefons für 999 US$ verkauft. Die Herstellung kostet Apple 599 US$. Das ergibt eine Gewinnmarge von rund 66 %, fast doppelt so hoch wie die Standardmarge der Elektronikbranche. Noch beeindruckender sind die Zahlen für die High-End-Version des iPhone 15. Hier zeigen die Wertwahrnehmungen der Marke Apple bzw. iPhone deutlich, wie relativ der Preis geworden ist. Die Markenwahrnehmung kann Konsumenten schlicht davon abhalten, nach dem günstigsten Preis zu suchen. Apple-Produkte werden weltweit zum exakt gleichen Preis verkauft – ein Maß an Preiskontrolle, das die meisten Marken nicht erreichen. Differenzierung diktiert meistens den Preis.

Dennoch ist Preisgestaltung ein heikles Feld, wenn es um Markendifferenzierung geht. Vor allem ist eine Differenzierung über den Preis meist nur von kurzer Dauer, da jeder Wettbewerber Ihren Preisvorteil unterbieten kann – es sei denn, Ihre Marke und Ihr gesamtes Unternehmen sind strategisch darauf ausgerichtet, ein *Preisführer* zu sein. Dafür muss das gesamte Unternehmen und das Produktangebot entsprechend konzipiert sein. Eine Differenzierung über den Preis ist langfristig schwer aufrechtzuerhalten, da niedrige Preise fast immer mit niedrigen Margen einhergehen und Ihnen am Ende die Mittel fehlen, um Ihre Marke angemessen zu unterstützen und weiterzuentwickeln.

Markendifferenzierung auf Basis von Qualität ist die bessere Option. Qualität bietet einen höheren Schutz vor Angriffen durch Wettbewerber. Dies gilt insbesondere für Märkte mit hohen Markteintrittsbarrieren. Nespresso ist hierfür ein eindrucksvolles Beispiel. Zunächst ein Misserfolg am Markt, hatte das Nespresso-System erfolglos den B2B-Bürosektor ins Visier genommen. 1986 positionierte Nestlé die Marke dann neu im B2C-Bereich und richtete sie an den Endverbraucher. Die Technologie hatte Nestlé bereits 1974 vom Battelle-Institut in Genf erworben: ein geschlossenes System, bei dem Kaffeekapseln und Maschinen exklusiv zusammen funktionierten. Das Nespresso-System produzierte Espresso in Einzelportionen in einem elektronischen Drei-Phasen-Prozess: Vorbefeuchtung, Belüftung und Extraktion – alles gesteuert durch eine integrierte Chiptechnologie, die Nestlé einen 25-jährigen Patentschutz sicherte. Die Differenzierung, die Nespresso beanspruchte und belegte, lag in der Qualität des auf Knopfdruck zubereiteten Espressos. Gleichzeitig bot das System eine stetig wachsende Sortenvielfalt und vermittelte den Konsumenten als angenehmen Nebeneffekt ein Gefühl von Kultiviertheit und Raffinesse. Die unterschiedlichen Kapselfarben, die den Nespresso-Kaffeesorten entsprachen, sowie die konstant „bistroähnliche" Konsistenz und Geschmacksqualität ermöglichten es den Konsumenten, sich wie „Baristas" mit einer besonderen Fähigkeit zu fühlen, verschiedene Espressosorten zu Hause nachzubereiten. Die eigentliche Markendifferenzierung resultierte jedoch aus dem herausragenden Geschmackserlebnis der Kaffeekapseln, das tatsächlich mit der Qualität professioneller Bistro-Angebote vergleichbar war. Mit dem Konzept der *Qualität* hatte die Marke ein einzigartiges Produktmerkmal zur Differenzierung identifiziert. Der Markenclaim von Nespresso „What else?" verdeutlichte dies eindrucksvoll. Die geschmackliche Überlegenheit des Nespresso-Angebots blieb bis zum Ablauf des Patentschutzes im Jahr 2017 unerreicht.

Diese bemerkenswerte Erfolgsgeschichte verweist jedoch auch auf die Verwundbarkeit einer Markendifferenzierung, die auf einer Technologie oder dem Qualitätskonzept basiert. Selbst Nespressos geschützte und mit hohen Markteintrittsbarrieren versehene Technologie bot keinen dauerhaften Schutz. Heute wird die Marke von vielen Seiten angegriffen, oft von Marken, die sich über den Preis differenzieren und dabei (zumindest aus Sicht der Konsumenten) die legendäre Nespresso-Qualität nachahmen. Während *Preis* für Konsumenten sehr greifbar ist, bleibt *Qualität* deutlich subjektiver. Die meisten Konsumenten können den Unterschied tatsächlich nicht erkennen, und nur wenige führen einen direkten Qualitäts- (Geschmacks-) Vergleich durch, der ebenfalls nie frei von Subjektivität ist. Dies gilt nicht nur für Lebensmittelmarken, sondern auch für technische Marken aller Art.

Hier fehlt es Konsumenten oft an Fachwissen und Qualifikation, um die Auswirkungen von Produkt- oder Serviceeigenschaften wirklich zu vergleichen, sodass sie auf emotionale Entscheidungsfindung zurückgreifen.

Die Nutzung eines Produkt- oder Service-Merkmals ist eine weitere Möglichkeit, sich auf funktionaler Ebene zu differenzieren. Damit dies zu greifbaren Ergebnissen führt, muss das gewählte Merkmal die Formulierung eines einzigartigen Markenversprechens ermöglichen. Dies bezieht sich auf die Markenkompetenz, die zuvor bereits thematisiert wurde.

Sie können entweder ein Merkmal oder eine Eigenschaft identifizieren, die Ihrer Marke eine eindeutige Einzigartigkeit verleiht, wie etwa die Alpenmilch, die für die Herstellung der Milka-Schokolade verwendet wird, oder die ¼-Feuchtigkeitscreme, die die Dove-Beauty-Bar (1957 in den USA eingeführt) auszeichnet und mittlerweile zum differenzierenden Merkmal des gesamten Dove-Produktsortiments geworden ist. Auch M&M's verfügte über ein differenzierendes Attribut: die Zuckerglasur, die es ermöglichte, den Claim zu erheben: *die Schokolade, die im Mund schmilzt und nicht in der Hand.*

Leider verfügen nur wenige FMCG-Marken über ein einzigartiges und exklusives Attribut zur Differenzierung. In diesem Fall müssen Sie mit dem arbeiten, was vorhanden ist. Das stellt jedoch nicht zwangsläufig ein großes Problem für den Markenpositionierungsprozess dar. Jede Herausforderung birgt auch eine Chance, und es ist lediglich mehr Kreativität gefragt, um die Markendifferenzierung über ein Merkmal zu definieren, das vielleicht nicht exklusiv für Ihr Produkt oder Ihre Dienstleistung ist. Entscheidend ist, dass die Markendifferenzierung für Ihre Zielgruppe relevant ist – und geschickt konzipierte Konsumentenforschung kann helfen, vorhandene Attribute in einem neuen Licht zu sehen. Konsumenten-Insights bieten einen tiefen Einblick in Bedürfnisse und Motivationsmuster, die Markenpräferenzen bestimmen. Gelingt es Ihnen, diese Insights zu entschlüsseln, kann die Bewertung Ihrer Produkteigenschaften eine überraschend neue Wendung nehmen. Möglicherweise betrachten Sie ein zuvor abgelehntes Attribut aus einer völlig neuen Perspektive, die ein bislang ungenutztes Potenzial für Ihre Markendifferenzierung offenbart.

Ein Beispiel hierfür ist die seinerzeit familiengeführte deutsche Marke ONGO im Bereich Büromöbel. ONGO hatte sich im deutschen Büromöbelmarkt durch ein einzigartiges Hocker-Konzept differenziert und einen Namen gemacht. Der Hocker hatte eine leicht gewölbte Unterseite, wodurch er beim Sitzen und Arbeiten kreisförmige Bewegungen machte. Dies war beabsichtigt: Der Hocker wurde entwickelt, um Rückenschmerzen entgegenzuwirken, die durch stundenlanges Sitzen auf herkömmlichen, ergonomisch optimierten Bürostühlen entstehen. Weltweit sind Rückenschmerzen das größte Gesundheitsproblem für Büroangestellte, die acht Stunden oder mehr täglich verbringen, ohne ihre Rückenmuskulatur zu beanspruchen. Der ONGO-Hocker war genau dafür konzipiert. Wer auf dem Hocker saß und arbeitete, erreichte nie eine stabile Sitzposition. Im Arbeitsmodus waren die Nutzer gezwungen, ständig auszugleichen. Dadurch wurden die Rückenmuskeln automatisch aktiviert und langsam, mühelos gestärkt – ein Konzept, das der Marke ONGO durch ein einfaches, aber cleveres Produktmerkmal, die gewölbte Hockerunterseite, echte Differenzierung verschaffte. Doch schon bald holte die Konkurrenz auf. Größere Möbelhersteller brachten rasch eigene Varianten des beweglichen Hockers auf den Markt. Mit deutlich stärkeren Markenwerten verdrängten diese Marken ONGO zunehmend. Da die Differenzierung nur auf einem einfachen Produktmerkmal beruhte, verlor ONGO seine Alleinstellung im deutschen Büromöbelmarkt. Die Marke benötigte dringend eine Neupositionierung, um eine frische, relevante und exklusive Differenzierung zu erreichen.

Die gewölbte Unterseite war jedoch nicht das einzige Produktmerkmal des ONGO-Hockers. Die zentrale Hockersäule ließ sich ausfahren, um beispielsweise an einem höhenverstellbaren Schreibtisch eine Stehsitz-Unterstützung zu bieten. Doch auch dieses Merkmal wurde von der Konkurrenz schnell in deren Modelle integriert. Schließlich war es ein unscheinbares und banales Produktmerkmal, das zum neuen Differenzierungsansatz der Marke ONGO wurde: Der Hocker war leicht und dadurch einfach an einen anderen Schreibtisch, in einen Besprechungsraum oder an einen inspirierenderen Arbeitsplatz zu tragen. In einer Bürowelt, in der offene Räume sich zunehmend zu nomadischen Arbeitsumgebungen entwickeln, erkannte ONGO die Chance und griff einen Trend auf – lange bevor andere darauf reagierten. Tatsächlich hatten Shared Desks, flexible Arbeitsplätze und Umgebungen den Büromarkt schon vor der Covid-Pandemie erreicht, die das Arbeiten von zu Hause dauerhaft etablierte.

Soweit, so gut – aber wie sorgt dies für Markendifferenzierung? Wir nutzten einen doppelten Insight von Konsumenten (Büroangestellten) und Kunden (Unternehmen, die Büroflächen verwalten). Die Leichtigkeit und ergonomische Handhabung, mit der der ONGO-Hocker einfach bewegt werden konnte, entsprach einem neuen, aufkommenden Bedürfnis im Büromarkt: dem Bedürfnis nach *Agilität*. Die Differenzierung von ONGO begann mit einem einfachen Aspekt und entwickelte daraus eine Vision für die neue Bürowelt. Die Differenzierung der Marke verlagerte sich einfach von *Bewegung* zu *Agilität*. Um diesen Wandel zu verdeutlichen, wurde der bisherige Markenclaim *keep moving* zu *agility at work*, wobei Agilität eine physische, mentale und kognitive Dimension umfasst – allesamt hochrelevant für das Arbeitsumfeld im Büro. Diese neue Markenpositionierung verschaffte ONGO eine relevante Differenzierung und bot eine ideale Plattform für eine neue, einzigartige Markengeschichte.

Allerdings hatte diese neue Positionierung auch ihre Schattenseiten. Der Hocker allein reichte nicht aus, um die Differenzierung der Marke groß und kraftvoll zu machen. Das damalige Produktsortiment war zu klein und wurde weitgehend vom Hockerkonzept dominiert. Es gab keine Alternative: Das Sortiment musste weiterentwickelt werden, um dem neuen Claim durch ein vollständiges Angebot an *agilen* Möbeln Substanz zu verleihen. Hier bewies ONGO selbst Agilität und entwickelte eine neue Produktlinie für Büromöbel, darunter Schreibtische, Boards, und Wände (siehe Abb. 4.2). Alle auf Rollen, leicht an jeden Ort im Büro zu bewegen, sodass Nutzer im Handumdrehen einen Besprechungsraum oder Arbeitsplatz an einem inspirierenden Ort schaffen können, an dem die Kreativität besser fließt.

Nicht das Merkmal selbst, sondern das daraus entwickelte und um dieses Merkmal gebaute Konzept wurde zum neuen, kraftvollen Differenzierungsansatz von ONGO. Eine Differenzierung, die weit über ein einfaches Produktsortiment hinausging und zu einer echten Markenvision wurde, die im

Abb. 4.2 ONGO Spark und ONGO Free in einem Open-Space-Büro. Mit freundlicher Genehmigung von Köhl GmbH, Deutschland

Markt für große Aufmerksamkeit sorgte und ONGO wieder auf die Einkaufsliste der Händler brachte. Dieses Beispiel zeigt jedoch auch, dass kleine Marken große Ideen haben können und Finanzierung nicht immer entscheidend ist. Wenn Sie Ihre Konkurrenz nicht überbieten können, können Sie sie vielleicht überlisten. Wichtig ist dabei, dass Sie Ihre neue Positionierung schnell in allen verfügbaren Kommunikationskanälen besetzen und nutzen. Denn auch eine Positionierung kann – noch schneller als ein Produktmerkmal – von der Konkurrenz kopiert oder übernommen werden, wie es später im Fall ONGO geschah.

Nachdem wir nun Kompetenz und Differenzierung behandelt haben, werfen wir einen Blick auf die *Relevanz* und ihre Rolle im Markenbildungsprozess. Relevanz ist vermutlich das zentralste und entscheidendste Element auf dem Erfolgsweg einer Marke. Damit eine Marke innerhalb ihrer definierten Zielgruppe Relevanz erzeugen kann, muss sie als Antwort auf ein spezifisches Konsumentenbedürfnis wahrgenommen werden. Diese Bedürfnisse können durch Präferenzen, Überzeugungen oder sogar durch Aspirationen definiert sein. Relevanz beschränkt sich nicht ausschließlich auf physische, sondern auch auf emotionale Bedürfnisse und Gewohnheiten, die Konsumenten im Laufe der Zeit entwickelt haben. Markenrelevanz weist einer Marke eine besondere Bedeutung im Kaufentscheidungsprozess zu. Wie wir in s. Kap. 6 sehen werden, wird dieser Prozess teilweise eher durch Wahrnehmungen als durch konkrete funktionale Realitäten gesteuert. Kombinierte Bedürfnisse, Präferenzen und Aspirationen erzeugen Gefühle und Einstellungen, die das Konsumentenverhalten gegenüber einer Marke motivieren.

Eine Möglichkeit, über Relevanz nachzudenken, besteht darin, mithilfe von Forschung eine formale Consumer Journey Map für Ihre Marke zu definieren. Journey Maps oder die schematisierte Visualisierung der Entscheidungsprozesse unterscheiden sich je nach Produktkategorie und Marktsegment. Sie folgen jedoch alle denselben Grundprinzipien, die dann in Phasen unterteilt werden. Alles beginnt mit dem Bewusstsein für ein Bedürfnis, gefolgt vom Bewusstsein für Marken oder Angebote, die als glaubwürdig angesehen werden, diese Bedürfnisse zu erfüllen. Konsumenten und Kunden bilden relevante Sets, also eine Art Liste der vorselektierten und priorisierten Marken. Es folgt eine Evaluationsphase, in der Merkmale und Vorteile verglichen und geprüft werden, bis eine Kaufentscheidung getroffen wird. Auf die Nutzung des Produkts oder der Dienstleistung folgt eine weitere Evaluationsphase, die als „Nutzung" bezeichnet wird. Fällt diese positiv aus, entwickeln Konsumenten erste Formen von Loyalität, die sich zu einer aktiven Befürwortung entwickeln können, bei der Markenverwender die Marke

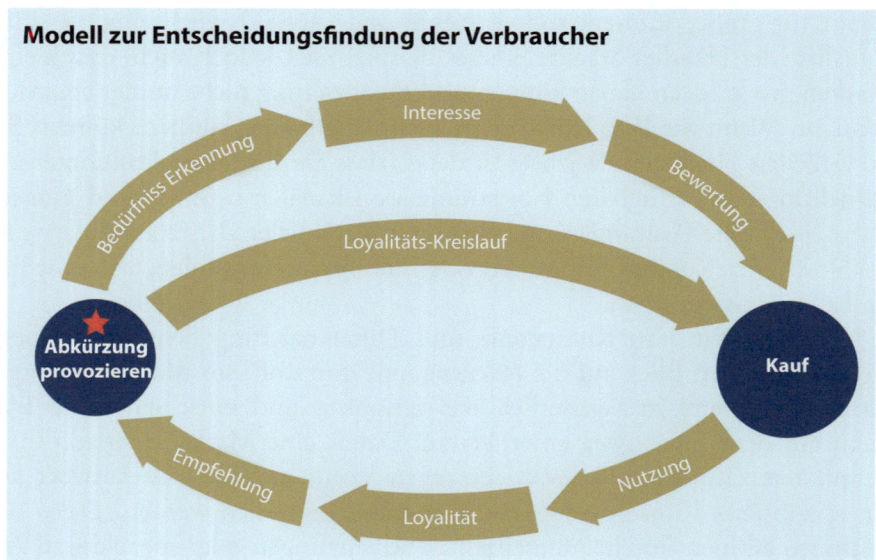

Abb. 4.3 Der Konsumenten-Entscheidungsprozess, McKinsey Quarterly, Juni 2009. (Eigene Darstellung des Autors)

aktiv weiterempfehlen. Markenloyale Konsumenten neigen stark dazu, die Marke erneut zu kaufen, ohne die einzelnen Schritte der Journey erneut zu durchlaufen.

Ein Phänomen, das durch McKinseys Modell der *Loyalitätsschleife*[1] beschrieben wird und auf alle Branchen und Marktsegmente anwendbar ist (siehe Abb. 4.3).

Das Modell basiert auf Untersuchungen mit fast 20.000 Personen und deren Kaufentscheidungsverhalten und liefert den Nachweis, dass der tatsächliche Entscheidungsprozess eher einer Schleife als dem traditionellen *Trichter* ähnelt. Das *Trichter*-Modell ging davon aus, dass Konsumenten mit einer breiten Auswahl potenzieller Marken beginnen, die dann linear nacheinander ausgeschlossen werden, bis die letzte verbleibende Marke gekauft wird. Zudem wurde angenommen, dass alle Schritte – Markenbekanntheit, Interesse, Bewertung und Kauf – gleichermaßen relevant sind. Die Ergebnisse der McKinsey-Studie zeigen jedoch ein anderes Bild. Angesichts der Vielzahl an Markenoptionen in vielen Branchen greifen Konsumenten auf eine engere Auswahl an Marken zurück, die sie letztlich in Betracht ziehen

---

[1] McKinsey Quarterly, Juni 2009.

und bewerten. Hier bleibt die Markenbekanntheit wichtig, da sie Voraussetzung dafür ist, dass Marken in die relevante Auswahl gelangen, die aktiv in der Vorkaufsphase berücksichtigt und bewertet werden. Untersuchungen zeigen, dass Marken, die es in diese erste Auswahl schaffen, dreimal häufiger gekauft werden. Während Konsumenten alternative Markenoptionen prüfen, können Marken, die zunächst nicht ausgewählt wurden, dennoch auf die Shortlist gelangen, während andere bereits gelistete Marken im Bewertungsprozess herausfallen. An dieser Stelle spielt Relevanz eine entscheidende Rolle, um Ihre Marke im Entscheidungsprozess zu halten und sie als beste Wahl bis zur Kaufentscheidung zu verteidigen.

Dies legt nahe, dass die traditionellen *Push*-Marketingstrategien der letzten 60 Jahre an Wirksamkeit eingebüßt haben könnten. Die McKinsey-Studie zeigt, dass sich das Konsumentenverhalten gewandelt hat: Anstatt Markenbotschaften einfach aufzunehmen, suchen Konsumenten zunehmend aktiv nach markenbezogenen Informationen online, in verschiedenen Medien oder im eigenen Umfeld. Markenwebsites, Leistungsbewertungen, Käuferrezensionen sowie eigene Markenerfahrungen sind heute bei der Kaufentscheidung ebenso wichtig wie klassische Markeninformationen.

Das Modell der *Loyalitätsschleife* betont zudem die Bedeutung der Nachkaufphase, der viele Marken zu wenig Aufmerksamkeit schenken. Entgegen der landläufigen Meinung wird die Nachkauf-Erfahrung nicht nur durch den Produktkonsum oder die Nutzung allein bestimmt, sondern auch durch externe Wahrnehmungsimpulse wie strategische Markenkommunikationsprogramme nach dem Kauf. Um die Auswirkungen von Nachkauf-Dissonanz (post purchase dissonance) zu verringern, sind diese Programme darauf ausgelegt, Konsumenten und Kunden mit Kommunikationsinhalten zu beruhigen, Sicherheit in Bezug auf das gekaufte Produkt oder die Dienstleistung zuvermitteln und einen einfachen Zugang zu After-Sales-Service-Plattformen und Dialogmöglichkeiten zu bieten. Apple hat die Customer Journey zu einem abgerundeten, kontinuierlichen Prozess entwickelt, bei dem nichts dem Zufall überlassen wird und jedes Detail darauf ausgerichtet ist, ein positives und einprägsames Konsumentenerlebnis zu schaffen. Große Anstrengungen wurden hier unternommen, um Konsumentenbedürfnisse zu erforschen, zu analysieren und in Programmschritte zu übersetzen, die in jede Phase – vor, während und nach dem Kauf – maximale Relevanz erzeugt und so ein reibungsloses Erlebnis ermöglicht, das die *Loyalitätsschleife* unterstützt.

Relevanz kann sich auch auf das Bedürfnis nach funktionalen oder rationalen Informationen beziehen, wenn Konsumenten bei ihren Entscheidungen auf objektive Daten zurückgreifen. Meistens steht Relevanz jedoch im Zusammenhang mit einem emotionalen oder subjektiven Bedürfnis wie Freude, Spaß, Sicherheit, Anerkennung, Selbstvertrauen usw. Die Liste ist endlos, weshalb die Erforschung der spezifischen Bedürfnisse Ihrer Zielgruppe von größter Bedeutung ist. Häufig gehen diese emotionalen Bedürfnisse mit den funktionalen einher, wenn Konsumenten ihre Markenwahl treffen, was darauf hindeutet, dass Markenentscheidungen selten ausschließlich auf funktionalen oder emotionalen Bedürfnissen basieren.

Konsumentenbedürfnisse sind nicht immer klar definiert und können sich überschneiden oder gleichzeitig bestehen. Sie können spontan oder grundlegender Natur sein und kurz- oder langfristig auftreten. Ein tiefgehendes Verständnis dieser Bedürfnisse ist grundlegend für den Aufbau von Markenrelevanz, und die Bedürfnisforschung sollte sich darauf konzentrieren, die *wahre* Natur eines Bedürfnisses zu verstehen. Im Allgemeinen sind Konsumenten nicht in der Lage, ihre Bedürfnisse in klassischen Forschungssituationen auszudrücken. Sie verstehen sie oft selbst nicht wirklich oder haben Schwierigkeiten, sie sinnvoll zu beschreiben. Ähnlich wie bei Nutzungsverhalten und Einstellungen sind sich Konsumenten meist nicht bewusst, was sie tatsächlich tun und warum. Sie bilden lediglich Meinungen über ihre Nutzungsgewohnheiten und ihre Einstellung zu bestimmten Produktkategorien oder Marken. Das Problem ist, dass diese *Meinungen* nicht neutral sind, sondern meist gesellschaftliche Normen, Klischees und Überzeugungen integrieren. Ähnlich verhält es sich auch mit Bedürfnissen.

Wenn Sie die zugrunde liegenden Bedürfnisse im Zusammenhang mit antibakteriellen Haushalts- oder Hygieneprodukten erforschen, geben Konsumenten meist an, dass sie Bakterien beseitigen möchten. Oberflächlich betrachtet ist das plausibel, und die gesamte Kategorie nutzt diese Erkenntnis zur Positionierung ihrer Marken. In der morphologischen, psychoanalytischen Forschung (s. Kap. 7) zeigt sich jedoch, dass es in Wirklichkeit um weit mehr als die Eliminierung von Bakterien geht. Auch hier äußern Konsumenten zunächst das Bedürfnis nach *Hygiene*. Doch ein Blick ins Unbewusste offenbart, dass die eigentliche Motivation auf die Beseitigung des *Fremden* gerichtet ist. Das Konzept und die Toleranz für *hygienische Sauberkeit* entwickeln sich aus einem tieferen Verständnis dafür, wie Konsumenten das Risiko einer *Kontamination* definieren, wenn die Quelle außerhalb der eng umrissenen *Familiengemeinschaft* liegt.

Bei der Definition und Nutzung von Relevanz in jeder Produkt- oder Dienstleistungskategorie, sowohl im B2C- als auch im B2B-Bereich, ist das Verständnis der Konsumenten und/oder Kunden von zentraler Bedeutung. Je intensiver Sie Motivationen, Wünsche und Präferenzen erforschen, desto tiefer dringen Sie in die Seele Ihrer Zielgruppe ein.

Die Erkenntnisse aus dieser Forschung liefern das notwendige Verständnis dafür, worauf Sie in Ihrem Produkt- oder Dienstleistungsangebot achten müssen, um einen Anspruch zu formulieren, der starke Relevanz erzeugt und gleichzeitig Marken-Differenzierung und Kompetenz schafft – alles abgeleitet und begründet durch dasselbe Produktmerkmal oder dieselbe Eigenschaft.

Es gibt zahlreiche verschiedene Forschungsmethoden, um Konsumentenbedürfnisse zu verstehen und so die Markenrelevanz gezielter zu definieren. Auch wenn nicht alle Methoden das gleiche Potenzial bieten, kann ein erster Schritt darin bestehen, einen Zielkonsumenten einfach zu beobachten, wie es Procter & Gamble in seinem *LiveLab*-Forschungszentrum tut (s. Kap. 7). Beobachtungen können auch im kleineren Rahmen erste Hinweise liefern – etwa im Einzelhandel, im Freundes- und Familienkreis zu Hause usw. Dies liefert zwar nicht unbedingt hochgradig belastbare Erkenntnisse, aber es gibt erste Anhaltspunkte, worauf Sie achten sollten, wenn Sie später mit anspruchsvolleren Forschungsmethoden tiefer einsteigen.

Auch das Durchforsten von produktkategoriespezifischen Foren und Social-Media-Plattformen kann Einblicke in Konsumentenbedürfnisse liefern. Gleiches gilt für bestimmte Trends, die auf Bedürfnisse und Motivationen hinweisen können, die Konsumenten für eine bestimmte Produkt- oder Dienstleistungskategorie teilen. All diese Beobachtungsinstrumente sind kostengünstig und helfen, ein erstes Verständnis für Konsumentenbedürfnisse zu gewinnen, sodass Ihre Marke Relevanz definieren kann.

Auf der nächsten Ebene können qualitative Forschungsmethoden wie Fokusgruppen und/oder Einzelinterviews im Studio, *Personas* in häuslicher Umgebung oder Online-Befragungen ein tieferes Verständnis für Konsumentenbedürfnisse und -motive in Bezug auf Ihre Produkt- oder Dienstleistungskategorie liefern. Qualitative Forschungsmethoden sind weltweit verbreitet und helfen, Informationen über Zielkonsumenten zu sammeln. Diese Erkenntnisse sind jedoch selten exklusiv, und auch Ihre Wettbewerber können darüber verfügen. Vergessen Sie nicht: Im Branding ist oft weniger entscheidend, *was* Sie herausfinden, sondern *wie* Sie es nutzen, um die Relevanz Ihrer Marke zu definieren. Markenaufbau ist ein kreatives Geschäft, und die Art und Weise, wie Sie Ihre Erkenntnisse einsetzen, kann den Unterschied ausmachen. Die Schlagkraft der Markenrelevanz hängt daher maßgeblich von der Kreativität ab, mit der Sie Ihre Erkenntnisse in einen stärkeren und attraktiveren Relevanzansatz umsetzen als Ihre Wettbewerber.

Ein weiteres gängiges Forschungsmodell zur Gewinnung von Einblicken in Konsumentenbedürfnisse, -motive und -wünsche sind Studien zur Nutzung-

und Sinnes-Einstellungen der Konsumenten (Usage & Attitude – U&A) – entweder in qualitativer oder quantitativer Form. Werden sie in klassischen qualitativen Fokusgruppen durchgeführt, dringen diese Methoden meist nicht sehr tief und bergen das Risiko, nur oberflächliche Erkenntnisse zu liefern. Der Vorteil quantitativer U&A-Studien liegt in ihrer Reichweite; sie können erste Erkenntnisse aus der Bedürfnis- und Motivationsforschung durch eine größere Konsumentenbasis validieren. Dieser Validierungsprozess ist oft Teil des Markenmanagements in größeren Unternehmen.

Meiner Ansicht nach kommt jedoch keine Methode an die Kraft der morphologischen Verhaltensforschung heran, wenn es darum geht, Konsumentenbedürfnisse mit dem Ziel der Definition von Markenrelevanz zu verstehen – sowohl für Insights- als auch für U&A-Forschungszwecke. Wie keine andere Forschungsmethode ermöglicht die Morphologie tiefe Einblicke in Konsumentenmotivation, Einstellungen und Überzeugungen. Weniger bekannt ist, dass die morphologische Forschung die Prinzipien der freudschen Psychoanalyse und der Gestalttheorie nutzt, um die unbewussten Dimensionen der Konsumentenmotivation in Bezug auf eine bestimmte Produkt- oder Dienstleistungskategorie zu erschließen. Dieses qualitative Forschungsinstrument liefert eine Tiefe an Erkenntnissen über Konsumentenverhalten, -motive und -wünsche, die die meisten konventionellen Forschungsmethoden nicht erreichen. Tatsächlich ermöglicht dieses Instrument einen tiefen Einblick in die Seele der Konsumenten (wird ausführlich in s. Kap. 7 behandelt).

Wie Kompetenz und Differenzierung muss auch Relevanz direkt mit einer Produkt- oder Dienstleistungsrealität verknüpft sein. Sie muss ein direktes und wahrnehmbares Ergebnis eines Merkmals oder einer Eigenschaft Ihres Angebots sein. Fehlt diese Verbindung oder wird Ihr Anspruch überstrapaziert, scheitert Ihre Marke und führt zu Kundenenttäuschung. In diesem Sinne haben Relevanz, Kompetenz und Differenzierung denselben Ursprung.

Es gibt zudem verschiedene taktische Ansätze, um die Wahrnehmung von Relevanz kurzfristig zu steigern, etwa durch Promotion-Aktionen, Verpackungs- oder Design-Updates oder echte Innovationen. Neuigkeiten sorgen fast immer für einen kurzfristigen Anstieg der Markenrelevanz; dieser Effekt ist jedoch meist nicht von Dauer, da der Wettbewerb in der Regel schnell nachzieht.

Auch andere Markendimensionen können helfen, die Wahrnehmung von Relevanz zu stärken, etwa eine Markenvision, Markenwerte oder echte Authentizität in Wort und Tat. Eine Marke, die als authentisch wahrgenommen wird, kann das Gefühl von Glaubwürdigkeit und Vertrauen stärken und emotionale Bindungen schaffen, die die Wahrnehmung von Relevanz fördern. Ich bin überzeugt, dass insbesondere *Authentizität* im Laufe der Zeit zu einem zentralen immateriellen Markenwert werden wird. Zu viele Marken haben ihre Kommunikationsbemühungen auf ausgetretene Pfade zunehmend bedeutungsloser Semantik gelenkt, oft gepaart mit irreführenden Handlungen. Morgen mehr denn je werden Marken gezwungen sein, ihren Worten auch Taten folgen zu lassen.

Emotional Branding ist ein weiteres Mittel, um die Relevanzdimension einer Marke zu steigern. Emotionale Bindungen gehen in der Regel weit über funktionale Eigenschaften und Nutzen hinaus, die – wie bereits erwähnt – Konsumenten überfordern und deren Fähigkeit zur Bewertung einschränken können. Emotional Branding zielt darauf ab, eine greifbare Plattform für die Identifikation der Konsumenten mit der Marke zu schaffen, etwa durch Verkörperung (zum Beispiel durch eine prominente Persönlichkeit) oder durch die Nutzung eines Wertes, der mit der Selbstwahrnehmung einer klar definierten Zielgruppe in Verbindung steht. Selbst-expressive, menschliche Werte der Markenpersönlichkeit werden ausführlich in s. Kap. 6 behandelt. Im Namen einer Marke ausgedrückt, unterstützen sie Konsumenten dabei, vom wahrgenommenen *realen Selbst* zum angestrebten *idealen Selbst* zu gelangen. Sie zeigen auf, wie die Marke in der Rolle eines Konsumenten dabei hilft, sich selbst zu transformieren. Daher können sie zu einem mächtigen Verbündeten werden, um die Relevanz Ihrer Marke zu steigern.

Schließlich können auch kulturelle Dimensionen, die an sich schon facettenreich sind, die Markenrelevanz erhöhen. Marken, die sich an kulturelle Besonderheiten anpassen, werden von lokalen Zielgruppen oft als relevanter wahrgenommen. Gleichzeitig können Marken ihre kulturellen Wurzeln und Hintergründe nutzen, um auch in Auslandsmärkten Relevanz zu erzeugen – so wie McDonald's, als das Unternehmen erstmals europäische Märkte betrat. Es war das erste Restaurant, das einen zugänglichen, stereotypen *American way of life* anbot.

Letztlich müssen Sie eine Auswahl treffen und herausfinden, was am besten funktioniert. Kompetenz, Differenzierung und Relevanz, die klar definiert und konsequent umgesetzt werden, sind die Grundlage für starke Markenwerte und helfen dabei, den dafür notwendigen Zeit- und Ressourcenaufwand zu optimieren.

5

Wahrnehmung versus Realität: Die zwei Seiten des Markenbewertungsprozesses

Untersuchungen zeigen, dass 80 % des von Konsumenten wahrgenommenen Wertes einer Marke durch die Wahrnehmung der Produkt- oder Dienstleistungsqualität generiert werden.[1] Es besteht kaum Zweifel daran, dass ein wesentlicher Teil dieser Wahrnehmungen durch die Wirkung von greifbaren oder wahrgenommenen Produkt- oder Dienstleistungsmerkmalen entsteht, die Konsumenten während der Nutzung erfahren. Geschmack, Textur, Klang, Aussehen, Geruch sowie eine solide, wahrnehmbare oder messbare Leistung bilden die Grundlage für die Qualitätswahrnehmung, die wir mit bestimmten Produkten und Dienstleistungen verbinden. Doch wie steht es um die Marke selbst? Spielen Marken an sich ebenfalls eine aktive Rolle in diesem prägenden Wahrnehmungs- und Bewertungsprozess? Leiten sich die Qualitätswahrnehmungen der Konsumenten ausschließlich aus den *subjektiven* oder *objektiven* (zum Teil messbaren) Leistungsmerkmalen der Marke ab, oder spielt die Marke mit ihrer assoziierten Bildwelt oder ihrem Markenwert ebenfalls eine aktive Rolle? Und wenn ja, wie und in welchem Ausmaß?

Die Bewertung einer Marke und ihrer Leistung erfolgt selten objektiv, und die Wahrnehmungen, die Menschen beim Konsumieren oder Verwenden einer Marke äußern oder empfinden, werden nicht nur durch intrinsische Markenfaktoren wie Produkteigenschaften beeinflusst, sondern auch durch extrinsische Faktoren wie Farbgebung, Bilder oder Symbole und Botschaften. Konsumenten verfügen selten über ausreichend Wissen oder relevante Informationen, um ein Produkt oder eine Dienstleistung objektiv zu

---

[1] David Aaker, Building strong brands, Simon & Schuster, UK, 1996.

bewerten. Zudem erfordert eine objektive Bewertung oft einen erheblichen kognitiven Aufwand. Wird dieser Aufwand zu groß, greifen Konsumenten auf Markenbilder und -erinnerungen zurück, die im Entscheidungsprozess leichter zugänglich sind. Über diese Erinnerungen verknüpfen Konsumenten bestimmte Marken mit Assoziationen, was die Entscheidungsfindung erleichtert und beschleunigt. Beispielsweise werden bei einem typischen Lebensmitteleinkauf, bei dem viele Kaufentscheidungen in kurzer Zeit getroffen werden müssen, Markenentscheidungen meist auf Basis zuvor angesammelter Wahrnehmungen und weniger auf Grundlage der funktionalen Produkt- oder Dienstleistungsrealität getroffen. In diesen Prozessen wird Objektivität durch Subjektivität ersetzt und emotionale Entscheidungen dominieren gegenüber rationalen. Doch auch bei komplexeren Produkt- oder Dienstleistungsentscheidungen überwiegt klar die emotionale Entscheidungsfindung. Während rationale oder funktionale Entscheidungsparameter im Kaufprozess weiterhin eine Rolle spielen, dienen sie meist nur der Bestätigung und untermauern so das primär emotionale Entscheidungsverhalten. Der Nobelpreisträger und Psychologe Daniel Kahneman, bekannt für seine Arbeiten zu Heuristiken, stellte fest, dass selbst bei finanziellen Entscheidungen, die gemeinhin als rein faktenbasiert gelten, 90 % emotional und nur 10 % rational-logisch getrieben sind.

Konsumenten übertragen im Laufe der Zeit angesammelte Markeneindrücke in den Markenwert, der die ganzheitlichen Bildwahrnehmungen beschreibt, die Konsumenten von Marken im Kopf haben. Diese Bildwahrnehmungen erzeugen nicht nur Markenpräferenzen, sondern können, wie zahlreiche Studien zeigen, auch die funktionale Bewertung der Produkt- oder Dienstleistungsleistung selbst beeinflussen – sowohl positiv als auch negativ. So können Qualitätswahrnehmungen bei Marken mit starkem Markenwert höher ausfallen, selbst wenn die messbare Produktleistung geringer ist. Umgekehrt können schwächere Marken auch bei objektiv besserer Produktleistung zu einer niedrigeren Qualitätswahrnehmung führen. Diese Bewertung ist selbstverständlich nicht schwarz-weiß, und das Ausmaß, in dem die Produktleistung durch wahrgenommene oder reale Faktoren bewertet wird, hängt auch von der Produktkategorie und dem mit dem Kauf verbundenen Risiko ab. Insofern unterscheidet sich die Entscheidungsfindung bei Produkten mit geringem Involvement oder niedrigem Risiko von der bei Produkten mit hohem Involvement und hohem Risiko. Der Markenwert kann beim Kauf einer Tüte Chips eine größere Rolle spielen, während beim Kauf eines Fernsehers funktionale Vergleiche anhand beworbener Produkteigenschaften überwiegen.

Markenbekanntheit, Markencodes, Markenbotschaften, von Konsumenten generierte Markenkommunikation wie in Foren, über soziale Medien oder Mundpropaganda sowie der Preis spielen alle eine bedeutende Rolle dabei, wie ein Konsument die tatsächliche Leistung einer Marke bewertet.

Zahlreiche Studien haben den Einfluss der Markenbekanntheit auf die subjektive Bewertung der Produktleistung nachgewiesen. Zunächst kaufen Konsumenten Marken, die sie kennen und mit denen sie vertraut sind. Sie nutzen Marken auch, um ihr wahrgenommenes Risiko beim Kauf unterschiedlichster Produkte zu reduzieren. Je bekannter eine Marke ist, desto mehr bietet sie den Konsumenten eine gewisse Sicherheit hinsichtlich der Qualität eines Produkts oder einer Dienstleistung. Mehrere Forschungsarbeiten legen nahe, dass eine starke Markenbekanntheit ein höheres Maß an Vertrauen schafft, was wiederum zu höheren Qualitätserwartungen führt. Subjektiv können diese höheren Erwartungen dann zu einer positiveren Bewertung der Produkt- oder Dienstleistungsleistung führen. Eine weniger bekannte oder unbekannte Marke wird von Konsumenten kritischer bewertet, was zu einer skeptischeren Leistungsbewertung führen kann.

Markenbekanntheit spielt jedoch auch eine wichtige Rolle bei der Etablierung der Markensalienz. Markensalienz bezeichnet das Ausmaß, in dem eine Marke im Bewusstsein der Konsumenten während einer Markenbewertung oder Kaufsituation präsent ist. Salienz spiegelt die Fähigkeit wider, eine Marke zu erkennen und sich während des Kaufentscheidungsprozesses an deren Bild, Überzeugungen und Einstellungen zu erinnern. Marken mit hoher Salienz sind oft diejenigen, die „top of mind" sind und bei der kognitiven Auswahl konkurrierender Marken an erster Stelle stehen. In der Regel gehen Markenbekanntheit und Markensalienz mit Marktanteilen einher, und ein hoher Marktanteil kann für sich genommen einen positiven Effekt auf die Qualitätsbewertung der Konsumenten haben. Natürlich denken Konsumenten nicht in Marktanteilen, aber Marken mit hohem Anteil sind im Markt sichtbarer und verfügen über ein stärkeres Image. Markenbekanntheit ist ein entscheidender Faktor in jedem Markenbildungsprozess, und der Aufbau, die Stärkung oder die Aufrechterhaltung einer hohen Markenbekanntheit sollte ein zentrales Ziel jeder Marketingstrategie sein.

Dies gilt insbesondere für Eigen- oder Handelsmarken – also Marken, die im Besitz von Handelsunternehmen wie Einzel- oder Großhändlern, online oder offline, sind. Diese Marken haben in den meisten entwickelten Volkswirtschaften im Einzelhandel erheblich an Bedeutung gewonnen, da Händler in den vergangenen Jahren schwächere Industriemarken sukzessive durch ihr eigenes Markenportfolio ersetzt haben. In diesen Märkten werden die meistverkauften Industriemarken oder SKUs (Stock Keeping Units) inzwischen durch vergleichbare Angebote der jeweiligen Handelsmarke ergänzt. In vielen europäischen Märkten erreichen Handelsmarken mittlerweile einen kombinierten Marktanteil von bis zu 70 % in einzelnen Produktkategorien. Handelsmarken existieren in verschiedenen Formaten: als Kategorienmarken mit einem spezifischen Produktangebot wie einer Lebensmittel-, Kosmetik- oder Getränkelinie (Carrefour – *Reflet de France* oder Target's *Good & Gather* in den USA) oder als transversale Handelsmarken, die nahezu alle FMCG-Produktkategorien einer Supermarktkette abdecken (DM – *Dein Bestes* in Deutschland oder einfach *Tesco* wie der Name des Händlers selbst in UK). Sie werden meist mit einem Preisvorteil von 30–40 % gegenüber Industriemarken angeboten. Diese Marken überzeugen vor allem durch ihr Preis-Leistungs-Verhältnis. Während Handelsmarken bei regelmäßig einkaufenden Kunden durchaus bekannt sind, ist ihre Bekanntheit bei anderen Konsumenten deutlich geringer. Auch hier schafft Bekanntheit Vertrauen, und Vertrauen beeinflusst die Bewertung der wahrgenommenen Produktqualität. In Zeiten sinkender frei verfügbarer Einkommen greifen Konsumenten verstärkt zu Handelsmarken. Eine aktuelle Studie zeigt jedoch, dass dieselben Konsumenten regelmäßig zu den führenden Industriemarken zurückkehren, um sich an das Markenerlebnis zu erinnern. Es scheint, dass nur dann, wenn das *echte* Markenerlebnis von Zeit zu Zeit erlebt wird, eine Handelsmarke längerfristig akzeptiert werden kann.

Auch Markencodes können einen direkten und messbaren Einfluss auf die Qualitätsbewertung bestimmter Produkte haben. Man sollte sich bewusst machen, dass diese Bewertungsprozesse in erster Linie subjektiv sind und die erlebte Qualität lediglich das widerspiegelt, was Konsumenten wahrnehmen. Noch bevor wir ein Produkt oder eine Dienstleistung zum ersten Mal erleben, sind wir bereits zahlreichen Markensignalen und -botschaften der jeweiligen Marke ausgesetzt. Wir haben die Marke vielleicht schon in verschiedenen Situationen gesehen oder von ihr gehört, Rezensionen gelesen oder Werbung und Promotionen wahrgenommen. All dies kann geschehen, bevor wir die Marke tatsächlich selbst erleben. Über die Zeit hinweg steigern diese Hinweise die Erwartungen, was beispielsweise die sensorische Wahrnehmung eines Lebensmittels sowohl positiv als auch negativ beeinflussen kann.

Bier zählt weltweit zu den meistkonsumierten Getränken, und zahlreiche Studien haben den Einfluss von Markenbildwahrnehmungen auf die Qualitätsbewertung von Biermarken untersucht. Übereinstimmend – und ähnlich wie bei Studien zu Zigarettenmarken – sind Konsumenten im Allgemeinen nicht in der Lage, ihre bevorzugte Biermarke in Blindverkostungen zu erkennen. In einer von der Carling Brewing Company[2] in den USA durchgeführten Studie wurden sechs führende nationale und lokale Biermarken zunächst von 326 regelmäßigen Biertrinkern in einer Blindverkostung zu Hause probiert. In jedem Sechserpack, das den Teilnehmern nach Hause geliefert wurde, befand sich eine Flasche der jeweils am häufigsten konsumierten Marke. Alle Flaschen waren unetikettiert. Die Bewertung von Geschmack, Aroma, Schaum, Textur, Nachgeschmack, Stärke usw. erfolgte anhand eines festgelegten Bewertungsschemas. Die Ergebnisse der Blindverkostung zeigten keine signifikanten Unterschiede in den Bewertungen der neun Attribute und zwischen den verschiedenen Biermarken, was die Hypothese bestätigte, dass Biertrinker ihre Lieblingsmarke in Blindtests nicht unterscheiden können. In der zweiten Phase der Studie, in der die gleichen Teilnehmer die gleichen Biere mit Etikett verkosteten, waren die Ergebnisse deutlich anders: Nicht nur verbesserten sich die Bewertungen aller neun Attribute signifikant (im Durchschnitt um 18 %), sondern auch die bevorzugte Biermarke schnitt im Vergleich zu den anderen meist am besten ab. Die Ergebnisse deuten stark darauf hin, dass die physischen Produkteigenschaften wie Geschmack, Mundgefühl, Textur und Bitterkeit kaum Einfluss auf die subjektive Qualitätsbewertung der Biermarken hatten und die Produktpräferenzen vielmehr durch Markensignale als durch tatsächliche Produkteigenschaften beeinflusst wurden.

Eine weitere kleine Studie in den USA untersuchte Geschmacksvorlieben bei Wein. Die Teilnehmer – zufällig ausgewählte, nicht fachkundige Weintrinker – sollten zwei verschiedene Rotweine probieren, von denen einer auf dem Etikett als kalifornischer und der andere als norddakotischer Wein ausgewiesen war. Der kalifornische Rotwein gewann eindeutig, obwohl beide Flaschen exakt denselben Wein enthielten. Obwohl in dieser Studie lediglich die Herkunft als Differenzierungsmerkmal genutzt wurde, zeigt sie deutlich, wie Markensignale die Produktbewertung direkt beeinflussen können.

Ein besonders radikales Experiment, das zeigen sollte, wie Produkterwartungen die Qualitätsbewertung beeinflussen können, wurde 1973 von John Wheatly[3] vorgeschlagen. Die Teilnehmer wurden in einen speziell beleuchteten Raum eingeladen, um eine Mahlzeit aus Steak, Erbsen und Pommes

---

[2] Influence of beer brand identification on taste perception, Ralph I. Allisson and Kenneth P. Uhl, Journal of Marketing Research, August 1964.

[3] A taste of things to come: The effect of extrinsic and intrinsic cues on perceived properties of beer mediated by expectations, Helena Blackmore, Claire Hidrio, Martin R. Yeomans, School of Psychology, University of Sussex, Brighton BN1 9QH, United Kingdom. Published by Elsevier July, 2021.

frites zu sich zu nehmen. Während des Essens, das von allen sehr genossen wurde, änderte sich die Beleuchtung und offenbarte die wahren Farben der Speisen: Das Steak war blau, die Erbsen rot und die Pommes grün. Allein diese Farbveränderung stellte die Bewertung des Essens völlig auf den Kopf. Viele Teilnehmer assoziierten die Farben mit verdorbenen Lebensmitteln und verweigerten das weitere Essen, einige fühlten sich sogar unwohl. Alle hatten Erwartungen an das servierte Essen, die zu Beginn des Experiments aus organoleptischer Sicht erfüllt wurden. Auch Markensignale und -botschaften erzeugen Konsumentenerwartungen, die noch mehr Subjektivität in den Prozess der Qualitätsbewertung einbringen – wenn auch zugegebenermaßen nicht so radikal wie im obigen Beispiel.

Mit zunehmendem Gesundheitsbewusstsein der Konsumenten erfreuen sich alkoholfreie Biere wachsender Beliebtheit. Dennoch werden 0%-Biere von Konsumenten häufig mit minderwertigem Geschmack, Aroma und Mundgefühl assoziiert. Um diesen Wahrnehmungen entgegenzuwirken, haben sich extrinsische Markencodes in der Forschung als wirksam erwiesen, um die Erwartungen an die Produktqualität zu beeinflussen. Markensignale wie bestimmte Begriffe, Verpackung, Produktfarbe und sogar Markennamen sowie frühere Konsumerfahrungen können Erwartungen erzeugen, die wiederum nicht nur die Bewertung, sondern auch das tatsächliche Geschmackserlebnis, Mundgefühl, die Textur oder den Nachgeschmack beeinflussen. Erwartungen haben somit das Potenzial, die sensorische Wahrnehmung während des Konsums zu verändern. Eine in Dänemark durchgeführte Studie bestätigte diese Annahmen am Beispiel alkoholfreier Biere.[4] Die Studie war in zwei Phasen unterteilt: eine Blindverkostung, bei der die mit dem Geschmack assoziierte Produktfarbe durch rotes Licht in den Testkabinen ausgeblendet wurde, und eine Verkostung unter normalen Lichtbedingungen. Beide Sitzungen wurden nacheinander durchgeführt. Die Teilnehmer sollten ihre Präferenzen für vier Qualitätsparameter von Bier angeben: Erfrischung, Corpus, Bitterkeit und generelle Beliebtheit jeder Probe. Sowohl die Bierfarbe als auch die Etikettenbeschreibung „Bitterkeit" beeinflussten die Bewertung der „Erfrischung" zwischen Blindverkostung und normaler Verkostung desselben Bieres signifikant. Die Bewertung der Dimension „Corpus" wurde bei dunklerer Bierfarbe als deutlich „voller" empfunden als beim gleichen Bier im Blindtest. Diese Forschung liefert Hinweise darauf, dass die Bewertung sensorischer Marken- oder Produktmerkmale durch Konsumenten

---

[4] University of Illinois at Urbana-Champaign, Champaign, IL 61820, USA.

bereits vor dem eigentlichen Konsum beginnen kann und das Konsumerlebnis in die eine oder andere Richtung beeinflusst.

Eine weitere Studie untersuchte den Einfluss von Semantik auf die Bewertung der Produktqualität. Es gilt allgemein als anerkannt, dass Konsumenten in Produktkategorien mit geringem Involvement und niedrigem Risiko eher extrinsische Markensignale als intrinsische nutzen, um sich eine Meinung über die konsumierten Produkte zu bilden. So wurde beispielsweise eine „Phantom-Zutat"-Testmethode angewandt, um den Einfluss der Wahrnehmung von Soja als Hauptzutat und *Gesundheit* als zentrales Markenversprechen auf die Geschmackseinschätzung zu analysieren. Ähnlich wie alkoholfreies Bier wird Soja von Konsumenten zunehmend als gesunde Proteinquelle betrachtet. Dennoch hat es Soja als Lebensmittel oder Lebensmittelzutat bislang nicht geschafft, breite Akzeptanz zu erlangen, und wird von vielen Konsumenten organoleptisch als weniger ansprechend wahrgenommen. In der Konsumentenforschung wird Soja häufig als weniger schmackhaft, mit einer leicht körnigen Textur und einem unangenehmen Nachgeschmack beschrieben.

Der Test umfasste eine normale Geschmackstestung mit 155 Teilnehmern, die anhand selbst deklarierter Rekrutierungsquoten in 50 % geschmacksorientierte und 50 % gesundheitsorientierte Konsumenten unterteilt wurden. Die Teilnehmer wurden gebeten, einen gebrandeten Müsliriegel zu verkosten und zu bewerten, der keinerlei Soja enthielt. Diese Nullmessung erfolgte am Produkt, ohne dass Markenbotschaften über die Verpackung preisgegeben wurden. Anschließend sollten die Teilnehmer Geschmackserwartungen auf Basis der Verpackung einschätzen und in einem weiteren Schritt auch die vier alternativen Riegel mit unterschiedlichen Verpackungsoptionen verkosten, darunter Hinweise wie „Sojaanteil (10 g)" und *Gesundheit–keine Gesundheit*-Claims. Gesundheitsbezogene Aussagen wurden insgesamt positiv aufgenommen und beeinflussten die Bewertung von Geschmack und Mundgefühl weder bei gesundheits- noch bei geschmacksorientierten Teilnehmern signifikant. Die Offenlegung von Soja als Zutat über die Verpackungskommunikation veränderte jedoch die Geschmackserwartungen und -wahrnehmungen der geschmacksorientierten Konsumentengruppe im Test signifikant.

Diese Maßnahme wirkte sich zudem negativ auf die erwartete Kaufhäufigkeit aus.

Nun könnten Sie zu Recht fragen, ob diese Erkenntnisse auch auf Non-Food-Produktkategorien, auf Produkte mit hohem Involvement und auf Dienstleistungsangebote übertragbar sind. Auch wenn es hierzu kaum oder keine Forschung gibt, lässt sich annehmen, dass die gleichen Prinzipien gelten. Die Konditionierung der Konsumenten durch Markenbotschaften und die Bereitstellung relevanter Informationen, die Überzeugungen, Einstellungen oder Bedürfnisse ansprechen, werden mit hoher Wahrscheinlichkeit auch die wahrgenommene Leistungsfähigkeit von Produkten in Non-Food- und High-Involvement-Kategorien beeinflussen. Der Grund dafür ist, wie bereits erwähnt, dass der Großteil unserer Konsumentscheidungen emotional motiviert ist. Und das gilt auch für High-Involvement-Produkte oder -Dienstleistungen, selbst wenn hier intrinsische Markensignale eine deutlich größere Rolle spielen.

Ein weiterer nachgewiesener Einflussfaktor auf die Bewertung der Produkt- oder Dienstleistungsqualität ist der Preis. Preis erhöht bei Konsumenten fast immer die Qualitätserwartung, und wie die oben diskutierten Studien zeigen, beeinflussen Erwartungen die Qualitätswahrnehmung. Allerdings ist dies nicht so einfach, wie es scheint, und eine bloße Preiserhöhung führt nicht zwangsläufig zu einer besseren Leistungsbewertung durch die Zielgruppe. Das dahinterstehende Konzept ist, dass eine Premium-Positionierung Ihrer Marke, die sowohl durch intrinsische als auch extrinsische Markensignale erlebbar wird, die Leistungsbewertung aus Konsumentensicht positiv beeinflussen kann. Ein überdurchschnittlicher Preis kann diese Wahrnehmung weiter verstärken – unter einer entscheidenden Bedingung: Ihr Produkt oder Ihre Dienstleistung muss diese Erwartung erfüllen und die wahrgenommene Leistung muss mindestens der Ihrer Wettbewerber entsprechen. Der Grund dafür ist, dass Konsumenten automatisch davon ausgehen, dass höherpreisige Produkte qualitativ besser sind als günstigere Alternativen. Wer beispielsweise ein Haushaltsgerät einer Premiummarke wie einen in Deutschland hergestellten Miele-Geschirrspüler kauft, erwartet eine höhere Qualität als bei einem vergleichbaren Gerät von Whirlpool, das zu einem deutlich niedrigeren Preis angeboten wird, obwohl die Funktionalitäten und Ausstattungsmerkmale ähnlich sind.

Darüber hinaus kann bereits der Markenname selbst und das damit verbundene Markenimage die Wahrnehmung der Produktleistung durch Konsumenten beeinflussen. Wenn wir den Markennamen als stimulierenden Faktor bei der Bewertung der wahrgenommenen Produktleistung betrachten, meinen wir damit nicht nur den Namen, sondern auch das Image oder das Markenwertversprechen, das damit verbunden ist. Der Imagewert einer Marke erfordert nicht zwangsläufig jahrelange Markenaufbau-Maßnahmen. Mitunter reicht der Markenname allein aus, um eine bestimmte Assoziation hervorzurufen, die im Bewertungsprozess eine Rolle spielen kann. Ein Beispiel ist die britische Smoothie-Marke *Innocent*, die heute zur Coca Cola Company gehört. Die Gründer der Marke *Innocent*, Richard Reed, Adam

Balon und Jon Wright, führten 1999 einen cleveren Markttest durch, der ihnen nicht nur Feedback zum Produkt, sondern auch erheblichen Buzz für den Markteintritt verschaffte. Alle in sicheren Anstellungsverhältnissen zur dieser Zeit, nutzten die vier Gründer ein Festival, um *Innocent* erstmals zu verkaufen und die Besucher zu fragen, ob sie das Produkt für entwicklungswürdig hielten – was im Erfolgsfall zum Jobausstieg führen sollte. Das Feedback war positiv, und *Innocent* wurde zunächst im Vereinigten Königreich und kurz darauf in Europa eingeführt. *Innocent* ist eine Marke, bei der der Name zugleich die Positionierung ist. Einfach zu verstehen und zu merken, auch für nicht-angelsächsische Zielgruppen, bringt der Name auf den Punkt, was *Innocent* von Wettbewerbern unterscheidet: 100 % natürliche Zutaten, verbunden mit einem starken Bekenntnis zu ethischer Beschaffung und Nachhaltigkeit. Genau das, wonach gesundheits- und umweltbewusste Millennials suchten. Aus produktspezifischer Sicht ist *Innocent* jedoch weniger außergewöhnlich; laut Etikett ist der Hauptbestandteil Apfelsaft. Innocent hat einen Nutri-Score[5] von „E" und gilt damit nach der vom französischen Gesundheitsdienst 2017 entwickelten und seitdem für alle Lebensmittel geltenden Skala als ungesund. Dennoch kann der ausschließliche Konsum gesunder Produkte auf Dauer auch langweilig werden.

Die Leistungsbewertung eines Produkts kann zudem durch extrinsische Markensignale wie den Namen selbst, Farbcodes, Symbole oder andere Elemente beeinflusst werden. Dies gilt insbesondere für Produktkategorien, bei denen nur wenige intrinsische Markensignale im subjektiven Bewertungsprozess genutzt werden können.

In diesem Zusammenhang untersuchte eine 2010 von der Universität Valencia in Spanien durchgeführte Studie[6] den Einfluss von Markennamen auf die wahrgenommene Qualitätsbewertung in drei Produktkategorien: Tortilla-Chips, Buntstifte und Papiertaschentücher. Für jede Kategorie wurden die führende Marke, eine Zweitmarke und eine Handelsmarke ausgewählt. Die Produktkategorien wurden so gewählt, dass sie drei der fünf Sinne abdecken: Geschmack, Sehen und Tasten. Für die eigentliche Leistungsbewertung wurden alle Produkte in vier verschiedenen Bedingungen präsentiert: (1) in der Originalverpackung der jeweiligen Marke (Tostitos, Crayola und Kleenex), (2) in der Verpackung des Zweitmarken-Konkurrenten, (3) in der

---

[5] Der Nutri-Score ist ein offizielles französisches Lebensmittellabel mit fünf Stufen in unterschiedlichen Farben, das den Nährwert und die Gesundheitsqualität eines Produkts anzeigt.
[6] Hilgenkamp, Heather; Shanteau, James, Functional Measurement Analysis of Brand Equity: Does Brand Name affect Perceptions of Quality? Psicológica, Bd. 31, Nr. 3, 2010, S. 561–575, Universitat de València Valencia, Spanien.

Verpackung der Handelsmarke und (4) in einer Schale ohne Etikett. Die Verpackungen aller Produkte wurden zudem separat präsentiert. Während der Testreihe, die 45 Testpunkte umfasste und auf einer Likert-Skala bewertet wurde, sollten die Teilnehmer die Produkte probieren und spontan bewerten. Die Verpackungen wurden hinsichtlich der Kaufwahrscheinlichkeit auf Basis bisheriger Markenerfahrungen bewertet.

Wenig überraschend erzielten in jeder der getesteten Produktkategorien die Produkte, die direkt mit der jeweiligen führenden Marken assoziiert waren (Tostitos, Crayola und Kleenex), die höchsten Leistungsbewertungen, gefolgt von der Zweitmarke und der jeweiligen Handelsmarke. Die Bewertung des Produkts ohne Markenoffenbarung lag leicht über der der Zweitmarke. Die Ergebnisse zeigen deutlich, dass ein und dasselbe Produkt je nach zugeordneter Marke unterschiedlich bewertet wird. Dies bestätigt erneut, dass der Markenname und das damit verbundene Markenimage einen erheblichen Einfluss auf die subjektive Leistungsbewertung des Produkts selbst haben können.

6

Wie selbst-expressive menschliche Werte die Markenattraktivität steigern

Konsumenten verbinden sich in erster Linie auf emotionaler Ebene mit Marken. Während Produkteigenschaften oder Service-Merkmale wichtig sind, um den Kaufentscheidungsprozess zu rationalisieren, wird der Prozess selbst überwiegend von emotionalen Motiven angetrieben. Die Rolle von Eigenschaften und Merkmalen besteht hauptsächlich darin, eine rationale Untermauerung zu liefern.

Wie bereits erörtert, verfügen Marken über zahlreiche Möglichkeiten, emotionale Verbindungen zu ihren Zielgruppen herzustellen, indem sie die Bedürfnisse der Konsumenten tiefgehend und umfassend verstehen. Mithilfe von Consumer Insights (s. Kap. 7) können sich Marken nicht nur innerhalb eines wettbewerbsintensiven Marktes positionieren und differenzieren, sondern auch eine hohe Relevanz schaffen. Diese wahrgenommene Relevanz gibt Konsumenten wiederum Sicherheit bei ihrer Markenwahl und fördert starke Gefühle wie z. B. *diese Marke ist für mich*. Elemente der Markenidentität, wie die Auswahl von Primär- und Sekundärfarben, Schriftarten, Ikonografie sowie Markengeschichten und Storytelling, Werbung und Kommunikation im Allgemeinen, um nur einige zu nennen, tragen alle dazu bei, die Beziehung zwischen einer Marke und ihren definierten Zielkonsumenten zu emotionalisieren.

Eine weitere Quelle emotionaler Bindung im Branding sind Werte. Marken, die ein gut gewähltes, ausgewogenes Set an Werten beanspruchen und verteidigen, haben eine höhere Wahrscheinlichkeit, eine Verbindung zu ihren Zielkonsumenten herzustellen. Damit diese Werte ihr volles Potenzial entfalten können, müssen sie zwei zentrale Bedingungen erfüllen: Sie müssen eine logische Konsequenz der Markenpositionierung (Marken-Essenz) sein und sie müssen umsetzbar sein – anders ausgedrückt: Marken müssen als authentische Vertreter dieser Werte in all ihrem Handeln wahrgenommen werden.

Sorgfältig ausgewählte und gelebte Werte können ein stärkeres Engagement mit Marken begünstigen und die Erinnerungsfähigkeit an die Marke selbst und ihre Botschaften fördern. Dr. Carmen Simon, Neurowissenschaftlerin und Chief Science Officer bei der Corporate Visions Consultancy in Reno, Nevada, weist darauf hin, dass 80 % der Konsumenten oder Kunden Markeninhalte nach drei Tagen meist vergessen haben. Ihren Forschungen zufolge gibt es drei Hauptgründe, warum Menschen Markenbotschaften vergessen: Irrelevanz der Botschaft (55 %), ein zu komplexer Inhalt, um ihn zu behalten (30 %), und ein genereller Mangel an Motivation (36 %). Überraschenderweise und entgegen der Erwartungen im heutigen stark fragmentierten Medienmarkt machten Ablenkungen während der Markenkommunikation nur 18 % aus.

Marken können Werte auf unterschiedlichen Ebenen einsetzen. Unternehmensmarken definieren häufig einen Satz von Kernwerten. Diese Werte spiegeln wider, wofür das Unternehmen steht und woran es glaubt – nicht nur in Bezug auf seine kommerziellen Zielgruppen, sondern auch als Arbeitgebermarke. Damit Werte im Branding-Prozess wirksam werden, müssen sie gelebt werden. Es bringt nichts, die Kernwerte einer Marke zu definieren, wenn die Organisation oder die kommerzielle Marke selbst diese nicht vorlebt. Besonders Millennials und die Generation Z zeigen eine sehr kritische Haltung gegenüber vorgetäuschten Werten und passen ihre Markenwahl entsprechend an. *Fürsorge, Authentizität, Integrität, Transparenz* sind beispielsweise typische und häufig genutzte Werte von Unternehmensmarken.

Obwohl Unternehmensmarken im Entscheidungsprozess in der Regel eine untergeordnete Rolle gegenüber Konsumentenmarken spielen, können sie Erstkäufern, die die Unternehmensmarke durch andere frühere Markenentscheidungen bereits kennen, Sicherheit geben. Wenn Sie als Konsument gute Erfahrungen mit dem Waschmittel Tide gemacht haben, probieren Sie vielleicht auch die Zahnpasta Crest aus, da beide von Procter & Gamble (Unternehmen und Marke) hergestellt werden. Daher ist der Aufbau direkter und sichtbarer Verbindungen zwischen einer Unternehmensmuttermarke und ihrem Portfolio an Konsumentenmarken zu einem integralen Bestandteil der gesamten Markenstrategie geworden. Das erklärt, warum die Muttergesellschaften großer, globaler FMCG-Marken begonnen haben, ihre *Dachmarken* auf der Verpackung ihrer Massenmarkt-*Submarken* prominenter zu präsentieren. (The Coca Cola Company begann 2011 damit, alle ihre Konsumgütermarken zu signieren, P&G folgte 2012.)

Unternehmenswerte gewinnen in den heutigen Konsumentscheidungsprozessen zunehmend an Bedeutung, in denen *Muttergesellschaften* oder *Dachmarken* stärker beobachtet und hinterfragt werden – insbesondere von jüngeren Generationen, die rasch zu den Kernzielgruppen von morgen heranwachsen. In den kommenden Jahren werden die Kernwerte, die diese Unternehmensmarken beanspruchen, immer stärker an ihren Taten gemessen, und es könnte weit weniger als einen großen Skandal brauchen, damit Konsumenten sich einem Boykott einer bestimmten Marke anschließen. Die Miller Brewing Company musste kürzlich einen hohen Preis zahlen, als sie versuchte, Werte wie Diversität und Inklusion zu verteidigen. Es kam zu erheblichen Kontroversen, nachdem Miller Light eine transgeschlechtliche Influencerin für eine neue Marketingkampagne einsetzte, was zu einem Umsatzrückgang von 17 % führte.

Obwohl die Werte Diversität und Inklusion an sich ehrenwert sind, entsprachen sie nicht den Erwartungen oder Überzeugungen eines großen Teils der Zielgruppe. Die Kontroverse verdeutlichte auch die Spannungen, mit denen Konsumenten- und Unternehmensmarken konfrontiert sein können, wenn sie sich entscheiden, kulturelle oder gesellschaftliche Themen in ihr Markenmanagement einzubeziehen – insbesondere im Kontext einer zunehmend polarisierten Welt.

Werte gelten nicht nur für Unternehmensmarken, sondern auch für Konsumenten- (B2C) oder Kundenmarken (B2B). Ähnlich einer Person nutzen Marken Werte, um ihre Persönlichkeit auszudrücken und ihr Handeln sowie die Art und Weise, wie sie mit ihren Zielkonsumenten interagieren, zu steuern. Als fundamentale Dimension jeder Marke müssen Markenwerte sorgfältig definiert werden. Sie sind eine direkte Konsequenz der Markenpositionierung – dem einen Begriff, für den Ihre Marke letztlich stehen wird. Daher muss vor der Definition des Wertekatalogs, der mit Ihrer Marke assoziiert werden soll, zunächst festgelegt werden, wofür Ihre Marke stehen soll – ein komplexer Prozess, der in s. Kap. 8 ausführlich behandelt und illustriert wird.

Die Auswahl und Definition der Markenwerte ist strategisch. Wie die Markenpositionierung selbst werden Werte in Bezug auf die Markenessenz definiert, die die eindeutige, unverwechselbare Position einer Marke im Markt und gegenüber allen Wettbewerbern festlegt. Ihre Marke wird daran gemessen, wie sie diese Werte kommuniziert, und sie wird zunehmend daraufhin überprüft, ob sie diese tatsächlich lebt. Es reicht nicht aus, einen Wertekatalog zu beanspruchen – Ihre Marke muss in allem, was sie sagt und tut, als authentischer Vertreter dieser Werte wahrgenommen werden. Dies erfordert, dass die gewählten Werte auch zur Produkt- oder

Dienstleistungsrealität Ihrer Marke passen. Neben dem Willen, Werte zu leben, müssen Marken auch die Kompetenz dazu besitzen.

Die Werte Ihrer Marke sind auch in anderer Hinsicht strategisch. Sie definieren einen Standard, für den Ihre Marke im Laufe der Zeit bekannt wird. Dieser Standard leitet und bestimmt, wie sich Ihre Marke und ihr gesamtes Produkt- oder Dienstleistungsangebot weiterentwickeln. Innovationsprozesse wie Produktneuerungen, die Einführung zusätzlicher Portfolio-Varianten oder Services, die Entwicklung von Line Extensions oder Co-Branding-Initiativen müssen alle mit den Markenwerten in Einklang stehen. Werte tragen dazu bei, ein kohärentes und konsistentes Markenimage aufzubauen, das Konsumenten motiviert, sich mit Ihrer Marke auseinanderzusetzen – was langfristig in Loyalität und Fürsprache mündet.

Werte übernehmen im Branding vielfältige Rollen. Wie oben beschrieben, verpflichten sie Marken zu einem konsistenten Handeln und Interagieren mit ihren Zielgruppen. Werte tragen dazu bei, Authentizität in der Markenkommunikation zu vermitteln und die Marke als *echt* darzustellen. Eine Marke, die hält, was sie verspricht, und tut, was sie sagt, baut zwangsläufig Vertrauen bei den Konsumenten auf – was letztlich zu mehr Markenloyalität oder sogar Fürsprache führt. Marken unterschätzen oft die Bedeutung ihrer Werte. Einmal definiert, wird ihnen in der Kommunikation und im konkreten Handeln zu wenig Raum gegeben. Leider haben die intensiven und unermüdlichen Marketingaktivitäten der vergangenen Jahrzehnte nicht immer die Offenheit und Transparenz gezeigt, die heutige Konsumenten zunehmend erwarten. Hier könnten Werte einen entscheidenden Unterschied machen, da sie sowohl das Reden als auch das Handeln vorgeben.

Markenwerte bieten Potenzial weit über den Aufbau von *Authentizität* und Vertrauen hinaus. Im Zentrum dessen, woran eine Marke glaubt, sind Werte entscheidend, um eine echte Vision zu vermitteln und zu leben, was langfristig zu einem Konzept des *Purpose Branding* führen kann. Patagonia, die US-amerikanische Outdoor-Textilmarke, gegründet von Yvon Chouinard im Jahr 1973, ist hierfür ein gutes Beispiel. Bereits bei der Gründung basierte Patagonia auf einem starken Wertekatalog: Qualität, Integrität, (ökologische) Verantwortung, Innovation und Einfachheit. Wahrscheinlich waren dies die Werte, die dem Gründer, einem erfahrenen Bergsteiger, damals besonders am Herzen lagen. Diese Marke hat ihre Werte vollständig angenommen und sie gelebt. Sie spielten zweifellos eine zentrale Rolle für die Marke Patagonia und trugen dazu bei, Patagonia zu einem Beispiel für Authentizität und Echtheit zu machen. So definiert Patagonia seine Marken-*integrität*:

Unsere Praktiken offen und ehrlich prüfen, aus Fehlern lernen und unsere Verpflichtungen einhalten. Wir schätzen Integrität in beiden Bedeutungen: dass unsere Handlungen mit unseren Worten übereinstimmen (wir tun, was wir sagen), und dass all unsere Arbeit zu einem funktionalen Ganzen beiträgt (das Ganze ist mehr als die Summe seiner Teile).

Quelle: Patagonia-Website

Diese Werte, die bis auf kleinere Anpassungen bis heute Gültigkeit besitzen, haben auch den Nährboden geschaffen, um Patagonias Markenvision zu motivieren und zu unterstützen. Nach der Einführung einer 1 %-Earth-Tax im Jahr 1985 und der Ausweitung dieses Engagements auf eine weltweite Crowdfunding-Initiative nur wenige Jahre später, war Patagonia eine der ersten globalen Marken, die ihr gesamtes Geschäftsmodell in eine gemeinnützige Organisation umwandelte – mit nur einem Anteilseigner: dem Planeten. Im Jahr 2022 entschieden Yvon Chouinard und seine Familie, das gesamte Firmenvermögen in zwei gemeinnützige Organisationen zu übertragen: das Holdfast Collective, das alle stimmrechtslosen Anteile hält und Patagonias Werte, Zweck und Vision verteidigt, sowie den Patagonia Purpose Trust, der 100 % der stimmberechtigten Anteile besitzt. Jeder Cent Gewinn, der nicht in das Unternehmen Patagonia reinvestiert wird, fließt nun in den Kampf gegen den Klimawandel und in den Schutz unberührter Natur weltweit. Patagonia ist zweifellos eines der besten Beispiele dafür, wie Werte Marken definieren und steuern können, indem sie die Kraft emotionaler Bindungen nutzen. Das aktuelle Geschäftsmodell könnte sogar einen evolutionären Weg zu einer weniger gierigen und stärker umverteilenden Vision des Kapitalismus im 21. Jahrhundert aufzeigen.

Ein wichtiger Grund, warum Markenwerte auf Basis fundierter Zielgruppen-Insights ausgewählt und definiert werden sollten, ist, dass sie es Marken ermöglichen, tiefere emotionale Bindungen zu Konsumenten aufzubauen. Umgekehrt ermöglicht das Verständnis der Bedürfnisse, Überzeugungen und Motive der Zielgruppe eine fundiertere Entscheidung darüber, welche Werte für die eigene Marke gewählt werden sollten. Wie bereits erwähnt, erfolgt diese Auswahl stets im Rahmen der Produkt- oder Dienstleistungsrealität der Marke. Je mehr sich Zielkonsumenten in den Werten wiedererkennen, die die Markenpersönlichkeit definieren, desto eher werden sie sich mit der Marke auseinandersetzen. Dieses Prinzip lässt sich am besten durch die Definition und Nutzung eines selbst-expressiven *Werts der Markenpersönlichkeit* nutzen, den Konsumenten verwenden können, um sich selbst im sozialen Kontext zu definieren und zu positionieren. Konsumenten identifizieren sich mit Markenwerten und sehen Marken als Möglichkeit, ihre eigenen

Werte, Aspirationen und Überzeugungen auszudrücken. Werden Markenwerte explizit kommuniziert und gelebt, ermöglichen sie es Konsumenten, ihre eigene Identität zu signalisieren, indem sie diese Marken als bewusste Wahl in ihren Alltag integrieren.

Dies zeigt sich besonders deutlich bei Mode- oder Sportmarken, die auffällige Logos auf Kleidung oder Accessoires oder subtilere Farbkennzeichen wie Pradas roten Streifen oder Guccis grün-rot-grünes Banner verwenden. Als etablierte Zeichen der Markenidentität verkörpern diese visuellen Codes die Werte und Überzeugungen der Marken und ermöglichen es Konsumenten, sich bewusst und emotional mit ihnen auseinanderzusetzen und gleichzeitig ihr Engagement gegenüber ihrem Umfeld zu demonstrieren.

Nike ist durch einen starken und konsistenten Wertekatalog definiert: Inspiration, Inklusivität, Innovation, Authentizität und Eigenständigkeit. Die Marke hat diese zentralen Markenwerte erfolgreich in ihrer Kommunikation, im Produktdesign und in den Codes der Markenidentität umgesetzt – und das in absoluter Kohärenz und Konsequenz, also *walk the talk*. Als weltweit größte Sportbekleidungsmarke inspiriert Nike seine Zielgruppen wie ein Coach und vermittelt, dass der Weg zum Erfolg darin besteht, es einfach zu tun: *just do it*. Nike lebt Inklusivität durch seine Markenvision: *if you have a body, you are an athlete*. Diese Vision ermöglicht es der Marke, geschickt mit der Geschlechterfrage umzugehen. Die bewusste und offene Inklusivität verschafft der Marke zudem ein starkes Authentizitäts-Credo. Innovation wird durch ständige Produkt- und Designerneuerung gelebt, während die Summe aller Werte und deren Ausdruck der Marke Nike ihre Eigenständigkeit verleiht. Zusammen existieren diese Werte mit einem selbst-expressiven Wert der Markenpersönlichkeit, der das Wesen der Marke Nike definiert: *Empowerment*, das die Marke in ihrem Leitbild *helping everyone to find personal greatness* nutzt.

Nikes Werte stehen im Zentrum der Marke und ihrer Markenaktivitäten. Sie prägen die Vision und Mission der Marke und stehen in direktem Zusammenhang mit der Markenessenz von Nike, die ihrerseits durch den Wert der *Ermächtigung* definiert ist. Jeder einzelne Aspekt der Marke Nike trägt dazu bei, ein stimmiges und konsistentes Gesamtbild zu schaffen – vergleichbar mit einem kleinen musikalischen Thema ohne einen falschen Ton. So werden alle strategischen Botschaften und Handlungen aufeinander abgestimmt und vermitteln ein makelloses Bild von Kohärenz und Konsistenz. Für die Zielgruppen erscheint Nike aufrichtig in Bezug auf Sport und Wettbewerb als Lebensstil, unabhängig von den körperlichen oder geistigen Fähigkeiten eines Sportlers. Dies hat es der Marke ermöglicht, ihr *kommerzielles* Leben wie keine andere in diesem Bereich zu führen. In der Summe ihrer Teile hat die Marke weltweit eine große Unverwechselbarkeit bei den Konsumenten erlangt.

Um die *selbst-expressiven menschlichen Werte der Markenpersönlichkeit* in der Markenwelt zu verstehen, unterscheiden wir zwischen zwei unterschiedlichen Zuständen der Selbstwahrnehmung von Konsumenten: der *realen* und der *idealen* Selbstwahrnehmung. Das *reale* Selbst eines Konsumenten beschreibt, wie sich Konsumenten tatsächlich sehen, also das äußere Erscheinungsbild, Fähigkeiten, Stärken und Schwächen sowie Überzeugungen und Einstellungen. Das *reale* Selbst ist in der tatsächlichen, aber überwiegend subjektiv wahrgenommenen Konsumentenrealität verankert (siehe Abb. 6.1).

Das *ideale Selbst* hingegen beschreibt, wie wir wahrgenommen werden möchten oder wie wir von anderen gesehen werden wollen. Das *ideale Selbst* wird durch unsere Wünsche, Ambitionen und gesellschaftlichen Vorgaben geformt und definiert – kurzum, durch all das, wonach wir körperlich und geistig streben. Per Definition ist das *ideale Selbst* projektiv und zukunftsorientiert. Sowohl das *reale* als auch das *ideale Selbst* sind sich ständig weiterentwickelnde Selbstdefinitionen – sie sind hochgradig subjektiv und werden durch unsere Selbstwahrnehmung sowie durch die ständigen sozialen Reize und Rückmeldungen im Alltag geprägt. Zwischen dem *realen* und dem *idealen Selbst* besteht ein permanenter Spannungszustand, und Konsumenten streben ihr jeweiliges *ideales Selbst* auf unterschiedliche Weise an, etwa durch Vorsätze, Engagements oder Interessen, von denen sie glauben, dass sie die Lücke verringern. Eine neue sportliche Aktivität zu beginnen, um abzunehmen, für einen Marathon zu trainieren, eine Fähigkeit oder Sprache zu

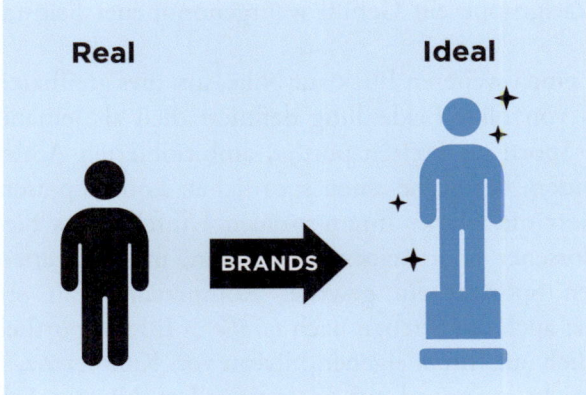

Abb. 6.1 Vereinfachtes Modell der Selbstwahrnehmung von Konsumenten. (Eigene Darstellung des Autors)

erlernen oder eine viel diskutierte Ausstellung zu besuchen – all dies kann gleichermaßen vom Wunsch getrieben sein, dem *idealen Selbst* näherzukommen und ein gewünschtes Bild zu vermitteln, das nicht Teil der aktuellen Selbstwahrnehmung ist.

In diesem dauerhaften Zustand mentaler Anspannung spielen Marken und ihr Wertegerüst eine entscheidende Rolle. *Selbst-expressive menschliche Werte* sind ideale Werkzeuge, um die Lücke zwischen dem *realen* und dem *idealen* Selbst zu schließen. Im Markenbildungsprozess definieren sie die Markenidentität (Wer bin ich?), die Markenzugehörigkeit (Zu wem gehöre ich?), die Markenkompetenz (Worin bin ich am besten?) und die Markenversion (Wofür strebe ich?). Marken, die diese Fragen durch einen *selbst-expressiven menschlichen Wert* beantworten, bieten Konsumenten die Möglichkeit, sich teilweise selbst neu zu definieren, indem sie sich emotional mit der Marke verbinden und sie demonstrativ *tragen,* damit die Außenwelt es sieht.

Selbst-expressive menschliche Werte bieten Marken zudem eine einzigartige Möglichkeit, ihre Markenpersönlichkeit zu definieren. Gleichzeitig ermöglichen sie es Konsumenten, ihr persönliches *Selbst* zu stärken. Die Verbindung mit einer Marke über einen *selbst-expressiven menschlichen Wert* erlaubt es Konsumenten, sich teilweise selbst neu zu definieren – auf dieselbe Weise, wie diese Werte auch die Marke definieren: Wer bin ich?, Zu wem gehöre ich?, Worin bin ich am besten? und Wofür strebe ich? Diese selbstausdrucksstarken menschlichen Werte ermöglichen es Konsumenten, sich über dieselben Wertedimensionen auszudrücken, die auch ihre Lieblingsmarken für sich beanspruchen. Mut, Verantwortungsbewusstsein, Kreativität, Stilbewusstsein, Selbstvertrauen, Modernität, Authentizität, Raffinesse, Ermächtigung und viele weitere bieten großes Potenzial, eine Marke zu emotionalisieren und der Zielgruppe ein Gefühl wahrgenommener Selbstaufwertung zu vermitteln.

Werfen wir einen weiteren Blick auf Nike, um dies greifbarer zu machen.

Das Tragen von Nike-Bekleidung definiert dich als jemanden mit einer Affinität zum Sport: als Freizeitsportler, ambitionierten Athleten oder einfach als jemanden, der gerne einen sportlichen Look repräsentiert. Gleichzeitig signalisiert die Marke Ihrem sozialen Umfeld, dass Sie zur Gemeinschaft entschlossener Sporttreibender gehören, und suggeriert, dass Sie in Ihrer gewählten Sportart ein gewisses Kompetenzniveau erreicht haben. Dies legitimiert auch das Streben nach *Größe* in Ihrem sportlichen Bereich – selbstverständlich auf Ihrem eigenen Niveau von Kompetenz, Fähigkeit und Ehrgeiz und nicht zwingend auf professionellem Niveau. Selbst für Menschen, die Nike lediglich als modisches Statement tragen, kann der Wunsch bestehen, die genannten Persönlichkeitsdimensionen im sozialen Umfeld zu vermitteln. Sowohl diese als auch die echten Enthusiasten gehören letztlich zu einer gleichgesinnten Gruppe, die sich deutlich von Trägern anderer Marken wie Adidas, Puma oder Lululemon unterscheidet. Auch dies verleiht der Marke Nike ihre Unverwechselbarkeit.

Ein weiteres Beispiel für den Einsatz *selbst-expressiver menschlicher Werte* im Branding ist Schweppes. Die meisten von uns verbinden Schweppes mit einer Mixer-Marke für Cocktailrezepte. Diese vorherrschende Nutzungspositionierung hat die Marke jedoch vom Markt für Erfrischungsgetränke abgeschnitten, der deutlich mehr Volumenpotenzial und bessere Wachstumsaussichten bietet als Cocktails, die in der Regel eher sporadisch konsumiert werden. Zudem machte dies Schweppes anfällig für wechselnde Trends, da der Cocktailkonsum in den 1980er- und 1990er-Jahren weniger angesagt war, bevor er in jüngerer Zeit wieder an Beliebtheit gewann. Als Schweppes sich Ende der 1990er-Jahre für eine Neupositionierung entschied, nutzte die Marke einen selbst-expressiven menschlichen Wert, um sich ein unverwechselbares und hochrelevantes Markenprofil zu verschaffen, das sie bis heute im Erfrischungsgetränkemarkt differenziert.

Schweppes blickt auf eine lange Tradition zurück, die bis ins späte 18. Jahrhundert reicht, als die Marke erstmals industriell hergestelltes kohlensäurehaltiges Mineralwasser verkaufte. In gewisser Weise kann Schweppes als eine der ersten Softdrink-Marken gelten. 1836 wurde Schweppes mit dem britischen Hoflieferanten-Titel ausgezeichnet, und das Produktsortiment entwickelte sich im Laufe des 20. Jahrhunderts zu einer Referenz als Cocktailmixer. Im Verlauf ihrer Geschichte konnte die Marke ein Image von Eleganz, Exklusivität und Kultiviertheit aufbauen, das die Grundlage für die Neupositionierung bildete – gestützt auf den *selbst-expressiven menschlichen Wert* der *Kultiviertheit (Sophistication)*. *Kultiviertheit* ist seit jeher ein Wert, nach dem Konsumenten in ihrem Streben nach Selbstaufwertung und ihrem persönlichen *idealen Selbst* verlangen. Folglich verschaffte dieser Wert Schweppes die nötige Attraktivität, um eine größere Zielgruppe anzusprechen und sich gleichzeitig von den wichtigsten Wettbewerbern im Softdrink-Markt abzuheben.

Selbst-expressive menschliche Werte sind ein wirkungsvolles Instrument, um Marken zu helfen, stärkere und langfristigere Bindungen zu ihren Zielgruppen aufzubauen – deren Grundlage Vertrauen ist. Vertrauen ist eine der Voraussetzungen für Markenwahl und Kaufentscheidung. Die meisten Markenbindungen werden vollständig durch emotionale Verbindungen getrieben und führen in der Regel zu außergewöhnlicher Markentreue und Markenloyalität. Eine Marke, die einen *selbst-expressiven menschlichen Wert* vermittelt, wird für Konsumenten, die ihrem persönlichen *idealen Selbst* näherkommen wollen, schnell unverzichtbar. Gleichzeitig erzeugen diese Werte ein höheres Involvement mit der Marke, fördern die Erinnerung an Markennamen und Markenwert und sollten daher – wie Nike es mit *Ermächtigung* (Empowerment) tut – aktiv in der Markenkommunikation eingesetzt werden. Darüber hinaus bevorzugen Konsumenten in der Regel Marken, die ihre persönlichen Werte und Überzeugungen widerspiegeln oder teilen. Dies kann sich positiv auf den Kaufentscheidungsprozess auswirken und eine Form von Markenbefürwortung initiieren. Man könnte vermuten, dass dies umso mehr für die Generation Z gilt, die durch die Nutzung sozialer Medien zunehmend daran gewöhnt ist, unkontroverse Inhalte zu konsumieren, die ihren Überzeugungen entsprechen.

Nachdem wir die Natur und Funktionsweise *selbstausdrucksstarker menschlicher Werte* im Markenbildungsprozess betrachtet haben, stellt sich die Frage, wie diese definiert werden. Wie bei der Neupositionierung von Schweppes kann sich ein Wert mit dem Potenzial zur Selbstausdruckskraft aus der Geschichte oder dem Erbe einer Marke heraus quasi von selbst aufdrängen. In den meisten Fällen müssen diese Werte jedoch im Rahmen eines strategischen Planungsprozesses definiert werden. In diesem Prozess ist die *Brand Ladder* (Marken Leiter) ein in der Branche weit verbreitetes Instrument. Als strategisches Markenplanungs-Tool ermöglicht die *Brand Ladder*, eine funktionale Produkt- oder Dienstleistungsqualität zunächst in einen relevanten Konsumentennutzen und schließlich in einen transformierenden Markenwert mit *selbst-expressiven* Eigenschaften zu übersetzen. Es gibt verschiedene Varianten der Brand Ladder; in der Regel arbeitet dieses Instrument jedoch mit vier klar abgegrenzten strategischen Ebenen, wobei manchmal eine fünfte Ebene im *Purpose Branding* hinzukommt.

Wie üblich beginnt die strategische Markenpositionierung mit der Produkt- oder Dienstleistungsrealität. Um Unverwechselbarkeit und Relevanz im Markt zu schaffen und zu besitzen, müssen Marken zunächst ein zentrales Produktmerkmal oder eine Eigenschaft definieren, die sie gegenüber dem Wettbewerb ausspielen können. Dieses Merkmal muss real und einigermaßen greifbar sein und es der Marke ermöglichen, relevante Versprechen abzugeben, die Konsumenten anziehen und überzeugen, die Marke auszuprobieren. Eine Möglichkeit, dieses Merkmal oder diese Eigenschaft zu betrachten, ist die Definition als *Brand Discriminator*, ein Begriff aus dem Branding-Tool *Brand Key*, das in Kap. 8 behandelt wird. Der *Discriminator* ist ein kraftvolles Wort, das ein starkes Gefühl von Einzigartigkeit und Exklusivität für das gewählte Merkmal oder die Eigenschaft suggeriert. Der *Discriminator* bildet die Grundlage für die Markenpositionierung. Es ist das einzigartige und besetzbare Merkmal, das Ihre Marke von allen anderen Markenangeboten im Markt *unterscheidet*.

Während der *Discriminator* Ihr Angebot oder Produktmerkmal von allen Wettbewerbern abhebt, muss er gleichzeitig eine klare Reihe funktionaler und emotionaler Nutzen bieten, die für Ihre Zielgruppe relevant sind. Beide Nutzen (funktional und emotional) beziehen sich auf ein zentrales Bedürfnis der Konsumentinnen und Konsumenten bzw. Kunden. Einmal definiert, geben diese Nutzen die Richtung zur Bestimmung des potenziellen selbstexpressiven Werts vor. Das Instrument der *Brand Ladder* wurde erstmals vom globalen Agenturnetzwerk Young & Rubicam entwickelt und ist in Abb. 6.2 dargestellt.

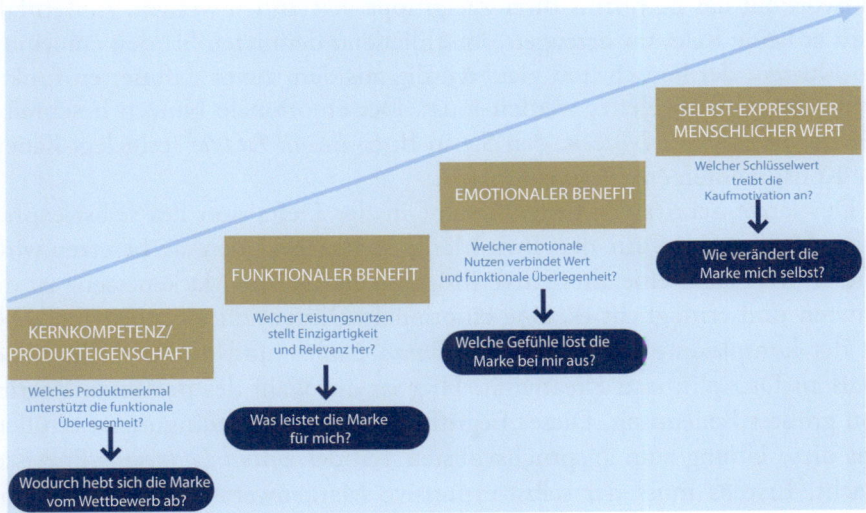

Abb. 6.2 Vierstufiges Brand-Ladder-Tool. Abbildung des Autors

Wie bereits oben beschrieben, ist der Ausgangspunkt die physische Realität Ihrer Marke: ein einzigartiges oder differenzierendes Produkt- oder Dienstleistungsmerkmal, ein besonderes Attribut einer Destination (Place Branding), eine Kernkompetenz eines Unternehmens, eine Sache oder eine Person. Im Grunde kann alles zu einer Marke werden und jede Marke kann mit dem *Brand Ladder*-Tool definiert werden.

Die strategische Planung Ihrer *Brand Ladder* beginnt stets mit der Definition der Kernkompetenz Ihrer Marke. Diese Kernkompetenz oder der *Discriminator* (siehe oben) kann ein Produkt- oder Dienstleistungsmerkmal oder einfach ein Know-how sein, das Ihre Marke im gesamten Herstellungsprozess oder bei der Gestaltung Ihres Serviceangebots besitzt. Diese Kompetenz, dieses Attribut oder der Discriminator muss Ihrer Marke eine funktionale Überlegenheit verschaffen, die sie für sich beanspruchen kann. Diese Überlegenheit muss real, greifbar und verteidigbar sein. Es hat keinen Sinn, die Wahrheit zu dehnen oder gar falsche Behauptungen aufzustellen. Konsumenten werden die Leistung Ihrer Marke an den gemachten Versprechen messen, und eine Diskrepanz an dieser Stelle führt zwangsläufig zu einer Form von Täuschung, die das Markenimage nachhaltig schädigen kann.

Sobald diese identifiziert und bestätigt ist, besteht der nächste Schritt darin, Ihren Discriminator, Ihre Kompetenz oder Ihr Attribut in einen funktionalen Nutzen zu übersetzen. Funktionale Nutzen definieren, was eine Marke für ihre Zielkonsumenten auf einer rationalen, greifbaren oder leistungsbezogenen Ebene leistet. Auch hier muss der funktionale Nutzen als Antwort auf das Bedürfnis Ihrer Zielgruppe verstanden werden. Andernfalls wird er keine Relevanz erzeugen. Anschließend definieren Sie den emotionalen Nutzen, der logisch und glaubwürdig aus dem zuvor definierten funktionalen Nutzen abgeleitet werden muss. Der emotionale Nutzen beschreibt, wie der *funktionale Nutzen,* den Sie in Ihrer *Brand Ladder* festgelegt haben, die Konsumenten emotional anspricht.

Der letzte Schritt der Leiter besteht in der Definition des selbst-expressiven Markenwerts, für den Ihre Marke stehen und den sie besetzen wird. Dieser Wert stellt eine alternative Möglichkeit dar, die Markenessenz zu definieren und ermöglicht es, eine emotionale Dimension einzubringen. Dies ist der komplexeste Schritt auf der *Brand Ladder* und erfordert ein hohes Maß an Disziplin und Kreativität. Hier ist die Wahl des perfekten Begriffs von größter Bedeutung. Dieser Begriff muss mehrere Bedingungen erfüllen, was diese Übung zum anspruchsvollsten Teil des *Brand Laddering*-Prozesses macht. Erstens muss der selbst-expressive Markenwert sich natürlich und logisch aus dem emotionalen Nutzen entwickeln. Der emotionale Nutzen wird in einen Wert mit *selbst-expressivem* Potenzial und entsprechenden Qualitäten transformiert. Darüber hinaus hat dieser Wert eine transformative Funktion, indem er suggeriert, dass er der Zielgruppe helfen kann, sich von ihrer *realen Selbstwahrnehmung* zu ihrer *idealen Selbstwahrnehmung* weiterzuentwickeln. Diese selbstdefinierende Dimension verleiht dem *Wert* seine Relevanz und seine Kraft, starke und dauerhafte emotionale Bindungen, Markentreue und letztlich Markenbefürwortung zu schaffen. Der selbst-expressive Wert zeigt auf, wie die Marke den Zielkonsumenten aus einer rein wahrnehmungsbezogenen Perspektive transformieren kann.

Schauen wir uns beispielsweise die Outdoor-Bekleidungsmarke The North Face an, die in Abb. 6.3 lediglich zu Illustrationszwecken verwendet wird.

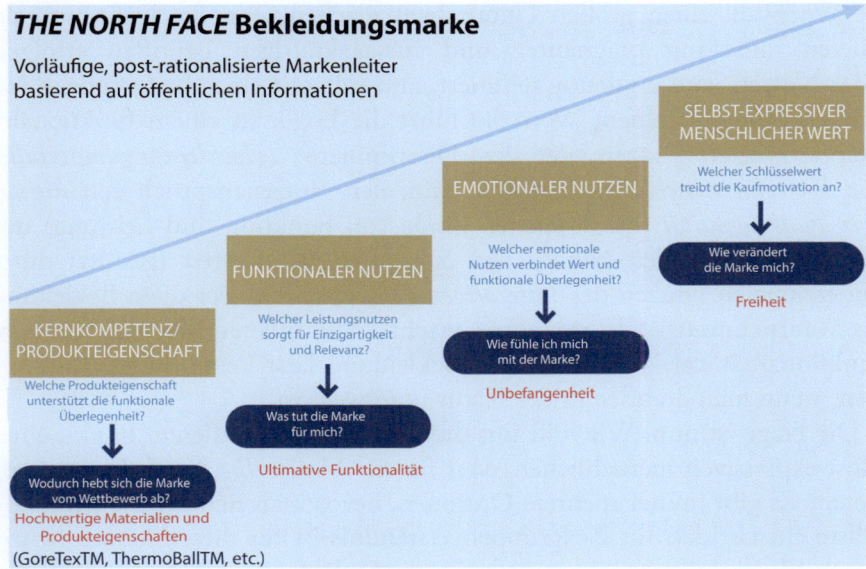

Abb. 6.3 Verwendung des Brand-Ladder-Tools am Beispiel der Marke The North Face. Abbildung des Autors

The North Face, ebenso wie Patagonia, Mammut, Millet und andere Outdoor-Marken, hat seine Wurzeln im Bergsport, wobei die Gründer häufig aus einem professionellen oder semiprofessionellen Umfeld stammen. In gewisser Weise ist dieser Umstand von Anfang an zu einem prägenden Element für das Produktdesign geworden. Hochfunktional und leistungsstark bieten diese Bekleidungsmarken in vielerlei Hinsicht professionelle Leistungsstandards.

Um die Logik der Brand Ladder zu verdeutlichen, betrachten wir *The North Face* anhand relevanter, online verfügbarer Informationen zur Marke. Natürlich wird die Brand Ladder in der Praxis nicht auf diese Weise entwickelt; dennoch dient dies unserem Beispiel. Was sich durch die gesamte ikonische Produktlinie der Marke zieht, sind Aussagen zu *Hochleistungsmaterialien und Produkteigenschaften*. Wir können davon ausgehen, dass dies das *differenzierende* Merkmal in der Produktrealität von *The North Face* ist (der Discriminator). Dies ist das, was die Marke als ihre Kernkompetenz beansprucht, dargestellt durch verschiedene Produkteigenschaften, die sich auf zahlreiche ikonische Produktreferenzen beziehen.

Der nächste Schritt besteht darin, diesen *Discriminator* in relevante Konsumentennutzen zu übersetzen – funktional und emotional. Hier kann die Wortwahl einen großen Unterschied machen, und die Definition der Nutzen muss mit prägnanten und aussagekräftigen Begriffen erfolgen. Jeder Nutzen wird eindeutig definiert, also mit nur einer Bedeutung – idealerweise mit nur einem Wort. So führt die Logik zu einem funktionalen oder rationalen Nutzen, der den Discriminator *(Hochleistungsmaterialien und Produkteigenschaften)* in einen rationalen Nutzenanspruch von *ultimativer Funktionalität* (im doppelten Sinne von Funktion und Leistung) und in einen emotionalen Nutzen von *Sorgenfreiheit* übersetzt (gestützt durch den rationalen Nutzen der *ultimativen Funktionalität,* der diese Bekleidung aus Wahrnehmungssicht sorgenfrei macht). Mit anderen Worten: Die hohe Funktionalität der *The North Face*-Bekleidung lässt keine Sorgen aufkommen, wenn man draußen in der Natur unterwegs ist.

Die Frage ist nun: Wie hilft uns die Markenlogik an diesem Punkt, einen selbst-expressiven menschlichen Wert für die Marke *The North Face* zu definieren? Es gibt immer mehrere Optionen, bevor man sich für die wirkungsvollste entscheidet; Ihr Zielgruppenverständnis ist für diesen letzten Schritt entscheidend. Je mehr und je tiefer Sie die Bedürfnisse, Überzeugungen und Motivationen Ihrer Zielgruppe verstehen, desto besser können Sie den Wert wählen, der diese Bedürfnisse am besten adressiert. *Freiheit* ist sicherlich eines der vorherrschenden Motivationsmuster, das Menschen dazu bewegt, die Natur so zu erkunden, wie es viele tun – oder zumindest davon träumen, wenn sie in einem Outfit von *The North Face* unterwegs sind.

Zahlreiche globale Marken haben in einem einzigen Wort definiert, wofür sie stehen. Viele von ihnen haben dafür auch einen selbst-expressiven menschlichen Wert gewählt. L'Oréal steht für *glamourös,* Nike für *empowered* und Oreo für *verspielt*. Die emotionale Kraft eines *selbst-expressiven menschlichen Werts* in Ihrer Markenpositionierung zu nutzen, stärkt auch die Markenwahrnehmung und -erinnerung und führt zu einer höheren Präsenz im Kaufentscheidungsprozess. Im Zeitverlauf beschleunigt der Wert die Entwicklung von Markentreue, da sich Konsumenten leichter mit einer Marke identifizieren und diese annehmen, wenn sie für einen *selbst-expressiven Wert* steht, der nicht nur ihren Bedürfnissen entspricht, sondern zugleich als förderlich für ihr persönliches Selbstwertgefühl wahrgenommen wird.

7

Die essenzielle Rolle von Konsumenten-Insights und wie man sie durch morphologische Forschung erschließt

Um zu verstehen, warum Konsumenten ein bestimmtes Produkt oder eine bestimmte Marke nutzen, muss man die zugrunde liegenden Bedürfnisse kennen, die sie antreiben. Diese *Consumer Insights* sind ein unverzichtbarer Input für jede Markenpositionierung. Insights liefern ein tiefes Verständnis der tatsächlichen Motivationsmuster, die die Entscheidungsprozesse der Konsumenten steuern. Sie sind von herausragender Bedeutung in der Markenwelt. Die Motive für den Zugang zu Marken können durch *greifbare* Faktoren wie Materialeigenschaften, Leistung, Benutzerfreundlichkeit oder Anwendungskomfort, sensorische Vorteile oder Preis beeinflusst werden, die sich durch Innovation, Kommunikation oder Markenoptimierung steuern lassen. Zudem fühlen sich Konsumenten in der Regel sicherer, diese Faktoren selbst zu beurteilen und entsprechend zu handeln. Die wirkungsvolleren Markenfaktoren sind jedoch die unbewussten, immateriellen. Sie verbinden reale Markeneigenschaften mit einer Lösung für grundlegende Alltagsprobleme.

Marken für Rasierer bieten hierfür ein anschauliches Beispiel. Für Gillette, Wilkinson oder Braun stellt sich die Frage, wie der moderne Mann heute dargestellt werden sollte? Im Hinblick auf die Rasur gibt es nur drei Möglichkeiten, einen Mann zu charakterisieren: den Bart wachsen lassen, die Nassrasur oder die Elektrorasur. Untersuchungen zeigen, dass ein Mann, der sich nass rasiert, als jemand gilt, der handelt und Risiken eingeht. Der Mann, der sich elektrisch rasiert, wird als jemand wahrgenommen, der die richtige Technologie kennt, um sich zu pflegen. Beide Insights lassen sich direkt in markenspezifische Lösungen übersetzen. Gillette, Experte für die

Nassrasur, betont das Markenbild des *tatkräftigen Mannes*. Hier wird die eigene Vitalität des Mannes durch das Erbe und die Tradition der Nassrasur bestätigt und gestärkt. Während die Marke Braun eine ähnliche Vitalität vermittelt, richtet sich diese hier auf den Rasierer und nicht auf den Mann. In diesem Fall definiert die richtige Technologie den Braun-Mann.

Erfolgreiche Marken präsentieren ihre Lösung so prägnant, dass jeder diese Marken kennt. Dadurch erhalten Konsumenten eine konkrete Wahlmöglichkeit. Die führenden Marken verbinden ihren *Problemlösungs*-Anspruch mit der *Kernkompetenz der Marke*. So können Konsumenten die Lösungsbotschaften dieser Marken tatsächlich erinnern. Niemand sagt: *Ich benutze Gillette, weil es mich energisch erscheinen lässt und mich motiviert, meine Aufgaben schon am Morgen anzupacken* (so genannt die *Insight Impact Story*). Männer sagen jedoch häufig: *Gillette ist schärfer als alle anderen Klingen. Damit muss man umgehen können* (so genannt die *deklarative Cover Story*). Marken geben Konsumenten durch Argumente, mit denen sie sich identifizieren und die rational in der *Cover Story* legitimiert sind, eine greifbare Orientierung. Diese Argumente sollten jedoch auf einer zweiten, „tieferen", unbewussten Ebene wirken, die durch die *Impact Story* ausgelöst wird. Um ihre volle Wirkung zu entfalten, müssen Marken auf beiden Ebenen agieren und beide Geschichten erzählen. Im Marktumfeld entstehen dadurch echte Positionierungsalternativen, wie das Beispiel der Rasurmarken zeigt. Wenn eine Marke eine Lösung sowohl für das bewusste als auch das unbewusste *Problem* (Bedürfnis) bietet und diese Lösung aus dem Kernelement oder der Kernkompetenz der Marke abgeleitet ist, bleibt die Marke für das, wofür sie steht, im Gedächtnis.

Konsumenten können ihre Bedürfnisse eine Zeit lang unterdrücken; dennoch führen Bedürfnisse fast immer zu einer konkreten Handlung, die in einer Kaufentscheidung gipfelt. In diesem Moment ist aus dem Konsumentenbedürfnis eine Art *Problem* geworden, für das ein Produkt oder eine Dienstleistung eine *Lösung* bieten kann. Im Kaufmoment geschieht all dies innerhalb weniger Sekunden. Konsumenten nehmen die unbewussten Motive nicht wahr. Sie treffen Entscheidungen in Sekundenbruchteilen (außer bei hochpreisigen Anschaffungen). Markenverantwortliche sollten jedoch wissen, was in den 3–4 Sekunden im Kopf des Konsumenten vor dem Regal am Point of Sale (POS) oder auf der Website eines Onlineshops passiert. Morphologische Forschung zeigt, wie sowohl bewusste als auch unbewusste Motivstrukturen in diesem kurzen Zeitraum wirken und die Entscheidung scheinbar mühelos machen. Wer die Treiber seiner Marke und deren Mechanismen kennt, kann diese beeinflussen und den Entscheidungsprozess zugunsten der eigenen Marke steuern.

Marken spielen in diesem Problem/Lösungs-Prozess eine grundlegende Rolle, da sie Orientierung bieten, wofür sie aus Sicht der Konsumenten stehen. Die Marke, die als die relevanteste *„Lösung"* (Nutzen) für ein Konsumenten*problem* (Bedürfnis) wahrgenommen wird, erzeugt die höchste Attraktivität und entscheidet somit über den Kaufprozess. Dies gilt für alle Marken, doch nur globale Marken sind um *universell* gültige Bedürfnisse herum aufgebaut, für die sie spezifische *Lösungen* anbieten.

Konsumenten erleben im Laufe eines Tages verschiedene Arten von Bedürfnissen, und nicht alle erfordern einen komplexen Auswahlprozess zu deren Befriedigung. Tatsächlich helfen Marken den Konsumenten, ihre Auswahl im Entscheidungsprozess, der am Regal oft weniger als 5 Sekunden dauert, durch ihre anerkannte Markenkompetenz schnell einzugrenzen. Markenpositionierungen, die sich auf ein einziges Wort stützen, vermitteln eine schärfere und einprägsamere Markenkompetenz, die mit der Markenlösung zur Behebung des Konsumenten*problems* assoziiert wird. In diesem Zusammenhang ermöglicht die in diesem Kapitel weiter ausgeführte morphologische Forschung, die kognitiven Prozesse während dieses entscheidenden Moments zu analysieren und zu verstehen und liefert damit potenziell den Input, den Marken benötigen, um diese Prozesse zu ihren Gunsten zu beeinflussen.

Das Entschlüsseln der kognitiven Logik hinter diesen Prozessen bietet Marken die Möglichkeit, sich effektiver als ideale *Lösung* für ein bestimmtes Konsumentenbedürfnis *(Problem)* zu positionieren. Das Freilegen von Consumer Insights ist folglich ein entscheidender Input für den Markenpositionierungsprozess. Je tiefer das Verständnis der Konsumentenmotivation, desto höher die Relevanz der markenspezifischen Antwort.

Es gibt verschiedene Wege, Consumer Insights zu identifizieren und zu verstehen, die Kaufmotive in einer bestimmten Produktkategorie antreiben. Eine Möglichkeit sind einfache Beobachtungen während Kauf- oder Nutzungssituationen. Wenn kein besonderes Budget zur Verfügung steht, kann man einfach in einen Supermarkt gehen und beobachten, wie Konsumenten Produkte oder Marken auswählen und sich letztlich entscheiden. Beobachtungen ermöglichen in der Regel zwei Lesarten: Die erste ist verhaltensorientiert (wie Konsumenten sich einer Kategorie nähern, vergleichen und ihre Marke auswählen); die zweite ist analytisch und zielt darauf ab, zu entschlüsseln, was ein bestimmtes Verhalten im Hinblick auf die Markenwahl tatsächlich aussagt. Hier können bereits diese Beobachtungen gepaart mit gesundem Menschenverstand erste Hinweise auf tieferliegende Motivationsmuster liefern.

Als wir vor einigen Jahren an einer deutschen Katzenstreumarke arbeiteten, beobachteten wir immer wieder, wie Konsumenten scheinbar blind und völlig unbeachtet anderer Alternativen zum Regal eilten und es ebenso schnell wieder verließen. Die Beobachtung deutete darauf hin, dass die Wahl der Katzenstreu meist sehr früh im Besitz einer Katze getroffen und danach kaum noch überdacht wird. Dies wurde später durch Konsumentenforschung bestätigt und mit einem morphologischen Forschungsansatz weiter analysiert.

Procter & Gamble (P&G), ein weltweit führendes Konsumgüterunternehmen mit Sitz in Cincinnati, betreibt eine eigene Forschungseinrichtung, um Verhaltens-Insights aus Beobachtungen für Innovations- und Marketingprozesse zu nutzen. Das *LifeLab* wurde so gestaltet, dass es typischen Wohnumgebungen ähnelt, in denen Konsumenten alltägliche Reinigungsaufgaben durchführen. Die Einrichtung nutzt Einwegspiegel, Videokameras und Sensoren, um spezifische Reinigungsgewohnheiten, Vorlieben sowie Schmerzpunkte im Zusammenhang mit Hausarbeit und Produktnutzung zu beobachten. Durch die Untersuchung von Konsumenten und den von ihnen genutzten Produkten oder Hilfsmitteln in diesen realitätsnahen Umgebungen gewinnt P&G wertvolle Erkenntnisse, die später in Produktinnovation, Marketing und Markenführung einfließen.

Bei genauerem Hinsehen erkennt man, dass die meisten Konsumgüter, die wir im Supermarkt kaufen, darauf abzielen, unser Leben bequemer zu machen. Eine Tiefkühlpizza erfüllt dieses Ziel ebenso wie ein Kraftreiniger, der Fett mit einem Wisch entfernt, oder die vorgewaschenen und vorgeschnittenen Früchte oder Gemüse, die inzwischen in die Regale eingezogen sind (auch wenn letzteres Beispiel das Konzept der Bequemlichkeit vielleicht etwas überstrapaziert). Offenbar wurde das weltweit erfolgreiche Swiffer-Reinigungssystem von P&G maßgeblich mit wertvollen Konsumenten-Inputs aus dem *LifeLab* entwickelt, was P&G einen Vorsprung im Wettbewerb um die effektive Erfüllung von Konsumentenbedürfnissen verschaffte.

Eine weitere Möglichkeit, wertvolle Consumer Insights zu gewinnen, sind qualitative Forschungsmethoden, die in der Regel auf Fokusgruppen oder verschiedene Formen von Einzelinterviews (im Studio, als Personas im häuslichen Umfeld oder auch online) setzen. Dies kann in einem klassischen Setting erfolgen, in dem eine Marke, ein Markt oder ein bestimmtes Thema diskutiert wird, oder im Rahmen einer Usage & Attitude (U&A)-Studie, die auch Einstellungs-Insights liefern kann. U&A-Studien geben Aufschluss darüber, wie Konsumenten Produkte nutzen, welche Sinneshaltungen sie dabei entwickeln und welche intrinsischen oder extrinsischen Faktoren ihr

Verhalten beeinflussen. U&A-Studien können qualitativ oder quantitativ durchgeführt werden.

Qualitative Forschung nutzt klassische Interviewtechniken oder Gruppendiskussionen, um tiefer zu ergründen, wie Konsumenten zu einer bestimmten Produktkategorie stehen oder was sie bei der Markenwahl oder Kaufentscheidung motiviert. Die meisten qualitativen Forschungsansätze bedienen sich soziologischer Methoden, um Konsumentenreaktionen und -meinungen zu Produkten und Marken zu erforschen und zu analysieren. Während dies erste Einblicke in das Verhalten und die Einstellungen der Konsumenten gegenüber einem Marktsegment oder den darin agierenden Marken liefern kann, stößt es auch an Grenzen.

Das Grundprinzip dieser Forschungsmethodik (für beide Formate: Fokusgruppen oder Einzelinterviews) besteht darin, Konsumenten zu bitten, zu beschreiben, was sie tun, warum sie es tun und wie sie sich dabei fühlen. Das Problem dabei ist, dass Konsumenten sich meist nicht bewusst sind, was sie tatsächlich tun und wie sie das Erlebte wirklich empfinden. Sie neigen dazu, Meinungen als Abkürzungen für ihre eigene Nutzungserfahrung zu entwickeln. Und genau das kommunizieren sie in der traditionellen qualitativen Forschung. Hinzu kommt, dass diese Meinungen selten neutral und meist von gesellschaftlichen Konventionen und Überzeugungen beeinflusst sind. Vor vielen Jahren, als wir Konsumenten in Frankreich nach ihrer täglichen Mundhygiene fragten, gaben die meisten an, dreimal täglich die Zähne zu putzen. Die Realität sieht jedoch ganz anders aus. Traditionelle qualitative Forschungsmethoden stoßen manchmal an ihre Grenzen, wenn es darum geht, über das Deklarative hinauszugehen. Während sie das „Was" gut beschreiben können, sind sie beim „Warum" der Konsumentenhandlungen oft limitiert.

Morphologische Forschung ist anders. Sie nutzt die Prinzipien der freudschen Psychoanalyse und der *Gestalt*-Theorie, um Fragen zu formulieren, die Konsumenten dazu anregen, ihre Wahrnehmungen und Erfahrungen anders und zusammenhängender zu beschreiben, als wir es aus der qualitativen Forschung kennen. Diese Methodik zielt darauf ab, das Unsichtbare sichtbar zu machen. Sie ist darauf ausgelegt, das Unbewusste offenzulegen. Der morphologische Prozess hat nichts mit Hypnose zu tun, und es sind nicht die Konsumenten, die plötzlich über ihre unbewussten Motive sprechen. Diese Forschungsmethodik beruht auf zwei Prinzipien, die ein tieferes Eindringen ermöglichen: insistierende Nachfragetechniken, bei denen auch kleine Details oder Versprecher nachverfolgt werden, und eine ausgeprägte Zuhörkompetenz, die in der Methodik selbst verankert ist. Die morphologische Psychologie als Konzept ermöglicht es, die Seele von Produkten und Marken sowie die verschiedenen Formen, wie Konsumenten mit ihnen in Beziehung treten, zu erfassen.

Das Konzept der morphologischen Psychologie basiert auf Freuds Theorie und wurde vom deutschen Psychologen Wilhelm Salber, Professor am Psychologischen Institut der Universität zu Köln, entwickelt. Das Konzept vereint Prinzipien aus Freuds Psychologie, der *Gestalt- und ganzheitlichen* Psychologie. Die Methodik beschreibt Konsumentenphänomene und macht die zugrunde liegenden bewussten und unbewussten Wirkmechanismen sichtbar. Stellen Sie sich eine Bronzestatue des italienischen Künstlers Giacometti vor, die auf einem Konferenztisch steht, umgeben von 12 Teilnehmern. Wenn Sie jeden bitten, die Statue zu beschreiben, erhalten Sie 12 Beschreibungen aus unterschiedlichen Blickwinkeln, kombiniert mit sehr individuellen Beschreibungen der Statue selbst. Manche konzentrieren sich auf Formen und Konturen, andere auf Details bestimmter Teile, wieder andere betonen Aspekte wie Textur, Farbe oder Oberfläche usw. Am Ende ergeben alle Beschreibungen zusammen eine *Gestalt* der Statue mit hohem Detailgrad und einer komplexen Vielfalt subjektiver Einsichten aus den persönlichen Perspektiven der Befragten. Diese facettenreichen und detaillierten Beschreibungen bilden die Grundlage für die morphologische Psychologie. Im mentalen Zustand sind alle Elemente miteinander verbunden, und genau diese Verbindungen entschlüsselt die Morphologie und überführt sie in ein explizites, greifbares Modell handlungsrelevanter Einheiten, die im Markenprozess genutzt werden können.

Marken und Märkte sind ebenfalls Formen von *Gestalt*. Sie werden durch all ihre Bestandteile wie Produktformeln, Markenhistorie, Verpackung und Kommunikation miteinander verbunden und bilden so lebendige, nur teilweise unbewusste Prinzipien, die verpflichtet sind, Kontinuität und Wandel zu gewährleisten, um attraktiv und lebendig zu bleiben. Ziel der morphologischen Forschungsmethodik ist es, Modelle handlungsleitender Einheiten zu entwickeln, bei denen alle Teile über ihre Verbindungen und Wechselwirkungen miteinander beschrieben werden können. Dadurch werden die wahren Bedürfnisse und Motivationen der Konsumenten sichtbar und es lassen sich sogar Prognosen darüber ableiten, in welche Richtung sich Marken entwickeln sollten, um ihre Marktposition zu stärken und die Relevanz für Konsumenten zu erhöhen. Auf den folgenden Seiten werden wir sehen, wie dies in der Praxis funktioniert, welche vielfältigen Vorteile die morphologische Forschung Markeninhabern und Markenentwicklern bietet und wie die gewonnenen Erkenntnisse im Markenbildungsprozess genutzt werden können.

Wie bei Giacomettis Statue entschlüsselt die morphologische Forschung Produkte und Marken aus verschiedenen Blickwinkeln und Perspektiven. Konsumenten werden in morphologischen Gruppen oder Einzelinterviews durch spezielle Techniken des tiefgehenden Fragens und aufmerksamen Zuhörens dazu angeregt, ihre alltägliche Beziehung zu einem bestimmten Produkt oder einer Marke zu beschreiben. In diesem Prozess stützt sich die morphologische Psychologie auf vier klar abgegrenzte Verständnisschritte:

1. Konsumentenbeschreibungen bis zum Ende verfolgen
2. Grundtendenzen im Konsumentenverhalten und in Überzeugungen differenzieren.
3. Beziehungen zwischen Grundtendenzen identifizieren
4. Die Marke zum Lösungsanbieter machen

Schauen wir uns dies anhand einiger Markenbeispiele genauer an.

1. *Konsumentenbeschreibungen bis zum Ende verfolgen*
Die Richtung, die klassische qualitative Forschung üblicherweise einschlägt, wird durch den Gesprächsleitfaden vorgegeben, der vor Projektbeginn konzipiert und validiert wird. Das gilt auch für die morphologische Forschung, allerdings mit einem entscheidenden Unterschied: der Offenheit und Bereitschaft, den Konsumenten in ihrer Beschreibung der Nutzung eines bestimmten Produkts, einer Dienstleistung oder Marke zu folgen – auch oder gerade dann, wenn dies bedeutet, den Leitfaden zeitweise zu verlassen. Wie nehmen Konsumenten Produkte wahr, wie gehen sie damit um, wie nutzen sie sie und was empfinden sie dabei? Welche Bedeutung geben sie diesen Nutzungsformen und Produkteigenschaften? Morphologische Forscher verfolgen jede Spur. Diese besondere Bereitschaft, den erzählten Geschichten zu folgen, ist ein Aspekt, der die morphologische Forschung auszeichnet.

Die Produktnutzung kann sich im Verlauf eines gewöhnlichen Konsumententages je nach Konsummoment oder situativem Kontext verändern. Entsprechend sind die damit verbundenen Konsumentenerfahrungen selten statisch, vorgegeben oder für alle Nutzer eines Produkts, einer Marke oder Dienstleistung identisch. In der morphologischen Forschung zählt jedes Detail – selbst ein „freudscher Versprecher" kann die Aufmerksamkeit auf sich ziehen und wird bis zu einem gewissen Punkt verfolgt. Ziel ist es, einen Markt, ein Produkt, eine Dienstleistung oder Marke aus der Perspektive des Konsumenten zu verstehen, indem die verschiedenen Nutzungs- und Einstellungsrichtungen nachvollzogen werden, die Produkte oder Marken im Alltag der Konsumenten – bewusst und unbewusst – auslösen. Diese

Bereitschaft und Flexibilität, dem Fluss der Konsumentenbeschreibungen im Gespräch zu folgen, ermöglicht es, die unbewusste Seite der deklarierten Konsumentendaten zu erschließen und zu verstehen. Meist treten die eigentlichen Tendenzen erst später im Prozess zutage, nachdem das Offensichtliche bereits besprochen wurde. Die in der morphologischen Forschung gestellten Fragen helfen den Konsumenten, ihre Wahrnehmungen und Erfahrungen detaillierter zu beschreiben. So kommt das Unbewusste oft ganz von selbst zum Vorschein.

Die morphologische Forschung hört den Geschichten zu, die Konsumenten über Produkte und Marken erzählen, und sucht nach relevanten Tendenzen, die sich herausbilden und bestätigen lassen. Zunächst entwickelt das Storytelling der Konsumenten (die Beschreibung ihrer persönlichen Wahrnehmungen und Erfahrungen) häufig eine eigene, unverwechselbare Atmosphäre in der Gruppe oder offenbart eine bestimmte Stimmung im Einzelinterview. Diese Atmosphäre oder Stimmung wird als erster Analyseinput betrachtet. Nehmen wir zum Beispiel eine Gruppe männlicher Biertrinker. Nach einer kurzen Vorstellungsrunde konzentriert sich die Diskussion zur Motivation des Biertrinkens rasch auf Geschmack, Erfrischung und darauf, wie Biertrinken in einer Atmosphäre zivilisierten Verhaltens, vorgegebener Standards und Etikette stattfindet. Während die Teilnehmer diese zivilisierten Formen des Bierkonsums weiter ausführen, lehnt sich einer nach dem anderen zurück, lockert oder zieht die Krawatte aus und krempelt die Ärmel hoch. Dieses Gruppenverhalten liefert erste Hinweise auf die wahren Motivationen hinter dem Bierkonsum. Statt der behaupteten zivilisierten, erfrischenden und geschmacksorientierten Welt geht es beim Biertrinken um die *Verflüssigung* des Gemütszustands des Trinkers. Soziale Barrieren werden abgebaut, Gespräche werden ungezwungener und die allgemeine Atmosphäre entspannter. Die Beobachtung solcher scheinbar harmlosen Gruppenverhaltensweisen offenbart nicht nur ein erstes Paradox, sondern weist auch auf einen verborgenen Weg hin, der weiter erforscht werden sollte. Erst später im Verlauf der Diskussion wird thematisiert, dass Bierkonsum meist in die Feier des exzessiven Trinkens mündet.

Die morphologische Forschung ermöglicht es, aus Sicht des Konsumenten zu verstehen, was wirklich zählt, wie er, sie (oder sie) seine, ihre (deren) Meinungen verstanden wissen möchte und wie diese Erkenntnisse auf die Definition oder Führung einer Marke übertragen werden können. Dieses Forschungsinstrument hört allen Arten von Konsumentenbeschreibungen, Wortwahlen, Gesten und Körpersprachen zu und ordnet deren wechselseitige Bedeutungen im Anschluss ein.

Fragt man Konsumenten nach ihrer täglichen Dusch-Routine,[1] hört man Geschichten darüber, wie überwältigend es ist, morgens aus dem Bett zu kommen und einen neuen Tag zu beginnen, vom meist wenig schmeichelhaften ersten Blick in den Spiegel, vom Schmerz der Kleiderwahl für den Tag und so weiter. Diese träge und entmutigte Stimmung wandelt sich schlagartig unter der Dusche. Das warme Wasser lädt zum Verweilen in einer Traumwelt ein und spült letztlich die Müdigkeit weg. Die anfängliche Anspannung wird nun als Auftrieb erlebt, die Stimmung wird belebter und energiegeladener. Menschen, die vom Singen unter der Dusche berichten, bezeugen dies. Dieses kurze Beispiel zeigt, wie Storytelling, das einen Raum erhält, um in tiefere Ebenen des Konsumentenverhaltens vorzudringen, wertvolle Erkenntnisse liefern kann, die für die Positionierung eines Produkts, einer Dienstleistung oder Marke nutzbar sind.

Tiefergehendes Fragen und ein differenzierteres Zuhören schaffen einen fruchtbareren Boden für die Analyse. Hier begeben sich Forscher und Konsumenten gemeinsam auf eine Reise, bei der beide durch die gestellten Fragen und gegebenen Antworten Neues lernen. Typische Fragen in diesem Prozess sind: *Was fällt Ihnen spontan ein?, Was genau meinen Sie damit?, Wie haben Sie sich dabei gefühlt?, Könnten Sie das genauer beschreiben?, Inwiefern hängt das mit dem von Ihnen genutzten Produkt zusammen?, Was muss die Marke tun, um dieses Gefühl zu erzeugen?* und so weiter. Das zugrundeliegende Prinzip ist stets, dem Faden einer Antwort zu folgen und ihn weiterzuspinnen, solange er zusätzlichen Sinn stiftet und eng mit den Alltagserfahrungen der Konsumenten und der betreffenden Produktkategorie verbunden bleibt.

Die in der morphologischen Forschung genutzte Storytelling-Logik kann auch innerhalb einer Produktkategorie differenzierende Details liefern. Bei salzigen Snacks etwa zeigen die Konsumgeschichten von Brezeln im Vergleich zu Chips gegensätzliche Motivationen. Die Erzählungen der Konsumenten machen deutlich, dass Brezeln mit ihrem Bäckerei-Erbe, dem gebackenen Teig und der salzigen Kruste in formelleren Situationen bevorzugt werden, weil die Finger sauber bleiben und das äußere Erscheinungsbild zählt. Chips hingegen, mit ihrer fettigen Textur, würzigen Aromen und unregelmäßigen, krümeligen Form, sind die bevorzugte Wahl in Momenten des Regelbruchs und ungehemmten Beisammenseins.

---

[1] Illustrationen zu Duschen, Snacks, Joghurt und Make-up bereitgestellt von Wiesmann Forschen & Beraten, Köln, Deutschland.

Ähnlich schildern Katzenbesitzer spontan und ausführlich die intimen Beziehungen zu ihren Katzen. Das Gegenteil ist der Fall, wenn dieselben Konsumenten nach ihrer Nutzung und Beziehung zu Duschgels gefragt werden, die ähnliche intime Dimensionen berühren. Katzenbesitzer sprechen über ihre Katzen wie über Partner, Kinder oder ihr eigenes Alter Ego. Hier entstehen intime Beziehungen, die zu anthropomorphen Verbindungen führen und die tierische Seite der Katze (Unabhängigkeit, Hygiene etc.) völlig ausblenden können. Dieses Verständnis ist offensichtlich unverzichtbar für die Positionierung jeder Haustiermarke, die sich an Katzenbesitzer richtet.

Nun mag man sich fragen, warum der Fokus so stark auf der emotionalen Seite der Konsumentennutzung und -einstellungen liegt und was es mit den rationalen Elementen eines Produkts oder einer Marke auf sich hat. Eine Konfitüre hat eine bestimmte Konsistenz und Süße, Salami einen Fett- oder Cholesteringehalt, eine Servicemarke kann bestimmte Privilegien bieten und so weiter. Natürlich verdienen auch diese rationalen oder funktionalen Produkteigenschaften die gleiche Aufmerksamkeit. Sie werden ebenfalls im Kontext der Geschichten diskutiert, die sich um ihre Nutzung im Alltag der Konsumenten ranken. Dennoch entstehen dauerhafte Beziehungen zu Marken meist über Emotionen. Rationale oder funktionale Markeneigenschaften dienen vor allem dazu, eine emotional getriebene Kaufentscheidung zu untermauern – ein Umstand, den Marketing Experten mitunter übersehen oder vernachlässigen.

2. Tendenzen im Konsumentenverhalten und in Überzeugungen differenzieren
Im Verlauf der morphologischen Forschung werden die unterschiedlichen Richtungen oder Tendenzen, die sich aus der Diskussion oder den Interviews ergeben, bereits während der Forschung selbst geordnet. Auf dem Weg in die tieferen Schichten eines Marktes oder einer Marke können sich mehrere Richtungen eröffnen. Betrachten wir noch einmal das Beispiel der Katzenbesitzer und ihre zu Beginn der Gruppendiskussion geäußerte allgemeine Begeisterung. Schnell wird deutlich, dass selbst die vielbeschriebene Bewunderung für die legendäre Unabhängigkeit der Katze ein jähes Ende findet, sobald das Thema Hygiene und Exkremente angesprochen wird. Der allseits liebende Katzenbesitzer verwandelt sich plötzlich in einen Hüter von Ordnung und Sauberkeit, der klare Regeln für die Hygiene der geliebten Katze aufstellt. Dies zeigt sich in ihren Erzählungen über das Katzenklo und dessen tägliche Pflege. Bereits jetzt lassen sich die ersten beiden divergierenden Richtungen des Katzenbesitzes erkennen: die bedingungslose Liebe zur Katze und ihrem Charakter sowie die regelsetzenden Maßnahmen zur

Bewältigung der Hygiene. Ein weiteres Paradox, ähnlich dem oben beschriebenen im Zusammenhang mit dem Bierkonsum.

Naturjoghurt liefert ein weiteres interessantes Beispiel. Konsumenten sehen Naturjoghurt als lebendige Substanz (lebende Joghurtkulturen), die den gesamten Körper, insbesondere den Darm, vitalisieren kann. Deshalb wird Naturjoghurt häufig nach einer Krankheit oder im Frühjahr konsumiert. Gleichzeitig schreiben Konsumenten dem Naturjoghurt eine gewisse *Reinigungsfunktion* zu, die sich aus der jungfräulich weißen Farbe und dem leicht säuerlichen Geschmack ableitet. In diesem Sinne suggeriert Naturjoghurt einen Status quo, den die Konsumenten für sich selbst neu besetzen möchten (gereinigt). Schließlich tritt in der Konsumentenforschung eine dritte Richtung oder Tendenz zutage: Die weiße Farbe regt kreative Prozesse an, indem farbige Zutaten wie Marmelade, Schokolade oder Früchte hinzugefügt werden, die zu fantasievollen Formen in der weißen Masse werden – wie auf einem weißen Blatt Papier. Mit diesen drei unterschiedlichen Richtungen oder Tendenzen für die Positionierung einer Marke gewinnen Marketing Experten erheblich an Einsichten und Verständnis.

In jeder qualitativen Konsumentenforschung gibt es eine Hauptgeschichte, die immer erzählt wird – und die auch alle Wettbewerber kennen. Es gibt jedoch auch andere Geschichten, die schwerer zu entschlüsseln sind, wenn sie parallel zur Hauptgeschichte erzählt werden. Die Morphologie als Methodik hat Wege entwickelt, unter die Oberfläche der Hauptgeschichte zu gelangen und auch die anderen zu entdecken und zu verstehen. Wie bereits erwähnt, geschieht dies unter anderem durch differenziertere Fragen, die in die Tiefe gehen. Die Methodik erfordert jedoch auch eine gehörige Portion Neugier, Interesse sowie die Fähigkeit, zuzuhören und nachzuhaken.

Man könnte sich fragen, wie all dies im Zeitrahmen einer durchschnittlichen Gruppen- oder Einzelbefragung möglich ist. Diese Frage ist berechtigt. Tiefer zu gehen und zu erforschen, erfordert natürlich Zeit. In der morphologischen Forschung wird die Zeit jedoch einfach anders genutzt, und geschulte Forscher wissen, wie sie die richtigen Fragen stellen, um zu den psychologischen Realitäten und Zusammenhängen vorzudringen, die unter der Oberfläche liegen.

3. Beziehungen zwischen Grundtendenzen identifizieren
Sobald die verschiedenen Grundtendenzen identifiziert wurden, könnte man sich vorstellen, sie im Rahmen eines Markenprojekts einzeln zu bearbeiten. Die morphologische Psychologie geht jedoch immer von einer direkten und sinnhaften Verbindung zwischen diesen Grundtendenzen oder Richtungen

eines Marktes oder einer Marke aus. Diese Verbindung beinhaltet meist ein Paradox, also zwei scheinbar gegensätzliche oder polarisierende Tendenzen.

Wir haben gesehen, dass Katzenbesitzer zwei Seelen in ihrer Brust tragen: Unterwerfung (gegenüber der Natur der Katze) und Dominanz (das Durchsetzen menschlicher Hygienestandards). Dasselbe gilt für Make-up. Das Auftragen von Make-up wird meist als eine Metamorphose empfunden, bei der Frauen versuchen, die individuelle Schönheit ihres Gesichts hervorzuheben. Gleichzeitig streben sie danach, einem führenden Make-up-Trend zu folgen, was zur Folge hat, dass sie anderen Frauen ähneln. Naturjoghurt wird wegen seiner besonderen Reinheit und *Unberührtheit* geschätzt, doch nur wenige widerstehen der Versuchung, Früchte, Schokolade oder Marmelade unterzumischen. Die Verfolgung dieser Tendenzen anhand detaillierter Konsumentenbeschreibungen ermöglicht es, die Zusammenhänge zwischen ihnen zu erkennen. Und wie wir sehen werden, sind es gerade diese Verbindungen, die den Markenbildungsprozess am stärksten befeuern.

4. *Die Marke zum Lösungsanbieter machen*

Marken unterbreiten Konsumenten Angebote. Sie bieten eine geführte und fokussierte Abkürzung im Kaufprozess. Marken übersetzen die viel diskutierten Tendenzen in attraktive Formate, sodass Konsumenten sie wiedererkennen können. Das macht Marken attraktiv und begehrenswert. Um jedoch diese grundlegenden, einem Markt oder einer Marke innewohnenden Tendenzen zu identifizieren und zu ordnen, müssen sie zunächst mit der Markenrealität (Attributen) abgeglichen, dann priorisiert und strukturiert werden.

In gewisser Weise funktionieren Marken wie Menschen, die über eine Kernkompetenz und ein allgemeines Know-how verfügen. Diese Kompetenz kann verschiedene Dimensionen von Konsumentenbedürfnissen abdecken. Dennoch ist es die führende Tendenz, die das Format bestimmt, das eine Marke annehmen muss. Dieses Format muss eindeutig sein und auf einer klar definierten Markenkompetenz aufbauen, also auf einem Attribut, das im Kaufentscheidungsprozess eine hohe Aufmerksamkeit erzeugt.

Weihenstephan, eine Premium-Joghurtmarke aus Deutschland, betont stark ihre Nähe zur reinen Alpenmilch, aus der ihre Produkte hergestellt werden, sowie die Bildwelt glücklicher, grasender Kühe. Die Differenzierung der Marke über die Plattform der „Reinheit" schränkt den Wunsch der Konsumenten nach Mischung naturgemäß ein. Handelsmarken hingegen, die ebenfalls *Reinheit* beanspruchen, liefern mit ihren weniger richtungsweisenden Verpackungsdesigns und exklusiven Vertriebskanälen nicht genügend Codes, um diesen Anspruch zu untermauern. Diese *Marken* können den Wunsch nach Mischung anregen, während Weihenstephan mit seinem vorschreibenden *Reinheitsuniversum* diesen eher begrenzt (siehe Abb. 7.1, 7.2, 7.3 und 7.4). Joghurt wird traditionell in runden Behältern verkauft, anders als bei der deutschen Molkereimarke Müller. Müller brachte 1998 ein quadratisches Snack-Joghurt-Format auf den Markt, das *Joghurt mit der Ecke*, mit einem quadratischen Zweikammerbecher, bei dem eine Ecke mit Marmelade oder anderen Süßigkeiten in die weiße Joghurtbasis der größeren Kammer gekippt werden kann. Die Müller *Ecke* nutzt gezielt den Spieltrieb beim Naturjoghurtkonsum, um die Marke im hart umkämpften europäischen Molkereimarkt zu differenzieren. Aus einer anderen Perspektive betont Actimel, ein Joghurtgetränk der Danone-Gruppe, die vitalisierende Seite von Joghurt (natürliche Abwehrkräfte) und vernachlässigt die Dimensionen Reinheit und kreative Freiheit. Dennoch schreibt Actimel bestimmte Tages- und Saisonverzehrmomente vor (ein Shot pro Tag, hält den Arzt fern).

Eine der Voraussetzungen für eine erfolgreiche Markenpositionierung ist das Verständnis, wie die verschiedenen Tendenzen in einem bestimmten Markt oder einer Marke gewichtet und genutzt werden können. Für Interessierte gehe ich noch eine Ebene tiefer in die morphologische Forschung: das Konzept der funktionalen Schichten. Die Morphologie unterscheidet sechs funktionale Ebenen, die sowohl die Analyse der Ergebnisse leiten als auch den Forschungsprozess bestimmen, wie in Abb. 7.5 dargestellt.

Abb. 7.1 Joghurt als Grundnahrungsmittel, das den puren Verzehr suggeriert. Eigenes Bild des Autors

Abb. 7.2 M&S Handelsmarke ohne Konsumhinweise. Eigenes Bild des Autors

Abb. 7.3 Müller *Yoghurt mit der Ecke* mit weisser Joghurtbasis und Ecke zum Mischen, die Anreize für intensivere Konsumerlebnisse bietet. Eigenes Bild des Autors

7 Die essenzielle Rolle von Konsumenten-Insights und wie … 119

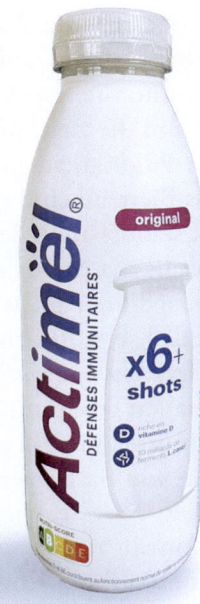

Abb. 7.4 Actimel Joghurtgetränk, das einen ritualisierten Konsum vorschreibt – ein Shot pro Tag. Eigenes Bild des Autors

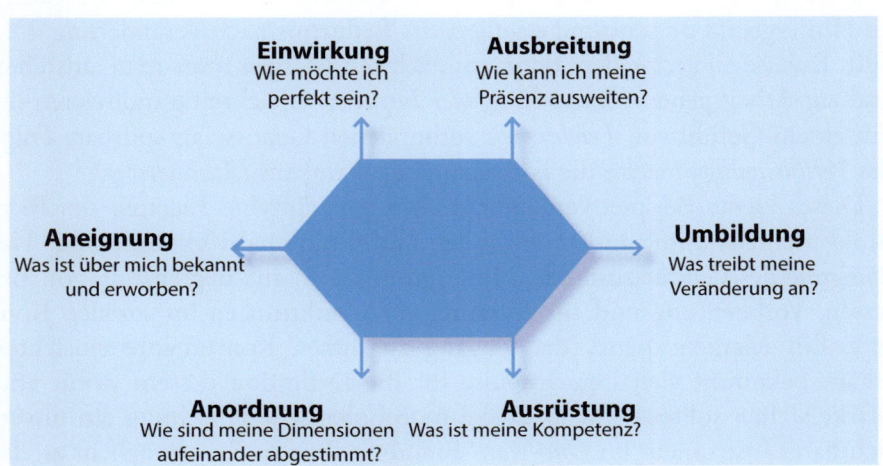

Abb. 7.5 Die sechs funktionalen Dimensionen der Zugangsmotive, analysiert in der morphologischen Forschung. Eigenes Bild des Autors

Um diese funktionalen Ebenen und ihr Zusammenspiel zu veranschaulichen, werfen wir einen weiteren Blick auf Biertrinker. [2] Dieser Einblick in den Biermarkt zeigt nur bestimmte Aspekte des Forschungsprozesses, reicht aber aus, um das Konzept und die zugrunde liegenden Dynamiken, die motivationale Effekte in dieser Produktkategorie organisieren, zu verdeutlichen.

Wir haben gesehen, dass Biertrinken durch einen Stimmungswandel (Verflüssigung eines Gemütszustands) motiviert ist, der den gewöhnlichen Arbeitstag verwandelt. Es macht die Menschen entspannter, offener, geselliger und gesprächiger. Die Zwänge des Alltags beginnen zu schwinden und sich aufzulösen – ein offensichtlich erwünschter Effekt des Alkoholkonsums im Allgemeinen *(Umbildung oder Transformation)*.

Diese Trinkrituale beinhalten bestimmte Vorbereitungen des Biertrinkens. Manche trinken ihr Bier informell direkt aus der Flasche, andere zelebrieren jedes neue Glas, indem sie wie Barkeeper beim Zapfen eine Schaumkrone nachbilden *(Aneignung)*. Um Exzesse, die sich durch bekannte Verhaltensmuster wie Lallen oder Taumeln zeigen, zu vermeiden, setzen sich Biertrinker selbst auferlegte Regeln, um ihren Konsum zu begrenzen. *Nicht mehr als drei Flaschen heute Abend, … nur bis der Film zu Ende ist, …* oder Trinkrituale und andere Formen der Regulierung *(Ausrüstung oder Kompetenz)*.

Parallel dazu dienen bestimmte Trinkformate oder -regeln als Säulen einer gesellschaftlich akzeptierten Trinkkultur, wie etwa das Trinken in kleinen Schlücken *(Anordnung oder Konstellation)*..

Trotz dieser Transformation bleibt die Realität des nächsten Arbeitstags im Hintergrund präsent und reguliert das Bedürfnis nach Veränderung. Das hilft, Exzesse zu vermeiden, denn am nächsten Morgen muss man aufstehen und zur Arbeit gehen *(Einwirkung oder Impact)*. Gleichzeitig motivieren die mit einem Gefühl von *Leichtigkeit* verbundenen Genüsse als spürbare Folge des *Verflüssigungsprozesses* die Fortsetzung des Trinkens *(Ausbreitung)*.

Dieses kleine Beispiel verdeutlicht, wie sehr einzelne Facetten des Biertrinkverhaltens miteinander verbunden und funktional verknüpft sind: *Verflüssigung* des Gemütszustands, Hintergrundregeln zur Begrenzung von Exzessen, Vorbereitung und Inszenierung von Trinkritualen im sozialen Kontext. Ein Markenexperte, der Zugang zu diesen Konsumenteneinsichten erhält, bekommt vielfältige Impulse für die Definition dessen, wofür eine Marke stehen sollte. Deshalb ist die morphologische Forschung ein unverzichtbares Instrument im *One-Word*-Branding-Prozess. Sie ermöglicht es, das Unsichtbare sichtbar zu machen und zu entschlüsseln, wodurch neue Wege

---

[2] Quelle: Gruppendiskussionen in der Marktforschung – Rheingold Verlag 2008, S. 60–61, Rheingold Institut für qualitative Markt- und Medienanalysen, Köln.

für erfolgreiche Markendifferenzierung und vor allem Markenrelevanz eröffnet werden.

Insgesamt mag die morphologische Forschung zunächst etwas komplex oder schwer zugänglich erscheinen (auch durch die oben verwendeten Original-Begriffe, die etwas akademisch wirken mögen). Seien Sie aber versichert, das ist sie nicht. Jeder Marketing- oder Markenexperte wird schnell einen persönlichen Zugang zu dieser bemerkenswerten Methodik finden, die deutlich mehr Denkanstöße liefert als jede traditionelle qualitative Forschung. Es gibt natürlich eine tiefere Theorie, die auf Psychologie und der Arbeit von Wilhelm Salber, dem Vater der morphologischen Forschung, basiert. Und genau darauf sollten Sie achten. Heute sind nur wenige Institute in der Lage, eine wirklich morphologische Methodik in der Praxis zu liefern, auch wenn viele Institute dies behaupten. Forscher, die in diesem Bereich arbeiten, sollten einen psychologischen Hintergrund haben und nicht aus der Soziologie kommen. Diese Methodik ist zudem nicht auf Deutschland beschränkt, sondern weltweit in Forschungsinstituten in den meisten entwickelten Märkten verfügbar.

Was Sie bei der Betrachtung morphologischer Forschung im Hinterkopf behalten sollten, ist, dass diese Methodik – wie andere qualitative Forschungsformate auch – das Prinzip des Consumer Storytelling nutzt. Allerdings treibt die morphologische Forschung das Storytelling auf eine wesentlich tiefere Ebene, getrieben von einer methodischen Neugier und dem Wunsch, die gesamte Geschichte mit ihren zugrundeliegenden Zusammenhängen zu entdecken – und nicht nur einzelne Teile davon.

Nachfolgend zwei abschließende Beispiele vom Institut Rheingold in Köln,[3] die diesen Punkt verdeutlichen:

Beispiel: Markenpräferenzen bei Filterzigaretten

Raucher geben im Allgemeinen an, ihre Markenpräferenz am Geschmack festzumachen. Bei Blindtests können jedoch nur wenige ihre Marke von anderen Filterzigaretten unterscheiden. Dies legt nahe, dass Markenpräferenzen durch andere Elemente des Markenmixes entstehen als durch die tatsächliche Produktleistung (Geschmack). Die wahren Beweggründe der Konsumenten bleiben ihnen selbst im Unbewussten verborgen – und das nicht nur bei Zigaretten. Sobald man in den von der Morphologie vorgeschlagenen Prozess des vertieften Erzählens einsteigt, wird schnell deutlich,

---

[3] Quelle: Gruppendiskussionen in der Marktforschung—Rheingold Verlag, 2008, S. 60–61, Rheingold Forschungsinstitut, Köln.

dass Markenpräferenzen bei Filterzigaretten nicht durch den Geschmack, sondern durch das von der Marke entworfene Universum geprägt werden.

Doch selbst das Markenuniversum ist für Konsumenten schwer in Worte zu fassen. In Gesprächen mit treuen Marlboro-Rauchern greifen die Befragten schnell auf die idealisierte, etwas altmodische Marlboro-Welt von Freiheit und Abenteuer zurück, wie sie in der Marlboro-Kommunikation dargestellt wird. Diese Welt wird zwar bewundert, ruft aber auch eine gewisse Kritik hervor. Drängt man die Gruppe zu einer detaillierteren Beschreibung der Welt von Freiheit und Abenteuer, wird rasch klar, dass diese Welt nur an der Oberfläche existiert. In der Tiefe zeigt sich eine völlig andere Marlboro-Welt: ein geregelter Arbeitstag, in dem der Marlboro-Mann damit beschäftigt ist, grasende Pferde in enge Gatter zu treiben. Anstatt ein Leben in Freiheit zu führen, konzentriert er sich darauf, die Freiheit der Tiere, für die er verantwortlich ist, einzuschränken. Erst am Abend, wenn die Arbeit getan ist, darf er sich ans Lagerfeuer setzen und eine Zigarette und einen Kaffee genießen, während sein Pferd zuschaut. Die Welt des Marlboro-Mannes lässt wenig Raum für große Taten und ist geprägt von der Suche nach Perfektion in einem von Zwängen und Begrenzungen bestimmten Arbeitstag. Sein Lebensmotto lässt sich zusammenfassen mit *Erst die Arbeit, dann das Vergnügen, Was du tust, tue es gut* und *Finde deine Größe* in dem, was du tust.

Diese Haltung ist typisch für einen karriereorientierten Arbeiter und erklärt den weltweiten Erfolg, den diese Marke hatte und bis heute genießt. Das Paradox von Freiheit und Begrenzung, das der Marke Marlboro innewohnt, spiegelt sich auch im Logo bzw. Markenblock wider: Das überdehnte *l* und *b* im Namen Marlboro stehen für das Unbegrenzte, während die rote Farbe auf das Lagerfeuer verweist und das weiße Dreieck das Dach symbolisiert, das die Marlboro-Welt zusammenhält und begrenzt. Wie jede erfolgreiche globale Marke bietet Marlboro eine *Lösung* für ein universelles Konsumentenbedürfnis: ein erfüllendes, strukturiertes und organisiertes Leben.

Beispiel: Haushaltsreiniger

Die Geschichten, die Konsumenten von Haushaltsreinigern erzählen, drehen sich meist darum, dass das Putzen das Haus makellos sauber hinterlässt. Das glänzende Ergebnis des Reinigungsprozesses scheint im Mittelpunkt ihrer Motivation und letztlich ihrer Markenwahl zu stehen. Fordert man jedoch eine detaillierte Beschreibung des eigentlichen Putzvorgangs, wird deutlich, dass nicht das Ergebnis des Reinigungsprozesses selbst die Motivation erzeugt, sondern das Drama, das im Prozess steckt. Hier entwickeln

Konsumenten detaillierte und oft ritualisierte Abläufe, um mit Schmutz und Hygiene umzugehen. In den Erzählungen treten ganze Strategien zutage, mit denen Schmutz bekämpft und beseitigt wird, während nur wenige Gegenstände während der Putzaktion an ihrem Platz bleiben.

Hier liegen die eigentlichen Motivationskräfte – und nicht im allgemein genannten Wunsch nach Sauberkeit. Für Marken von Haushaltsreinigern bedeutet das, dass es nicht ausreicht, einfach nur Produktleistung (strahlende Sauberkeit) zu versprechen. Sie müssen auch das Drehbuch für das Drama des Reinigungsprozesses liefern. Marken wie die deutsche Marke *Der General*, die in der Werbung eine wiederkehrende Frauenfigur einsetzte, deren weiße Bluse sich beim Einsatz des Produkts mit Schulterklappen und Orden schmückte, verdeutlichen dieses Kategoriendenken. Auch P&Gs globale Marke *Mr. Clean* nutzt diese Erkenntnis (s. Abb. 7.6 und 7.7).

Vertieftes Erzählen ist das, was den entscheidenden Unterschied macht, während die psychologische Analyse im Hintergrund abläuft. Inwieweit Sie die detaillierten Mechanismen dieses Forschungsinstruments verstehen, ist letztlich nicht entscheidend. Was wirklich zählt, sind die Ergebnisse, die Erkenntnisse und die sinnvollen Zusammenhänge, die es liefert. Morphologische Forschung macht diese nicht nur sichtbar, sondern auch für Ihren Markenpositionierungsprozess nutzbar. Diese Methodik ist keineswegs auf Produkt-, Marken- oder Verbraucherforschung beschränkt. Sie können die

Abb. 7.6 Vintage-Werbeplakat *Der General*. Mit freundlicher Genehmigung Henkel AG & Co. KGaA, Düsseldorf

Abb. 7.7 Französisches Verpackungsetikett Mr. Clean Haushaltsreiniger. Eigenes Bild des Autors

morphologische Forschung einsetzen, um jedes Thema, das im Rahmen qualitativer Forschung untersucht wird, zu analysieren und zu verstehen – von Verpackung über Kommunikationsmaterialien bis hin zu Dienstleistungen, Destinationen, Personen oder Unternehmensmarken.

8

Simplizität auf der anderen Seite der Komplexität: Das eine Wort identifizieren, das Ihre Marke definiert

Die Entwicklung einer starken Markenpositionierung ist eine anspruchsvolle und komplexe Angelegenheit.

Es gibt zahlreiche Aspekte zu berücksichtigen und eine enorme Menge an Informationen zu verarbeiten. All dies erhöht die Komplexität eines Prozesses, der für seinen Erfolg letztlich äußerste Simplizität in der finalen Definition dessen erfordert, wofür Ihre Marke stehen soll. Zahlreiche Beispiele aus der Vergangenheit zeigen, dass die wahre Kraft des Brandings dann entfesselt wird, wenn Sie mit nur *einem Wort* definieren können, wofür Ihre Marke steht.

Das Maß an Komplexität variiert von Marke zu Marke und von Markt zu Markt. In gesättigten und fragmentierten Märkten, in denen viele FMCG-Marken agieren, steigt die Komplexität durch eine Vielzahl an Wettbewerbsangeboten und -aussagen, während im Bereich Luxusgüter oder Destinationsmarken das Wettbewerbsumfeld tendenziell begrenzter ist. Der Umfang der Wettbewerbsalternativen erhöht stets die Herausforderungen für die Marken-Differenzierung. Ein weiterer wichtiger Aspekt ist das Markenerbe. In etablierten Marktsegmenten profitieren viele Marken von einer langen Markenhistorie mit klar definiertem Markenwert und fest verankerten Imagewahrnehmungen im Bewusstsein der Konsumenten. Dies gilt für jede Marke, die irgendwann ihrer Zielgruppe vorgestellt wurde, und verstärkt sich mit den Jahren konsistenter und beharrlicher Markenkommunikation. Je länger eine Marke existiert, desto stärker sind ihre Imagewahrnehmungen im Gedächtnis der Zielkonsumenten verankert. Ist eine bestimmte Image-Dimension erst einmal etabliert, lässt sie sich nur schwer verändern – es sei denn, die Marke ist von einem Skandal oder anhaltenden Qualitätsproblemen betroffen. Daher ist es von entscheidender Bedeutung, zu verstehen, wofür Ihre Marke aktuell aus Sicht der Zielgruppe steht, um einen erfolgreichen Weg in die Zukunft zu finden und sie gegebenenfalls neu zu positionieren. Die Positionierung einer neuen Marke hingegen hat weniger Komplexität, da noch kein Markenwert aufgebaut wurde.

Unabhängig davon, ob Sie die Positionierung einer neuen Marke – beispielsweise für ein Start-up –, die Neupositionierung einer bestehenden Marke oder die Wiederbelebung einer *Vintage*-Marke, die an Konsumentenbindung verloren hat, in Betracht ziehen, gelten die gleichen Grundprinzipien. Ziel ist es, sämtliche verfügbaren Informationen zu filtern und auf das zu destillieren, was wir als *Simplizität auf der anderen Seite der Komplexität* bezeichnen: die Definition Ihrer Marke mit nur *einem* Wort. Die folgende Methodik ist genau darauf ausgerichtet.

Eine starke Markenpositionierung besteht darin, das eine magische Wort zu identifizieren, das definiert, wofür Ihre Marke steht und das letztlich Ihre gesamte Marktbearbeitung steuert – und Ihrer Organisation auf allen Verantwortungsebenen klare und greifbare Orientierung bietet. Einwort-Markenpositionierungen lenken jede einzelne Person im Unternehmen in exakt dieselbe Richtung, bieten eine klare und umsetzbare Roadmap und bündeln die Energie, Kreativität und Innovationskraft Ihrer Mitarbeiter auf ein einziges, übergeordnetes Ziel. Dies führt nicht nur zu höherer Produktivität in den Branding- und Markenmanagementprozessen, sondern sichert auch eine größere Konsistenz in der Markenkommunikation auf allen Ebenen der Markenaktivitäten.

Zu viele Organisationen sind noch immer in Silos organisiert, in denen verschiedene Abteilungen mit unterschiedlichen Aufgaben parallel statt synergetisch arbeiten. Eine eindimensionale Ausrichtung der Marke, die das Unternehmen, seine Produkte, Dienstleistungen oder Destinationen repräsentiert, trägt dazu bei, eine intellektuelle Synergie zu schaffen, die keineswegs einschränkend wirkt. Tatsächlich ist es gerade dieser fokussierte Ansatz, der ein Höchstmaß an Freiheit bietet, um individuelle Kompetenzen und Talente voll auszuschöpfen. Eine einheitliche, auf ein Wort reduzierte Markenpositionierung liefert allen Beteiligten ein gemeinsames Briefing – und all die Freiheiten, die mit einer klar definierten strategischen Ausrichtung einhergehen. In der Praxis dient die Einwort-Markenpositionierung als eine Art Prisma, das als strategischer Leitfaden für Initiativen, Ideen und konkrete Produkt- oder Serviceeigenschaften fungiert und als Maßstab zur Bewertung dieser Initiativen, Ideen und Eigenschaften bereits in frühen Entwicklungs- oder Umsetzungsphasen dient. Wenn eine Marke wie BMW für

8 Simplizität auf der anderen Seite der Komplexität: Das eine Wort ...

Fahrfreude steht, sollte der zentrale Beitrag jedes Mitarbeiters und jeder Mitarbeiterin darin bestehen, die Fahrfreude mit allen zur Verfügung stehenden Mitteln und im jeweiligen Verantwortungsbereich – oder auch bereichsübergreifend – zu maximieren.

Zugegeben, das Einwort-Konzept lässt sich nicht immer buchstäblich mit nur *einem Wort* ausdrücken; es liefert jedoch stets eine eindeutig fokussierte Stoßrichtung. Es spielt keine Rolle, ob die endgültige Stoßrichtung aus zwei Wörtern besteht statt aus einem. Die Bedeutung bleibt ebenso prägnant und klar, als wäre sie in nur einem Wort gefasst. Es gibt keinerlei Unklarheit darüber, welches Kundenerlebnis letztlich von allen Mitarbeitenden und Zulieferern von BMW geschaffen werden muss. Selbst der kleinste und scheinbar unbedeutende Beitrag zum Ganzen wird darauf ausgerichtet sein, *Fahrfreude* zu erzeugen. Wie wir später sehen werden, kann der Einwort-Branding-Prozess auf alle Arten von Marken – von Produkt- bis zu Destinationsmarken, von Unternehmens- bis zu Servicemarken angewandt werden. Eine Sache, eine Person, eine Bewegung – alles, was zur Marke werden kann. Jede einzelne Marke lässt sich mit nur einem Wort definieren.

Die amerikanischen Wahlen 2016 sind nur ein Beispiel dafür. *Make America Great Again* (MAGA) fasste effektiv zusammen, wofür die Republikanische Partei als Marke stand und steht: *Größe*. Damit gelang es, mehr als die Hälfte der amerikanischen Bevölkerung für eine Wahl von Donald Trump zu mobilisieren, da eine universell verständliche, relevante und fokussierte Markenbotschaft vermittelt wurde. Die Tories verfolgten bei der britischen Wahl 2019 das gleiche Prinzip mit dem Slogan *Get Brexit Done* und positionierten die Partei mit einem Wertversprechen, das ebenfalls auf schnelle und *greifbare Aktion* (im Gegensatz zu leeren Versprechungen) abzielte. Ebenso positionierte Obama 2008 mit *yes, we can* die Demokraten als eine *handlungsfähige und dynamische* politische Bewegung, die *Wandel* versprach.

Der Prozess, eine Marke mit nur einem Wort zu definieren, folgt vier klaren Schritten, dem sogenannten *Brand Positioning Funnel*, wie in Abb. 8.1 dargestellt.

Entdeckung (Information Mining)

Die Entdeckungs-Phase verfolgt ein einziges Ziel: so viele Informationen wie möglich über die Marke, das Produkt, die Zielgruppen und das Marktumfeld zu sammeln. Dieser Schritt ist strukturiert darauf ausgelegt, in die Tiefe zu gehen. Ausgangspunkt ist das *Produkt*, wobei zahlreiche Aspekte zu berücksichtigen sind: die Rezeptur und Zusammensetzung, Herkunft

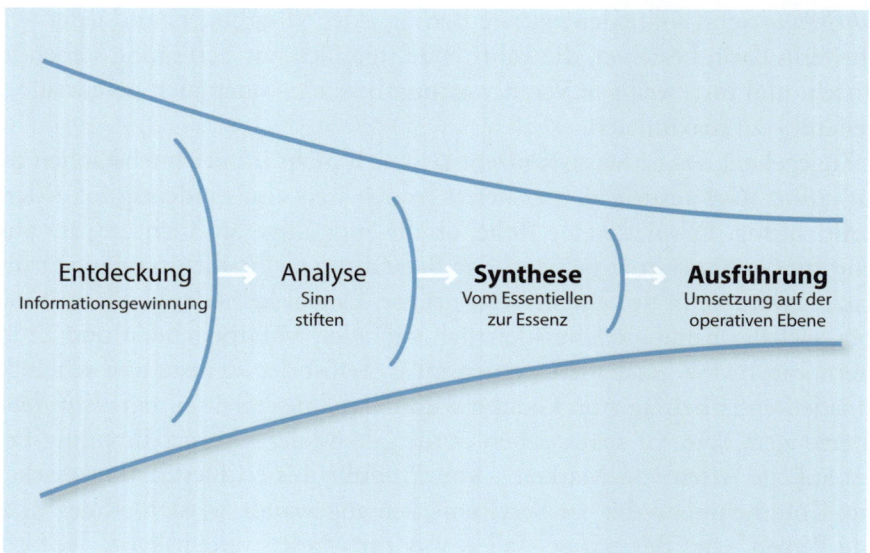

Abb. 8.1 Vierstufiger Brand Positioning Funnel. Eigene Darstellung des Autors

und Qualität der Rohstoffe, die intrinsischen funktionalen Eigenschaften oder Service-Features, der Produktionsprozess, das Kundenerlebnis, potenzielle Nutzen, Distribution und Logistik und vieles mehr. Jedes noch so kleine Detail zählt. Sie sollten bestrebt sein, in allen Facetten zum unangefochtenen Experten Ihres Produkts oder Ihrer Dienstleistung zu werden. Lesen Sie alles darüber und sprechen Sie mit allen, die entlang der Wertschöpfungskette für die Herstellung oder das Design verantwortlich sind: Ingenieure, Produkt- und Servicedesigner, Produktions- und Supply-Chain-Manager, Qualitätskontrolleure und Einkäufer. Im Rahmen der Entdeckungs-Phase (information mining) besuchen wir auch immer mindestens eine Produktionsstätte. Es überrascht nicht, dass es oft die erfahrensten Mitarbeiter:innen im Unternehmen sind, die über besonders wertvolle Informationen verfügen, da sie die Marke in ihren besten Jahren oder zu Zeiten kannten, als die Dinge noch nicht durch übermäßige Informationskomplexität verschleiert waren. Gerade beim Rebranding finden sich die Antworten auf die Frage, wie die Marke zukunftsfähig gemacht werden kann, meist in ihrer Vergangenheit.

Ein analoger Ansatz gilt für Unternehmensmarken. Der einzige Unterschied besteht darin, dass er auf einer übergeordneten Ebene erfolgt. Als die Danone-Gruppe Ende der 1990er Jahre eine Neupositionierung ihrer Unternehmensmarke in Erwägung zog, lag der Fokus des Information Mining

8 Simplizität auf der anderen Seite der Komplexität: Das eine Wort ...

auf dem Produktangebot über alle Marktsegmente und Disziplinen hinweg, um zunächst einen gemeinsamen Nenner zu identifizieren. Dies führte letztlich zur Positionierung auf *aktive Gesundheit*. Seit ihrer Gründung in Spanien zu Beginn des 20. Jahrhunderts vertritt Danone die Überzeugung, dass unsere Gesundheit eng mit unserer Ernährung verbunden ist. Issac Carasso, der Gründer von Danone, verkörperte diese Vision bereits damals und brachte Joghurt in die Apotheken, um Kinder vor Darmerkrankungen durch schlechte Hygienebedingungen in Barcelona zu schützen. Die neue Positionierung auf *aktive Gesundheit* wurde rasch in ein strategisches Prisma überführt, das es der Danone-Gruppe ermöglichte, ihre Unternehmensstrategie auf ernährungs- und gesundheitsbezogene Produktkategorien auszurichten und sich von Marken zu trennen, die nicht mehr zur neuen Positionierung passten (wie die Keksmarke LU, Amora-Senf oder Marie-Tiefkühlgerichte). Regelmäßig liefert die Markenpositionierung auch wertvolle Impulse für die übergeordnete strategische Unternehmensentwicklung.

Danone verfolgte damals und verfolgt bis heute einen *glokalen* Managementansatz, bei dem eine globale Strategie lokal mit einem gewissen Maß an Umsetzungsspielraum umgesetzt wird, um kulturelle und marktbezogene Unterschiede zu berücksichtigen. Die Unternehmenspositionierung auf *aktive Gesundheit* veränderte die Funktionsweise des Konzerns auf vielen Ebenen grundlegend. Marketingteams positionierten bestehende Marken neu, um den Fokus auf ernährungsbezogene Gesundheitsversprechen zu legen (z. B. Kalzium für Knochengesundheit, Proteine oder Vitamine), selbst bei Dessert-Milchprodukten. Dies beeinflusste auch den Produktentwicklungsprozess und ermutigte Danone zur weltweiten Expansion mit der Einführung zweier der ersten funktionalen Lebensmittelmarken: Actimel und Activia. Diese Marken wurden zur buchstäblichen Verkörperung der neuen Positionierung auf *aktive Gesundheit*, wobei Actimel ein *gestärktes Immunsystem* und Activia eine verbesserte *Verdauungstransit* versprach. Beide Marken beriefen sich auf eine einzigartige Joghurtkultur zur Begründung der jeweiligen Wirkung und wurden zu globalen Powerbrands mit Milliardenumsätzen pro Jahr. Anmerkung: Solche funktionalen Versprechen erfordern in der Regel eine solide wissenschaftliche Evidenz, um von lokalen Aufsichtsbehörden genehmigt zu werden – wie im Fall von Actimel und Activia, die ihre Wirksamkeit durch Studien belegten, die später in wissenschaftlichen Monografien dokumentiert wurden.

Die Positionierung auf *aktive Gesundheit* ermöglichte es auch den Vertriebsteams weltweit, die neue Positionierung und ihre Differenzierung in meist hoch fragmentierten lokalen Milchmärkten zu nutzen und so wichtige

Parameter in der Distribution und bei Tarifverhandlungen gegenüber heftigen Abwehrmaßnahmen lokaler Wettbewerber zu verbessern. Die neue Unternehmenspositionierung beeinflusste auch die Arbeitgebermarke von Danone. Der Verkauf von *ernährungsbezogener Gesundheit* vermittelte Millennials und der Kandidaten:innen der Generation Z einen *Purpose*, der deutlich attraktiver war als der Verkauf von Joghurt und Milchdesserts.

Die Neupositionierung des Unternehmens hatte jedoch auch einen wichtigen Nebeneffekt: Sie bündelte die Energie, Kreativität und Innovationskraft der gesamten Organisation und lenkte sie in eine klar definierte Richtung. Die Danone-Gruppe verkaufte nun *aktive Gesundheit* statt wie zuvor Milchprodukte, Kekse, Tiefkühlgerichte, Wasser oder Senf. Es ist leicht nachvollziehbar, dass ein Joghurt mit Gesundheitsversprechen beim Konsumenten eine andere Wertwahrnehmung erzeugt und sich dies signifikant auf die Produktmargen auswirkt. Joghurt wird aus Milch hergestellt, und diese Milch wird zu einem bestimmten Preis von lokalen Landwirten bezogen. Die Verarbeitung zu Joghurt oder anderen Milchprodukten schafft Wert, der sich in der Preispositionierung nutzen lässt. Hier erzielte ein einfacher Naturjoghurt in der Regel einen Margenfaktor von 1, während dieselbe *Milch* unter der Marke Activia etwa einen Faktor von 1,9 erreichte und bei Actimel einen Faktor von rund 2,3 – also 230 % mehr Marge als bei Naturjoghurt.

Es wäre eine grobe Übertreibung zu behaupten, dass allein die Neupositionierung des Unternehmens es der Danone-Gruppe ermöglicht hätte, von einem starken regionalen Akteur zum weltweiten Marktführer im Molkereibereich aufzusteigen. Unbestritten ist jedoch, dass sie maßgeblich zu diesem Aufstieg beigetragen hat. *Active Health* hat der Danone-Gruppe eine echte Differenzierung gegenüber anderen Milchprodukt-Marken verschafft und die Differenzierung als börsennotiertes Unternehmen gestärkt. Die Positionierung hat zudem dazu beigetragen, die Produktivität zu steigern, indem sie alle auf ein gemeinsames Ziel ausgerichtet und so ein stärkeres Gefühl von Synergie zwischen den verschiedenen Abteilungen und operativen Funktionen geschaffen hat. Und *Active Health* hat Danone zu einem interessanteren Arbeitsplatz gemacht, der Sinn stiftet: ein Ort, an dem das, was die Mitarbeiter:innen tun, wirklich zählt.

Die Active-Health-Positionierung von Danone bot sowohl für bestehende Marken als auch für neue Markteinführungen eine frische Orientierung. So half sie beispielsweise, die Marke Activia (ursprünglich 1987 unter dem Namen *BIO* eingeführt) auf die Funktion der Regulierung des Verdauungstransits zu fokussieren und damit ein konkretes Verbraucherbedürfnis, insbesondere bei weiblichen Zielgruppen, anzusprechen. Actimel wurde 1998 als erste neue Marke unter dem gleichfalls neuen unternehmerischen *Active Health*-Positionierungsdach eingeführt. Seitdem hält Danone einen konstanten Strom innovativer Produkt- und Markteinführungen aufrecht und erschließt Marktsegmente wie Säuglingsmilch, medizinische Ernährung und die kürzlich eingeführte *GetPro*-Range proteinreicher Milchprodukte.

Auch Dienstleistungsmarken wie Gastgewerbebetriebe, Transportunternehmen, Versicherungen oder andere Serviceanbieter besitzen eine Fülle von Informationen, die in dieser ersten Phase der Markenpositionierungsentwicklung gesammelt, analysiert und verarbeitet werden müssen. Wie bei materiellen Produkten verfügen auch ihre Angebote über Eigenschaften und Merkmale, die sich in Kundennutzen übersetzen. Gleiches gilt für Destinationsmarken, die natürliche, kulturelle oder historische Besonderheiten und Attribute beanspruchen, die einzigartig sind und später im Place-Branding-Prozess genutzt werden können.

Unabhängig vom Markentyp und der *Produkt*realität erfordert diese erste Phase des Branding-Prozesses eine gründliche Recherche, um alle Daten und Informationen über die Marke und seine *Produkt*eigenschaften zu sammeln und zu ordnen – auch solche Elemente, die zunächst weniger relevant erscheinen mögen.

Erst wenn die Produkt-, Unternehmens- oder Dienstleistungsrealität umfassend erforscht wurde, sollte der Fokus auf die Marke und ihre Neupositionierung gerichtet werden.

Produkt- oder Dienstleistungsmerkmale sind nur eine Seite der Markenrealität, während Markenerbe und Konsumentenwahrnehmungen ebenso wichtig sind. Bestehende Marken verfügen über ein Eigenkapital, unabhängig davon, wie bedeutend sie im Laufe ihrer Existenz geworden sind und wie bekannt sie bei ihren Zielgruppen sind. Das Marken-Eigenkapital wird weder vergessen noch geht es für die Zielgruppen verloren; es kann im Rahmen eines gut vorbereiteten Repositionierungsprozesses stets wiederbelebt werden. Die Kenntnis und das Verständnis der Implikationen des Marken-Eigenkapitals sind ein wichtiger Bestandteil des Branding- oder Rebranding-Prozesses. Produkt- und Werbegeschichte, Entwicklungen im Verpackungsdesign und -format, Markensignaturen – all dies kann sich im Laufe des Markenlebens weiterentwickelt haben. Es gilt, jedes Signal, das Ihre Marke im Laufe der Zeit an ihre Zielgruppen gesendet hat, genau zu analysieren und zu verstehen, warum Entscheidungen getroffen wurden, die zu einer Veränderung der Markenbotschaft geführt haben.

Manchmal führen Marken legendäre Werbekampagnen durch oder bringen ein ikonisches Produkt auf den Markt, das Teil unseres kollektiven Gedächtnisses wird. Werbung umfasst alle Formen der markengebundenen

Kommunikation – offline, online, Verpackung, PR oder Product Placement und so weiter. Diese unterschiedlichen Kommunikationsformen oder Produkte sind von besonderem Interesse, da sie einen überproportionalen Einfluss auf das Marken-Eigenkapital gehabt haben könnten. Es kann daher sinnvoll sein, zu erforschen und zu verstehen, wie sie das Markenimage geprägt haben. Bei der Arbeit an einer Marke, die zur Chanel-Gruppe gehörte, verbrachten wir einen ganzen Tag im Chanel-Konservatorium in Paris und betrachteten Hunderte von Modeartikeln und Accessoires, die in über 140 Jahren Markengeschichte entstanden waren. Dies half uns, die Persönlichkeit und den einzigartigen Stil der Marke besser zu verstehen. Im Branding ist sorgfältige Beobachtung manchmal mehr wert als tausend Worte.

Das nächste Analysefeld ist das Wettbewerbsumfeld. Um eine echte Differenzierung für Ihre Marke zu erreichen, müssen Sie verstehen, wie Ihre Wettbewerber positioniert sind und worauf sich der Wettbewerb im Marktsegment konzentriert. Wertvolle Informationen darüber, wofür Wettbewerbsmarken stehen, finden sich häufig auf deren Websites: zum Beispiel im Bereich *Über uns* oder in den *Vision und Mission*-Statements. Auch der aktuelle Markenslogan kann Hinweise auf die Positionierung eines Wettbewerbers geben. Ein Slogan fasst die Markenpositionierung in der Regel in einer einprägsamen und merkfähigen Formulierung zusammen. Falls all dies noch kein klares Bild davon vermittelt, wofür eine Wettbewerbsmarke steht, lesen Sie deren Storytelling oder recherchieren Sie die Marke bei Google oder mit einem KI-Tool wie ChatGPT, Gemini oder CoPilot. Seien Sie jedoch vorsichtig, denn Informationen aus Chatbots sind nicht immer zuverlässig oder korrekt.

Sobald Sie die jeweiligen Positionierungsstatements der Wettbewerber identifiziert und paraphrasiert haben, können Sie diese mit der hypothetischen Positionierung Ihrer eigenen Marke vergleichen. Dafür nutzen wir in der Regel ein spezielles Branding-Tool, die sogenannte *Competitive Brand Map* (CBM). Eine CBM ermöglicht es, die Wahrnehmung einer Marke in einem Marktsegment im Vergleich zu ihren direkten und unmittelbaren Wettbewerber-Marken zu visualisieren – also jenen, die um denselben Kunden konkurrieren. Das Tool arbeitet mit zwei Achsen (einer horizontalen und einer vertikalen Achse) und verwendet Attributcluster, um die vier vorherrschenden Positionierungsdimensionen in einem Markt darzustellen, wie sie durch die Achsen in Abb. 8.2 illustriert werden.

Damit eine Wettbewerbsmarkenkarte aussagekräftige Erkenntnisse über einen Markt liefert, müssen die Marktdefinition und das entsprechende Wettbewerbsumfeld eng gefasst sein. So ist es beispielsweise nahezu unmöglich, den gesamten Automobilmarkt in einer einzigen Markenkarte zu

8 Simplizität auf der anderen Seite der Komplexität: Das eine Wort ...

Abb. 8.2 Competitive brand map, die die vier vorherrschenden Positionierungscluster im Make-up-Bereich zeigt. Eigene Darstellung der Autorin/des Autors

analysieren. Auch wenn es Ausnahmen geben mag, kaufen Käufer von Luxuslimousinen in der Regel nicht im Segment der Kleinstwagen und umgekehrt. SUV-Käufer suchen nicht zwangsläufig nach Zweisitzer-Sportwagen, und falls doch, sind sie meist von völlig anderen Motiven und Bedürfnissen getrieben.

Analysiert werden sollten ausschließlich die direkten Wettbewerber, die um exakt denselben Zielkunden konkurrieren, und der Fokus der Analyse liegt nicht auf dem *Produkt* oder *Service*-Angebot, sondern auf der *Marke*. Um dieses Tool richtig einzusetzen, müssen Sie Ihre Interpretation des Positionierungsstatements für jede Wettbewerbsmarke entwickeln. Listen Sie alle auf einer Seite auf und prüfen Sie, ob sich Gemeinsamkeiten erkennen lassen. Wettbewerbsmarkenpositionierungen können sehr unterschiedlich und differenzierend sein, auch wenn sie von einer und derselben übergeordneten Nutzer-Vision inspiriert sind.

Werfen wir einen genaueren Blick auf Masstige-(Mass & Prestige-)Make-up-Marken, die überwiegend im Lebensmitteleinzelhandel oder bei Beauty-Spezialisten wie Sephora verkauft werden. Hier haben wir Rimmel, die Frauen den *London Look* verspricht, Maybelline, die den *New York Look* anbietet, Bourjois steht für den *Pariser Look* und Yves Rocher differenziert sich mit dem *natürlichen Look*. Alle vier Make-up-Marken sind klar positioniert und beanspruchen jeweils ein einzigartiges Differenzierungsmerkmal. Gleichzeitig folgen sie alle einer ähnlichen *übergeordneten Nutzer-Vision*. Alle vier verkaufen einen *Lifestyle*-Look. Das bedeutet, dass eine Dimension des Masstige-Make-up-Marktes durch *Lifestyle*-Marken definiert wird, die jeweils eine klar differenzierte Positionierung mit hoher Relevanz für ihre Zielgruppen besitzen, da jede einen von einem bestimmten Lifestyle inspirierten Look anbietet. Aus betriebswirtschaftlicher Sicht bedeutet dies, dass „Lifestyle" eine der Positionierungsdimensionen ist, unter denen der Markt aktuell agiert und konkurriert und in denen erhebliche Umsätze generiert werden.

Die Analyse des europäischen Make-up-Marktes ermöglichte es uns, drei weitere Positionierungscluster zu identifizieren. Gegenüber der *Lifestyle*-Dimension steht der *Fashion*-Markencluster. Hier stammen alle wichtigen Wettbewerber aus dem Mode-/Haute-Couture-Bereich, was ihre Make-up-Kompetenz legitimiert. Dennoch differenziert sich jede Marke durch eine eigenständige Positionierung im High-End-Fashion-Markt. *Expertise* bezeichnet den dritten Cluster, da alle diese Wettbewerber über ein ausgeprägtes Make-up- oder Beauty-Know-how verfügen: entweder als Make-up-Artists (MAC, Max Factor, Bobby Brown), als Farbexperten (OPI, Essie), als Hairstylisten (Dessange) oder als Spezialisten für empfindliche Haut (Clinique). Schließlich fasst die *Glamour*-Dimension Make-up-Wettbewerber zusammen, die sich um die Dimensionen Laufsteg-Schönheit und Eleganz positionieren (L'Oréal Paris, Revlon, Lancôme). Marken, die im Zentrum der Karte positioniert sind, nehmen keine ausgeprägte *Positionierung* ein und weisen in der Regel keine wirkliche Differenzierung auf. Die Platzierung der einzelnen Markenlogos auf der Karte ist natürlich bis zu einem gewissen Grad subjektiv. Sie dient lediglich als Orientierung, und die exakte Platzierung kann endlos diskutiert werden – was letztlich aber nicht entscheidend ist. Entscheidend sind vielmehr die Achsen und die Markencluster, die sie bilden. Sie liefern wertvolle Erkenntnisse und Einsichten. In diesem Beispiel konkurriert der Make-up-Markt auf den Dimensionen Lifestyle, Fashion, Expertise und Glamour. Alle vier Dimensionen sind für Konsumenten relevant, was sich daran zeigt, dass sie bereits Produkte von Marken kaufen, die mit diesen Dimensionen korrelieren. Diese Information gibt nun einen ersten Hinweis darauf, wo sich Ihre Marke im Marktumfeld positionieren könnte, unter Berücksichtigung der eigenen Markendynamik. Die Karte zeigt auch potenzielle weiße Flecken, also Bereiche mit geringer Konkurrenz. Diese *weißen Flecken* können auf potenzielle Positionierungsalternativen für Ihre Marke hinweisen. Nun gilt es, diese Positionierungsalternativen mit

8 Simplizität auf der anderen Seite der Komplexität: Das eine Wort ...

der Realität Ihrer Produkt- oder Dienstleistungsmarke abzugleichen, um zu prüfen, ob sich ein Attribut findet, das es Ihnen ermöglicht, eine der blanken Positionen auf der Karte zu beanspruchen.

Competitive brand maps für andere als Produktmarken werden auf die gleiche Weise und mit denselben Prozessen erstellt. Neben der Bereitstellung nützlicher Marktinformationen über das Wettbewerbsumfeld und die Marktdimensionen im Allgemeinen zeigt die Karte auch Chancenbereiche für eine zukünftige Markenpositionierung auf. Dies sind die *weißen Flecken*, die bislang von keiner Marke beansprucht werden. Auch wenn sie nicht zwangsläufig bedeuten, dass sich eine Marke dort positionieren sollte, sind sie dennoch eine Überlegung wert. Wenn die Produkt- oder Dienstleistungsrealität einer Marke die Merkmale und Eigenschaften bietet, um eine Position zu beanspruchen, die zu einem *weißen Fleck* passt, kann diese Positionierung zu einer ernsthaften Option werden.

Das fundierte und detaillierte Verständnis der *Produkt*realität, der Art und Weise, wie sie beschafft, gestaltet und hergestellt wird, des Markenerbes und des Marken-Eigenkapitals sowie das tiefe Verständnis des Wettbewerbsumfelds liefern wichtige Impulse für die Markenpositionierung. Sie müssen aber Ihre Hausaufgaben gründlich machen und sicherstellen, dass alle relevanten Daten für die anschließende strukturierte und methodische Analyse gesammelt und geordnet wurden. Dies ähnelt oft einer Untersuchung, bei der Detail für Detail geprüft und zusammengefügt wird, um Sinn zu stiften und einen möglichen Weg zur zukünftigen Markenpositionierung aufzuzeigen.

Unbestritten ist jedoch die wichtigste Datenquelle, die es zu berücksichtigen und zu analysieren gilt, die Zielgruppe. Letztlich muss Ihre Marke für diese besonders attraktiv sein. Um dies sicherzustellen, müssen Sie die Bedürfnisse, Überzeugungen, Einstellungen und Motivationen Ihrer Kunden verstehen. Wie bereits erwähnt und aus einer vereinfachten Perspektive betrachtet, sind Bedürfnisse wie Probleme, für die Marken als Lösung wahrgenommen werden. Marken bieten Konsumenten Abkürzungen im Entscheidungsprozess, indem sie eine bestimmte Problem-Lösungs-Gleichung verkörpern.

Es gibt verschiedene Möglichkeiten, relevante Informationen über Ihre Zielgruppe zu finden, von denen vieles möglicherweise bereits intern verfügbar ist. In der Regel verfügen Unternehmen über soziodemografische Daten zu den Zielgruppen ihrer Marke. Während Soziodemografie eine gute Ausgangsbasis bietet und später für die Mediaplanung hilfreich ist, sind Zielgruppeninformationen, die Einblicke auf einem stärker verhaltens- und psychologisch geprägten Niveau ermöglichen, Ihr wertvolles Gut. Im eigentlichen Prozess der Markenpositionierung sind Konsumentenüberzeugungen,

Einstellungen, Präferenzen und Motivationen wichtiger als Alter, Einkommen, Bildung oder Beruf. Um Ihre Zielgruppe ganzheitlich zu verstehen, müssen Sie sich in deren Lage versetzen – oder noch besser: sinngemäß unter deren Haut schlüpfen.

Diese soziodemografischen Zielgruppendaten bieten einen ersten Filter, um die Zielgruppe einzugrenzen und anschließend in einem zweiten Schritt über generationenbezogenes Targeting weitere, stärker verhaltens- und psychografisch geprägte Zielgruppendefinitionen zu erschließen. Jede Generation ist in einen einzigartigen sozialen und wirtschaftlichen Kontext hineingeboren, der zwangsläufig einen prägenden Einfluss darauf hat, wie diese Generation als Konsumenten agiert. Jede Generation teilt gemeinsame Werte, Überzeugungen und Einstellungen gegenüber der Welt, in der sie lebt. Während Millennials (1985–1998)[1] als erste Generation gelten, die mit Blick auf die Zukunft konsumiert, hat GenZ (1999–2010) nie eine Welt ohne Internet und Vernetzung erlebt. Beide sind in einer Welt aufgewachsen, die sich erheblich von derjenigen unterscheidet, die die Babyboomer (1945–1964) erfahren haben, die in der Zeit kurz nach Ende des Zweiten Weltkriegs geboren und aufgewachsen sind – eine Zeit, die von wirtschaftlichem Wachstum und stark verbesserten Lebensbedingungen, aber auch von großem Konservatismus in vielen Teilen der Welt geprägt war. In gewisser Weise ist jede Generation das Produkt der Ereignisse, Werte, Einstellungen und Überzeugungen, die sie in ihrer Kindheit und Jugend erfahren hat.

Es gibt zahlreiche Online-Quellen, um jede der noch lebenden und als Konsumenten aktiven Generationen zu erforschen. Aus Markensicht bieten diese Zielgruppendefinitionen enormes Potenzial. In den Vereinigten Staaten machen die Babyboomer etwa 20 % der Bevölkerung aus, besitzen jedoch 50 % des nationalen Vermögens. Selbst im fortgeschrittenen Alter sind sie in deutlich besserer Verfassung als jede Generation vor ihnen und genießen ihr Leben in vollen Zügen. Täglich erreichen in den USA rund 10.000 Babyboomer das Rentenalter, was sich für 2023 auf 3,65 Mio neue Rentner summiert. Sie verfügen über große Vermögenswerte und haben viel frei verfügbare Kaufkraft. Ein tiefgehendes Verständnis darüber, wie beispielsweise Babyboomer als Konsumenten agieren und was sie wirklich motiviert, hilft jeder Marke, die diese Zielgruppe ansprechen möchte.

Trotz aller verfügbaren Daten bleibt das generationenbezogene Targeting jedoch eher generisch und anekdotisch. Zudem lässt es sich in der Regel nicht auf eine spezifische Produktkategorie oder Marke beziehen und liefert

---

[1] Hinweis: Es gibt keine einheitliche Definition für die Abgrenzung von Generationen-Zielgruppen.

daher nur transversale Einblicke in breitere Konsumentencluster, die durch bestimmte Überzeugungen, Einstellungen und Verhaltensweisen verbunden sind. Eine Möglichkeit, quantifizierbare Zielgruppen-Insights zu gewinnen, bietet die psychografische Forschung, wie sie beispielsweise von der weltweit tätigen VALS Group durchgeführt wird. VALS (Values and Lifestyles) geht davon aus, dass psychologische Merkmale in Kombination mit demografischen Daten eine stärkere Vorhersagekraft für das Konsumentenverhalten besitzen. Das Forschungsinstitut definiert folgende acht Profile: Innovators, Thinkers, Believers, Achievers, Strivers, Experiencers, Makers, Survivors. VALS betrachtet eine bestimmte Produktkategorie mit dem Ziel, die vorherrschenden psychologischen Konsumentenprofile dieser Kategorie zu identifizieren, beispielsweise im Bereich Premium-Hautpflege. Die Methodik nutzt dann einen Satz von 35 maßgeschneiderten Fragen, um tatsächliche und potenzielle Konsumenten der Kategorie zu erforschen. Die gewonnenen Profile werden anschließend mit den VALS-Cluster-Lebensstilen, Einstellungen, Werten und Überzeugungen abgeglichen, wodurch tiefe Einblicke in das Konsumverhalten der einzelnen Cluster entstehen. Nicht jeder stimmt dieser Methodik zu, doch zweifellos hat sie ihre Stärken bei der Suche nach einem tieferen Zielgruppenverständnis und liefert quantitative Informationen, die viele Marketingabteilungen gegenüber qualitativen Daten bevorzugen, da letztere oft als weniger verlässlich gelten. Psychografische Einblicke in Zielgruppen ermöglichen es einfach, ein tieferes Wissen zu erlangen, das genutzt werden kann, um die allgemeine Attraktivität der Marke zu steigern.

Nach meiner Erfahrung ist jedoch die wirkungsvollste Zielgruppenforschungsmethodik die morphologische Forschung, die erstmals vom deutschen Psychologen Wilhelm Salber, Professor am Psychologischen Institut der Universität zu Köln, entwickelt wurde. Diese ganzheitliche psychologische Methodik basiert auf Freuds Psychologie und der Gestalttheorie. Ziel der morphologischen Forschung ist es, ein Modell aus handlungsleitenden Einheiten und Funktionen zu erstellen, bei dem alle Teile entsprechend ihrer Verbindungen und Wechselwirkungen miteinander beschrieben werden können (ganzheitliche Sichtweise). Sie deckt die wahren Konsumentenbedürfnisse und -motive auf und ermöglicht es Marken, zukünftige Entwicklungsrichtungen vorherzusagen, um ihre Marktposition zu stärken und die Relevanz für Konsumenten zu erhöhen. Diese qualitative Forschungsmethode ist kostengünstig, schnell umsetzbar und äußerst effizient bei der Generierung tiefer Konsumenten-Insights. Sie wurde bereits ausführlicher in s. Kap. 7 behandelt.

Doch wie verhält es sich mit der Positionierung einer völlig neuen Marke, eines Start-ups oder einer Produkt- oder Dienstleistungsentwicklung, die aus internen Innovationsprozessen hervorgeht? Leider liegen in solchen Fällen oft nur wenige oder gar keine Zielgruppeninformationen vor. In diesem Fall kann ein erster Ansatz darin bestehen, die Zielgruppendaten bestehender Marken (Ihrer zukünftigen Wettbewerber) in derselben Kategorie zu analysieren. Dies kann beispielsweise durch den Kauf von Scannerdaten aus Supermärkten erfolgen, die Treuekarten einsetzen. Solche Programme sind weit verbreitet, und Konsumenten werden motiviert, bei jedem Einkauf ihre Karte vorzuzeigen, um Punkte oder Guthaben für spätere Einkäufe zu sammeln. Payback, das ein Treueprogramm in Deutschland, Österreich und Polen betreibt, funktioniert nach einem ähnlichen System. Es ist unabhängig von großen Einzelhändlern und kann in verschiedenen Handelsketten genutzt werden. Die Payback-Karte ermöglicht es Konsumenten, bei jedem Einkauf Punkte zu sammeln, die später gegen Produkte aus dem Payback-Katalog eingetauscht werden können. Payback ist kostenlos und das System erlaubt es, Informationen anhand des Barcodes eines Artikels zu erfassen und zu sammeln.

Für die Zielgruppendefinition bietet diese Loyalty-Plattform Marken zwei entscheidende Vorteile. Erstens liefert die Datenbank relevante soziografische Daten über den Inhaber der Payback-Karte. Diese Informationen werden bei jeder Eröffnung eines Payback-Kontos abgefragt. Zweitens ermöglicht das Programm auch, Einkäufe in einer Produktkategorie mit anderen Kategorien zu korrelieren, in denen derselbe Käufer ebenfalls einkauft. Durch die Verknüpfung dieser unterschiedlichen Datensätze lässt sich eine recht solide Zielgruppendefinition für jede FMCG-Marke erstellen. Gleiches gilt für jede Art von unternehmenseigenem Loyalty-Programm im Einzelhandel, wobei die Datenbasis für die Zielgruppendefinition dann allerdings kleiner ist.

Für Dienstleistungsmarken oder Destinationsmarken gestaltet sich die Zielgruppendefinition etwas komplexer, während B2B- und Unternehmensmarken ihre Zielgruppen eher auf Basis eines Geschäftsangebots als auf soziodemografischen oder psychografischen Daten definieren. Dennoch können Zielgruppendaten für B2C-Dienstleistungsmarken aus Haushaltspanels gewonnen werden. Solche Panels existieren in nahezu allen entwickelten Märkten weltweit. Sie ermöglichen es, zu erfassen, welche Produkte oder Dienstleistungen Konsumenten kaufen, in welcher Menge und Häufigkeit und über welche Vertriebskanäle. Die Panelteilnehmer werden in der Regel für einen Zeitraum von zwei Jahren aus repräsentativen Haushalten rekrutiert und erhalten für ihre Teilnahme eine Vergütung. Die Teilnehmer müssen ein detailliertes persönliches Profil ausfüllen, das vor allem soziodemografische Angaben umfasst, und sind verpflichtet, jeden Produkt- oder Dienstleistungskauf – etwa ein Streaming-Abonnement oder eine Essenslieferung – zu scannen oder manuell zu melden. Die Identifikation der Haushalte, die in einem bestimmten Zeitraum solche Dienste abonniert oder genutzt haben, ermöglicht es, diese Haushalte und ihre Mitglieder anhand der zu Beginn des Programms erhobenen Profildaten zu analysieren. Sobald die Demografie festgelegt ist, kann wie bei Produktmarken mit Generationendaten oder Psychografien weitergearbeitet werden.

Es gibt viele weitere Quellen, die spezifisches Potenzial für die Zielgruppendefinition einer Marke bieten. Soziale Medien und Social-Media-Listening-Tools wie Brandwatch können Zielgruppeninformationen zu bestimmten Produkt- oder Dienstleistungskategorien oder zu Diskussionen rund um bestimmte Produkte, Kategorien oder Marken liefern. Google, Statista oder Zahlungsdienstleister wie Square und Stripe verfügen ebenfalls über Datenquellen, die mit anderen abgeglichen werden können. Es gibt zahlreiche Quellen, die zur Gewinnung von Zielgruppeninformationen für Marken genutzt werden können – wenn nicht direkt, dann zumindest indirekt. Durch die Verknüpfung verschiedener Datenquellen wird das Nutzerprofil einer Marke deutlich sichtbar und liefert genügend Anhaltspunkte, um weiterführende, vertiefende Untersuchungen in Auftrag zu geben. Sentiment-Analysen, unterstützt durch KI-Tools, können ein noch tieferes Zielgruppenverständnis ermöglichen. Es ist jedoch wichtig zu betonen, dass all diese Quellen ethisch einwandfrei sein und die Datenschutzrechte der Konsumenten nicht verletzen dürfen. Leider war dies in der Vergangenheit nicht immer der Fall, insbesondere bei führenden Social-Media-Unternehmen.

Die Bedeutung eines echten Verständnisses der eigenen Zielgruppe zeigt sich am Beispiel Bud Light in den USA. Am 1. April 2023 startete Bud Light eine kurze Social-Media-Kampagne auf Instagram mit einem Video der transgeschlechtlichen Schauspielerin und Social-Media-Persönlichkeit Dylan Mulvaney. Nachdem Bud Light zuletzt Marktanteile verloren hatte, versuchte die Marke, ein jüngeres Publikum anzusprechen. Das Video zeigte eine Sonderedition der Bud Light-Dose mit einem Foto von Mulvaney und kündigte ihre Partnerschaft mit der Marke Bud Light an.

Obwohl Bud Lights Bemühung, jüngere Konsumenten zu gewinnen, wie eine gängige Praxis erscheint, arbeitete das Marketingteam offenbar entweder in Zielgruppensilos oder es fehlte ein tiefgehendes Verständnis der eigenen Kernzielgruppe (*bull's eye*). Das Ergebnis dieser Social-Media-Kampagne war verheerend. Erste Proteste kamen von konservativen, transfeindlichen Gruppen, gefolgt von mehreren Videos einflussreicher Persönlichkeiten, die

Bud Light-Dosen zerdrückten oder zerstörten. In einem Video schoss Countrysänger Kid Rock mit einer MP5-Maschinenpistole auf Bud Light-Dosen und rief zum Boykott nicht nur von Bud Light, sondern auch von AB InBev, der Muttergesellschaft von Bud Light, auf. Das Video wurde schnell viral und erzielte in wenigen Tagen über 11 Mio Aufrufe, wodurch immer mehr Menschen in die Diskussion um Bud Light einbezogen wurden. Zu diesem Zeitpunkt beteiligten sich viele Bud Light-Konsumenten am Boykott, was zu verheerenden Folgen führte. Anfang Mai lagen die Off-Premise-Umsätze um 26 % niedriger, und das Absatzvolumen war bis Ende Mai um fast 30 % zurückgegangen. Inzwischen hatte der Boykott auch andere Marken von Anheuser Busch erfasst, wobei Bud einen Rückgang von 11 % verzeichnete.

Tiefere Einblicke in die eigene Zielgruppe hätten Bud Light eindeutig geholfen, sich vor den Folgen des Instagram-Posts zu schützen. Insbesondere Psychografien hätten wertvolle Einstellungsdaten zur Kernzielgruppe von Bud Light geliefert, die die Marke möglicherweise vor einer aus dem Ruder gelaufenen Kampagne bewahrt hätten. Ein fundiertes Verständnis der eigenen Kernzielgruppe ermöglicht es immer, Sub-Targeting-Entscheidungen sensibler zu treffen.

Sinnstiftung

Nachdem nun die meisten relevanten Daten beschafft, organisiert und analysiert wurden, erreicht der Branding-Prozess seinen Höhepunkt an Komplexität. Die zentrale Herausforderung besteht nun darin, die Datenvielfalt zu durchdringen und jene Informationen auszuwählen, die das größte Potenzial für eine Marken-Differenzierung bieten: eine einzigartige Zutat, ein Unterschied im Herstellungsprozess, ein spezielles Rezept oder eine besondere Produktformulierung. Wenn Sie das Einzigartige nicht im Offensichtlichen finden, untersuchen Sie die Details. Aus Erfahrung gibt es immer etwas, das Ihre Marke von anderen abhebt. Dieses Etwas muss jedoch für Ihre Zielgruppe relevant sein oder es muss Ihnen ermöglichen, einen Claim zu formulieren, der diese Relevanz überzeugend suggeriert. Branding ist niemals eine exakte Wissenschaft und erfordert ein hohes Maß an Kreativität und Vorstellungskraft. Oft ist es nicht das Detail selbst, das Einzigartigkeit und Relevanz stiftet, sondern die Art und Weise, wie Sie darauf Bezug nehmen oder was Sie daraus machen – unter Wahrung ethischer Grundsätze.

Das Hauptziel in dieser zweiten Phase des Branding-Funnels ist es, die Kernkompetenz Ihrer Marke zu identifizieren und zu definieren. Die eine Expertise, für die Ihre Marke in Ihrem spezifischen Marktsegment bekannt werden und stehen wird. Marken müssen diese Kompetenz auch entwickeln, bevor sie beispielsweise über Line Extensions (Sortimentserweiterungen) in andere Marktsegmente expandieren.

Produkteigenschaften oder Service-Features, historische Meilensteine in Form von Produkten oder Kampagnen, einzigartige Zusammensetzungen oder Inhaltsstoffe, exklusive Zutaten oder proprietäre Produktionsprozesse – all dies kann den Input und den Beweis für die Behauptung einer einzigartigen Markenkompetenz liefern. Es gibt immer das eine Detail, das den Unterschied macht. Dabei müssen Sie jedoch stets alle wesentlichen Faktoren im Blick behalten: die Bedürfnisse der Zielgruppe, die Claims der Wettbewerber, die Produkt- oder Service-Realitäten und das Marken-Image.

Vom Essentiellen zur Essenz

An diesem Punkt im Prozess sind bereits die eine oder sogar mehrere Hypothesen für die zukünftige Markenpositionierung entstanden. Jetzt ist der Zeitpunkt gekommen, an dem alle hypothetischen Optionen der Markenpositionierung mithilfe des *Brand Key* Tools getestet und ausprobiert werden (siehe Abb. 8.3). Der *Brand Key* erfüllt zwei grundlegende Funktionen. Er ist ein strategisches Planungsinstrument zur Definition der Schlüsseldimensionen der Marken-DNA und dient zugleich als eine Art sicherer Aufbewahrungsort für die Marken-DNA – für Ihre eigenen Zwecke oder für zukünftige Generationen von Markenverantwortlichen. Der Brand Key wurde ursprünglich von der Werbeagentur Saatchi & Saatchi in UK entwickelt. Heute ist er ein weit verbreitetes Instrument in Markenbildungs- und Rebranding-Prozessen. Das Hauptziel des *Brand Key*, ähnlich wie bei der im s. Kap. 6 behandelten *Brand Ladder*, ist die Definition der Markenessenz, also die Festlegung, wofür eine Marke stehen soll. Dies geschieht mit nur einem Wort oder einem *Angriffswinkel*.

Die Arbeit am *Brand Key* beginnt immer von unten nach oben, auch wenn einzelne Felder im Verlauf ausgefüllt werden können. Um jedoch die finalen Zusammenhänge der *Brand Key*-Elemente untereinander zu entwickeln und die Markenlogik zu definieren, wird das Tool genutzt, indem man bei der Root Strength startet und sich bis zum kreisförmigen Teil hocharbeitet. Dieser wird durch Querverbindungen entwickelt, indem zunächst der Discriminator, dann die Benefits, gefolgt von Reason to Believe sowie Markenpersönlichkeit und Werte definiert werden. Die Wahl der Markenessenz erfolgt zuletzt und ist die logische Konsequenz aller im *Brand Key* enthaltenen Informationen.

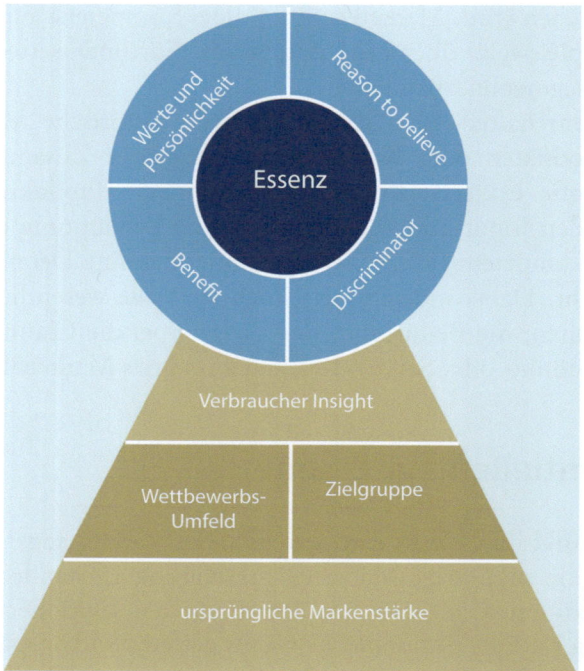

Abb. 8.3 Standardmodell des Brand Key. Eigene Darstellung des Autors

Die ursprüngliche Markenkraft (Root Strength), wie der Begriff schon andeutet, bezieht sich auf den ursprünglichen Erfolgsfaktor und die Kompetenz Ihrer Marke – das eine Merkmal, das maßgeblich für den anfänglichen Erfolg verantwortlich war. Die ursprüngliche Cadum-Formel wurde entwickelt, um Hautprobleme wie Ekzeme oder ähnliche Hautirritationen zu lindern. Cadum-Seife enthielt Cade-Öl als Inhaltsstoff, das für seine hautberuhigenden Eigenschaften bekannt war. Jede Marke, die sich über längere Zeit behauptet hat, gründete ihren Erfolg auf einem greifbaren Element: ein einzigartiges Produktmerkmal, eine Rezeptur, eine geografische Herkunft, eine Serviceeigenschaft. Der anfängliche Erfolg, so moderat er auch gewesen sein mag, resultiert immer aus einem Element, das die Marke von anderen abhebt und für die Zielgruppe attraktiv macht. Fast immer wird dieses Element zur Markenkompetenz oder zu einem Charakteristikum, für das die Marke als „Best in Class" gilt.

Die Root Strength oder Kernkompetenz einer Marke muss nicht immer auf greifbaren Faktoren beruhen. Mitunter schöpft eine Marke ihre Root Strength aus Stereotypen, um Einzigartigkeit zu vermitteln. Dies ist beispielsweise bei der Marke Milka der Fall, die authentische Schweizer Herkunft beansprucht. Zwar ist es richtig, dass das Familienunternehmen Milka ursprünglich in der Schweiz ansässig war, bevor es vom heutigen Mondelez-Konzern übernommen wurde; dennoch macht dies Milka nicht einzigartig. Es gab und gibt viele andere Schweizer Schokoladenmarken, die mit Milka konkurrieren, wenn auch vielleicht nicht im globalen Maßstab. Dennoch bot der Verweis auf *authentisch Schweizer Herkunft* eine starke Root Strength für die Marke. Sie verlieh Milka hohe Relevanz und universelle Reichweite, da die Marke so die Bildwelt der Schweiz und der Alpen als positiv besetztes Stereotyp nutzen konnte. Operativ wird Milkas ursprüngliche Markenstärke aktiv im Universum der Marke eingesetzt, also dem Ort oder der Welt, in der eine Marke lebt. Folglich spielt jede Markenkommunikation für Milka in den Schweizer Alpen.

Das nächste Feld im *Brand Key* ist das Wettbewerbsumfeld. Hier gehört eine prägnante und scharfe Beschreibung der Kernwettbewerber Ihrer Marke hinein. Diese wird so eng wie möglich anhand der zuvor beschriebenen Competitive Brand Map definiert. In dieses Feld des Brand Key sollten nur Marken aufgenommen werden, die direkt und frontal mit Ihrer Marke konkurrieren. Sie können diese entweder namentlich aufführen oder durch eine kurze, treffende Beschreibung charakterisieren.

Anschließend folgt die Zielgruppe. Für den Brand Key verwenden Sie die Definition Ihrer Kernzielgruppe, das sogenannte *Bull's Eye*, wie es im Branding häufig genannt wird. Dieser Begriff bezeichnet im Allgemeinen das wertvollste Konsumentensegment für Ihre Marke. Diese Heavy User stehen im Zentrum jedes Marktsegments. Ihre Zielgruppendefinition fasst hier kurz zusammen, was Ihre Zielgruppenanalyse hinsichtlich soziodemografischer, generationenspezifischer und – wenn möglich – psychografischer Merkmale ergeben hat.

Das Feld *Insight* ist für verhaltensbezogene Zielgruppeninformationen reserviert. Wie in s. Kap. 7 erläutert, beziehen sich Insights auf Bedürfnisse, Wünsche, Einstellungen oder Überzeugungen, die von Ihrer Zielgruppe und hier insbesondere vom *Bull's Eye* geteilt werden. So gilt Schokolade beispielsweise als tägliche *Dosis Luxus*. Oreo nutzt die Tatsache, dass man eigentlich nicht mit Essen spielt, und legitimiert so eine gewisse Form des Regelbruchs durch ein freiwillig ritualisiertes Oreo-Konsumverhalten. Insights sind schwer zu gewinnen, und oft werden die an der Oberfläche sichtbaren von allen Akteuren der Kategorie genutzt. Dennoch sind diese Insights wertvoll und können ihren Zweck erfüllen. Jeder Wettbewerber weiß, dass Frauen glauben, Seife trockne die Haut aus. Das hat Dove jedoch nicht davon abgehalten, diesen eher banalen Insight zu nutzen, um eine starke Marke aufzubauen.

Nachdem Root Strength, Wettbewerbsumfeld, *Bull's Eye*-Zielgruppe und Consumer Insight definiert wurden, können Sie nun den *Discriminator* der Marke festlegen. *Der Discriminator* – wie der Name schon sagt – hebt die Marke von allen Wettbewerbern ab. Er „diskriminiert" die Marke im positiven Sinne und ermöglicht es der Marke, sich im Markt abzugrenzen. Auch wenn der Begriff im Deutschen etwas sperrig klingt, hat er im Branding keinerlei rassistische Konnotation. *Discriminator* ist zweifellos ein hartes Wort, aber es ist zugleich sehr präzise und zwingt dazu, sich intensiv mit dem einen Argument auseinanderzusetzen, mit dem sich die Marke im Markt gegen alle Wettbewerber differenziert und für die Zielgruppe höchste Relevanz bietet. Der Discriminator kann eine Tatsache oder eine Behauptung sein, die durch die Produktrealität gestützt wird. Insofern kann er greifbar oder immateriell, konkret oder völlig abstrakt sein.

Der *Discriminator* steht in gewisser Weise in Beziehung zum Unique Selling Proposition (USP) Ihrer Marke, geht jedoch noch einen Schritt weiter. Die Entscheidung für den Discriminator ist eine Herausforderung und erfordert ein hohes Maß an Synthese. Jetzt ist der Moment, in dem Sie gedanklich alles durchgehen müssen, was Sie über Ihre Marke recherchiert und gelernt haben. Der *Discriminator* kann ein Produktmerkmal, eine Serviceeigenschaft, ein Element aus der Markenhistorie oder dem Markenwert sein. Es kann sich auch um einen einfachen Herkunftshinweis oder einen Bestandteil der Rezeptur handeln. Es kann der Spiel-Faktor sein, den Oreo nutzt, um den Konsum seiner Sandwich-Kekse zu ritualisieren. Mitunter ist der Discriminator ähnlich oder sogar identisch mit der Root Strength einer Marke – dies ist vor allem bei jungen Marken oder solchen der Fall, die gerade erst entwickelt werden.

Der Discriminator ist ein zentrales Element im Markenpuzzle. Zusammen mit den Benefits fließt er direkt in die Definition der Markenessenz ein – das eine Wort, für das Ihre Marke stehen wird. Den richtigen Discriminator zu finden, ist entscheidend, und wie immer gibt es viele Optionen. Manchmal braucht es mehrere Anläufe, bis Sie sich sicher sind, dass Sie Ihre Marke auf das richtige differenzierende Merkmal oder die richtige Behauptung aufbauen. Am besten ist es, verschiedene Optionen durchzuspielen, um zu sehen, wie sie mit den anderen Elementen des Brand Key harmonieren. Am Ende müssen alle Felder logisch und kohärent miteinander kommunizieren – wie eine kleine Melodie ohne falsche Töne.

Der Reason to Believe (RTB) soll den Beweis für den Discriminator liefern. Mit all den in der ersten Phase des *Brand Positioning Funnel* gesammelten und analysierten Informationen lässt sich der RTB in der Regel recht einfach definieren. In manchen Fällen liegen Discriminator und Reason to

Believe jedoch sehr nah beieinander. So nutzt Milka Schokolade *Alpenmilch* sowohl als Discriminator als auch als Teil des Reason to Believe, indem auf die Verwendung echter Alpenmilch in der authentischen Schweizer Schokoladenrezeptur verwiesen wird. Solche Fälle sind jedoch selten, und solange alle Felder des *Brand Key* stimmig bleiben, stellt dies kein Problem dar.

Das Feld *Benefit* ist als nächstes zu definieren. Wie bei der *Brand Ladder* unterscheiden wir zwischen rationalem Benefit (was die Marke für mich tut) und emotionalem Benefit (wie die Marke mich fühlen lässt). Wenn Sie bereits an der *Brand Ladder* gearbeitet haben, können Sie Ihre dort definierten Benefits einfach in den *Brand Key* übertragen. Andernfalls müssen Sie Ihre Benefits auf Basis des Discriminators und gegebenenfalls auch des Reason to Believe definieren.

Um sich diese Übung zu erleichtern, können Sie den Discriminator als Fundament betrachten, auf dem das Markenversprechen aufgebaut wird. Das Markenversprechen lässt sich dann leichter in die Benefits übersetzen. Der Discriminator der Marke Dove besteht darin, dass sie die Haut beim Waschen eincremt. Als die Marke 1957 vom Mutterkonzern Unilever eingeführt wurde, war dies eine echte Innovation. Noch nie zuvor hatte eine Seife die Fähigkeit, gleichzeitig zu reinigen und zu pflegen. Dove erreicht diese Leistung durch eine völlig neue, seifenuntypische Formel. Deshalb wird Dove auch als *Beauty Bar* bezeichnet. Tatsächlich handelt es sich aus Formulierungssicht nicht um eine Seife und sie sollte auch nicht als solche auftreten. Aufgrund ihrer Form und Anwendung ist dies für die meisten Konsumenten jedoch nur ein Detail, das kaum eine Rolle spielt – sie nehmen Dove weiterhin als *Seife* wahr.

Wenn Dove sich auf die Dimension *Cremen beim Reinigen* differenziert, sind die Benefits schnell definiert. Rational macht Dove die Haut weicher, emotional fühlen sich Frauen dadurch schöner. Übrigens ist das Gefühl, schöner zu sein, ein Consumer Insight, den Dove bereits bei der Markteinführung genutzt hat und bis heute nutzt. Tatsächlich hat sich die Markenpositionierung von Dove in fast 70 Jahren kaum verändert, ebenso wenig wie die Markenkommunikation, die immer noch den Prinzipien des Werbespots von 1957 folgt. Die Marke Dove ist somit ein starker Beweis dafür, dass Konsistenz sich im Markenaufbau auszahlt. Schönheit ist auch zur Kernkompetenz von Dove geworden, die sie in ihrem viel beachteten sozialen Engagement, der *Campaign for Real Beauty*, einsetzt. Weltweite Studien, die Dove Anfang der 2000er Jahre in Auftrag gab, zeigten, dass sich nur 4 % der Frauen als schön empfanden. Ein verheerendes Ergebnis, das der Schönheitsindustrie den Spiegel vorhält, die über Jahrzehnte mit stark retuschierten Bildern die Schönheitsstandards gesetzt hatte und es immer noch tut.

Bevor wir uns mit der Brand Essence beschäftigen, die definiert, wofür die Marke steht, betrachten wir zunächst die *Markenpersönlichkeit* und die *Markenwerte*. Dies sind die einzigen Branding-Dimensionen, die etwas weniger strategisch sind als die anderen. Die Markenpersönlichkeit bezieht sich auf den Charakter und die Verhaltensmerkmale, die Sie Ihrer Marke zuweisen möchten. Sie definiert, wie sich die Marke ausdrückt, wie sie mit ihrer Zielgruppe interagiert und in Beziehung tritt. Die Markenpersönlichkeit ist eine Möglichkeit, eine Marke aus menschlicher Perspektive zu betrachten. Ihre Aufgabe ist es, eine emotionale Plattform zu schaffen, über die Konsumentinnen und Konsumenten oder Kundinnen und Kunden leichter eine Verbindung zur Marke aufbauen und mit ihr interagieren können – fast so, als wäre die Marke eine Person.

Um die Markenpersönlichkeit festzulegen, müssen Sie sich vorstellen, wie Ihre Marke mit ihrer Zielgruppe in Beziehung treten und interagieren soll und was nötig ist, um diese Interaktion interessant und nachhaltig zu gestalten. Die Markenpersönlichkeit hängt stark von der Produktkategorie ab, in der Ihre Marke konkurriert. Wenn Sie ein pharmazeutisches Produkt verkaufen, sollte Ihre Marke als kompetent und aufrichtig wahrgenommen werden. Wenn Sie hingegen ein Erfrischungsgetränk bewerben, kann Ihre Marke eine unterhaltsamere, vielleicht sogar humorvolle und verspielte Persönlichkeit annehmen, wie es beispielsweise Pepsi tut. Die Markenpersönlichkeit wird durch zwei bis drei Adjektive definiert, um prägnant und klar zu bleiben, etwa *elegant, aufrichtig, kompetent, humorvoll, unbeschwert, verspielt, positiv, vertrauenswürdig* und so weiter.

Die Definition der Markenpersönlichkeit ist in gewissem Maße subjektiv. Sie müssen lediglich sicherstellen, dass sie mit den anderen Dimensionen Ihrer Markenpositionierung im *Brand Key* kohärent bleibt und diesen nicht widerspricht. Sie muss vollständig mit dem übereinstimmen, wofür Ihre Marke steht. Dieses Vorgehen ist projektiv, das heißt, es definiert, wie Sie möchten, dass Ihre Marke aus menschlicher Sicht im Hinblick auf die zukünftige Markenpositionierung wahrgenommen wird. Ist die Markenpersönlichkeit einmal definiert, hat sie Auswirkungen auf die gesamte Markenkommunikation, einschließlich der Markenidentität. Insbesondere liefert die Markenpersönlichkeit das strategische Briefing für die Entwicklung der Markenidentitäts-Codes (ID) wie Farben, Schriften, Zeichen und Symbole, Ikonografie und Logo. Sie bestimmt zudem den Tonfall aller Markenkommunikation, etwa Werbung und Promotion, Storytelling, PR-Aktivitäten, CSR-Botschaften, Arbeitgeberkommunikation, Webdesign und Wording bis hin zum Verpackungsdesign.

Die Markenwerte hingegen definieren, woran Ihre Marke glaubt und wofür sie eintritt. Markenwerte sind keine leeren Worte – Marken müssen in ihrem Handeln und ihren Aussagen als glaubwürdig wahrgenommen werden. Hier gibt es keine Ausnahmen, und gerade jüngere Konsumentinnen und Konsumenten sind zunehmend sensibel dafür, ob Marken das, was sie sagen, auch tatsächlich tun und umgekehrt. Transparenz, Vertrauen und Ehrlichkeit werden im Branding kurzfristig bis mittelfristig noch relevanter werden, da die jüngste Zunahme von Greenwashing-Strategien einen zunehmend kritischen Konsumenten hervorgebracht hat, der soziale Netzwerke nutzt, um zu loben oder zu sanktionieren.

Die Definition der Markenwerte ist strategisch und muss auch im Kontext des Mutterunternehmens betrachtet werden. Wie bei den Eigenschaften der Markenpersönlichkeit sollte die Anzahl der Werte, die eine Marke übernimmt, auf drei bis vier begrenzt werden. Eine größere Anzahl würde die Fokussierung der Marke schwächen und die Werte weniger handlungsleitend machen. Innerhalb des Werte-Mixes kann ein Wert die Verbindung zum Mutterunternehmen herstellen, während die anderen drei spezifisch für die Marke selbst sind. Typische Werte, die Marken übernehmen, sind *Authentizität, Respekt, Fürsorglichkeit, Menschen- oder Kundenorientierung, Freundlichkeit, Zuverlässigkeit, Bescheidenheit, Transparenz, Integrität, Inklusivität, Diversität* (letztere vor allem im Unternehmenskontext) und so weiter. Die Liste ist endlos, und die gewählten Werte definieren in gewisser Weise sowohl den Verhaltenskodex Ihrer Marke als auch Ihres Unternehmens.

Wie bei den Eigenschaften der Markenpersönlichkeit müssen auch die für Ihre Marke definierten Werte mit ihrer Positionierung übereinstimmen, die für Konsumentinnen und Konsumenten im relevanten Markt von Bedeutung sein und in Bezug auf das Produkt oder die Dienstleistung realisierbar sein.

Denken Sie daran, dass Konsumenten:innen über Werte mit einer Marke in Beziehung treten und sich mit ihr emotional verbinden (s. Kap. 6), und in diesem Sinne gibt es keinen Unterschied zwischen einem selbst-expressiven Wert, der definiert, wofür Ihre Marke steht, und den Werten, an die Ihre Marke glaubt und nach denen sie handelt.

Konsumentinnen und Konsumenten bauen leichter eine Bindung zu Marken auf, wenn sie sich ihnen näher fühlen. Und was könnte besser verbinden als das Teilen derselben Werte und Überzeugungen?

Das Herzstück des *Brand Key*-Tools ist die *Brand Essence*. Sie definiert, wofür Ihre Marke steht – und das in nur einem Wort oder einer präzisen, eindeutigen Stoßrichtung. Je mehr Worte Sie verwenden, um das

Wertversprechen Ihrer Marke zu beschreiben, desto weniger prägnant und klar wird es und desto weniger Orientierung bietet es all jenen, die irgendwann Einfluss auf das Management Ihrer Marke nehmen. Der gesamte Brand Key ist eine Übung in Prägnanz, bei der weniger Worte mehr bedeuten, und die Brand Essence ist der Königsweg, auf dem Sie das Markenkernversprechen auf nur *ein Wort* verdichten sollten.

Die *Brand Essence* ist das eine, immaterielle Attribut, das die Marke aus Sicht der Zielgruppen von Wettbewerbern unterscheidet. Sie ist das grundlegende Wesen oder die Grundqualität der Marke und eine *Konstante* weltweit und über alle Produktkategorien hinweg.

Die *Brand Essence* ist das, was eine Marke in ihrem Markt und gegenüber allen Wettbewerbern wirklich besitzt. Sie definiert auch die Kompetenz der Marke. Die *Brand Essence* wird in einem einzigen Wort ausgedrückt. Sie ist unveränderbar (die Brand Essence ist sakrosankt, es sei denn, es gibt eindeutige Beweise für ihre Schwäche).

Ihre Arbeit an der Brand Ladder sollte bereits wertvolle Impulse für die Definition der Brand Essence geliefert haben. Ist dies nicht der Fall, wird die Essence in ähnlichen Schritten wie bei der Brand Ladder definiert. Ausgangspunkt ist, wie bereits besprochen, die Produkt- oder Dienstleistungsrealität, insbesondere das Produktmerkmal oder die Serviceeigenschaft, die den Differenzierungsfaktor und damit auch die Markenkompetenz bestimmt. Das Merkmal oder die Eigenschaft selbst oder übersetzt in ein Leistungsversprechen etabliert den Discriminator, und daraus destillieren Sie die Markenbedeutung weiter, bis Sie das eine Wort identifizieren, für das die Marke steht und das sie bei ihrer Zielgruppe im Laufe der Zeit bekannt macht. Wie das Wort *Essenz* bereits suggeriert, definiert die Brand Essence Ihre Marke in ihrer reinsten Form.

Die Brand Essence entfaltet ihre größte Wirkung, wenn sie frei von jeglicher Komplexität oder Gedanken ist, die ihre eindeutige Bedeutung verwässern. Was einen Oreo-Keks (siehe Abb. 8.4) unterscheidet, ist, dass sein Verzehr ritualisiert ist. Als Kenner nimmt man nicht einfach einen Bissen oder steckt den ganzen Doppelkeks in den Mund, sondern vollzieht bestimmte Rituale, die die Marke und ihre Community im Laufe der Zeit definiert und etabliert haben. Diese Rituale erscheinen Konsumentinnen und Konsumenten umso attraktiver, da sie eine Form von Regelbruch (mit Essen spielt man nicht) validieren, in der sich alle Oreo-Fans vereinen. Ritualisierter Konsum kann verschiedene Wege zur Brand Essence eröffnen. Es könnte *Kennerhaftigkeit* oder *Kultiviertheit* sein, weil Konsumentinnen und Konsumenten sich auskennen. Oder ein anderer Weg könnte Geschicklichkeit sein, weil man seine Fingerfertigkeit zeigen muss, um alles, was der Oreo-Keks

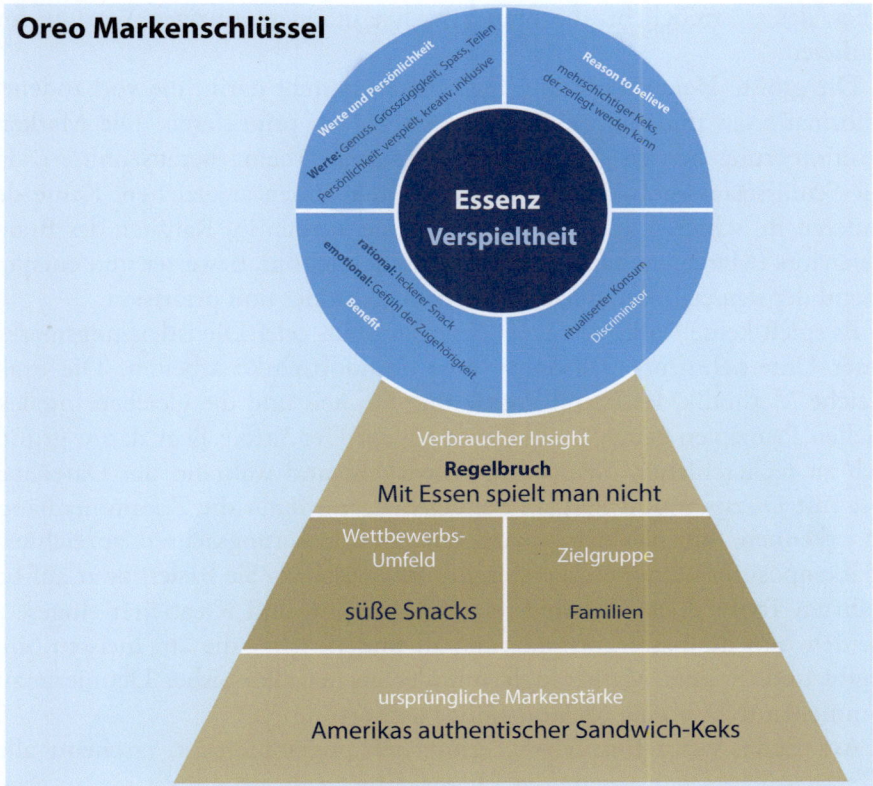

Abb. 8.4 Post-rationalisiertes Oreo Brand Key Modell ohne Input der Marke selbst und nur zu Illustrationszwecken. Abbildung des Autors

ermöglicht, richtig zu beherrschen. Die Marke hat sich für *Verspieltheit* entschieden, was von den genannten Optionen am stimmigsten erscheint, da es mit dem Consumer Insight von Oreo übereinstimmt. *Verspieltheit* ermöglicht es der Marke, greifbare, emotionale Bindungen zu ihren Konsumentinnen und Konsumenten aufzubauen, und da *Spiel* kaum Grenzen kennt, bleiben sie stets involviert und entdecken immer neue Möglichkeiten – so bleibt die Marke aktuell und zeitgemäß.

Eine Marke mit nur einem Wort zu definieren, erfordert drei aufeinanderfolgende Schritte: die Sammlung von Informationen, deren Analyse und die stringente Synthese auf das Wesentliche, um die Brand Essence auszuwählen. In diesem Prozess ist eine enorme Menge an Informationen zu berücksichtigen, und Sie müssen alle Details im Blick behalten. Beinahe nie lässt sich zu Beginn vorhersagen, welches Detail am wertvollsten sein wird –

jenes, das es ermöglicht, die Brand Essence in einem einzigen Wort zu formulieren.

Die größte Herausforderung für Marken besteht darin, die vorhandenen Informationen und die möglichen Aussagen zu priorisieren. Die Markenpositionierung besteht darin, das eine zentrale Thema herauszufiltern, das zur Schlüsselaussage wird, um Konsumenten: innen anzuziehen. Keine der anderen Botschaften geht dabei verloren; sie werden im Rahmen des Brand Behaviors (Markenverhaltungsprozess) berücksichtigt, bewertet und entsprechend der neu etablierten Markenlogik eingeordnet und priorisiert.

Es spielt keine Rolle, ob Sie an einer Produkt- oder Dienstleistungsmarke, einer Unternehmens-, Personen- oder Standortmarke arbeiten. Die exakt gleiche Methodik des Brand Positioning Funnels und die gleichen intellektuellen Prinzipien gelten in all diesen Fällen. Der Erfolg liegt darin, gründlich zu recherchieren, Neugier zu entwickeln und während der Datenanalyse mit Disziplin und Sorgfalt vorzugehen, um dann die Zusammenhänge zu erkennen, bis sich erste potenzielle Positionierungsachsen abzeichnen. Markenpositionierung ist keine exakte Wissenschaft. Sie basiert zwar auf bewährten Tools, doch diese müssen mit Disziplin und Kreativität eingesetzt werden, um die beste Formulierung zu finden, jehne die am meisten Sinn ergibt und in einer Markenlogik mündet, in der alles bisher Definierte zusammenläuft. Wie eine Melodie ohne falsche Töne.

Am Ende, wenn Ihre Marke erfolgreich positioniert ist, erscheint alles offensichtlich. Doch gerade das Offensichtliche ist am schwersten zu erreichen, und der beste Weg dorthin ist das Streben nach *der Simplizität auf der anderen Seite der Komplexität*. Und wie immer wartet, wenn Sie denken, Sie seien am Ziel, schon die nächste Herausforderung. Selbst klar definierte Markenpositionierungen, die auf eine *einwortige Brand Essence* verdichtet wurden, wirken immer noch etwas abstrakt – und das sind sie auch. Jeder kann recht einfach nachvollziehen, dass Disney für *Magie,*

BMW für *Fahrfreude* oder Oreo für *Verspieltheit* steht. Der Grund dafür ist, dass die Positionierung dieser Marken bereits in zahlreiche Kommunikationsbotschaften und Marketingmaßnahmen übersetzt wurde.

Der Markenverhaltensprozess (Brand Behavior) folgt stets auf die Markenpositionierung und dient dazu, das noch junge und teils abstrakte Konzept Markenessenz handlungsfähig und operativ umsetzbar zu machen. Dies ist Aufgabe des Markenverantwortlichen, der die Marke am besten kennt und versteht. Der Prozess erfordert ein hohes Maß an Kreativität und verlangt, Menschen für die Positionierung zu gewinnen und zu begeistern. Näher erläutert wird dies in s. Kap. 10.

Bevor jedoch ausreichend Belege aus ersten Untersuchungen vorliegen und bevor sichergestellt ist, dass auch alle anderen Markenelemente auf die neue Positionierung einzahlen, empfiehlt es sich, diese durch einen geeigneten Forschungsprozess zu validieren. Ein erster *Härtetest* besteht immer darin, die neue Positionierung in eine Vision und Mission sowie in eine Markensignatur (Slogan) zu übersetzen. Gelingt dies auf natürliche Weise und ohne großen Aufwand, ist die Markenpositionierung geeignet, das gesamte Marketing, den Vertrieb und die Innovationsprozesse jetzt und in Zukunft zu steuern. Dies zeigt auch, dass die neue Markenpositionierung klar und verständlich ist. Diese *operative* Umsetzbarkeit ist essenziell – zu viele Markenpositionierungsplattformen erfüllen diese grundlegenden Anforderungen nicht und landen ungenutzt im Archiv des Mutterunternehmens.

Ein weiteres Validierungsinstrument ist internes Feedback. Die Vorstellung der Arbeitsergebnisse bei Kolleginnen und Kollegen im eigenen Büro sowie in ausgewählten Niederlassungen kann wertvolle Hinweise darauf liefern, wie die Markenpositionierung wahrgenommen und aufgenommen wird und ob die Mitarbeitenden der neuen Markenlogik auf operativer Ebene problemlos folgen können.

Die Relevanz der neuen Markenpositionierung lässt sich am besten durch qualitative oder quantitative Forschungsmethoden messen. Dabei ist es wichtig, nicht nur auf das *Was*, sondern auch auf das *Warum* zu achten. Die Markenvalidierungsforschung sollte so gestaltet sein, dass sie aufzeigt, was stark oder schwach, attraktiv, klar und differenzierend ist, aber auch, warum die definierte Zielgruppe dies so wahrnimmt.

Zu diesem Zeitpunkt im Prozess wurden Differenzierung sowie die logische Verbindung zwischen Positionierung und Produkt- oder Dienstleistungsrealität bereits im Rahmen des Positionierungs-Trichters überprüft und bestätigt. Daher sollte sich jede Konsumentenforschung darauf konzentrieren, zu verifizieren, dass die neue Positionierung für die Zielgruppen von hoher Relevanz ist. Dies gilt für jede Marke: Produkt- oder Dienstleistungsmarken, Personen- oder Destinationsmarken sowie Unternehmens- oder Arbeitgebermarken.

Das *Warum* lässt sich in der qualitativen Forschung, insbesondere mit der morphologischen Methode, meist leichter erfassen. Neben dem Testen einer kurzen Markenpositionierungsaussage kann auch ein Positionierungskonzept zur Überprüfung formuliert werden. Ein Markenkonzept besteht in der Regel aus drei kurzen Absätzen und einem repräsentativen Bild, das das zentrale Markenversprechen oder -angebot veranschaulicht. Der erste Absatz benennt die Kategorie-Insight, ein Problem, das die Marke löst, oder ein Bedürfnis, das sie erfüllt. Beispiel: *Jeden Tag setzt ein modernes Leben uns allen vielfältigen Gesundheitsrisiken wie Viren und Bakterien aus, die unser Immunsystem herausfordern.*

Es folgt das Markenversprechen und der Reason to Believe, wie sie durch die neue Markenpositionierung definiert sind. Beispiel: *Actimel hilft, Ihre Abwehrkräfte zu stärken, denn jede kleine Flasche enthält Milliarden aktiver L. Casei Joghurtkulturen sowie Vitamin B6 und D.* Der dritte und letzte Absatz des Konzepts benennt den Nutzen für die Zielgruppe. Beispiel: *Ein Actimel am Tag unterstützt Ihre natürlichen Abwehrkräfte.*

In solchen Forschungsdesigns ist es üblich, bis zu vier alternative qualitative Konzepte zu testen, die sich durch unterschiedliche Begrifflichkeiten unterscheiden. Neben Konzepten können auch andere Stimuli wie Vision oder Mission, die Markensignatur und – sofern die Markenplattform bereits entsprechend entwickelt wurde – sogar ein Logo oder ein Verpackungsmodell eingesetzt werden.

Die Entwicklung der Markenpositionierung oder die Definition einer Repositionierungsplattform ist eine komplexe Aufgabe. Sie muss mit den entsprechenden Ressourcen und ausreichend Zeit professionell durchgeführt werden. Ihr strategisches Ziel ist es nicht, ein intellektuelles Gedankenspiel zu betreiben, sondern Marken in ihren jeweiligen Marktsegmenten und für ihre Zielgruppen differenzierter und relevanter zu machen. Ist die Markenpositionierung einmal finalisiert und in Form einer Markenessenz definiert, muss sie operativ und leicht in Marketing- und Vertriebsmaßnahmen übersetzbar sein. Nur dann wird eine Markenpositionierung messbare Ergebnisse in Form von Kostensenkungen und Umsatzsteigerungen erzielen.

9

Ein-Word-Positionierung und Markenvision, -mission und -purpose

Wie bereits in den vorherigen Kapiteln erörtert, treten Konsumenten:innen un in erster Linie auf emotionaler Ebene mit Marken in Beziehung. Zwar spielen die konkreten und greifbaren Leistungsmerkmale eines Produkts oder einer Dienstleistung ebenfalls eine zentrale Rolle, doch werden diese selten objektiv bewertet, da es den Konsumenten:innen in der Regel an der nötigen Kompetenz fehlt. Die ganzheitliche Bewertung eines Produkts oder einer Dienstleistung durch Vebraucher:innen kann von vielen Faktoren abhängen. Loyale Konsumenten:innen äußern in der Regel eine positivere Meinung zur Leistungsfähigkeit ihrer Marke als solche, die die Marke nur gelegentlich nutzen – vermutlich, weil loyale Verbraucher:innen stärker mit ihrer Marke verbunden sind. Das Markenimage, frühere Markenerfahrungen, Hörensagen oder stereotype Meinungen, Überzeugungen oder Glaubenssätze im Zusammenhang mit Markensymbolen oder Markenbotschaften können die Leistungswahrnehmung einer Marke in unterschiedlicher Weise beeinflussen. Wir haben zudem gesehen, dass Markenbindungen durch Werte und Überzeugungen gestärkt werden können. Marken, die bestimmte Werte und Überzeugungen der Konsumenten:innen zu teilen scheinen, werden tendenziell positiver bewertet und gegenüber anderen bevorzugt.

Markenvision, -mission und -purpose sind Markendimensionen, die eng mit den Werten und Überzeugungen verbunden sind, die sowohl Verbraucher:innen als auch Marken vertreten. Sie leiten sich direkt aus der Markenessenz ab. Die Markenessenz, die reinste und prägnanteste Definition dessen, wofür eine Marke steht, bildet das leitende Element aller nachfolgenden Markenarbeit – einschließlich Vision, Mission und Purpose. Jede dieser Dimensionen muss in vollständiger Übereinstimmung mit der Markenessenz entwickelt werden. Vision, Mission und Purpose sind allesamt Parameter, die sich auf die emotionale Dimension einer Marke beziehen. Während Vision und Purpose teilweise unabhängig voneinander entwickelt werden können, ist die Markenmission mit der Markenvision verknüpft und beschreibt, wie die Marke beabsichtigt, ihre definierte Vision in die Tat umzusetzen.

Die formelle Aussage zur Markenvision drückt aus, woran eine Marke im Hinblick auf ihr Tätigkeitsfeld glaubt, während die Markenmission darlegt, wie die Marke diese Überzeugungen in Handlungen umzusetzten gedenkt. Das Markenpurpose-Statement wird etwas gesondert betrachtet, da es sich in der Regel auf den übergeordneten Beitrag bezieht, den eine Marke mit ihrer einzigartigen Kompetenz zur Verbesserung der Gesellschaft leisten kann. Das französische Bauunternehmen Saint Gobain definiert seinen Corporate Brand Purpose als *die Welt zu einem besseren Zuhause zu machen.* Um diesen Purpose zu erfüllen, nutzt die Marke ihre 350-jährige Expertise und Kompetenz in der Bauindustrie, um nachhaltigere und komfortablere Wohn- und Arbeitsräume zu schaffen, die aktuelle und zukünftige Umweltprobleme adressieren und die Lebensqualität der Menschen verbessern sollen, die in den von dem Unternehmen errichteten Räumen leben werden. Das *Purpose*-Statement von Saint Gobain ist für die Zielgruppen klar und bedeutungsvoll formuliert. Gleichzeitig gibt es dem Unternehmen als Ganzes sowie allen Mitarbeitenden, aber auch Lieferanten und externen Dienstleistern eine strategische Orientierung.

Betrachtet man eine größere Anzahl von Marken, unabhängig von Branche oder Typ, wird schnell deutlich, dass Markenvision, -mission und -purpose häufig synonym und wenig trennscharf verwendet werden. Es gibt zahlreiche Hinweise auf eine gewisse Verwirrung hinsichtlich dieser Markendimensionen, und immer wieder findet sich eine vermeintliche *Markenvision*, die eigentlich die *Markenmission* beschreibt.

Es gibt zwei Möglichkeiten, eine Markenvision zu betrachten: Entweder als Ausdruck der Sicht einer Marke auf die Zukunft ihres Fachgebiets oder als Definition ihrer *philosophischen* Sicht auf das Leben der Zielgruppe. Beide Ansätze erzeugen eine visionäre Botschaft, die Konsumenten:innen eine Identifikationsplattform bietet. Die schwedische Möbelmarke IKEA hat im Laufe der Zeit beide Definitionen für ihre Markenvision genutzt. Zu Beginn basierte IKEA auf der Vision des Gründers Ingvar Kamprad, der davon überzeugt war, dass *gutes Möbeldesign erschwinglich sein sollte.* Das Gegenteil ist im Möbelmarkt auch heute noch der Fall, und echtes Designermobiliar ist in der Regel so teuer, dass es für Haushalte mit durchschnittlichem Einkommen unerschwinglich bleibt.

IKEA lebte diese Vision, indem das Unternehmen Möbel auf revolutionäre Weise entwarf, herstellte und verkaufte. Streng genommen ist IKEA eine Handelsmarke, die in ihren weltweiten Filialen ausschließlich Möbel und Accessoires unter eigenem Markennamen verkauft. IKEA entwirft Möbel mit Blick auf Funktionalität und Stil und senkt einen Großteil der Kosten durch das sogenannte *Flat Packaging*. Dieses Fertigungskonzept überträgt die Verantwortung für den Zusammenbau der Möbelstücke auf die Kundschaft. Diese clevere Idee half IKEA, Herstellungs-, Transport- und Lagerkosten niedrig zu halten – eine Ersparnis, die das Unternehmen teilweise an seine Zielgruppen weitergibt. Doch der Preis ist nicht der einzige Motivator im Geschäftsmodell von IKEA. Die Anerkennung und der Stolz, die eigenen Möbel selbst zusammengebaut zu haben, stellen einen weiteren nicht-monetären Wert dar, den die Marke aktiv nutzt – ein Phänomen, das auch bei DIY-Marken wie Home Depot weit verbreitet ist.

Durchdachtes Produkt- und Servicedesign sorgt für ein durchweg exzellentes Einkaufs-, Montage- und Nutzungserlebnis. Aufbauend auf der ursprünglichen Markenvision *Designermöbel erschwinglich machen* hat IKEA inzwischen eine, neu formulierte Markenvision entwickelt: *den vielen Menschen einen besseren Alltag schaffen.* Auch wenn diese Aussage inhaltlich an die ursprüngliche Vision anknüpft, wirkt sie heute eher wie eine *Mission* oder ein *Purpose*-Statement. Sie beschreibt, was IKEA tagtäglich anstrebt, drückt aber nicht mehr einen Glaubenssatz oder eine philosophische Überzeugung wie die ursprüngliche *State Markenvision* aus. IKEA ist damit keine Ausnahme. Ein Blick auf Unternehmenswebsites zeigt viele weitere Beispiele, und es wird schnell deutlich, dass in der Praxis die Definition von Markenvision, -mission und -purpose oft nicht so trennscharf ist, wie sie sein könnte.

Im One-Word-Branding-Prozess leitet sich alles, was eine Marke behauptet, von der Markenessenz ab und ist mit ihr verbunden. Ist die Markenessenz einmal definiert, bestimmt sie alle weiteren Kerndimensionen der Marke: Werte, Persönlichkeit, visuelle Identität, sämtliche Formen der Kommunikation – einschließlich Markenvision und -mission. Die direkte Ableitung der *Markenvision* aus der Markenessenz hilft, diese simpel und vollständig konsistent zu halten. Eine Markenessenz, die direkt in eine Markenvision übersetzt wird, entfaltet eine deutlich stärkere emotionale Wirkung und fördert die Verbindung zur Zielgruppe. Wenn die Marke IKEA – wie vermutlich immer noch – für erschwingliches Design steht (mittlerweile nicht nur für Möbel, sondern auch für Wohnaccessoires), dann ist eine *Markenvision*, in der IKEA daran glaubt, dass Designermöbel für alle zugänglich sein sollten, ein viel greifbareres und für die Zielgruppe relevantes *Visionsstatement*. Es bietet zudem eine weitere Möglichkeit für die Zielgruppe, sich mit der Marke zu identifizieren und eine Bindung aufzubauen.

Mit der Definition und Nutzung eines *Visionsstatements* beansprucht und verteidigt eine Marke ihre eigene Sicht auf den Markt und unterstreicht so ihre Differenzierung gegenüber dem Wettbewerb. Gleichzeitig signalisiert sie ein starkes Engagement, ihrer Zielgruppe einen konkreten Mehrwert zu bieten. Folglich sollte jedes *Markenvisionsstatement* direkt aus der Markenessenz abgeleitet und als philosophischer Ausdruck dessen formuliert werden, woran die Marke glaubt – und nicht vorrangig den übergeordneten geschäftlichen *Purpose* betonen. Eine auf Überzeugungen basierende Markenvision ist überwiegend emotional, während eine auf der Zukunftsperspektive der Marke basierende Vision primär rational ist. In diesem Sinne würde es auch für IKEA Sinn ergeben, das aktuelle Visionsstatement zu überdenken. *Den vielen Menschen einen besseren Alltag schaffen* wirkt weniger prägnant und differenzierend als die ursprüngliche Vision *Design sollte erschwinglich sein,* die zudem einen leicht militanten Unterton enthält.

Letztlich ist es vielleicht gerade diese subtile *militante* Tonalität, die es Mitarbeitenden und Verbrauchern erleichtert, sich mit einer Marke zu identifizieren und zu binden. Die Markentonalität ist definitionsgemäß ebenfalls ein emotionaler Treiber im Branding. Tatsächlich haben auch andere erfolgreiche Marken wie Walmart in den USA oder der französische Einzelhändler Leclerc, die beide in ihren Supermärkten das Prinzip der dauerhaft niedrigen Preise (EDLP) vertreten und verteidigen, eine ähnliche Markenvision wie IKEA in seinen Anfängen entwickelt. Walmart setzt auch heute noch auf das Versprechen dauerhaft niedriger Preise als Unternehmensstrategie, definiert seine Markenvision jedoch als die *Schaffung einer besseren Welt*. Wie differenzierend ist das wirklich? Leclerc hingegen ist seiner ursprünglichen Markenvision treu geblieben und verteidigt mit einer besonders ausgeprägt militanten Tonalität weiterhin *alles, was Ihnen wichtig ist* – eine Vision, die in der Praxis inzwischen über dauerhaft niedrige Preise hinausgeht und auch gesellschaftliche Themen einschließt. Das zeigt, dass eine klar definierte Markenvision keineswegs eng oder einschränkend ist, sondern viel Raum für Weiterentwicklung bietet. Wir haben bereits über die Freiheit gesprochen, die eine klar definierte Strategie bietet. Das gilt ebenso für die Definition der Markenvision.

Die Formulierung der Markenmission übersetzt die Markenvision einfach in eine *Handlungs*anweisung für die Marke. IKEA glaubt, dass

Designermöbel erschwinglich sein sollten (Markenvision) und handelt täglich danach, *gut gestaltete Möbel und Accessoires zu erschwinglichen Preisen für die Zielgruppe bereitzustellen* (Markenmission). Die Vision beschreibt, woran die Marke glaubt, die Mission, was die Marke tut. Auf *philosophischer* Ebene glaubt Nike, dass *jeder, der einen Körper hat, ein Athlet ist (Markenvision)*, während Nike operativ darauf fokussiert ist, *Inspiration und Innovation für jeden Athleten zu bringen* (Markenmission). Zoom, die Videokonferenz-Plattform, glaubt *daran, dass menschliche Verbindungen grenzenlos sein sollten*. Die Mission lautet, *Menschen zu helfen, sich zu verbinden, zusammenzuarbeiten und gemeinsam mehr zu erreichen*. Googles Markenvision gehört zu den Visionen, die die Sicht einer Marke auf die Zukunft repräsentieren. Im Gegensatz zu Nike ist die Markenvision weniger ein *philosophischer* Glaubenssatz. Von Anfang an verfolgte Google das Ziel, *die Informationen der Welt zu organisieren und sie universell zugänglich und nutzbar zu machen*. So formuliert, ist die ursprüngliche Markenvision nahezu austauschbar mit dem *Missions*statement. Wie viele große und erfolgreiche Marken unterscheidet Google offenbar nicht zwischen Markenvision und -mission, sondern konzentriert sich auf eine der beiden. Die Vision von IBM ist es, *die Welt besser zu machen*, während IBM seine Mission als *Zusammenführung aller notwendigen Technologien und Dienstleistungen, um unseren Kunden bei der Lösung ihrer Geschäftsprobleme zu helfen* definiert.

Die Welt besser zu machen kommt in der Formulierung ebenfalls einem *Purpose*-Statement nahe. Es bezieht sich auf den gesellschaftlichen Beitrag von IBM und nutzt die Kernkompetenz der Marke als Glaubwürdigkeitsbeleg. Dies ist ein weiteres Beispiel für die feinen Unterschiede zwischen diesen drei Markendimensionen. In der Praxis sind die Grenzen tatsächlich fließend, und es liegt an Ihnen, für Ihre Marke und sich selbst zu entscheiden, was im jeweiligen Kontext und seiner Komplexität am sinnvollsten ist.

Die obigen Beispiele haben nun einige Anhaltspunkte für sinnvolle und umsetzbare Vision- und Missionsstatements im Rahmen des Markenbildungsprozesses geliefert. Beide sind keineswegs nur *nice to haves*, sondern essenzielle Bestandteile jeder Markenpositionierung. Sie sind entscheidend, um zu überprüfen, ob sich eine Markenessenz in konkrete Maßnahmen übersetzen lässt, und stellen einen ersten Härtetest dar, um die neu positionierte Marke von der Strategieebene in die operative Umsetzung zu führen. Insbesondere das Markenvisionsstatement, ebenso wie die Markenessenz, liefert greifbare Impulse für die Entwicklung der Unternehmensstrategie und gibt internen Zielgruppen Orientierung. Richtig definiert und formuliert, bieten sowohl Vision als auch Mission ein gemeinsames Leitmotiv, das Menschen vereint und hinter einer Idee versammelt.

Um diese Aussagen sinnvoll und wirkungsvoll zu entwickeln, sind mehrere Aspekte zu beachten:

- Sie müssen in einem kurzen und prägnanten Satz formuliert werden. Evian steht für ein *junges Leben* – während des gesamten Lebens. Dies wird am besten durch den Markenslogan *live young* ausgedrückt, der für sich genommen bereits wie eine Vision wirkt. Saint Gobain definiert seinen Markenpurpose als *making the world a better home*. Beide Aussagen sind einfach und auf den Punkt gebracht.
- Sie sollten eindeutig sein und nur eine einzige Aussage oder Idee vermitteln. Die Markenvision leitet sich aus der Markenessenz ab, das Purpose-Statement aus der Markenkompetenz. Nike steht für *Empowerment*. Diese Markenessenz ist eng mit Nikes Vision verbunden, in der die Marke davon ausgeht, dass *jeder, der einen Körper hat, ein Athlet ist*. Es besteht eine vollständige inhaltliche Kohärenz zwischen Nikes Markenessenz (Empowerment) und der Vision. Es ist der Marke gelungen, ihre Vision in eine einprägsame und überzeugende Aussage zu übersetzen, die zu einem zentralen Pfeiler der Markenkommunikation und des Storytellings geworden ist. Auch das Mission-Statement folgt dieser klaren Logik. *Bringing inspiration and innovation to every athlete* beschreibt einfach, wie Nike Menschen stärkt.
- Stellen Sie sicher, dass Vision, Mission und Purpose umsetzbar sind. Es bringt nichts, etwas zu behaupten, das Ihre Marke oder Ihr Unternehmen nicht leisten kann. Eine einfache Behauptung ohne entsprechende Taten kann sich negativ auswirken und der Marke schaden. Google *organisiert Informationen und macht sie zugänglich und nutzbar,* indem das Unternehmen seinen Panda-Suchalgorithmus kontinuierlich optimiert. Darauf konzentriert sich die Marke von Anfang an und hält bis heute daran fest.
- Vermeiden Sie in diesem Sinne überambitionierte Aussagen. Was Ihre Vision oder Mission verspricht, muss im Alltag glaubwürdig und realistisch erscheinen. Die Vision oder der Purpose Ihrer Marke sollte widerspiegeln, wofür Ihre Marke steht – ehrlich und glaubwürdig.
- Stellen Sie sicher, dass alle drei Aussagen für Ihre Zielgruppen relevant sind. Eine Markenessenz, die für die Zielgruppe irrelevant erscheint, ist wenig wert. Das gilt ebenso für die daraus abgeleiteten Vision-, Mission- und Purpose-Statements. Ihre Aufgabe ist es, die Marke mit den Zielgruppen zu verbinden, sie einzubinden und langfristig für die Marke zu begeistern. Da viele Marken täglich um die Aufmerksamkeit der Konsumenten konkurrieren, werden nur diejenigen wahrgenommen und in Betracht gezogen, die etwas Relevantes zu sagen haben.

- Formulieren Sie Ihre Vision-, Mission- und Purpose-Statements so, dass sie die Markenpersönlichkeit widerspiegeln. Die meisten Konsumenten nehmen diese Aussagen als Botschaften Ihrer Marke wahr, und die Art, wie sie klingen und welche Gefühle sie auslösen, spricht Ihre Zielgruppe emotional an. Mit einer Prise Engagement kann Ihre Marke als entschlossener und engagierter wahrgenommen werden. Das kann Ihre Zielgruppe zusätzlich motivieren und dazu beitragen, sie hinter der Marke zu vereinen.

Vision-, Mission- und Purpose-Statements sind ein zentraler Bestandteil der strategischen Markenkommunikation. Sie sind entscheidend, um Konsumenten eine Beziehung zur Marke zu ermöglichen und eine Bindung aufzubauen. Nicht in Isolation, sondern durch Markenkommunikation, in der *Vision, Mission und Purpose* als sensibler Input und Leitfaden für das Storytelling der Marke dienen. Storytelling ist so alt wie das Branding selbst; es wurde jedoch erst in jüngerer Zeit wiederentdeckt und zu einem Marketing-Hype entwickelt. Denken Sie daran: Wir alle sind mit Geschichten aufgewachsen und nutzen sie auch heute noch für die meisten sozialen Interaktionen. Soziale Medien bieten ideale Kanäle, um dem Bedürfnis der Menschen nach Storytelling in Wort, Bild und Ton gerecht zu werden. Persönliches und stark emotionalisiertes Storytelling sorgt für eine effektive Markenreichweite und ist zu einem zentralen Hebel beim Aufbau von Markenbekanntheit geworden.

10

Markenpositionierung und Markenverhalten: Erfolgreiche Übersetzung der Markenpositionierung in Marketingmaßnahmen

Nachdem die Markenessenz definiert und in eine Markenvision, Mission und/oder einen Purpose-Statement übersetzt wurde, besteht der nächste Schritt darin, das neue Markenpositionierungskonzept auf die operative Ebene zu übertragen. Dieser unverzichtbare Schritt umfasst alle Markenaktivitäten, die als *Brand Behavior* bezeichnet werden. Die Phase des Brand Behavior zielt darauf ab, die Bedeutung der Markenessenz in jede einzelne Handlung der Marke – jetzt und in Zukunft – zu übertragen: Marketing, Werbung, Promotion, Vertrieb, Innovation, CSR-Programme, um nur einige zu nennen. Jede Aktivität und jede Interaktion zwischen der neu definierten Marke und ihren Zielgruppen wird von dem geleitet, wofür die Marke nun mit ihrer *One-Word-Markenessenz* steht.

Im Prozess der Definition der Markenessenz haben wir auf tiefgehende Konsumenten-Insights aus soziologischen oder morphologischen Forschungsquellen zurückgegriffen. Dies hat ein hochrelevantes Verständnis für die Bedürfnisse, Überzeugungen und Präferenzen der definierten Zielgruppen der Marke ermöglicht. Zudem haben wir wirkungsvolle Branding-Tools wie die *Brand Map*, die *Brand Ladder* und den *Brand Key* eingesetzt, um die Markenpositionierung über eine messerscharfe Markenessenz zu definieren und die Markenbedeutung auf *ein einziges Wort* oder eine eindimensionale Stoßrichtung zu destillieren. Dieses eine Wort wird nun zum *Prisma*, durch das alle Markenaktivitäten betrachtet, bewertet und umgesetzt werden. Die Markenessenz fungiert dabei gleichzeitig als Wegweiser und als Maßstab, der alle operativen Aktivitäten rund um die Marke lenkt und steuert. Jede Idee oder Initiative wird mit der Markenessenz abgeglichen und nur diejenigen, die vollständig strategisch konform sind, werden umgesetzt.

Auf den ersten Blick mag dies wie eine erhebliche Einschränkung erscheinen. Das ist jedoch nicht der Fall, denn dieser Ansatz nutzt gezielt die *Freiheit, die eine klar definierte Strategie bietet*. Die Essenz definiert die eindeutige Bedeutung der Marke, aus der sämtliche Kommunikationsbotschaften oder andere Ausdrucksformen der Marke abgeleitet werden müssen. Betrachtet man das *One-Word*-Branding als Konzept, könnte es wie eine Methodik erscheinen; in erster Linie handelt es sich jedoch um eine Denkweise, in der Fakten und Logik, Fokus und das Streben nach Einfachheit zusammenkommen. Im Hintergrund jedes Markenpositionierungsprojekts läuft ein Destillationsprozess, bei dem die Bedeutung einer Marke sukzessive auf ihren wesentlichsten Nenner reduziert wird, sodass eine einzige, fokussierte Aussage ausreicht, um die Marke für die Zielgruppen relevant und differenzierend zu positionieren. Im *One-Word*-Branding suchen wir nach dem größten gemeinsamen Nenner, nicht nach dem kleinsten.

Die *One-Word*-Markenessenz ist keineswegs reduktionistisch. Sie priorisiert lediglich die *eine* Markenbotschaft, die am meisten zählt, mit dem Ziel, den Kaufentscheidungsprozess positiv zu beeinflussen – ganz gleich, ob dieser impulsiv oder reflektiert, einfach oder komplex, oberflächlich oder tiefgehend ist. Während der Destillationsphase des *Brand Positioning Funnel* wird jede potenzielle Markenbotschaft berücksichtigt und erhält ihren eigenen Platz in der Markenbotschaftshierarchie, sodass nichts verloren geht. Dieser Ansatz ermöglicht eine flüssige Markenerzählung, die kohärent ist und sich an der definierten Markenlogik orientiert. In einer solchen Markenerzählung findet jede relevante Botschaft ihren vorgesehenen Platz im Gesamtmix der Botschaften.

Im Gegensatz zu vielen Marken funktionieren jene, die durch ein einziges Wort definiert sind, mit einem ganzheitlichen Konzept, das Abkürzungen im Entscheidungsprozess der Konsumenten ermöglicht. Solche Marken sind kognitive Wegbereiter, bei denen das Markenwertversprechen – also die Summe der Meinungen, die Konsumenten über die Marke haben – den Bewertungs- und Entscheidungsprozess maßgeblich lenken und verkürzen kann. Dies gilt sowohl für Impulskäufe als auch für komplexe, hoch involvierte Kaufentscheidungen. Wie die Forschung immer wieder zeigt, werden die meisten unserer Entscheidungen durch Emotionen ausgelöst. Eine klar definierte Markenessenz übersetzt die Markenrealität in einen emotionalen Anspruch, mit dem sich die Zielgruppe leicht identifizieren kann, was zu einer emotionalen Bindung an die Marke führt. Es gibt keine bessere Entscheidungs-*Abkürzung* als die, die durch Emotionen ausgelöst wird.

Markenpräferenzen, Engagement oder sogar Bindung entstehen durch emotionale Faktoren, auch wenn diese teilweise durch rationale Impulse und scheinbar objektive Erfahrungen geprägt sind. All diese Effekte sind jedoch selten das Ergebnis der Markenessenz selbst, sondern ihrer konsequenten und präzisen Anwendung in der Markenkommunikation über die Zeit. Die Markenessenz sorgt für diese Konsistenz, da jede Botschaft und jede Handlung der Marke strategisch ausgerichtet wird. Jedes Mal, wenn ein neues Kommunikationsmittel entwickelt wird, wird der Sinn der Markenessenz – und nicht unbedingt das eigentliche Wort – erfasst und übertragen. BMW steht für *Fahrfreude*, beansprucht dies aber selten explizit. Dennoch ist die Markenessenz in der Markensignatur klar erkennbar: *Freude am Fahren* oder die englische Version: *The ultimate driving machine*. Meistens spielt BMW nur auf die Markenessenz an, ohne sie wörtlich zu nennen.

Die Übersetzung der Markenpositionierung in Brand Behavior ist ein kreativer Prozess, bei dem die Markenessenz gewissermaßen zum *Creative Brief* wird. Die Markenessenz steuert Form und Format jeder einzelnen Markenbotschaft oder -aktivität, um einen vollkommen kohärenten und konsistenten Mix zu erzeugen. Das Verfassen von Markenvision, Mission und/oder Purpose-Statements ist der erste Härtetest, ob sich die Markenessenz in ein greifbares *Brand Behavior* übersetzen lässt. Ich habe viele Branding- und Rebranding-Projekte erlebt, bei denen die finale und validierte Essenz so abstrakt war, dass die nie operativ umgesetzt wurde. Die Definition der Markenpositionierung ist ein Prozess mit hohem Einsatz, was ihn komplex und leider oft auch politisch macht. Das daraus resultierende Markenpositionierungsstatement oder die Markenessenz selbst sind dann alles andere als *essentiell*. Das Problem ist, dass sie dadurch *nicht umsetzbar* werden und viele davon letztlich in den Archiven des Unternehmens verschwinden. Unter solchen Umständen eine Markenpositionierung zu entwickeln, ist eindeutig unproduktiv. Über Monate werden erhebliche interne Ressourcen gebunden und hohe Summen an externe Dienstleister gezahlt, ohne ein brauchbares Ergebnis zu erzielen.

Das ist kaum überraschend. In traditionellen Branding-Prozessen sind viele Akteure involviert. Meistens werden sie vom Marketingteam oder – im Fall von Corporate-, Employer- oder B2B-Branding – von der Personalabteilung geleitet, doch häufig mischen sich auch zahlreiche andere wichtige Entscheidungsträger des Mutterunternehmens ein: vom Vorstand über das Vertriebsteam, von Bereichsleitern bis zur Rechtsabteilung, von zentralen Strukturen bis hin zu regionalen oder lokalen Einheiten. Je größer die Organisation, desto mehr Komplexität entsteht. Noch schwieriger wird es, wenn Fusionen und Übernahmen (M&A) über Jahre hinweg das Überleben des Unternehmens gesichert haben. Allzu oft werden zugekaufte Unternehmen hauptsächlich aus finanziellen und Produktivitäts- Gründen integriert, während

Unternehmenskultur und markenübergreifende Strategien deutlich länger brauchen, um sich anzugleichen. Das ist verständlich, da die Angst besteht, lokale Marktpositionen oder Talente zu verlieren, wenn der kulturelle Schock zu groß ist oder lokale Freiheiten spürbar eingeschränkt werden. Es gibt Hunderte dieser hoch fragmentierten Holdinggesellschaften oder Gruppen, vor allem im B2B-Bereich, die aus den genannten Gründen häufig Schwierigkeiten haben, sich auf eine gemeinsame Markenpositionierung zu einigen.

Dies sind verpasste Chancen, denn jedes Unternehmen – unabhängig von Größe oder Organisationsstruktur – würde von einer klar definierten Essenz für die Gruppe- oder die Unternehmensmarken profitieren. Danones Positionierung als *aktive Gesundheitsmarke* ist ein überzeugender Beweis dafür. Jedes Unternehmen, ob klein oder groß, profitiert davon, eine interne Unternehmenskultur zu pflegen, um Loyalität, Motivation und Produktivität zu fördern. Eine klar definierte Markenessenz lässt sich perfekt in ein Thema oder Motto übersetzen, das genau dies unterstützt. *Active Health* lieferte die Unternehmensphilosophie und das Leitmotiv, das allen bei Danone einen Grund gab, an das Unternehmen und seine Werte zu glauben, sich mit einem gemeinsamen und ehrenwerten höheren Ziel zu identifizieren – weit attraktiver als nur Milchprodukte herzustellen und zu verkaufen. Der in *Active Health* verankerte Purpose hatte zweifellos einen positiven Einfluss auf Mitarbeitermotivation und Produktivität. Die Unternehmensmarkenessenz dient auch als Grundlage für die Definition der Arbeitgebermarke, wie wir in Kap. 15 sehen werden.

Komplexität im Markenentwicklungsprozess ist kontraproduktiv. Starke Marken haben sich für die *Simplizität auf der anderen Seite der Komplexität* entschieden, um klar zu definieren, wofür sie stehen. Komplexität hat jedoch noch einen weiteren unangenehmen Nebeneffekt: Sie steht Sinn und Bedeutung im Weg. Komplexität verschleiert die Richtung, die eine Marke einschlagen sollte, und erschwert es gleichermaßen, klare, kohärente und relevante Markenbotschaften zu formulieren, um neue Zielgruppen zu gewinnen oder bestehende zu binden. In komplexen Strukturen ist alles freischwebend, und oft setzen sich ego-getriebene Meinungen gegenüber Beiträgen durch, die ausschließlich von der Qualität und Wirksamkeit des Endergebnisses motiviert sind – nämlich die Markenstärke zu erhöhen und den Absatz zu steigern. Für diese häufige Denkweise gibt es einen Begriff: das *Not-Invented-Here-Syndrom* (NIHS - freiübersetzt: nicht meine Idee, also keine gute Idee). Unabhängig von ihren Vorteilen werden Ideen, die nicht innerhalb der Organisation oder sogar innerhalb einer bestimmten Abteilung oder eines Teams entstanden sind, abgelehnt. Oft arbeiten von NIHS betroffene Unternehmen in Silostrukturen mit unterschiedlichen Graden der Teamisolation. Es ist leicht nachvollziehbar, wie solche Strukturen an Effizienz und Produktivität einbüßen.

Und es gibt noch einen weiteren Nachteil der unternehmensinternen Komplexität im Branding: Viele Menschen sind involviert, noch mehr Meinungen werden angehört, und jeder – manchmal nur aus politischen Gründen – möchte im Prozess mitreden. Das macht die Sache naturgemäß noch komplexer und verringert die Erfolgschancen des Destillationsprozesses. Deshalb haben Branding-Agenturen immer wieder Schwierigkeiten, Sinn zu stiften, und nicht selten ist das finale und genehmigte Corporate-Brand-Positioning-Statement weit davon entfernt, einfach, prägnant und umsetzbar zu sein. Um allen Beteiligten gerecht zu werden, werden solche Positionierungen praktisch undurchführbar und lassen sich nicht in konkrete Brand-Behavior-Maßnahmen übersetzen. Natürlich müssen alle Entscheidungsträger eingebunden werden, aber dies sollte erst geschehen, wenn ein Großteil des Brand-Positioning-Funnels durchlaufen wurde. Ihr Input ist für jeden Branding-Experten wertvoll, aber noch mehr, nachdem die ersten Positionierungsrouten identifiziert und verdichtet wurden.

Zu viel Komplexität umgibt Corporate-, Place- und Political-Branding-Projekte, während die Markenpositionierung für Produkte, Dienstleistungen und Personal Branding in der Regel etwas einfacher ist. Das erleichtert auch den Brand-Behavior-Prozess. Es gibt nicht nur weniger Meinungen zu berücksichtigen, sondern die Markenessenz ist oft auch greifbarer und konkreter. Dennoch bleibt der *Brand Behavior*-Prozess herausfordernd, und das Risiko, dass die neue Markenpositionierung bei der Übertragung auf die operative Ebene verwässert wird, ist real.

Um das Brand Behavior erfolgreich aus der Markenessenz abzuleiten, empfiehlt es sich, mit der Markenidentität (ID) zu beginnen. Die Markenidentität definiert die visuellen Codes, die Ihre Marke unter allen Umständen verwendet, um Bekanntheit und Markenwert bei den definierten Zielgruppen aufzubauen. Je nach Marke können diese Codes einfach oder sehr vielfältig sein; sie müssen jedoch stets in vollständiger Übereinstimmung mit der Markenessenz, den Markenwerten und der Markenpersönlichkeit stehen, wie sie im validierten *Brand Key* festgelegt sind. Denken Sie daran: Der Brand Key enthält die DNA Ihrer Marke und ist die ultimative Referenz für die Definition jedes Schrittes im *Brand Behavior*-Prozess.

Die Essenz, die Werte und die Persönlichkeit Ihrer Marke bieten eine konkrete Orientierung für die Entwicklung der Markenidentität: Primär- und Sekundärfarben, Schriften, Symbole, Zeichen oder Piktogramme, das Key Visual, das Logo, die Markensignatur, die Marken-Ikonografie und das Markenterritorium. Es ist leicht vorstellbar, dass sich diese ID-Codes erheblich unterscheiden, wenn Sie von einer Markenessenz wie *Empowerment* (Nike) ausgehen, im Vergleich zu einer, die sich auf *Glamour* (L'Oréal Paris) bezieht. Ein zweiter Indikator ist die Markenpersönlichkeit, ebenfalls definiert durch das Brand-Key-Modell. Sie beeinflusst Farben und Nuancen, die gewählten Schriften und die Ikonografie, die das Markenuniversum und dessen Stimmung oder Atmosphäre prägt. Während die Kohärenz mit der Markenessenz gewahrt bleibt, spiegeln die Marken-ID-Codes auch die Markenpersönlichkeit wider. Nach der Festlegung wird die Markenidentität in der Regel zusammengefasst und detailliert im sogenannten *Brand Book* oder den *Brand Guidelines* dokumentiert. Dieses Markenhandbuch gibt präzise Anweisungen zur strategischen Rolle der Marken-ID und deren operativen Anwendung.

Die Definition der Marken-ID ist eine subjektive Übung und erfordert Interpretationsspielraum. Schriften, Zeichen und Symbole werden im Einklang mit der im Brand Key definierten Markenpersönlichkeit entwickelt. Diese Elemente mögen von untergeordneter Bedeutung erscheinen, doch sie alle tragen dazu bei, die Marke zum Leben zu erwecken. Eine fette, eckige Schrift ruft andere Emotionen hervor als eine elegante, leichte, handschriftlich inspirierte Schrift. Organische Formen für Symbole und Zeichen erzeugen andere Gefühle als rechteckige oder quadratische.

Farben haben ebenfalls eine Bedeutung, und es gibt umfangreiche Forschung zur Farbtheorie, die Ihnen hilft, die richtigen Entscheidungen zu treffen. Die Bedeutung von Farben ist jedoch nicht in allen Kulturen identisch. Besonders wenn Sie den Aufbau einer internationalen oder sogar globalen Marke in Betracht ziehen, spielen Farben und Worte im jeweiligen kulturellen Kontext jedes Zielmarktes eine entscheidende Rolle. Im Allgemeinen wird Rot mit Energie, Leidenschaft und Stärke assoziiert. In der westlichen Welt steht Rot zudem für Warnungen und Gefahrenhinweise. Es fällt leicht auf und hat eine starke Wirkung – vermutlich ein Grund, warum es weltweit in der Verkehrszeichen verwendet wird. In China hingegen steht Rot für Wohlstand und Glück. Am anderen Ende des Spektrums ist Blau eine beruhigende Farbe, gilt als konservativer und wird mit Zuverlässigkeit und Vertrauen verbunden. Hellblau hat sich als Farbcodierung für das männliche Geschlecht etabliert oder dominiert den Markt für fettarme Milchprodukte sowie die Körperpflege für empfindliche Haut. Weiß steht in den meisten westlichen Kulturen für Reinheit und Unschuld, während es in orientalischen Kulturen mit Tod und Trauer assoziiert wird.

Auch die Wortwahl ist von großer Bedeutung. Markennamen und Begriffe können in anderen Kulturen andere Bedeutungen hervorrufen als ursprünglich beabsichtigt – mitunter mit gravierenden Folgen. So wurde der Honda Fit, ein Pkw, nach seiner Einführung in Skandinavien rasch in Honda Jazz umbenannt, da „Fit" mit *fitta,* einem skandinavischen Slang-Ausdruck für das weibliche Genital, assoziiert wurde. Die schwedische Staubsaugermarke Electrolux startete in den USA mit einer wörtlichen Übersetzung ihres lokalen Slogans: *nothing sucks like an Electrolux.* Obwohl grammatikalisch korrekt, vermittelte der Slogan nicht die beabsichtigte Botschaft. Die deutsche Budget-Hotelkette Motel One expandierte kürzlich in die USA. Motel One bietet preiswerte Zimmer in zentralen Innenstadtlagen. Für den Markteintritt in New York wurde der Markenname in *Cloud One* geändert. Das Unternehmen befürchtete, dass potenzielle Gäste bei der Bezeichnung *Motel One* in den USA einen Parkplatz direkt vor der Hoteltür erwarten würden.

Der Carsharing-Anbieter *MILES* in Deutschland wurde kürzlich Ziel einer landesweiten Vandalismus-Aktion, die ihren Ursprung in Berlin hatte. Wo immer ein Auto oder Transporter unbeaufsichtigt am Straßenrand stand, wurde der untere Querstrich des Buchstabens *E* entfernt, sodass aus dem Markennamen *MILES* das Wort *MILFS* wurde, wie in Abb. 10.1 und 10.2 zu sehen ist. Zugegeben, so etwas lässt sich im Namensfindungsprozess schwer vorhersehen. Angesichts der heutigen Geschwindigkeit und Reichweite von Kommunikation kann sich eine kreative Aktion wie diese schneller verbreiten und skalieren, als eine Marke reagieren kann. Man stelle sich zudem vor, wozu KI-gestützte Tools heute oder in naher Zukunft bereits in der Lage sind. Das legt nahe, den Markennamen vor der endgültigen Entscheidung durch solche KI-basierten Chat-Plattformen zu prüfen.

MILES reagierte schnell und verwandelte diese scheinbare Schwäche in eine Stärke. Anstatt den viralen Social-Media-Hype, der sich rasch auf alle deutschen Großstädte ausbreitete und immer mehr MILFS-Fahrzeuge im

Abb. 10.1 MILES rental vans with the official logo. Permission:.fount/Anthony Molina

Abb. 10.2 MILES rental vans with the vandalized logo. Permission:.fount/Anthony Molina

Stadtbild auftauchten ließ, einfach auszusitzen, bat MILES seine LinkedIn-Community um Kommentare und Ideen. Statt diese Form des Vandalismus oder der Manipulation des Markenlogos zu bekämpfen, nahm die Marke sie an und machte daraus eine bedeutende Kommunikationskampagne, die das Markenbewusstsein für MILES erheblich steigerte. Auf den Social-Media-Kanälen von MILES wurden zahlreiche Ideen gepostet, und für viele ist der *vandalierte* Markenname inzwischen zum gängigen Begriff geworden, wenn sie von einem Mobilitätsmietfahrzeug sprechen. Neben dem Beweis von Humor, der die Marke MILES weiter emotionalisierte, mobilisierte die Haltung gegenüber dieser Form des Vandalismus viele Menschen, sich aktiv mit der Marke auseinanderzusetzen, wie die Beispiele in Abb. 10.3, 10.4 und 10.5 zeigen.

Vorsicht bei lokalen Adaptionen von Markensignaturen. Zu wörtlich übersetzt, verfehlen sie oft ihre Wirkung; es ist daher ratsamer, der lokalen Version eine freie Übersetzung zu erlauben, wobei Sinn und konzeptionelle Bedeutung der Signatur erhalten bleiben müssen. So wurde der Pepsi-Slogan *come alive with the Pepsi generation* naiv ins Chinesische übersetzt und bedeutete dort sinngemäß: *Pepsi bringt Ihre Vorfahren aus dem Grab zurück.* Heute bieten leistungsfähige, teils KI-gestützte Übersetzungsprogramme einen gewissen Schutz, dennoch treten auch im internationalen Markenmanagement und bei Adaptionen immer wieder Fehler auf. Es ist allzu menschlich, nach der Freigabe eines geliebten Markennamens oder Slogans wegzusehen, anstatt ihn wegen eines kulturellen Problems irgendwo auf der Welt abzulehnen. In der heutigen globalisierten Welt ist kein Ort mehr weit genug entfernt.

Auch andere Markenelemente wie Key Visuals können das Risiko bergen, kulturell anstößig zu wirken. Vor einiger Zeit brachte Gerber seine Baby-

Abb. 10.3 Idee aus der MILES LinkedIn-Community, die konkrete Lösungen als Reaktion auf den Logo-Vandalismus vorschlägt. Genehmigung: Miles GmbH, Berlin, Deutschland. Autor: Nick Denecke

Abb. 10.4 Idee aus der MILES LinkedIn-Community, die konkrete Lösungen als Reaktion auf das Logo-Vandalismus vorschlägt. Genehmigung: Miles GmbH, Berlin, Deutschland. Autor: Michael Pfeiffer-Belli

nahrung auf afrikanische Märkte und verwendete dabei das Originaletikett aus den USA mit dem ikonischen Gerber-Baby. Zu dieser Zeit zeigten lokale Verpackungen meist die Produktzutaten auf dem Etikett ... Die Schlussfolgerung überlasse ich Ihnen. Es gibt zahlreiche kulturelle Fallstricke, auf die Sie beim internationalen oder globalen Markenaufbau achten sollten – auch heute noch und trotz aller Möglichkeiten zur Überprüfung.

In dieser Phase verdienen Markensignatur, Ikonografie und Markenuniversum besondere Aufmerksamkeit, um ihre genaue Rolle im Markenuniversum zu definieren. Die Markensignatur oder alternativ der Markenslogan übersetzt die Markenessenz in eine einprägsame Werbebotschaft, die leicht

Abb. 10.5 Idee aus der MILES LinkedIn-Community, die konkrete Lösungen als Reaktion auf das Logo-Vandalismus vorschlägt. Genehmigung: Miles GmbH, Berlin, Deutschland. Autor: Gostaf Mandel

verständlich und gut erinnerbar ist. Das bedeutet jedoch nicht zwangsläufig, dass ein großer Teil Ihrer Zielgruppe die Markensignatur oder den Slogan tatsächlich im Gedächtnis behält. Wenn Sie selbst den Test machen, werden Sie feststellen, dass es schwerfällt, spontan zehn Markenslogans beliebiger bekannter Marken zu nennen.

Die eigentliche Rolle der Markensignatur ist vielschichtig. Als kreative Interpretation der Markenessenz trägt sie im Laufe der Zeit zur Entwicklung des Markenwerts bei. Sie kann auch helfen, die Markenbekanntheit zu steigern, da sie dem Markennamen Bedeutung verleiht. Die Bedeutung kontextualisiert eine ansonsten abstrakte Botschaft und macht sie einprägsamer. Die wichtigste Funktion des Markenslogans ist jedoch, als *Sprungbrett* für Ihre Markenstory zu dienen. Hier entfaltet er seine größte Wirkung. Am Beispiel Nike: Der Slogan *just do it* steht in direktem Zusammenhang mit der *Vision* der Marke (*everybody with a body is an athlete*). Er bezieht sich auch auf die Mission der Marke, die besagt, dass Nike *Inspiration und Innovation für alle Athleten bietet, damit sie ihre eigene, persönliche Größe finden*. In diesem Beispiel sind Markenslogan, Markenvision und Mission logisch miteinander verknüpft und erzählen eine konsistente, stimmige Geschichte – wie eine kleine Melodie ohne falsche Töne.

Markenterritorium und *Ikonografiestil* definieren den *Lebensraum,* den eine Marke besetzen möchte und über den Differenzierung visuell kommuniziert wird. Das *Markenterritorium* lässt sich als der *Ort, an dem die Marke lebt,* verstehen, während der Ikonografiestil die dominante visuelle Handschrift der Marke darstellt. Die Marke Rolex *lebt* im Territorium des luxuriösen Sports (siehe Abb. 10.6), während Red Bull das *Universum* von Adrenalin

Abb. 10.6 Rolex Markenterritorium Luxus-Sport. Mit freundlicher Genehmigung: Rolex, Genf, Schweiz, @Rolex/Ashley Neuhof

Abb. 10.7 Red Bull Markenterritorium Extremsport. Mit freundlicher Genehmigung: David Sodomka, www.davidsodomka.com

und Extremsportarten (siehe Abb. 10.7) für sein Markenterritorium nutzt. Apple hat sich für einen weißen Technologieraum entschieden (siehe Abb. 10.8).

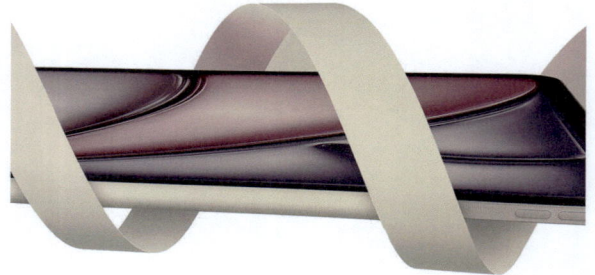

Abb. 10.8 Apple Tech White Space. Eigenes Bild des Autors

Das Markenterritorium wird stets gemeinsam mit dem Ikonografiestil definiert. Dies umfasst nicht nur Fotografie, sondern auch illustrative Stile für Beschilderungen, Symbole oder Piktogramme, die alle Teil der Markenidentität sind. Markenterritorium und Ikonografiestil werden in erster Linie durch die Markenpersönlichkeit bestimmt. Beide werden jedoch auch mit der Markenessenz und den Markenwerten abgeglichen. Als visuelle Elemente der Markenidentität unterstützen sie die Markenwiedererkennung. Damit sind Markenterritorium und Ikonografie eine wichtige Säule im Prozess des Markenverhaltens.

Das *Markenuniversum* bezeichnet das *Ökosystem,* das eine Marke entwickelt, um ihre Zielgruppen zu involvieren. Es umfasst alle Kommunikationsmittel, Botschaften, Kanäle und Kontaktpunkte mit der Zielgruppe und kann auch Partnerschaften und Kooperationen einschließen. Dieses *Ökosystem* bildet das strukturelle Gefüge der Markenverhaltensstrategie. Wie bereits erwähnt, wird der Markenwert nicht mehr ausschließlich durch die Vorstellungen der Markeninhaber geprägt. Zunehmend tragen Konsumenten mit ihren Meinungen und Erfahrungen zum Markenwert bei. Dies stellt einen bedeutenden Paradigmenwechsel dar, den jedes Markenuniversum berücksichtigen muss. Es bedeutet auch, dass die *Kundenerfahrung* sowohl offline als auch online heute eine viel ganzheitlichere Rolle im Branding einnimmt. Persönliche Meinungen über eine Marke werden zunehmend genutzt, um andere zu beeinflussen – meist zufällig, aber in größerem Umfang durch Gespräche in sozialen Medien. Auch die Dimensionen der Kundenerfahrung haben sich weiterentwickelt. Ursprünglich auf das Produkt- oder Dienstleistungserlebnis beschränkt, umfasst sie heute auch soziale, ökologische, ethische, philanthropische und sogar wirtschaftliche Verantwortlichkeiten. Diese ethischen und moralischen Aspekte, die für einen nachhaltigen Markenansatz erforderlich sind, werden in Kap. 18 näher behandelt.

Die oben genannten Elemente der Markenidentität sind die ersten, die im Markenverhaltensprozess definiert werden. Sie sind unkompliziert und relativ leicht zu konzipieren und werden alle aus dem Brand Key Modell abgeleitet. Im Zuge ihrer Entwicklung und Definition haben Sie Ihre Designagentur vermutlich bereits zum Botschafter der neu definierten Marke gemacht. Sie ist ein erster wichtiger Verbündeter, der die neue Markenpositionierung genau versteht und in der Lage ist, sie in erste umsetzbare Werkzeuge zu übersetzen. Die Schulung derjenigen, die intern und extern an der Marke arbeiten, ist entscheidend, um eine Community von Experten aufzubauen, die die Markenpositionierung vollständig verstehen und verinnerlichen. Sie sind es, die in der Lage sind, sinnvolle Beiträge zu leisten, die voll und ganz mit den Werten der Marke übereinstimmen. Um die neue Markenpositionierung zu einem starken verbindenden Instrument zu machen, sollte jeder im inneren oder äußeren Arbeitskreis zum Markenbotschafter werden, der bewusst mithilfe die *Markenessenz* als *Prisma* zu nutzen, um alle Denkschritte, Entscheidungen und Handlungen ausschliesslich von deer Marken-Essenz leiten zu lassen.

Dennoch ist die Markenidentität nur die Spitze des Eisbergs. Nach der erfolgreichen Definition der Markenidentität müssen weitere Kommunikationsbotschaften entwickelt werden: Ihre Markenerzählung und Storytelling-Konzepte, Werbe- und Promotionskampagnen. Ihre Aufgabe als Markenwächter besteht erneut darin, diese kreativen Prozesse zu steuern und sicherzustellen, dass jedes Teammitglied wirklich versteht, wofür Ihre Marke steht. Selbst in dieser fortgeschrittenen Phase kann sich die Markenpositionierung, obwohl sie klar definiert ist, noch etwas abstrakt anfühlen – nicht nur für andere, sondern auch für Sie selbst. Das ist völlig normal und kein Grund zur Sorge. Diese Wahrnehmungen werden mit der Zeit von selbst verblassen, wenn sich die Marke mit einer wachsenden Vielfalt an Kommunikationsmitteln, Feedback und neuen kreativen Impulsen für künftige Maßnahmen weiter entfaltet. Zusammengefasst fordert diese Markenaktivität die Kernbotschaft der Marke immer wieder heraus und nährt so den Prozess ihrer Interpretation.

In der *One-Word*-Methodik der Markenpositionierung muss jeder Baustein des Markenuniversums in Bezug auf die Markenessenz definiert werden. Dies ist ein kreativer Prozess, bei dem es darum geht, die Worte zu finden, die das Wesen der Marke aus unterschiedlichen Blickwinkeln und für verschiedene Zielsetzungen authentisch beschreiben.

Schritt für Schritt werden die durch diesen Prozess gewonnenen neuen Erfahrungen mehr Sicherheit und Gelassenheit bei der Bewertung neuer

Ideen oder Entwicklungen in bislang unberührten oder unbekannten Tätigkeitsfeldern bieten.

Damit dies zügig gelingt, ist die Entwicklung eines Werbeformats der richtige Weg. Werbung zwingt dazu, die neue Positionierung direkt an die Zielgruppe zu kommunizieren. Dies sollte wesentlich dazu beitragen, die Markenpositionierung konkreter und greifbarer zu machen. Zudem werden weitere kreative Talente eingebunden, die mit dem Konzept der Markenessenz vertraut sind und es in wirkungsvolle und relevante Botschaften übersetzen können, die bei der Zielgruppe Anklang finden.

Das Ziel ist es, eine *organisierende Markenidee* (organizing brand idea) zu entwickeln und umzusetzen. Ein kreatives Konzept mit transversalem Potenzial, das in sämtlichen Marketingaktivitäten der Marke – online wie offline – eingesetzt werden kann. Eine Art *Motto* oder *Thema*, das auf allen Kommunikationsmitteln prominent verwendet wird und den Marketingplan prägt. Mithilfe einer *organisierenden Markenidee* trägt jeder einzelne *Kundenkontaktpunkt* im Kommunikationsmix dieselbe Botschaft in Bild und Wort und sorgt so gleichzeitig für hohe Frequenz und absolute Konsistenz der Markenbotschaft.

Die Identifikation dieser Kontaktpunkte ist Aufgabe der *Journey Map*. Die Journey Map wird durch Recherche, Beobachtung, und gesunden Menschenverstand entwickelt. Sie zielt darauf ab, die entscheidenden Phasen im Entscheidungsprozess des Konsumenten oder Kunden zu identifizieren. Sie betrachtet Gewinnpunkte (positive Erfahrungen) und Schmerzpunkte (negative Erfahrungen) und bietet in der Regel eine zeitgemäße (reale) und zukünftige (ideale) Perspektive. Einige Journey-Phasen sind produkt-, dienstleistungs- oder branchenübergreifend, andere wiederum spezifisch. Journey Maps unterscheiden zwischen Phasen wie Bekanntheit, Interesse, Bewertung, Kauf, Nutzung und Nachnutzung. Sie konzentrieren sich auf die Moments of Truth, also die entscheidenden Momente im Entscheidungsprozess, und verfolgen das Verhalten und die Wahrnehmung der Konsumenten in jedem Schritt. Journey Maps werden am besten von Service Designern erstellt, in der Regel hochspezialisierten Produktdesignern. Wie so viele Aspekte im Branding sind Journey Maps per Definition konsumenten- bzw. kundenzentriert und stark forschungsbasiert, um korrelierende Bedürfnisse und Motivationen zu identifizieren.

Design Thinking ist eine Branding-Disziplin, die häufig mit der Journey Map in Verbindung gebracht wird. Dies war möglicherweise in den Anfangstagen der Fall, als die kalifornische Designagentur IDEO und einer ihrer Gründer, David Kelly, das Konzept entwickelten und populär machten.

Inzwischen hat sich Design Thinking jedoch weit über die Designkompetenz hinaus verbreitet, wobei viele Dienstleister, die es anbieten, nicht immer über die nötigen Fähigkeiten zur Umsetzung verfügen. Das soll nicht heißen, dass alle auf *Design Thinking* spezialisierten Agenturen schlechte Ergebnisse liefern, aber ich empfehle, vor der Beauftragung einer solchen Agentur genauer hinzusehen.

Die Journey Map kann insbesondere für Dienstleistungsmarken nützlich sein, bei denen die tatsächliche Reise, die Konsumenten beispielsweise bei der Schadensmeldung einer Versicherung oder beim Online-Kauf durchlaufen, analysiert und bewertet wird, um zentrale Schmerzpunkte und Verbesserungsbereiche zu identifizieren. Eine gut gestaltete Journey Map kann detaillierte Impulse liefern, um eine positive Nutzererfahrung zu entwickeln und sicherzustellen, die weit über die anfängliche Produkt- oder Dienstleistungsnutzung hinausgeht – nicht nur für den Kaufentscheidungsprozess, sondern auch für die zentralen Phasen der Erfahrung nach dem Kauf.

Integrierte Marketingkommunikation (IMC) ist ein effektives Konzept, um Marken schneller aufzubauen als mit fragmentierten Marketingtechniken. IMC hilft nicht nur, Kosten zu sparen, sondern gewährleistet auch eine optimale Konsistenz der Botschaften. Markenbekanntheit und Markenwert entstehen durch Konsistenz und Wiederholung der Botschaften. Da Marketing Experten gezwungen sind, einen Teil der Markensteuerung an hochvernetzte und zunehmend einflussreiche Konsumentengemeinschaften abzugeben, wird es immer wichtiger, die verbleibende Kontrolle zu bewahren und auf strikte Konsistenz aller *Push*-Botschaften zu achten.

Der Prozess, in dem das Markenverhalten definiert und umgesetzt wird, geht weit über Markenidentität und Markenkommunikation hinaus und umfasst auch Vertrieb und Innovation. Werbebotschaften und Angebote tragen alle zur Customer Journey bei und erfordern die gleiche Konsistenz der Botschaften, abgeleitet aus der Markenessenz. Die Schokoladenmarke Milka, im Besitz der US-amerikanischen Mondelez-Gruppe, steht für *zarten Schokoladen Geschmack (Tenderness)*. Die Markenessenz von Milka ist in der Produktrealität verankert, einer Rezeptur mit Alpenmilch. Auch wenn Milch aus unterschiedlichen Regionen geschmacklich kaum einen Unterschied macht, unterstützt das stereotype Bild, das Konsumenten von den Schweizer Alpen mit ihren geschützten und üppigen Landschaften haben, das Versprechen von zartem Geschmack. *Tenderness* ist das, wofür Milka im Markenterritorium der Schweizer Alpen steht, und die lila Kuh macht die Marke Milka unverwechselbar.

Um gezielt junge Erwachsene anzusprechen, die weniger bereit sind, Zärtlichkeit zu zeigen und auszudrücken, startete Milka 2013 eine europaweite integrierte Marketing Kommunikationskampagne (IMC), bei der die *Zärtlichkeit* als Markenessenz von Milka in eine übergreifende Markenidee übersetzt wurde, die sich durch Werbung, Verkaufsförderung und Pressearbeit zog. *Trau dich, zart zu sein* (dare to be tender) wurde zum Motto, das auch in eine groß angelegte Promotion am Point of Sale übernommen wurde. Dafür griff Milka erneut auf ein stereotypisches Verbraucher-Insight zurück und spielte mit der Überzeugung, dass das beste Stück Schokolade immer das letzte ist. In einem anspruchsvollen industriellen Prozess schnitt Milka das legendäre letzte Stück Schokolade aus Millionen von Tafeln heraus, sodass Konsumenten es über die Aktionswebsite zurückfordern oder alternativ als Geste der *Zärtlichkeit* an eine geliebte Person senden lassen konnten. Diese äußerst erfolgreiche IMC-Kampagne übersetzte die Markenessenz von Milka buchstäblich in eine organisierende Markenidee und ermöglichte es der Marke, vollkommen konsistent zu agieren und gleichzeitig ein zeitgemäßes und innovatives Markenimage zu vermitteln.

Jedes einzelne Innovationsprojekt und sämtliche kontinuierlichen Forschungs- und Entwicklungsaktivitäten (F&E) sollten sich ebenfalls an der strategischen Leitlinie der Markenessenz orientieren – sowohl bei internen als auch bei ausgelagerten Aufgaben. Im Laufe der Jahre hat Milka sein Schokoladensortiment durch Sortiments-Erweiterungen (Line Extensions) massiv erweitert und ist in zahlreiche neue Marktsegmente vorgedrungen, von Speiseeis über salzige Snacks bis hin zu Süßwaren und Keksen. Jede neue Kategorie bot Milka eine zusätzliche Geschäftsquelle, indem das einzigartige Markenerlebnis neuen Konsumenten zugänglich gemacht oder bereits vertrauten Konsumenten alternative Konsumoptionen geboten wurden. Im Lebensmittelbereich wird häufig auf den Begriff *Share of Stomach* Bezug genommen, der die Menge eines bestimmten Produkttyps beschreibt, den Konsumenten bereit sind zu konsumieren. Menschen können an einem Tag nur eine begrenzte Menge Schokolade essen, und irgendwann sehnt sich jeder nach Abwechslung. Milkas kluge Line-Extension-Strategie hat zahlreiche Möglichkeiten geschaffen, dieses Bedürfnis nach Abwechslung zu befriedigen, sodass die Zielgruppe innerhalb des gesamten Milka-Produktportfolios wechseln kann. Die Präsenz in all diesen unterschiedlichen Marktsegmenten bietet Milka zudem die Chance, die Kontaktpunkte zu Konsumenten zu erhöhen und die Markenbekanntheit weiter auszubauen – insbesondere in weniger entwickelten Milka-Märkten.

Dennoch ist im gesamten diversifizierten und vielschichtigen Innovationsprozess die *Zärtlichkeit* (Tenderness) stets das Differenzierungsmerkmal von Milka geblieben. Jedes neue Produktformat von Milka, unabhängig vom angesprochenen Marktsegment, baut auf der zentralen Markenkompetenz auf, den *zartesten* Schokoladengeschmack zu bieten. *Zärtlichkeit* steht für Milkas Kernkompetenz und ist die eindeutige Essenz der Marke. Sämtliche F&E- und Innovationsaktivitäten von Milka werden von diesem Leitgedanken bestimmt, und kein neues Produkt darf auf den Markt kommen, wenn es nicht in irgendeiner Form ein *zartes* Schokoladen-Geschmackserlebnis bietet.

Markenpositionierung und Markenverhalten müssen Hand in Hand gehen, um starke und erfolgreiche Marken aufzubauen. Die Positionierung definiert die Bedeutung, das Verhalten gibt fortlaufend Orientierung, was eine Marke tun darf und was nicht. Idealerweise wird die Markenpositionierung durch ein einziges Wort oder einen klaren, fokussierten Ansatz – die Markenessenz – bestimmt. Ist diese einmal richtig definiert und validiert, besitzt sie eine gewisse Unsterblichkeit. Ihre Aufgabe ist es, für Konsistenz in allem zu sorgen, was eine Marke kommuniziert und im Markenerlebnis anbietet. Jedes Detail zählt, und die Markenessenz liefert die ultimative Orientierung, um jedes Detail richtig zu gestalten.

Sobald die Markenessenz erfolgreich in ausführbare Verhaltensinstrumente wie Markenidentität, Werbung und Promotion sowie Produkt- oder Serviceinnovationen übersetzt wurde, dient sie weiterhin als natürlicher Leitfaden oder Filter für die Steuerung der Marketingentscheidungen. Die investierte Zeit und Energie in die Definition dessen, wofür die Marke steht, führt so zu konkretem Handeln, das sich schnell auszahlt und jedes Marketingprogramm effektiver macht, da es hilft, Kosten zu senken und Ergebnisse zu verbessern.

Es gibt verschiedene Gründe, warum die *One-Word*-Branding-Methodik Ihrem Unternehmen helfen kann, Kosten zu reduzieren. Erstens verleiht sie Marken einen schärferen Fokus, indem sie mehrdeutige Botschaften und Unklarheiten darüber, wofür eine Marke steht, eliminiert. Marken, die mit gedanklicher Konsistenz über die gesamte Konsumenten- oder Kundenerfahrung hinweg definiert sind, entwickeln sich schneller und benötigen weniger Ressourcen – sowohl personell als auch finanziell. Die Methodik ist äußerst effektiv, um den gesamten Markenentwicklungs- und Managementprozess zu vereinfachen sowie um ihn konkret und greifbar zu machen. Sie ermöglicht es, jeden Mitarbeitenden ans Lenkrad zu setzen. Niemand bleibt zurück, und jeder kann wertvolle Beiträge leisten. Das wirkt sich nicht nur auf die eigene Belegschaft und die gesamte Organisation hoch motivierend aus, sondern auch auf externe Partner und Lieferanten. Auf Unternehmensebene kann dies die Richtung für eine neue, mitreißende Unternehmenskultur vorgeben, einschließlich der Arbeitgebermarke. Fehlentwicklungen bei der Entwicklung von Marketing- und Promotionsprogrammen werden begrenzt, und die Markenessenz kann den zukünftigen Innovationsprozess für Produkte oder Dienstleistungen befeuern.

Kreativität und menschliche Energie auf diese Weise zu bündeln, schafft ein hoch motivierendes Arbeitsumfeld, das die Produktivität deutlich steigert. Und es liegt auf der Hand, dass ein solcher Fokus auch zur Kostensenkung beiträgt.

11

Die Wiederbelebung von Vintage-Marken

Es wird viel darüber diskutiert, ob Marken Lebenszyklen haben wie Produkte. Persönlich vertrete ich diese Ansicht nicht. Aus meiner Erfahrung mit der Wiederbelebung zahlreicher Traditionsmarken kann ich sagen, dass sie sich stets zurückgekämpft und eine starke Position in ihrem jeweiligen Markt zurückerobert haben – selbst Marken, deren Produkte oder Dienstleistungen bei den Konsumenten in Ungnade gefallen waren. Es gibt fast immer einen Weg, eine ermüdete Marke wiederzubeleben und ihr neue Attraktivität zu verleihen. Das Kapital einer einst bekannten und starken Marke ist unzerstörbar, es sei denn, sie war in einen großen und weithin kommunizierten Gesundheits- oder Sicherheitsskandal verwickelt, der weiterhin nachwirkt. Selbst Insolvenz oder sich wandelnde Konsumentenbedürfnisse verhindern nicht die Rückkehr einer Marke, solange sie auf ihrem einst starken und anerkannten Markenwert aufbauen kann. Vor allem in der heutigen Zeit, wo "Retro" im Trend liegt.

Es gibt zahlreiche Beispiele für *Vintage*-Marken, die ein Comeback geschafft haben. Triumph- oder Royal-Enfield-Motorräder, Champion Sports Apparel oder der Stan Smith Tennisschuh von Adidas, Polaroid, Dr. Martens, die vom Punk-Nischenprodukt zum Mainstream wurden, oder die deutsche Marke Birkenstock. All diese Marken oder Nischenanbieter haben ihr Comeback als Vintage-Marken erfolgreich inszeniert. Birkenstock, bekannt für seine hochwertige Verarbeitung und bequemen Sandalen, war ursprünglich auf das deutsche Sanitätswesen beschränkt. In den 1990er Jahren erlangte die Marke durch das wiederauflebende Interesse an minimalistischen und funktionalen Stilen größere Beliebtheit. Birkenstock nutzte diese Chance geschickt und schaffte es ohne seine legendäre Funktionalität zu verraten sein Design den aktuellen Trends immer wieder anzupassen und gewann so kontinuierlich neue Zielgruppen weit über die ursprüngliche Reichweite hinaus. Nach mehreren Jahren der Zusammenarbeit mit Luxusmodemarken wurde Birkenstock kürzlich in den LVMH-Konzern, den weltweit größten Luxusgüterkonzern, integriert.

Ein Wunder steckt nicht dahinter. All diese Marken haben die Zeichen der Zeit erkannt und es verstanden, auf ihren nostalgisch aufgeladenen Markenwerten aufzubauen. Jede Marke knüpft aus einem bestimmten Grund wieder an den Erfolg an – Geld allein reicht dafür nicht aus. Um eine Vintage-Marke neu zu definieren, muss man zu ihren Wurzeln oder zur sogenannten *root strength* im *brand key* zurückkehren. Die root strength offenbart stets die ursprüngliche Kompetenz der Marke, die sie für ihre Zielgruppen differenzierend und relevant machte. Allerdings reicht die ursprüngliche root strength selten aus, um eine ermüdete Marke direkt zu revitalisieren. In den meisten Fällen erfordert das Wiedererwecken einer schlafenden Marke eine Neuinterpretation der root strength und deren Einbettung in den aktuellen gesellschaftlichen und marktwirtschaftlichen Kontext. Konsumentenbedürfnisse und Präferenzen entwickeln sich im Laufe der Zeit weiter – und Marken müssen dies ebenfalls tun, um aktuell und attraktiv zu bleiben. Gerade Vintage-Marken haben dies oft versäumt, wodurch sie an Energie verloren und immer weniger Investitionen anzogen. Ein Teufelskreis, der nur durch eine solide Marken-Repositionierung durchbrochen werden kann.

Die Methodik, die Werkzeuge und die Disziplin sind die gleichen wie in den vorangegangenen Kapiteln beschrieben. Mit dem Markenpositionierungs-Funnel kann man Schritt für Schritt den Repositionierungsprozess durchlaufen. Hierbei ist das tiefgehende Verständnis der root strength der Marke entscheidend.

Sie müssen erforschen, was die Marke ursprünglich erfolgreich gemacht hat. Ein Blick in historische Unterlagen kann dabei sehr hilfreich sein und Inspiration liefern. Insbesondere die frühen Kommunikationsbotschaften wie Markenslogans, Verpackungsdesigns und Werbeanzeigen geben interessante Hinweise darauf, wie die ursprüngliche Markenpositionierung verstanden wurde und erlauben Rückschlüsse, warum sie für die damaligen Zielgruppen relevant war. Häufig verwässert die Kombination aus wechselnden Teams mit unterschiedlichen Sichtweisen und Kompetenzen die Markenpositionierung im Laufe der Zeit. Dies ist ein schleichender Prozess, und zunächst bemerkt niemand, dass die Marke an Attraktivität, Vertrauen der Konsumenten und schließlich an Marketingunterstützung verliert.

Die Einführung einer völlig neuen Marke erscheint oft viel attraktiver als die Revitalisierung einer bestehenden – und nur wenige stören sich an den langfristigen Kosten einer solchen Entscheidung. In der hyperglobalen Wirtschaft, in der Unternehmen zunehmend in Quartalsperspektiven denken, ist die langfristige Investition in den Markenaufbau etwas in den Hintergrund geraten. Tatsächlich dauert es Jahre länger und kostet Millionen mehr, eine neue Marke aufzubauen, die auch nur annähernd die Stärke einer Vintage-Marke erreicht – selbst wenn diese scheinbar den Großteil ihrer Strahlkraft verloren hat.

Entscheidungen zur Einführung einer neuen Marke werden häufig zu schnell und zu leichtfertig getroffen – zweifellos auch deshalb, weil viele Marketingfachleute eine Leidenschaft für Marken hegen und deshalb eher dazu neigen, eine neue Marke zu lancieren, als eine alte zu revitalisieren. Diese Besonderheit zeigt sich auch im Innovationsprozess. Oft ist der erste Reflex, eine Innovation in ein Geschäftsmodell zu überführen, die Schaffung und Einführung einer neuen Marke. Es ist unmöglich, für dieses Marketingphänomen eine genaue Zahl zu nennen, aber mit wenigen Ausnahmen könnten diese Innovationen leichter und effizienter unter dem Dach einer bereits etablierten Marke vermarktet werden. Und es gibt noch einen weiteren negativen Nebeneffekt: Da Innovationen in die Schaffung neuer Marken fließen, erhalten bestehende Marken zunehmend weniger Mittel und haben Schwierigkeiten, sich zu erneuern. Denken Sie daran: Um erfolgreich zu bleiben, müssen Marken das Paradox zwischen *Konsistenz* und *Veränderung* meistern.

Strategische Innovation, die vollständig mit der Markenessenz im Einklang steht, ist der einzige wirksame Weg für Marken, *Veränderung* zu gestalten. Jede *Veränderung,* die die Wahrnehmung Marken-Konsistenz beeinträchtigt, ist riskant und kann sich negativ auswirken. Umgekehrt kann Innovation ein starker Impulsgeber für eine eingeschlafene Vintage-Marke sein, sofern sie mit der Markenessenz übereinstimmt.

In jedem Fall ist die Neudefinition der wahren Bedeutung einer Vintage-Marke ein unverzichtbarer erster Schritt, um sie wieder auf Erfolgskurs zu bringen. Kap. 8 hat die dafür notwendigen Schritte und Werkzeuge im Detail beschrieben. Vintage-Marken verdienen jedoch oft eine noch tiefere Untersuchung ihrer *root strength*, um genau das Kriterium wirklich zu verstehen, das für ihren ursprünglichen Erfolg verantwortlich war. Jeder Entwicklungsschritt der Marke auf dem Höhepunkt ihrer Leistungsfähigkeit ist eine Analyse wert. In vielen Fällen führt ein *wahrhaft tiefes* Verständnis des Problems zur Lösung – etwas, das Albert Einstein mit seiner 55/5-Regel nahelegte. Die Weisheit hinter dieser Regel besagt, dass er, wenn er eine Stunde zur Problemlösung hätte, 55 Minuten für die Analyse und das Verständnis des Problems und nur 5 Minuten für die Lösung aufwenden würde. Eine großartige Regel, die sich auch im Markenmanagement bewährt.

Sobald Sie verstanden haben, was die Marke damals differenziert und für die Zielgruppen relevant und begehrenswert gemacht hat, können Sie diese Erkenntnisse mit aktuellen Ergebnissen der Konsumentenforschung zur jeweiligen Produkt- oder Dienstleistungskategorie abgleichen. Auch die Erforschung der Verbraucher-Insights und Überzeugungen, die Konsumenten heute noch mit der Marke verbinden, birgt großes Potenzial. Wenn möglich, sollten Sie morphologische Forschung einsetzen (siehe Kap. 7). Das Wettbewerbsumfeld hat sich möglicherweise auch verändert, daher ist es ratsam, eine Wettbewerbslandkarte (competitive brand map) zu erstellen, um zu sehen, wie Ihre Vintage-Marke heute in den Markt passt.

Eine gründliche Analyse der root strength, morphologische Konsumentenforschung und ein mutiger Innovationsprozess haben die französische Körperpflegemarke CADUM wiederbelebt. CADUM war eine der ersten Marken, die zu Beginn des 20. Jahrhunderts auf dem französischen Markt eingeführt wurden und dabei moderne Marketingtechniken nutzten, die gerade aus den USA importiert worden waren. Michael Winburn, Geschäftsführer der Omega Chemical Company in New York, entwickelte gemeinsam mit Louis Nathan, einem Apotheker aus Levallois-Perret, einem Vorort von Paris, 1907 die auf Cade-Öl basierende Seifenformel von CADUM. Sie war zur Beruhigung gereizter Haut gedacht. Mitte der 1920er Jahre war CADUM nicht nur in Pariser Geschäften, sondern auch auf den Straßen, Dächern und an den Fassaden ganzer Gebäude allgegenwärtig. Ein Teil des Erfolgs der Marke beruhte auf massiver Außenwerbung, die erstmals in der Werbegeschichte ganze Fassaden bedeckte – wie das berühmte Hotel Scribe nahe der Pariser Oper Garnier. Damals war dieses Plakat das größte der Welt und maß 1072 m^2, wobei allein der Kopf des Babys 17 m hoch war. Die Kampagne wurde schließlich so aufdringlich, dass die Pariser eine Petition unterzeichneten, um das Rathaus zur Entfernung aller Plakate zu bewegen (siehe Abb. 11.1).

Tatsächlich machten clevere Markenführung und massive Werbung CADUM zur führenden Seifenmarke in Frankreich. Als Schönheitsmarke positioniert (siehe Abb. 11.2 und 11.3), warb sie mit Filmstars und anderen Prominenten, die *eine Haut so weich wie die eines Babys* versprachen. Dieser Claim wurde durch das Markenlogo mit dem Porträt eines lachenden Babys, das auch auf der rosa Verpackung der Seife zu sehen war, visuell unterstrichen. Im Laufe der Jahre entwickelte sich CADUM nicht nur zur beliebtesten Körperpflegemarke Frankreichs, sondern wurde auch Teil des kollektiven Gedächtnisses. Generationen von Familien nutzten CADUM, und das *bébé*

11 Die Wiederbelebung von Vintage-Marken   183

Abb. 11.1 Riesiges Cadum-Werbeplakat am Hotel Scribe in Paris. Genehmigung: L'Oréal Gruppe

Abb. 11.2 Cadum-Werbeplakat, 1920er Jahre. Genehmigung: L'Oréal Gruppe

CADUM wurde zu einer beliebten Redewendung, mit der in französischen Schulhöfen weinende oder zeternde Kinder angesprochen wurden. *Oh, quel bébé CADUM (Oh, was für ein CADUM-Baby)* ist auch heute noch häufig in Kindergärten und zu Hause zu hören.

In den 1950er Jahren fusionierte CADUM mit der Marke Palmolive und wurde schließlich 1964 in die Colgate-Palmolive-Gruppe integriert. Für CADUM lief weiterhin alles gut, bis es zu einer bedeutenden Marktveränderung kam: dem Aufkommen von Duschgels. Diese modernere Form der Körperpflege, die als praktischer galt (Seife wird bei Nässe weich), begann zunächst, den Marktanteil von Seife in Frankreich und ganz Europa zu

Abb. 11.3 Cadum-Beauty-Markenplakat. Genehmigung: L'Oréal Gruppe

schmälern und übernahm schließlich die Marktführerschaft, was die Seifenverkäufe in den 1990er und frühen 2000er Jahren weiter zurückgehen ließ. Zu diesem Zeitpunkt war Seife zu einem Produkt mit einer der ältesten Nutzergruppen geworden.

Zu diesem Zeitpunkt betrachtet die Muttergesellschaft Colgate-Palmolive vermutlich CADUM bereits nicht mehr als strategische Marke mit globalem Potenzial. Die Verkäufe beschränkten sich auf wenige internationale Märkte, meist mit frankophonen Sprachhintergründen, darunter Frankreich, Belgien, Marokko und Algerien. In diesem Gesamtkontext wurde Cadum als taktische Marke ohne globales Potential innerhalb des Colgate-Palmolive-Portfolios betrachtet und die Marketingunterstützung begann zu sinken. Infolgedessen verlagerte sich das Markenimage, das stark mit dem CADUM *Baby* assoziiert war und einst weibliche Schönheit symbolisierte, allmählich in Richtung *Babypflege*. Zu dieser Zeit wurde das CADUM-Baby weiterhin als Logo und zentrales visuelles Element der Marke verwendet.

In Ermangelung einer klaren *Beauty*-Botschaft begann das *Baby*-Logo, die Markenwahrnehmung der Konsumenten zu überlagern. Das überrascht nicht, da visuelle Elemente in der Regel dominieren. Das Baby, das jahrzehntelang allgegenwärtig in der CADUM-Werbung und auf der Verpackung präsent war, verdrängte dauerhaft die ursprüngliche Schönheitspositionierung der Marke und lenkte es in Richtung Babypflege. Anfang der 2000er Jahre, als im Handel neben einer eigenen Babypflegelinie nur noch zwei Seifenformate (125 g und 200 g) erhältlich waren, hatte CADUM sein ursprüngliches Markenimage verloren und sich sukzessive zu einer Körperpflegemarke für Babys gewandelt.

Zu diesem Zeitpunkt trennte sich Colgate-Palmolive von der Marke und verkaufte sie an einen Private-Equity-Fonds, der CADUM unter einem neuen Geschäftsmodell mit einer speziell entwickelten Duschgellinie neu lancierte. Die neuen Eigentümer konzentrierten sich im Wesentlichen auf Marketing, Vertrieb und Logistik, während Produktentwicklung und Produktion an spezialisierte Zulieferer ausgelagert wurden. Trotz erheblicher Anstrengungen im Vertrieb und starker Marketingunterstützung, einschließlich TV-Werbung, blieben die erwarteten Verkaufserfolge jedoch aus. Die bisherigen Bemühungen konzentrierten sich vor allem auf die Entwicklung einer neuen Duschgellinie sowie auf Vertriebs- und Marketingmaßnahmen, um die rückläufigen Umsätze der beiden noch im Markt befindlichen CADUM-Seifenformate auszugleichen. Die Marke selbst wurde nicht analysiert, sondern es wurde angenommen, dass sie über die notwendige Markenstärke verfüge, um Konsumenten in einem radikal veränderten Marktumfeld – verglichen mit den Glanzzeiten von CADUM – anzusprechen. Wie die Marktforschung jedoch zeigte, lag genau hier das Problem.

CADUM wurde überwiegend als veraltete Marke für Babykörperpflege wahrgenommen. Gleichzeitig galten Duschgels vor allem als Produkte, die von allen Familienmitgliedern gleichermaßen genutzt werden. Zugleich wurden sie von den Konsumenten als nicht für Babys geeignet angesehen. CADUM befand sich somit in einem Spannungsfeld zwischen seiner Markenidentität, die fest im Baby-Universum verankert war, und seinem Produktangebot, das auf Familien abzielte. Diese Wahrnehmungslücke war letztlich für die enttäuschende Verkaufsentwicklung verantwortlich. Laut Marktforschungsergebnissen in Frankreich wurde deutlich, dass CADUM zunächst diese Wahrnehmungslücke schließen musste, bevor die Marke als relevante Alternative für Konsumenten im Duschgelmarkt wahrgenommen werden konnte.

Die Lösung für das Markenproblem von CADUM erforderte einen 55/5-Ansatz: ein echtes und tiefes Verständnis des Problems, das zur Lösung führen würde. Konsumenten kaufen Marken wegen ihrer Eigenschaften und Merkmale, die eine bestimmte Leistung bieten. Sie bauen jedoch eine emotionale Bindung zu ihnen auf. In dieser Phase fehlte CADUM beides: die passenden emotionalen Werte und die entsprechenden Produkteigenschaften. Die Markenlogik war unausgewogen und es fehlte an Substanz und Kohärenz. Während die Seifenstücke weiterhin für Babys in Betracht gezogen wurden, boten sie eher veraltete Produkteigenschaften. Die Duschgels wiederum überzeugten mit attraktiven und differenzierten Produkteigenschaften (die neuen CADUM-Duschgels unterschieden sich durch einzigartige Inhaltsstoffe), vermittelten jedoch nicht die richtigen Werte, die zum historische Kapital der Marke CADUM passten.

Schnell wurde klar, dass die Lösung in der Identifikation eines Wertes lag, der die Marke, das neue Produktangebot und die Bedürfnisse sowie Überzeugungen der Zielgruppe Familie vereinen konnte. Trotz erheblicher Fortschritte bei der Gleichstellung der Geschlechter zeigen Zahlen, dass Frauen nach wie vor den Großteil der Haushaltskäufe tätigen. Frauen waren zudem seit über 100 Jahren die historische Zielgruppe von CADUM. Die Markenidentität von CADUM spiegelte dies wider, und es gab keinen Grund, dies infrage zu stellen. Im Markenmanagement kann man nicht *gegen* Wahrnehmungen arbeiten, sondern muss *mit* ihnen arbeiten.

Frauen sind nicht nur weiterhin für den Großteil der Familieneinkäufe verantwortlich, sie dominieren auch nach wie vor emotional in ihrer Rolle als Familienfürsorgerin. Sicherlich gibt es auch hier Ausnahmen und Veränderungen, doch statistisch gesehen ist die im durchschnittlichen Arbeiter- oder Mittelstandshaushalt weiterhin der Fall. Das verbindende Element in Familien ist *Liebe*. Liebe ist die vorherrschende Triebkraft in der Beziehung einer Mutter zu ihrem Baby und zu anderen Familienmitgliedern. *Liebe* war ein Wert, den CADUM als *Babymarke* legitim für sich beanspruchen konnte. Allerdings blieb *Liebe* für sich genommen zu abstrakt und zu generisch, um in der Markenpositionierung von CADUM wirksam zu sein. Der Wert der *Liebe* musste auf eine Kompetenz ausgerichtet werden, die CADUM glaubwürdig besetzen konnte.

Von Anfang an war CADUM eine Hautpflegemarke, die Kompetenz beanspruchte, die Haut so weich wie Babyhaut zu machen. Diese Kompetenz war ein integraler Bestandteil des Markenwerts von CADUM und ihrer ursprünglichen Markenidentität. Als Marke hatte CADUM sowohl *Haut* als auch *Liebe besetzt*. Daher bot *Liebe zur Haut* ein großes Potenzial, im Repositionierungsprozess als einzigartig, differenzierend und hochrelevant für die Zielgruppe genutzt zu werden. Es handelte sich um einen Wert, der nicht auf Seifen und Duschgels beschränkt war, sondern sich zur Differenzierung in nahezu jedem anderen Segment des Körperpflegemarktes eignete – von Shampoo über Deodorant bis hin zu Hautpflege und einer umfangreichen Babypflegelinie. Die neue Positionierung war eindeutig offen für eine zukünftige Sortiment-Ausweitung.

Es gab jedoch noch ein letztes Problem zu lösen. Die Produkte von CADUM taten alles andere, als die Haut der Konsumenten zu lieben. Wie die meisten Wettbewerber enthielten die neuen Duschgels mehrere von Umweltorgainsationen auf schwarzen Listen geführte Inhaltsstoffe. Das war ein ernstes Problem, denn der neue Wert, für den die Marke CADUM künftig stehen sollte, war nicht mit der Produktrealität vereinbar. Das Managementteam von CADUM traf nun eine mutige Entscheidung und überarbeitete das gesamte Produktsortiment. Vor einer zweiten Markteinführung wurden alle Duschgels neu formuliert und bedenkliche Inhaltsstoffe sowie chemische Zusätze ersetzt. Mit der Neudefinition der strategischen Markenpositionierung wurde CADUM zudem eine der ersten Körperpflegemarken, die im Cosmetox-Guide von Greenpeace als frei von toxischen Inhaltsstoffen wie Konservierungsstoffen, EDTA oder BHT anerkannt wurde. Das war kein unwesentliches Detail, denn es zeigte, dass die Marke nicht nur *Liebe zur Haut* versprach, sondern dieses Versprechen auch mit der neuen Produktformel einlöste. Die neue Positionierung wurde durch den neuen Markenslogan ausgedrückt: *Ihre Haut braucht so viel Liebe,* der bis heute verwendet wird.

Bei der Entwicklung der neuen Positionierung der Marke CADUM dienten andere Produktkategorien als Benchmark und Vorbild. So nutzen beispielsweise Weichspüler das Bedürfnis der Fürsorgenden, Liebe und Aufmerksamkeit auch gegenüber anderen Familienmitgliedern auszudrücken. Inspiration in anderen, nicht verwandten Produktkategorien zu suchen, ist ein effektiver Weg, um den Markenpositionierungsprozess zu beflügeln und zu konkretisieren.

Zum Zeitpunkt der Repositionierung hatte die Marke CADUM den Großteil ihrer Anziehungskraft auf die Konsumenten verloren. Zweifellos war die Marke mit dem Ausdruck *Oh, was für ein CADUM-Baby* ins kollektive Gedächtnis Frankreichs eingegangen, doch schaffte sie es nur noch sporadisch auf die Einkaufslisten der Konsumenten. Dennoch verfügte CADUM weiterhin über eine solide Markenstärke mit vielen positiven Imageelementen. Allerdings waren diese Bildelemente für die anvisierten Zielgruppen nicht mehr relevant. Das verbliebene Markenpotenzial bot jedoch eine solide Grundlage, auf der die repositionierte Marke neu aufgebaut werden konnte. Die Untersuchung und das Verständnis der Markenwurzeln *(root strength)* und deren Abgleich mit den Bedürfnissen und Überzeugungen der Zielkonsumenten ermöglichten es, die Marke zurückzubringen und zeitweise die Nummer 3 im französischen Körperpflegemarkt zu werden. Interessanterweise war dies nicht ausschließlich dem überarbeiteten Duschgelsortiment zu verdanken, sondern auch gut recherchierten Sortimentserweiterungen wie Shampoo, Deodorant, Körperpflege und einer überarbeiteten Babypflegelinie. Es war die neue Positionierung, die die Marke nicht nur belebte und für französische Konsumenten relevant und attraktiv machte, sondern auch die strategische Ausrichtung zur Sortiment-Ausweitung ermöglichte. Die Fähigkeit einer Marke, sich mit einer differenzierenden und relevanten Positionierung in andere Marktsegmente zu erstrecken und das Sortiment zu erweitern, ist ein risikoarmer Weg, das Geschäftsmodell auszubauen.

Die Geschwindigkeit des Wandels ist ein weiterer Grund, warum Vintage-Marken nicht nur im heutigen Kontext, sondern auch in den kommenden Jahren großes Potenzial bieten. Es ist nur eine Hypothese, aber ich glaube, dass Konsumenten zunehmend das Gefühl haben, den Boden unter den Füßen zu verlieren. Eine meiner sehr klugen jungen Studentinnen bemerkte kürzlich niedergeschlagen, dass sie *mit nur 21 Jahren sich bereits abgehängt fühlt*. Die Geschwindigkeit des Wandels verhindert, dass die meisten von uns mit den wichtigsten Entwicklungen um uns herum Schritt halten können, was unser Leben und unser Empfinden beeinflusst. Die Menschheit durchläuft derzeit die dritte industrielle Revolution, in der fossile Energie durch nachhaltigen Strom ersetzt wird und KI unsere Wirtschaft rasch von der Produktion zur Wissensökonomie transformiert. Zeiten einer industriellen Revolution waren immer von großer Instabilität geprägt. Marken können in dieser Instabilität einen gewissen Halt bieten. Besonders Vintage-Marken erinnern oft an Zeiten, in denen die Welt und das Leben verständlicher und überschaubarer erschienen. Indem sie auf Vergangenes Bezug nehmen, stiften Vintage-Marken *Sinn*.

Diese Wahrnehmung ist nicht einzigartig, und wie wir aus der Konsumentenforschung wissen, teilen viele Menschen ein ähnliches Bild von der Welt, in der sie leben. Wenig überraschend erzeugt dies Ängste und sogar existenzielle Sorgen (siehe GenZ). Doch gerade dieses weltweite Gefühl von Instabilität und beschleunigtem Wandel bietet große Chancen, insbesondere für Vintage-Marken. Es ist kein Zufall, dass Vinyl-Schallplatten in den USA 2020 mehr verkauft wurden als CDs, während Musik, Mode und Produktdesign zunehmend von den 1960er, 1970er und 1980er Jahren inspiriert werden. Retro-Design feiert ein großes Comeback bei Fahrrädern, Rollern oder der sehr erfolgreichen Haushaltsgerätemarke Smeg. Die goldenen 1980er Jahre werden als eine Zeit wahrgenommen, in der das Leben kontrollierbarer und die Welt leichter verständlich war. Gegenstände und Marken, die an diese Zeit erinnern, können psychologischen Halt und Orientierungspunkte für die heutige Zeit bieten – und genau das macht sie so attraktiv. Dieser Trend geht weit über bloße Nostalgie hinaus und bedient das Bedürfnis nach Schutz und Stabiliät in einer Welt, die die meisten von uns überholt.

Marken im Allgemeinen und Vintage-Marken im Besonderen bieten diese Orientierungspunkte, die ein Gefühl von *Vertrautheit* oder zumindest von Stabilität vermitteln. Eine Marke, die für etwas Bedeutsames steht, stiftet diesen Sinn über die Zeit hinweg auf konsistente Weise und bietet mentalen Halt und Verlässlichkeit. Durch ihre Geschichte und etablierte Markenstärke bieten Vintage-Marken in der Regel reichhaltige Erzählungen für die Verbindungen zu ihren Zilegruppen. Das ist zweifellos ein Vorteil, reicht aber nicht aus, um eine Vintage-Marke wiederzubeleben. Vintage-Marken müssen auch Relevanz und Differenzierung bieten, um aktuell zu bleiben und Konsumenten langfristig zu binden. Eine bloße Wiederbelebung im neuen Design reicht meist nicht aus. Wie das Beispiel CADUM zeigt, müssen diese Marken sich mit ihren Zielgruppen neu verbinden und ein Bedürfnis bedienen, für das die Marke ein relevantes Angebot macht. Dies erfordert fast immer einen Repositionierungsprozess und die Identifikation eines selbst-expressiven menschlichen Wertes oder einer klaren Markenessenz, die direkt mit der Dienstleistung oder Produktrealität der Marke verknüpft ist. Am wichtigsten ist, dass Vintage-Marken selten mit ihren alten und oft veralteten Produktformulierungen erfolgreich sind und häufig erhebliche Innovations- und Entwicklungsanstrengungen benötigen, um ein erfolgreiches Comeback zu schaffen.

In seltenen Fällen und durch einen visionären Repositionierungsprozess können Vintage-Marken sogar ein deutlich größeres Entwicklungspotenzial bieten. Dies zeigt sich am Beispiel der Luxusuhrenmarke TAG Heuer, die zum französischen LVMH-Konzern gehört. TAG (Technologies Avant Garde), eine private Holdinggesellschaft mit Sitz in Luxemburg, deren Geschäftsfelder unter anderem Luftfahrt, Motorsport und Hotellerie umfassen, übernahm 1985 die Schweizer Uhrenmarke Heuer. Die Marke Heuer, 1860 von Eduard Heuer, einem Uhrmacher aus St. Imier in der Schweiz, gegründet, gilt als einer der Wegbereiter der Zeitmessung. Bereits 1882 ließ er seinen ersten Chronographen patentieren. Bis 1916 stellte das Unternehmen Zeitmessgeräte her, die eine Messung bis auf 1/100 Sekunde ermöglichten. Auch wenn Heuer die Zeitmessung nicht erfunden hat, war er eine der Schlüsselfiguren, die zur Weiterentwicklung dieser Technologie im späten 19. und frühen 20. Jahrhundert beitrugen.

Als die TAG Group die Marke übernahm, verfügte sie jedoch über keine nennenswerte Marktposition und erreichte nur eine begrenzte Zielgruppe. Heuer besaß zwar zahlreiche technologische Innovationen, Patente und Know-how in der Uhrmacherei, doch die Marke sprach kein breiteres Publikum an und galt zu dieser Zeit als Nischenanbieter. Der naheliegende Weg zur Belebung der Marke wäre eine Repositionierung gewesen, um ihr eine klarere Bedeutung und eine erneuerte Markenidentität zu verleihen. Die TAG Group erkannte jedoch ein größeres Potenzial und entschied sich für einen gewagten und riskanten Ansatz.

Ende der 1980er Jahre war TAG Heuer nicht der einzige Anbieter von Chronographen (Uhren mit Zeitmessung-Funktion) im Premium- oder Luxussegment der Uhrenbranche. Die meisten etablierten Marken boten eigene Modelle an, die meist von der Welt des Tauchens oder der Luftfahrt inspiriert waren, wie etwa bei Breitling. Dennoch suchte der Markt nach luxuriösen Zeitmessern, deren Hauptfokus darauf lag, Männern ein *legitimes Schmuckstück* zu bieten. Es gab kein Subsegment für funktionale Uhren mit sportlicher Optik. Genau hier unterschied sich die Marke Heuer. Mit ihrer *root strength* in der professionellen Zeitmessung, einer langen Geschichte der Chronographen-Innovation und als offizieller Zeitnehmer zahlreicher hochkarätiger Sportwettkämpfe verfügte Heuer zudem über eine ganze Reihe von Uhren mit unverwechselbarem Design und sportlicher Ausstrahlung. Vor allem aber wurde Heuer universell eine Kompetenz bei der Zeitmessung anerkannt.

Hier lag das Differenzierungspotenzial: Anstatt in den Wurzeln der Marke nach einer Plattform für die Repositionierung zu suchen, verfolgte TAG Heuer die ambitionierte Strategie, ein völlig neues Subsegment im Luxusuhrenmarkt zu schaffen, in dem die Marke eine führende Position einnehmen konnte. Positioniert als *die professionelle Sportuhr* versprach TAG Heuer seiner Zielgruppe eine Form von *Empowerment*, rational untermauert durch Produktmerkmale, die professionelle Funktionalität bieten. Dieser Anspruch auf *professionelle Funktionalität* war fest in der Produktrealität der Marke verankert.

Jede TAG Heuer Uhr verfügte über sechs funktionale Produkteigenschaften, die zwar einzeln nicht unbedingt einzigartig in der Branche waren, in ihrer Gesamtheit jedoch exklusiv für alle TAG Heuer Uhren galten. Dazu zählten ein wasserdichtes Monoblock-Gehäuse aus Stahl, ein kratzfestes Uhrenglas, eine verschraubte Krone, eine einseitig drehbare Taucherlünette, ein Armband mit Doppelverschluss sowie eine Wasserdichtigkeitsgarantie bis 200 Meter. Eine Tiefe, die nur wenige Freizeittaucher je erreichen würden, die die Uhr jedoch zu einem professionellen Zeitmessinstrument machte.

Das Angebot einer vollständigen Palette dieser Sportuhren auf unterschiedlichen Preisniveaus – von der erschwinglichen F1-Serie bis zur Premium-6000-Serie – trug dazu bei, den Anspruch von TAG Heuer auf ein völlig neues Marktsegment glaubwürdig zu machen. Kurz darauf begannen die traditionellen Anbieter im Luxusuhrenmarkt, eigene Sportuhrenmodelle einzuführen, was dem neuen Subsegment mehr Sichtbarkeit gab und das Wachstum beschleunigte.

Diese visionäre Repositionierungsleistung erscheint umso bemerkenswerter vor dem Hintergrund des damals schwächelnden traditionellen Uhrenmarktes. Marken wie Hamilton, Casio, Seiko oder Timex hatten in den 1970er Jahren mit einer neuen Generation digitaler Uhren, die statt herkömmlicher Zeiger Flüssigkristallanzeigen (LCD) nutzten, einen massiven

Angriff auf das Niedrig- und Mittelpreissegment gestartet. Viele der großen traditionellen Uhrenhersteller litten darunter. Damals galt der Uhrenkauf oder -besitz noch als einmaliges Ereignis im Leben. Uhren wurden meist gekauft, um einen besonderen Moment im Leben zu würdigen, etwa runde Geburtstage, Schulabschlüsse, Hochzeiten, den Antritt des Ruhestand und Ähnliches.

Wenn es hart wird, werden die Harten aktiv. Anfang der 1980er Jahre, als LCD-Uhren große Popularität erreichten, nutzte die ETA Manufacture Horlogère in enger Zusammenarbeit mit einem kleinen Kreis externer Marken- und Designexperten die Konsumentenerkenntnis der *Zelebration als Anlass* beim Uhrenkauf und -besitz, um die Marke Swatch zu entwickeln und auf den Markt zu bringen. Swatch, die Abkürzung für *second watch*, war eine clevere Idee, um das Interesse an Uhren wiederzubeleben, indem die Uhr zum Modeartikel und Lifestyle-Statement für die breite Masse wurde. Während Luxusuhren mehr als 1000 Einzelteile enthalten können, war eine Swatch so konzipiert, dass sie mit nur 50 Teilen funktionierte. Das machte die Uhr deutlich erschwinglicher und ermöglichte einen Verkaufspreis von unter 50 Dollar pro Stück. Mit einfallsreichen, ständig wechselnden Designs und günstigen Preisen hatte Swatch alle Zutaten, um die Uhr zum Modeaccessoire zu machen. Das Konzept motivierte zum Mehrfachbesitz von Uhren, die passend zum Outfit getragen wurden *(second watch)*.

Das Swatch-Konzept eröffnete ETA nicht nur eine große geschäftliche Chance, sondern trug auch dazu bei, die Sichtweise der Konsumenten auf Uhren zu verändern. So spielte Swatch eine wichtige Rolle bei der Wiederbelebung des Marktes und machte den Uhrenbesitz weniger exklusiv und demokratischer. Später wurde Swatch von der Société Suisse pour l'Industrie Horlogère (SSIH) übernommen, die auch die Marke Omega besaß. Neben ihrer Bedeutung als Uhrenhersteller und Marketeer war die SSIH auch einer der größten Hersteller von Schweizer Uhrwerken, die ebenfalls unter dem Druck der LCD-Modelle gelitten hatten. Als weiteres Beispiel für das Bedürfnis der Konsumenten nach Orientierungspunkten erleben LCD-Uhren derzeit ein begrenztes Comeback. Während Swatch eine reine Markeninnovation war, steht TAG Heuer für eine Vintage-Marke, die half, ein gesamtes Marktsegment neu zu positionieren und der Uhrenindustrie frische Impulse zu geben – eine Vision, die sie bis heute antreibt.

Ein weiteres Beispiel für ein erfolgreiches Rebranding einer Vintage-Marke ist Old Spice von Procter & Gamble (P&G). Ursprünglich 1937 von der Shulton Company als *Early American Old Spice* Duft für Frauen eingeführt und bereits 1938 um ein Herren-Aftershave erweitert, wurde Old Spice Anfang der 1990er Jahre von P&G übernommen, um die Marke zu verjüngen und der sehr erfolgreichen AXE-Marke von Unilever entgegenzusetzen. Während der 2000er Jahre nur mäßig erfolgreich, setzte Old Spice 2010 auf einen neuen, konsumentenorientierten Ansatz, der sich auszahlte.

Dieses Beispiel zeigt, dass es nicht immer eines großen Forschungsprojekts bedarf, um eine tragfähige Konsumentenerkenntnis zu gewinnen. Im Fall von Old Spice war die Art und Weise, wie eine bekannte Konsumentenerkenntnis genutzt wurde, sicherlich wichtiger als das Wissen um die Erkenntnis selbst. Bei Shampoo und Duschgel verwenden Männer in der Regel das, was gerade in der Dusche steht. Da Frauen nach wie vor den Großteil der Einkäufe erledigen, treffen sie auch die meisten Marken- und Produktentscheidungen in dieser Kategorie. Genau hier sah Old Spice seinen Differenzierungspunkt. Bereits kurz nach der Einführung in den 1940er Jahren dominierte die erfolgreiche Herrenpflegelinie von Old Spice den Markt für Männerpflege. Die Marke besaß ihre *root strength* in Düften und in der männlichen Zielgruppenwahrnehmung. Dies ermöglichte es P&G, die Relaunch-Strategie gezielt um das stereotype Hygieneverhalten von Männern aufzubauen. Humorvoll umgesetzt und konsequent an die Körperpflege *kaufenden* Frauenzielgruppe gerichtet, entstand die inzwischen legendäre *the man your man could smell like* Kampagne, entwickelt von der in San Francisco ansässigen Agentur Wieden & Kennedy mit dem amerikanischen Footballstar Isaiah Mustafa. Sie positionierte Old Spice als Marke für Männer, die es ihnen ermöglichte, nicht mehr *wie ein nach Damen-Duschgel duftender Mann* zu riechen. Perfekt getimt zur Ausstrahlung während des Super Bowls und anschließend auf Social-Media-Plattformen, gewann die Kampagne schnell an Dynamik, wurde viral, erzielte über 50 Millionen YouTube-Aufrufe und bescherte der Marke einen Umsatzanstieg von 27 %. Dieser auf Konsumentenerkenntnissen basierende Kampagnenansatz ist ein weiteres Beispiel für eine Technik zur Revitalisierung einer Vintage-Marke. Old Spice belegt heute Platz zwei im US-amerikanischen Bodywash-Markt.

Eine Marke verliert nie vollständig an Wert, und jede Vintage-Marke kann wiederbelebt werden. Konsumentenerkenntnisse, eine einzigartige Vision auf den Markt oder selbst-expressive menschliche Werte, die die Markenessenz definieren, sind nur einige der Optionen, die für einen erfolgreichen Relaunch in Betracht gezogen werden sollten. Allerdings müssen nicht nur Worte und Bedeutungen verändert werden, auch Produktformulierungen können eine Überarbeitung benötigen. Alle Bemühungen zur Repositionierung von Vintage-Marken sollten am gleichen Ausgangspunkt ansetzen: einer gründlichen Analyse der root strength und des Markenwerts. Im Vintage Branding liegt die Antwort für die Zukunft der Marke fast immer in ihrer Vergangenheit.

12

Die Schärfung etablierter Marken (Produkt- und Servicemarken)

Es gibt verschiedene Gründe, warum selbst etablierte und erfolgreiche Marken eine Neudefinition ihres Wertversprechens oder ihrer Markenpositionierung benötigen. Dies kann schlichtweg vorteilhaft sein oder in anderen Fällen eine echte Notwendigkeit darstellen. Die Neupositionierung kann strategisch und grundlegend sein, indem sie definiert oder klärt, wofür eine Marke steht, oder taktisch, mit dem Ziel, die Markenbotschaft zu verbessern oder die Identitätscodes aufzufrischen. Ein Repositionierungsprozess sollte jedoch niemals als Kostenfaktor betrachtet werden, sondern als Investition in die Zukunft des Unternehmens. Starke und klar positionierte Marken amortisieren die in ihren Aufbau investierten Mittel stets, indem sie neue Kundengruppen anziehen und Loyalität fördern, was sich über viele Jahre hinweg durch höhere Margen und einen verbesserten Markenwert auszahlt und die Widerstandsfähigkeit gegenüber dem Wettbewerb erhöht.

Ein Repositionierungsprozess kann zudem dazu führen, dass Markenverantwortliche sich stärker mit der Marke identifizieren und mehr Eigenverantwortung übernehmen, was die Motivation und Produktivität steigert.

Die Neupositionierung einer bestehenden Marke ist jedoch auch mit Risiken verbunden, insbesondere wenn die Marke bereits erfolgreich am Markt agiert. Daher sollte ein solcher Schritt nur in Erwägung gezogen werden, wenn nicht wirklich klar ist, wofür die Marke eigentlich steht. Marken, die sich bereits sehr prägnant oder über nur eine Stoßrichtung definieren, sollten zunächst eine Überarbeitung ihrer Kommunikationsstrategie in Betracht ziehen, anstatt das Rad neu zu erfinden.

Es gibt dennoch zahlreiche Gründe, warum eine Marke von einer Neupositionierung profitieren kann. Zu den häufigsten zählen Veränderungen in der Unternehmensstrategie oder die Folgen von Fusionen und Übernahmen (M&A). Auch ein verändertes Wettbewerbsumfeld oder sich wandelnde Konsumentenbedürfnisse können eine Neupositionierung erforderlich machen, um die Relevanz der Marke für die Zielgruppen zu sichern. Durch externe Einflüsse oder eigene Entscheidungen kann sich das Markenimage negativ entwickeln – etwa infolge eines Skandals, durch Qualitätsprobleme oder einer bewussten Änderung der Produktformulierung, die eine tatsächliche oder subjektiv wahrgenommene Verschlechterung der Produktleistung nach sich zieht. Schließlich kann eine Marke eine Neupositionierung benötigen, um das Interesse der Konsumenten neu zu entfachen und die Kraft emotionaler Botschaften zu nutzen.

Unabhängig von den Gründen verfolgt die Neudefinition einer etablierten Markenpositionierung in der Regel zwei Hauptziele: Zum einen soll überprüft werden, ob die aktuelle Positionierung optimal ist, zum anderen soll ein Weg gefunden werden, diese möglichst prägnant und relevant auszudrücken. Wie in den vorangegangenen Kapiteln gezeigt, hat das exakte Wort oder der eindeutige Fokus, mit dem Ihre Marke letztlich definiert wird, einen grundlegenden Einfluss darauf, wie sie von den Zielgruppen wahrgenommen wird. Dies ist kein rein intellektuelles Gedankenspiel, sondern eine Grundvoraussetzung für die operative Wirksamkeit jeder Marke. Für alle, die an der Entwicklung und Führung beteiligt sind, sorgt eine messerscharfe und relevante Positionierung für Klarheit darüber, wofür die Marke tatsächlich steht, und liefert damit eine klare Handlungsanleitung für Marketing- und Vertriebsmaßnahmen.

Die Positionierung liefert beispielsweise ein klares und eindeutiges Briefing für das Designteam, um eine neue Markenidentität zu entwickeln. In vielen Fällen gelingt es durch eine aufgefrischte Identität, eine Marke erfolgreich zu modernisieren. Zahlreiche Unternehmens- und Dienstleistungsmarken konnten neue Kundengruppen gewinnen, nicht indem sie ihr Marken-Positionierung komplett neu definierten, sondern indem sie dieses schärften und dann die neue Klarheit in der Überarbeitung der visuellen Codes und Botschaften der Marke nutzten.

Federal Express repositionierte sich Mitte der 1990er Jahre als Anbieter globaler Lieferdienste – motiviert zum einen durch die unerwünschten Assoziationen, die mit dem Begriff *federal* (eine Begrifflichkeit assoziiert mit der amerikanischen Zentralregierung) verbunden waren, zum anderen aber auch durch die Erkenntnis des tatsächlichen Verhaltens der Zielgruppe. Tatsächlich nannten viele Kunden *Federal Express* bereits einfach FEDEX. Unter solchen Umständen ist es für eine Marke relativ einfach, einen neuen (bereits gebräuchlichen) Namen und eine neue Identität zu übernehmen. Dies ermöglichte es FEDEX, die im Zuge zahlreicher M&A-Aktivitäten erworbenen, eigenständig geführten Dienstleistung-Marken unter einer einheitlichen Dachmarken-Struktur zu vereinen – ein Ansatz, den wir als *unitary brand system* bezeichnen. Solche einheitlichen Markensysteme funktionieren mit nur einer Marke, ergänzt um Produkt- und/oder Dienstleistungsbezeichnungen, die die jeweilige Expertise der operativen Submarken hervorheben. Durch die Einführung eines einheitlichen Markensystems wandelte sich FEDEX von einer *house of brands* (Dachmarken und zahlreiche Submarken ohne Verbindung zu einander) zu einer *branded house* (ein und dieselbe Marke auf Dach- und Submarken Ebene) und konzentrierte damit alle Aktivitäten auf eine einzige Marke, senkte Marketingkosten und verbesserte so letztlich die Unternehmensergebnisse.

Als globaler Anbieter von Lieferdiensten mit einem ganzheitlichen Serviceportfolio, das alle relevanten Angebote für Kunden mit Versandbedarf abdeckt, verfügte FEDEX über eine klare und fokussierte Markenpositionierung. *Schnelligkeit* ist im Lieferdienst entscheidend (und stiftet Relevanz), *Schnelligkeit* suggerierte bereits das Wort *Express* im ursprünglichen Markennamen. Und *Schnelligkeit* konnte FEDEX durch zahlreiche spezialisierte Dienstleistungen, Know-how und Leistungsstandards (Produktrealität) sowie globale Reichweite tatsächlich bieten. *Schnelligkeit* ist das, wofür FEDEX steht. Betrachtet man das FEDEX Dachmarken-Logo genauer, so findet sich Schnelligkeit in zwei kreativen Ausdrucksformen wieder: Zum einen wird Orange als Farbe für *Energie und Dynamik* eingesetzt,

Abb. 12.1 FEDEX house of brands illustration. Permission: Ivanov Consulting in cooperation with Mark Ritson MBA—https://www.business-games.ai/brand-architecture-primer/

zum anderen wurde eine Schriftart gewählt, die zwischen dem *E* und dem *X* im Markennamen ein Pfeilsymbol andeutet (siehe Abb. 12.1). Zu diesem Zeitpunkt war FEDEX bereits eine etablierte und erfolgreiche Marke im Bereich Lieferdienste. Das Unternehmen war jedoch durch eine M&A-Strategie (Merger & Acquisitions) gewachsen, und die Entscheidung, die Positionierung zu hinterfragen, half FEDEX, diese zu schärfen, ein neues Verständnis zu schaffen und ein überarbeitetes kreatives Konzept zur Ausdrucksform zu bringen.

Um eine etablierte Marke neu zu definieren, folgen Sie aberfalls der im Brand Positioning Funnel (Kap. 8) beschriebenen Methodik und den dazugehörigen Einzel-Schritten. Wenn Ihre Marke weiterhin erfolgreich ist und Sie lediglich die Positionierung überprüfen und schärfen möchten, können Sie mit der Wettbewerbslandkarte und dem Brand Key beginnen. Beide Instrumente liefern – bei sorgfältiger Anwendung – einen ersten greifbaren Hinweis darauf, wie tragfähig die Positionierung Ihrer Marke tatsächlich ist. Fällt dieses Ergebnis eindeutig aus, können Sie direkt mit der Ausarbeitung der paraphrasierten Markenessenz fortfahren und in die Phase des Markenverhaltens eintreten. Wenn jedoch weder Wettbewerbslandkarte noch Brand Key eine klare Differenzierungsfähigkeit Ihrer Marke aufzeigen, müssen Sie von Grund auf neu beginnen und den gesamten Positionierungsprozess durchlaufen.

In jedem Fall gibt es jedoch eine zusätzliche Herausforderung: Etablierte Marken bringen viel Ballast und eine bereits definierte Markenessenz mit. Das macht die Aufgabe anspruchsvoller. Um diese Marken richtig zu repositionieren, müssen Sie versuchen, das bisherige Wissen und die aktuelle Markenbedeutung beiseitezulegen und im Grunde mit einem leeren Blatt Papier zu starten. Das bedeutet, alles, was in der Vergangenheit definiert wurde, zu hinterfragen und nicht davon auszugehen, dass bestimmte Elemente unveränderlich sind. Mit einem weißen Blatt Papier zu starten, ist entscheidend. Um ein Produktattribut (Marken-Kompetenz) zu identifizieren, das das Differenzierungspotenzial Ihrer Marke steigern könnte, müssen Sie dieses konsequent durch alle Schritte des Positionierungsprozesses führen, um zu sehen, welche Markenessenz sich daraus ableiten lässt. Erst dann können Sie die aktuelle Positionierung wirklich hinterfragen und sich letztlich für eine strategische Neuausrichtung oder einfach für eine verbesserte Fokussierung und Formulierung entscheiden.

France Telecom, der staatliche französische Telekommunikationsanbieter, der Ende der 1990er Jahre teilweise privatisiert wurde, sah sich durch EU-Vorgaben gezwungen, die nationalen Märkte für den Wettbewerb zu öffnen. Im Jahr 2000 übernahm France Telecom *Orange*, eine etablierte Telekommunikationsmarke aus Großbritannien. Mit einer deutlich stärkeren und weniger mit öffentlichem Dienst assoziierten Markenidentität bot Orange France Telecom erheblich mehr Potenzial und Spielraum, ein globales Telekommunikationsunternehmen aufzubauen. Die Entscheidung, France Telecom in Orange umzubenennen, wurde rasch getroffen und in einem gut geplanten Prozess umgesetzt. Zunächst wurde die Marke Orange nur für Mobilfunkdienste verwendet.

Dies war sinnvoll, da dieser Geschäftsbereich vermutlich die größte Konsumentengruppe erreichte. Sobald die Marke für diese Zielgruppe etabliert war, konnten alle weiteren Geschäftsbereiche problemlos folgen und auf dem neu geschaffenen Markenwert von Orange aufbauen. Das letzte Element des ursprünglichen Markenuniversums von France Telecom, das zu Orange konvertierte, war das Unternehmen selbst. Es dauerte über zehn Jahre nach der Umstellung des Mobilfunkbereichs, bis schließlich auch die Unternehmensmarke France Telecom zu Orange wurde.

Heute zählt Orange zu den führenden globalen Telekommunikationsanbietern mit starken Marktpositionen in Europa, Afrika und dem Nahen Osten. Die Umbenennung von France Telecom leistete jedoch weit mehr, als nur eine weltweit anerkannte Marke zu schaffen. Die Neupositionierung brachte auch neue Markenwerte mit sich und trug zur Verjüngung der Unternehmenskultur bei. Im Zuge dessen vollzog Orange einen grundlegenden Wandel hin zu mehr Kundenorientierung, setzte auf technologische Führerschaft und Premiumqualität bei Hardware und Dienstleistungen. Die minimalistische Markenidentität, die die Kraft eines leuchtenden Orangetons auf schwarzem Hintergrund nutzt, steht heute für Stärke, Modernität und innovative Spitzentechnologie.

Je höher das Risiko, desto größer die Rendite. Mitunter erzielen etablierte Marken, die mutige Entscheidungen treffen, besonders große Erfolge. Dafür braucht es Mut und vor allem eine gründliche Analyse des Markenwerts, der Produkt- oder Dienstleistungsrealität und des Wettbewerbsumfelds. Sie müssen Ihre *Hausaufgaben* machen, alle diese Quellen untersuchen, um das Risiko zu minimieren und um so ein positives Ergebnis zu sichern. Anfang der 1980er Jahre war Apple eine kleine, unbekannte Technologiemarke, die nur wenigen IT-Enthusiasten ein Begriff war. Selbst in den USA hatte Apple keine relevante Marktposition, und die Konsumenten kannten die Marke kaum. Das änderte sich grundlegend, als Apple beschloss, sich als Lifestyle-Marke zu positionieren und eine völlig neue Vision für IT-Technologie und Computing zu präsentieren. Strategisch handelte Apple dabei äußerst klug: Anstatt sich lediglich als Alternative zu IBM, dem damaligen Marktführer im PC-Bereich, oder anderen PC-Anbietern zu positionieren, stellte Apple die gesamte PC-Industrie infrage und schlug einen radikalen Wandel vor, gestützt auf die Benutzerfreundlichkeit der Produkte. Im Kern bot Apple einen völlig neuen und alternativen Standard für eine Branche, die von wenigen etablierten Wettbewerbern dominiert wurde. Dieser äußerst wirkungsvolle Ansatz wurde auch z. B. von auch Lipton genutzt, um Tee in Märkten zu positionieren, in denen der Konsum heißer Getränke traditionell von Kaffee dominiert war.

Apples Neupositionierung schlug 1984 beim Superbowl mit einem Paukenschlag ein. Der berühmte TV-Spot von 1984, inspiriert von George Orwells Roman *1984* und inszeniert von Ridley Scott, wurde nur ein einziges Mal ausgestrahlt – zu damaligen Medienkosten von drei Millionen Dollar. Diese Kommunikationsstrategie verschaffte Apple schlagartig Bekanntheit und legte den Grundstein für den Aufstieg zur wertvollsten Marke am NASDAQ. Die strategische Entscheidung, sich als Lifestyle-Marke zu positionieren, spiegelte sich auch im bis heute verwendeten Markenslogan wider. *Think different* dient Apple seither als *Marken Prisma* und prägt Kommunikation, Markenidentität und Innovation. Zur Einordnung: Apples *think different* war eine Anspielung auf IBMs damaligen Slogan *think IBM*. Der Slogan fasst prägnant zusammen, wofür Apple steht – gestützt auf die besonders benutzerfreundliche Produkt- und Dienstleistungsrealität.

Die legendäre britische Modemarke Burberry verwandelte sich von einer funktionalen Bekleidungsmarke im Premiumsegment zu einer Luxusmodemarke. Die root strength der Marke lag in der Erfindung eines neuen Stoffes namens Gabardine, der leicht und wasserdicht war und bei Soldaten, die im Ersten Weltkrieg in Frankreich kämpften, sehr beliebt war. Im Gegensatz zu FEDEX oder Apple erfolgte die Neupositionierung von Burberry nicht schlagartig, sondern über einen längeren Zeitraum. Die Marke entwickelte sich in mehreren aufeinanderfolgenden Schritten, die alle einer zuvor festgelegten Markenlogik folgten. Was Luxusmodemarken häufig antreibt, sind ihr Ursprung und ihre kreative Ausrichtung – und Burberry bildet hier keine Ausnahme. Zunächst unter der Gesamtleitung von Angela Ahrend, die die Marke wieder auf ihre britischen Wurzeln ausrichtete, und anschließend unter der kreativen Führung von Ricardo Tisci, erweiterte die Marke ihr Produktportfolio erfolgreich um Streetwear und Accessoires. Die neue kreative Ausrichtung, die später von Tisci eingeführt wurde, verlieh Burberry eine demokratischere Ausstrahlung und erweiterte die Zielgruppe um jüngere Generationen. Darüber hinaus begann die Marke, inspiriert durch die neue Positionierung, anders zu kommunizieren und wurde zu einer der ersten Luxusmodemarken, die intensiv soziale Medien nutzten und damit 10 Millionen Follower erreichte, Tendenz steigend. Diese Markenevolution führte auch dazu, dass die Marke ihre Botschaften und Identitätscodes verjüngte. Im Jahr 2023 hatte Burberry allein auf Instagram über 20 Millionen Follower.

Burberrys anfängliche Social-Media-Strategie umfasste bis dahin in der Luxusmodebranche unbekannte Techniken wie live übertragene Modenschauen und eine *See-now, buy-now*-Marketinginitiative, bei der Mode direkt nach der Präsentation auf dem Laufsteg online gekauft werden konnte. Mit einer eher sanften Neupositionierung gelang es Burberry, die wesentlichen Markenelemente zu bewahren und sie in eine verjüngte Markenattraktivität zu übersetzen, die vor allem für jüngere Konsumenten weltweit ansprechend war – insbesondere im aufstrebenden asiatischen Markt, auf den allein China im Jahr 2023 einen Anteil von 15 % am Weltmarkt ausmachte.

Mitunter werden Marken Opfer schlechter Managemententscheidungen oder mangelnder Unternehmensethik. Dies geschieht weitaus häufiger, als man denkt, und viele bedeutende globale Marken wie Siemens und Crédit Lyonnais haben solche Vorfälle erlebt. In den meisten dieser Fälle wird eine Neupositionierung unausweichlich, und je schneller eine betroffene Marke reagiert, desto besser sind die Aussichten auf eine erfolgreiche Zukunft.

In den 2000er Jahren geriet Siemens, ein deutscher Weltmarktführer im Ingenieurwesen, in einen groß angelegten Bestechungsskandal. Als Auftragnehmer fehlten Siemens die ethischen Verhaltensregeln, um korrupte Vertriebspraktiken wirksam zu verhindern. Beginnend in den frühen 1990er Jahren und über einen Zeitraum von 16 Jahren zahlte Siemens illegal 1,4 Milliarden US-Dollar, um sich lukrative Aufträge zu sichern, vor allem in den Bereichen Telekommunikation, Transport, Medizintechnik und Energieerzeugung. Der Skandal hatte weltweite Auswirkungen und wurde schließlich 2006 öffentlich, als deutsche Behörden die Münchner Siemens-Zentrale durchsuchten und zahlreiche Beweise fanden, darunter einen unternehmensinternen Prozess, der Zahlungen *off the record* ermöglichte.

Im B2B-Bereich sind Geschäftsethik ebenso wichtig wie Produkt- und Servicequalität, und eine bloße Neupositionierung der Marke reicht nicht aus. Siemens blieb nichts anderes übrig, als einen umfassenden Managementwechsel und eine radikale Überarbeitung der Compliance-Prozesse einzuleiten. Genau das tat das Unternehmen. Der monatelang weltweit beachtete Skandal hatte zwar keine Auswirkungen auf die Produkt- oder Servicequalität der Marke Siemens, aber das Unternehmensimage erlitt erheblichen Schaden. Es ist leicht vorstellbar, wie ein derart beschädigtes Image das Geschäft im öffentlichen Auftragswesen beeinträchtigt. Doch durch schnelles Handeln, neue Transparenz und eine angemessene Unternehmenskommunikation gelang es, den Schaden einzudämmen und Siemens als vertrauenswürdigen Geschäftspartner im Bereich Ingenieurtechnologien neu zu positionieren. Gleichzeitig führte die Neupositionierung der Marke Siemens zu einem neuen Wertekanon und hatte erheblichen Einfluss auf die Unternehmenskultur der gesamten Organisation, wodurch das Image als Arbeitgebermarke transformiert und den B2B-Aktivitäten von Siemens neue Glaubwürdigkeit und Vertrauen verliehen wurde.

Ein radikalerer Weg, einen Skandal vergessen zu machen, ist das Rebranding, also der Austausch des bisherigen Markennamens durch einen neuen. Diese Methode der Neupositionierung wurde von Crédit Lyonnais, der ältesten französischen Bank, die 1863 gegründet wurde, angewandt. Im Jahr 2006 geriet Crédit Lyonnais in den Strudel eines der größten Finanzskandale Frankreichs, der den Staat letztlich 403 Millionen Euro an Schadensersatz und der Bank ihren Ruf kostete. Auch hier spielte Compliance eine Rolle, und Crédit Lyonnais entschied sich für eine radikale Umbenennung in LCL, eine Kurzform für *Le Crédit Lyonnais*. Der Rebranding-Schritt war richtig und ging mit einer neu definierten Markenpositionierung einher, einschließlich neuer Werte, verbesserter Compliance-Prozesse und einer modernisierten, prägnanteren Markenidentität. Während der Finanzskandal bis heute in den Medien thematisiert wird, bleibt die Marke LCL davon weitgehend unberührt und hat den Großteil ihrer Kunden zurückgewonnen. Glücklicherweise ist das kollektive Gedächtnis der Menschheit kurzlebig.

Das Rebranding von Crédit Lyonnais war vermutlich die einzige Möglichkeit, die Marke zu retten. Wie bei jedem grundlegenden Wandel brachte der Prozess jedoch auch Veränderungen in anderen strategischen Bereichen mit sich. Die neue Marke LCL verfügte über eine klar definierte Markenpositionierung, die konkrete Serviceattribute vorgab, um den Erwartungen und Bedürfnissen der Kunden gerecht zu werden: neu gestaltete Dienstleistungen, erhebliche Fortschritte bei der Digitalisierung der Online-Banking-Services und ein neues CRM-Programm auf Mitarbeiterebene. Intensive Schulungsprogramme und modernisierte Filialen in ganz Frankreich trugen dazu bei, die neue Markenpositionierung sichtbar zu machen und das Kundenerlebnis zu transformieren. Die neue Positionierung von LCL wurde zu einer Erfolgsgeschichte, auch weil sie auf einer überarbeiteten Produkt- und Service-Realität basierte. Keine Marke strebt absolute Konsistenz an, aber manchmal hilft Veränderung, den Status quo herauszufordern und neue Dynamik und Effizienz zu gewinnen.

Skandale sind zwar häufig, aber nicht der einzige Grund für ein Rebranding. Anfang der 1990er Jahre verabschiedete die Europäische Kommission ein Gesetz, das alle Marken, die das Wort *bio* verwenden, verpflichtete, die neu eingeführten offiziellen Standards und Vorschriften für biologisch erzeugte Produkte einzuhalten. Dies zwang die Danone-Gruppe dazu, ihre äußerst beliebte Joghurtmarke *Bio* umzubenennen. Nach mehreren Jahren der Überlegung und der Prüfung tausender Alternativnamen entschied sich Danone schließlich für *Activia*, einen Namen, der auf die Aktivität der lebenden Joghurtkulturen anspielte, mit denen sich dieses funktionale Joghurtprodukt differenzierte. Der Einsatz war hoch, da die Marke weltweit ein milliardenschweres Geschäft für die Danone-Gruppe unterstützte. Überraschenderweise nahmen nur wenige Verbraucher die Änderung überhaupt bewusst wahr. Die charakteristische grüne Verpackung von *Bio* dominierte die Wahrnehmung des Namenswechsels, sodass dieser von vielen kaum bemerkt wurde. Markenverpackungen werden meist ganzheitlich erinnert und ähnlich wie ein *jpg*-Bild abgespeichert. Selten werden Markenname oder Logo vom Verbraucher im Detail entschlüsselt.

Marketingfachleute sollten ggf. auch eine Neubewertung der aktuellen Markenpositionierung in Erwägung ziehen, wenn sich die Konsumpräferenzen weiterentwickeln. Diese Präferenzen können von einer Vielzahl von Faktoren beeinflusst werden, die jederzeit ins Spiel kommen und die Attraktivität einer Marke mindern können. Die häufigsten Faktoren, die viele von uns betreffen, sind Ereignisse, die einen Lebensstilwandel auslösen: Heirat, Familiengründung, ein Karriereschritt mit höherem Einkommen oder einfach das Älterwerden. All diese Ereignisse und Umstände können die Konsumpräferenzen beeinflussen und eine Anpassung der Markenpositionierung erforderlich machen, um die Relevanz für die Zielgruppen zu sichern.

Vor einigen Jahren befand sich die Waschmittelmarke Dreft in einer schwierigen Lage, da sie ihr Wachstumspotenzial verloren hatte. Einige Verbraucher hielten die Marke für weniger wirksam gegen hartnäckige Flecken als Tide und weniger sanft zur Babyhaut als Ivory Snow. Andere wiederum empfanden Dreft als hautfreundlicher als Tide und überlegen in der Waschkraft im Vergleich zu Ivory Snow. Da ein Teil der Zielgruppe von Dreft durch Lebensstiländerungen wie Heirat oder Familiengründung wechselte, verlor die Marke einige ihrer Kunden entweder an Tide oder an Ivory Snow. Dreft steckte in der Mitte fest und erfüllte weder vollständig das Versprechen effizienter Waschkraft noch das der Sanftheit.

Aus produktspezifischer Sicht enthielt Dreft Borax, ein natürliches Bleichmittel. Diese Produkteigenschaft ermöglichte es, sanftere, aber dennoch effiziente Reinigungseigenschaften zu beanspruchen (Kompetenz), die als weniger aggressiv für die Haut wahrgenommen wurden als waschmittelbasierte Formeln. Dennoch können natürliche Veränderungen im Lebensstil die Konsumpräferenzen beeinflussen. So war es auch bei Dreft. In Haushalten mit starkem Fokus auf gründliche Reinigung war die Geburt eines Kindes weniger ausschlaggebend für einen Wechsel der Reinigungsgewohnheiten. Anders verhielt es sich bei Verbrauchern, die bereits auf empfindliche Haut achteten. Sie wechselten mit der Geburt ihres ersten Kindes eher zur sanftesten Waschmittelformel und ersetzten Dreft möglicherweise durch Ivory Snow. Während Mütter für ihre Babys kaum von Ivory Snow abwichen, blieb sanfte Sauberkeit für sie auch für andere Familienmitglieder und die heranwachsenden Kinder ein wichtiges Kriterium. Genau in diesem Zielsegment konnte Dreft seine Formel ausspielen. Die Entscheidung, sich als *sanfte Erweiterung* von Ivory Snow zu positionieren, ermöglichte es Dreft, einen Teil der ursprünglichen Kundschaft zu halten und neue Verbraucher mit einer Vorliebe für *sanfte Sauberkeit* zu gewinnen, die oft durch einen aktuellen Lebensstilwandel ausgelöst wurde.

Umweltbewusstsein ist zu einem entscheidenden Faktor für veränderte Konsumpräferenzen geworden. Sorgen um Umwelt, Tierwohl, Biodiversität, regionale Herkunft, Fair Trade und viele weitere Aspekte haben in den vergangenen 10 bis 20 Jahren als starker Motor für den Wandel der Konsumpräferenzen gewirkt und werden dies auch künftig tun. Marken, die in einem solchen Umfeld agieren, müssen am Puls der Zeit bleiben, um relevant zu bleiben. In diesem Zusammenhang ist es sinnvoll, die aktuelle Markenpositionierung genau zu überprüfen. In Deutschland, einem der umweltbewusstesten Länder Europas, lag der Marktanteil von Bio-Produkten 2022 bei rund 7 %, und nur durchschnittlich 3 % der Verbraucher kaufen ausschließlich Bio – ein überraschend niedriger Wert für eine so informierte und umweltbewusste Gesellschaft.

Umweltaspekte gehören zu den wichtigsten Beweggründen für den Kauf von Bio-Lebensmitteln: 84 % der Verbraucher nennen Klima- und Umweltschutz als Hauptmotivation für den Umstieg auf Bio-Produkte. Andererseits bleibt die Preiswahrnehmung von Bio-Waren das größte Kaufhindernis. Dies gilt jedoch deutlich weniger für Bio-Eier, die in Deutschland einen Marktanteil von fast 16 % erreichen. Hier haben sich die Konsumpräferenzen in den letzten Jahren weiter verschoben, vor allem motiviert durch das Tierwohl, das offenbar die Preisbedenken überlagert.

Ein weiterer Faktor für veränderte Konsumpräferenzen ist der Trend zu *ganzheitlicher Gesundheit,* derzeit der weltweit einflussreichste Trend. Früher wurde Gesundheit oft als Abwesenheit von Krankheit definiert. Während dies auch heute noch gilt, umfasst der Begriff *Gesundheit* inzwischen auch mentale und spirituelle Dimensionen neben der körperlichen Gesundheit. Konsumenten weltweit streben nicht mehr nur danach, mehr Jahre zu ihrem Leben hinzuzufügen, sondern mehr Leben zu ihren Jahren. Körperlich, geistig und seelisch gesund zu bleiben, ist zu einem zentralen Motivator und

Veränderungstreiber für Konsumpräferenzen in einer Vielzahl von Produktkategorien geworden – von Lebensmitteln und Körperpflege über Kleidung und Freizeitaktivitäten bis hin zu gesundheits- und fitnessbezogenen Dienstleistungen sowie Medieninhalten.

Die Liste scheint endlos, und in gewisser Weise ist jede Marke des Massenkonsums vom Trend zur *ganzheitlichen Gesundheit* betroffen. In den 1970er und 1980er Jahren mussten Fahrräder klappbar sein, um in den Kofferraum zu passen, denn das Auto war Statussymbol und stand im Vordergrund. Heute werden immer ausgefallenere Modelle stolz am Heckträger des Autos präsentiert. Das explosionsartige Wachstum von E-Bikes in Europa ist ein weiteres deutliches Zeichen für veränderte Konsumpräferenzen, die selbst entlegene Produktkategorien weit über den Bereich Fahrrad und Fitness hinaus beeinflussen. Am wichtigsten ist, dass solche Trends immer einen Wandel in der Geisteshaltung der Konsumenten anzeigen. Eine veränderte Einstellung führt zu veränderten Konsumpräferenzen. Marken, die diese Veränderungen nicht erkennen, könnten in den kommenden Jahren in Schwierigkeiten geraten. Daher ist die Überprüfung der Markenpositionierung im Kontext eines aufkommenden Trends unerlässlich und sollte nicht aufgeschoben werden, selbst wenn die Marke aktuell sehr erfolgreich ist.

Trends bringen Bewegung und Veränderung in jedes Marktsegment, was sowohl etablierte Wettbewerber als auch neue Marktteilnehmer rasch für sich nutzen. Dies kann in kürzester Zeit nachhaltige Folgen für Marke und Geschäft haben. Ende der 1980er Jahre führte ConAgra, ein US-amerikanischer Lebensmittelkonzern, *Healthy Choice* ein, das sich durch Rezepte mit weniger Fett, Natrium und Cholesterin von der Konkurrenz abhob. Mike Harper, der damalige Vorstandsvorsitzende, hatte einen Herzinfarkt erlitten und arbeitete nach seiner Reha gemeinsam mit der FDA an der Entwicklung einer Reihe erschwinglicher Lebensmittel auf Basis gesünderer Rezepte, ohne beim Geschmack – dem wichtigsten Kaufkriterium für Lebensmittel – Kompromisse einzugehen.

Der Zeitpunkt dieser Markteinführung war sensibel, da der Nischenmarkt für gesunde Ernährung gerade dabei war, in den Mainstream überzugehen. Ein Beispiel hierfür war die Supermarktkette *Whole Foods*, die sich rasch in den Vereinigten Staaten ausbreitete. Healthy Choice wurde zunächst mit einem kleinen Sortiment an Tiefkühlgerichten und Aufschnitt eingeführt, erweiterte jedoch schnell sein Produktportfolio und bot eine breite Palette an Fertiggerichten an, die kontinuierlich an die sich wandelnden Geschmacksvorlieben der Verbraucher angepasst wurden. Mit seiner umfangreichen F&E-Kapazität (Forschung & Entwicklung) und starken Handelsbeziehungen verfügte ConAgra zweifellos über die nötigen

Ressourcen, um rasch Listungen und Marktdurchdringung zu erzielen. Weight Watchers und Stouffer's, zwei bedeutende Akteure im Markt für Fertiggerichte damals wie heute, erkannten die Entwicklung nicht früh genug. Aufgrund ihrer komfortablen Marktpositionen reagierten sie nur langsam auf den aufkommenden Trend zu gesunder Ernährung und verharrten in ihrer eigenen Markenpositionierung.

Da beide Marken auf der Kompetenz im Bereich Gewichtsmanagement aufgebaut waren, fühlten sich weder Weight Watchers noch Stouffer's durch den Markteintritt von Healthy Choice bedroht. Allerdings werden die meisten Menschen mit Gewichtsproblemen irgendwann mit gesundheitlichen Problemen konfrontiert, die eine Behandlung erfordern. Dadurch war dieses Konsumentensegment besonders gut informiert und sensibel in Bezug auf Gesundheit und Ernährung. Sie bildeten somit eine zentrale Zielgruppe für das Markenversprechen von Healthy Choice. Wenig überraschend begannen sich die Umsätze zugunsten von ConAgra zu verschieben, sodass sich Healthy Choice rasch am Markt etablieren konnte.

Im Gegensatz zum globalen, ganzheitlichen Gesundheitstrend erkannte Healthy Choice frühzeitig einen aufkommenden Wandel in den Verbraucherpräferenzen und nutzte die Chance. Beide Marktführer versäumten es, die Veränderungen in ihrem etablierten Marktumfeld zu identifizieren, und reagierten zu langsam. Während Weight Watchers und Stouffer's beide im Bereich Gewichtsmanagement konkurrierten, positionierte sich Healthy Choice im Bereich gesunde Ernährung und Geschmack. Sehr wahrscheinlich erschien Healthy Choice dadurch weniger als Bedrohung.

Die Erweiterung der Marktreichweite kann ein weiterer guter Grund sein, die Markenpositionierung und den gesamten Brand Key neu zu überdenken. Etablierte Marken mit einer klar definierten und anerkannten Kompetenz in ihren Kernmärkten können davon profitieren, in neue Marktsegmente vorzudringen. Der Schlüssel zum Erfolg liegt in der *Kernkompetenz*, die genutzt werden kann, um ein differenziertes Angebot in einem bestehenden, aber noch nicht erschlossenen Marktsegment zu entwickeln. Nivea konnte seine ikonische Marke im Bereich Make-up einführen, weil die Kernkompetenz von Nivea – *Pflege* – eine relevante Differenzierung gegenüber den Massenmarkt-Wettbewerbern bot, die sich hauptsächlich auf Schönheit und Stil konzentrierten und Hautpflege nicht explizit als Zusatznutzen von Make-up und Beauty anboten. Marken, die nicht nur durch Marktanteilsgewinne, sondern auch durch Sortimentserweiterungen wachsen, erzielen schneller eine höhere Rendite.

Die korrekte Identifikation und Definition der Kernkompetenz einer Marke (oft gleichbedeutend mit der root strength) ist ein entscheidender

Erfolgsfaktor für eine Markenstrategie, die darauf abzielt, das Markenangebot auf neue Marktsegmente auszuweiten. Milka begann, ihre Markenkompetenz auf der Schokoladentafel aufzubauen. Zunächst wurde das Sortiment von der ursprünglichen Milchschokolade auf Schokoladentafeln mit zusätzlichen Zutaten wie Nüssen, Karamell usw. erweitert und dann das Markenportfolio auf schokoladennahe Kategorien wie Kuchen, Kekse, Eiscreme, Süßwaren und Snacks ausgedehnt, bevor sogar salzige Snacks eingeführt wurden. Die Markenstärke von Milka und die universell anerkannte Kernkompetenz der Marke ermöglichten es der Milka zudem, sich auf temporäre oder langfristige Co-Branding-Aktivitäten einzulassen, wie etwa den mit Milka überzogenen Oreo-Sandwich-Keks. Der *zarteste* Schokoladengeschmack bleibt das zugrunde liegende Versprechen all dieser Sortimentserweiterungen. Er agiert als Differenzierungsmerkmal oder *Discriminator* gegenüber etablierten Markenangeboten in jedem einzelnen Marktsegment, in dem Milka präsent ist.

Jede etablierte Marke, die Stretching-Techniken in Erwägung zieht, um mit dem Ziel zusätzlichen Wachstums ein neues Marktsegment zu erschließen, ist gut beraten, die Definition ihrer Markenpositionierung und Kernkompetenz neu zu überprüfen und ggf. zu schärfen. Es geht dabei nicht darum, alles grundsätzlich zu verändern, sondern zu prüfen, ob die Markenpositionierung den neuen Herausforderungen gewachsen ist und ob ihre Formulierung eine greifbare und eindeutige Richtung vorgibt.

Selbst eine scheinbar klar definierte Marke kann von einer Neudefinition ihrer Markenessenz profitieren, indem sie den Fokus so weiter schärft. In diesem Fall ist die Maßnahme nicht darauf ausgelegt, grundlegende Veränderungen herbeizuführen, sondern das Gesamtverständnis dessen, wofür die Marke steht, weiter zu präzisieren und sowohl intern als auch extern für alle Stakeholder greifbarer zu machen. Eine Klarstellung der Markenpositionierung kann konkrete Vorteile bieten und das zukünftige Markenmanagement operativer zu machen. Wie in Kap. 8 diskutiert, betrachten sich viele der heutigen Marken als gut definiert; dennoch bleiben viele von ihnen zu abstrakt, um eine klare und einheitliche Richtung für Marketingmaßnahmen vorzugeben.

Darüber hinaus ist die Ersetzung der Markenessenz durch einen *selbst-expressiven menschlichen Wert* eine Möglichkeit, eine emotionalere Verbindung zu den Konsumenten herzustellen. Eine Neubewertung der Markenpositionierung kann genau diesem Zweck dienen. Wie wir in Kap. 5 gesehen haben, bauen Konsumenten emotionale Beziehungen zu Marken auf, und die Ersetzung der aktuellen Markenessenz durch einen *selbst-expressiven menschlichen Wert* bewirkt genau dies. Das bedeutet keineswegs, dass Sie ändern, wofür Ihre Marke steht. Sie formulieren es lediglich anders und nutzen das Potenzial selbst-expressiver Werte um Ihre Marke noch stärker zu emotionalisieren.

Es ist absolut sinnvoll, regelmäßig einen frischen Blick auf den *Brand Key* einer Marke zu werfen und dessen zentrale Komponenten ernsthaft zu überprüfen. Ziel ist es nicht, einen Zustand ständiger Veränderung herbeizuführen, was eindeutig kontraproduktiv wäre, sondern sicherzustellen, dass alle gewählten Begriffe, einschließlich der Formulierung der Markenessenz, weiterhin exakt passen und mit allen anderen Grundelementen des Brand-Key-Modells kohärent sind. Eine Markenpositionierung wird erst dann umsetzbar, wenn sie allen Stakeholdern, denjenigen, die die Marke aktiv gestalten und fördern, sowie der Zielgruppe, für die sie bestimmt ist, exakt dieselbe, eindeutige Bedeutung vermittelt. Markenpositionierungen, die abstrakt bleiben, verfehlen dies, was zu inkonsistenter und schwächelnder Markenkommunikation und letztlich zu weniger effektiven, kostenintensiveren Marketingprogrammen führt.

13

Markenkreation: Von Anfang an alles richtig machen

Wie baut man eine Marke von Grund auf auf? Wie lässt sich eine Geschäftsidee in ein tragfähiges Markenversprechen verwandeln, das sich mit einem differenzierten und hochrelevanten Angebot im Wettbewerb behaupten kann? Und wie wird dieses Versprechen in eine Identität übersetzt, die in der Lage ist, die Zielgruppe emotional zu erreichen? Selbst die brillanteste Produkt- oder Dienstleistungsidee wird ihr volles Potenzial nicht ausschöpfen können, wenn sie nicht in ein starkes und wiedererkennbares Markenversprechen transformiert wurde.

Der Aufbau einer Marke von Grund auf betrifft nicht nur Start-ups. Er ist auch für Unternehmen jeder Größe von großer Bedeutung, die ihre Produkt- oder Dienstleistungsangebote als Marke positionieren möchten – und natürlich für die Unternehmenswelt, in der Geschäftsstrategien häufig auf Fusionen und Übernahmen (M&A) basieren. Unabhängig von der Motivation, die zur Schaffung einer neuen Marke führt, gibt es in der Regel eine Vielzahl an Informationen zu verarbeiten und zu bewerten. Die meisten davon wirken zunächst recht abstrakt, da all diese Informationsfragmente bislang nicht miteinander verknüpft wurden, um eine wirkungsvolle Zielgruppenansprache zu ermöglichen. Start-ups müssen sich oft damit begnügen, von einer Produktidee oder – wenn sie Glück haben – von einem ersten Prototypen auszugehen. Es kann ein erstes Konzept für ein neues Dienstleistungsangebot geben oder die Entscheidung des Managements, nach einer Reihe von Fusionen und Übernahmen die Unternehmenskommunikation unter einem gemeinsamen Markendach zu harmonisieren. In all diesen Situationen fehlt es oft vor allem an einer klaren Vision, die die verfügbaren

Informationen zu einer kohärenten, fokussierten Botschaft verknüpft, die sich im logischen Konzept einer Marke und ihrer *Essenz* zusammenfassen lässt.

Im Unternehmen selbst gibt es selten Anhaltspunkte, an denen man sich orientieren könnte, da die zukünftige Marke noch keine Spuren hinterlassen hat. Deshalb erfordert der erfolgreiche Kreation einer Marke in diesen Fällen einen erheblichen Einsatz von Ressourcen und Zeit. Zudem sind die richtigen Werkzeuge und Prozesse notwendig. Markenprojekte üben auf viele Menschen eine große Faszination aus, und die Entscheidung, eine neue Marke zu schaffen und einzuführen, wird häufig zu leichtfertig und ohne die nötige Sorgfalt und Überlegung getroffen. Unter anderem werden die Kosten und Risiken, die mit dem Markenaufbau verbunden sind, oft unterschätzt.

Um diese Risiken zu vermeiden, sollte jede Produkt- oder Dienstleistungsinnovation zunächst unter dem Dach einer bereits bestehenden Marke im Unternehmensportfolio betrachtet werden. In den meisten Fällen ist dies mit etwas Vorstellungskraft und echtem Willen möglich. Die Ergänzung eines bestehenden Markenangebots um eine neue Funktion kann die Marke sogar stärken, indem sie gleichzeitig neuen Wert und Ansehen schafft.

Es gibt natürlich Situationen, in denen die Schaffung einer neuen Marke unumgänglich ist. Dies betrifft alle Unternehmen, die entweder noch keine etablierte Marke besitzen oder deren Marke nicht geeignet ist, ein neues Produktangebot zu tragen. Als Toyota beschloss, in den Markt für Luxuslimousinen einzusteigen, wurde dafür die Marke Lexus geschaffen. Dies war zweifellos eine kluge Entscheidung, da die Marke Toyota kaum das Imagekapital besaß, um sich gegen etablierte Luxusautomarken wie Mercedes-Benz, BMW oder Audi durchzusetzen. Renault hingegen, das mehrfach versucht hat, in das Premiumsegment des Automobilmarktes vorzudringen, scheiterte mit der Marke Renault. Trotz guter Technik und ansprechendem Design wurden weder der Safran noch der Talisman zu ernsthaften Konkurrenten im oberen Marktsegment. Die Automarke Renault, die vor allem für ihre Kleinwagen im günstigen Preissegment bekannt ist, verfügte schlicht nicht über das nötige Markenimage, um in diesem etablierten und sehr exklusiven Marktsegment erfolgreich zu sein.

Ein weiterer Grund für die Schaffung oder den Erwerb einer etablierten Marke kann taktischer Natur sein. Der Volkswagen-Konzern besitzt mehrere Marken, die sich teilweise an dieselbe Kundengruppe richten, wie VW, Audi, Seat und Skoda. Danone konkurriert mit Evian und Volvic auf den internationalen Mineralwassermärkten. In beiden Fällen ist die Doppelstrategie sinnvoll, um einen größeren Anteil am konsolidierten Markt zu gewinnen und den Wettbewerb zu bekämpfen. Zudem waren all diese Marken bereits zum Zeitpunkt ihrer Übernahme stark. Vor ihrer Integration in die jeweiligen Holdinggesellschaften verfügte jede Marke bereits über ein Geschäft, das die Erhaltung des jeweiligen Markenwerts rechtfertigte.

Doch selbst der Besitz einer Marke garantiert keinen Geschäftserfolg. Laut dem US Bureau of Labor Statistics scheitern 20 % der neuen Unternehmen mit Personal bereits im ersten Jahr, und sieben von zehn sind nach nur einem Jahrzehnt wieder verschwunden. Eine klar definierte Marke schützt ein Unternehmen zwar nicht vor dem Scheitern, kann aber die Überlebenschancen deutlich erhöhen. Gerade in Start-ups wird dieser Faktor oft unterschätzt, da die meisten Ressourcen und Energien in die Vorbereitung des Produkt- oder Dienstleistungslaunches fließen. Das bedeutet nicht, dass Start-ups oder produkt- und vertriebsorientierte Unternehmen die Bedeutung von Markenbildung ignorieren, sondern vielmehr, dass ihnen häufig die nötigen Kompetenzen, Ressourcen und die Ausdauer fehlen, um eine Marke aufzubauen.

Eine Geschäftsidee in eine Marke zu verwandeln, bietet zahlreiche Vorteile. Das Angebot wird für die Zielgruppe greifbarer, da die Vorteile klar und nachvollziehbar kommuniziert werden. Markenbildung trägt dazu bei, Bekanntheit und Wiedererkennung aufzubauen – beides wesentliche Elemente im Kaufentscheidungsprozess. Am wichtigsten ist jedoch, dass eine Marke Konsumenten auf emotionaler Ebene anspricht, während Produkte und Dienstleistungen meist auf Funktionalitäten fokussieren. Zudem zwingt Markenbildung Unternehmen dazu, eine Erzählstruktur zu entwickeln, die die oft komplexe Informationsfülle rund um eine Geschäftsidee und ihr Marktumfeld in eine leicht verständliche Story überführt – strukturiert durch eine klar definierte Botschaftshierarchie. Methodisch gibt es praktisch keinen Unterschied zwischen der Schaffung einer Produkt-,[1] Dienstleistungs- oder Unternehmensmarke, auch wenn sich die jeweiligen Prozesse unterscheiden können.

Ein kleines oder mittelständisches Unternehmen oder ein Start-up kann diesen fünfstufigen Prozess nutzen, um vor dem Markteintritt eine Marke zu entwickeln und zu definieren. Der Launch beginnt typischerweise mit der Präsentation im Handel oder – im Fall einer Dienstleistungsmarke – mit der Kommunikation. Jede Marke, die eingeführt wird, muss für diesen Moment optimal vorbereitet und feinjustiert sein.

---

[1] Dabei ist zu beachten, dass der Begriff *Produkt* auch Personen-, Politik- und Destinationsmarken umfasst.

Der erste Schritt im Markenentwicklungsprozess besteht darin, das eigene Produkt oder die Dienstleistung genau kennenzulernen. Ich erwähne dies aus gutem Grund. Man könnte annehmen, dass jeder, der in einer Organisation direkt für die Markenentwicklung verantwortlich ist, das betreffende Produkt oder die Dienstleistung umfassend versteht. In vielen Fällen reicht jedoch ein *umfassendes Verständnis* allein nicht aus. Ich empfehle daher, noch tiefer zu gehen und wirklich jeden Aspekt Ihres Produkts oder Ihrer Dienstleistung zu hinterfragen, es selbst über einen längeren Zeitraum zu erleben, die Produktions- oder Erfüllungsprozesse persönlich zu begutachten und die richtigen Fragen an die Verantwortlichen zu stellen. Seien Sie neugierig und beharrlich. Ihr Ziel sollte es sein, in all diesen Bereichen zum Experten zu werden. Nehmen Sie sich Zeit und finden Sie Wege, das Produkt oder die Dienstleistung vor dem Launch mit Ihrer Zielgruppe zu testen. Holen Sie Feedback von den Testpersonen ein und versuchen Sie, die Erfahrung mit Ihrem Produkt oder Ihrer Dienstleistung auch selbst über einen längeren Zeitraum nachzuvollziehen. Ziehen Sie *Mystery Shopper*-Techniken in Betracht, bei denen Sie selbst als Kunde Ihrer eigenen Produkte und Dienstleistungen auftreten.

Marken funktionieren wie Abkürzungen für das Produkt oder die Dienstleistung, die sie repräsentieren, und die *Versprechen,* die sie der Zielgruppe geben. Die Marke kommuniziert dieses *Versprechen* über ihre erlernten Identitätscodes, die auf das Image und die Stellung der Marke verweisen. Das Marken*versprechen* muss differenzierend und *relevant* sein, das heißt, es muss als Antwort auf ein *wahrgenommenes Zielbedürfnis* verstanden werden. Daher ist das genaue Verständnis der *Bedürfnisse* entscheidend, um das *Markenversprechen* möglichst treffend zu formulieren. Hier wird das Wissen über die Produktionsmodalitäten Ihrer Marke und die Nutzungserfahrung der Konsumenten essenziell. Es hilft Ihnen, die richtigen Worte zu finden, die letztlich die Markenpositionierung in all ihren Schlüsseldimensionen prägen (*wie im Brand Key Modell definiert,* siehe Kap. 8).

Der zweite Schritt im Markenentwicklungsprozess sollte sich auf die Definition der Zielgruppe konzentrieren. Dabei geht es nicht nur um soziodemografische Merkmale, sondern auch um Erkenntnisse aus der Generationenansprache und Psychografie, wie sie in Kap. 9 ausführlich behandelt wurden. Ziel ist es, die Kernzielgruppe Ihrer Marke (das „Bull's Eye") zu definieren und die zugrunde liegenden Motivationsmuster und Einstellungen, die das Verhalten Ihrer Konsumenten bestimmen, vollständig zu verstehen. Das Wissen um die Zielgruppe liefert unverzichtbare Erkenntnisse, um die *Essenz* Ihrer zukünftigen Marke zu gestalten. Dieses Verständnis ist auch in der Phase des Markenverhaltens (Kap. 11) von Vorteil, wenn die

Markenpositionierung in die Markenidentität überführt und in konkrete Marketingmaßnahmen umgesetzt wird.

Der dritte Schritt ist die Analyse der Marken, mit denen Sie im Wettbewerb stehen werden. Der Fokus liegt hier auf den *Marken* und nicht auf Produkten, Dienstleistungen oder Unternehmen. Das Instrument der Competitive Brand Map (Kap. 9) ermöglicht es, die vier Dimensionen zu verstehen, auf denen in jedem individuellen Marktsegment konkurriert wird, und wie genau Ihre Wettbewerber und Ihre eigene Marke dazu positioniert sind.

Viertens kann es interessant sein, Benchmarks sowohl im eigenen Wettbewerbsumfeld als auch in völlig anderen Märkten zu betrachten. STYLEVAN, ehemals ein kleines französisches Familienunternehmen im Burgund, produziert und vertreibt Campingvans auf Basis des Volkswagen T5 oder Renault Traffic. Campingvans sind im europäischen Freizeitreisemarkt sehr gefragt, da sie zahlreiche Annehmlichkeiten auf kompaktem Raum bieten, sich leicht durch enge Altstadtgassen fahren lassen und an Autobahnmautstellen wie Pkw abgerechnet werden. Sie sind deutlich unauffälliger als herkömmliche Wohnmobile, die meist auf kleinen Lkw-Plattformen basieren. STYLEVAN verfügte zwar über einen Markennamen, aber nicht über eine Marke – anders ausgedrückt: Die Marke wurde durch das Produkt selbst und die Kundenbewertungen auf der Unternehmenswebsite definiert. STYLEVAN hob sich nicht wirklich von den Wettbewerbern ab, entsprechend waren die Verkaufszahlen überschaubar auf relativ niedrigem Niveau.

Das Timing war entscheidend, als STYLEVAN beschloss, eine eigene Marke zu schaffen, denn der Markt stand kurz vor einem Aufschwung. Da nur wenig Budget für Konsumentenforschung und Zielgruppendefinition zur Verfügung stand, nutzten wir Online-Diskussionen, um die Zielgruppe zu profilieren und Konsumentenerkenntnisse zu gewinnen (Sentiment-Analyse). Wie in vielen anderen Produktkategorien, etwa Gartenbau oder Haustierhaltung, gibt es auch bei Campingvans sehr aktive Communities, die sich über Reiseziele und ihre persönlichen Erfahrungen mit den Fahrzeugen austauschen. Es zeigte sich, dass die aktuellen Besitzer kurz vor dem Ruhestand standen oder diesen bereits erreicht hatten. Sie waren sehr leidenschaftlich in Bezug auf ihre Vans und alle verwiesen auf eine abenteuerlustige, aber wohl dosierte und keineswegs extreme Grundhaltung.

Diese Erkenntnisse führten zu zwei branchenfremden Marken als Inspirationsquelle: The North Face (Outdoor-Bekleidung) und TAG Heuer (Sportuhren). Beide stammen aus unterschiedlichen Kategorien, hatten jedoch durch gewisse Grundprinzipien eine Vergleichbarkeit zur Welt der Campingvans. Roadtrip-Enthusiasten, wie sie mit Campingvans unterwegs sind, wünschen sich robuste Outdoor-Bekleidung und technische Attribute, die eine *profesionnelle* Produkt Leistung suggerierten. The North Face und TAG Heuer, wie bereits erläutert, boten beides – und in Kombination deuteten sie auf eine mögliche Richtung für die Positionierung der zukünftigen Marke STYLEVAN hin. Beide Markenbeispiele suggerierten zudem den Wert der *Freiheit*, die durch die Leistungsfähigkeit ihrer Produkte in rauen Umgebungen vermittelt wird. Und nicht zuletzt war Freiheit ein klar identifiziertes Bedürfnis der Kernzielgruppe im Campingvan-Segment.

Die meisten von uns gehen nie an ihre Grenzen, aber allein das Wissen, dass die eigene Ausrüstung dies ermöglichen könnte, gibt ein Gefühl von Sicherheit. Diese Form von *Seelenfrieden* (peace of mind) – ein potenziell starker emotionaler Markenvorteil – kristallisierte sich rasch als mögliche Richtung im Markenpositionierungsprozess heraus. Sie hatte eindeutig das Potenzial, STYLEVAN einen Wettbewerbsvorteil zu verschaffen und die Attraktivität der Marke für die Zielgruppe deutlich zu steigern.

Es gab jedoch ein Problem: Die tatsächliche Produktrealität entsprach weder dem Konzept von *Freiheit* noch von *Seelenfrieden*. Die neue Markenpositionierung erforderte eine Veränderung des Produkts. Das ist nicht ungewöhnlich, und gerade zu Beginn des Prozesses können Produktverbesserungen für viele Folgejahre von großem Nutzen sein. Dies ist jedoch schwer zu akzeptieren und bedeutet in der Regel zusätzliche Investitionen und Zeit. Dennoch führen – wie bei Cadum-Duschgels – durch die Markenpositionierung angestoßene Produktanpassungen meist zu einer höheren Kohärenz zwischen Marke und Realität und verschaffen einen spürbaren Wettbewerbsvorteil.

STYLEVAN nutzte die Gelegenheit, seinen Campingvans wichtige Leistungsmerkmale hinzuzufügen, wie etwa eine Energieversorgung aus drei unterschiedlichen Quellen zur Steigerung der energetischen Unabhängigkeit, verbesserte Isolierung gegen Hitze und Kälte, bessere Belüftung durch den neuen Stoff des Aufstelldachs und viele weitere. Innovation verwandelte den STYLEVAN-Campingvan in ein *professionelles Werkzeug* für Offroad-Freizeitabenteurer: ein wahrer Verbündeter für die Freizeitleidenschaften der Zielgruppe. Auch wenn er bereit war, selbst eine ernsthafte *Safari* zu meistern, wurde er meist nur in der Nähe einer der endlosen Strände oder Nationalparks Frankreichs gesichtet. Allein das Wissen um seine Fähigkeit auch eine Safari zu meistern, gab dem Fahrzeug und seiner Marke eine signifikante Differenzierung im Markt.

Benchmarking kann im Prozess der Markenbildung ein wertvoller Verbündeter sein. Es liefert zwar nicht alle Antworten, bietet aber stets greifbare Inspiration und Sicherheit für die Richtung, die die Marken-Positionierung einschlagen könnte. Dennoch darf Benchmarking den Markenentwicklungsprozess, wie in Kap. 8 beschrieben, nicht ersetzen. Die durch den

Brand Positioning Funnel vorgegebene Methodik sowie die dazugehörigen Tools müssen alle vollständig eingesetzt werden, um eine solide und nachhaltige Positionierungsplattform für Ihre neue Marke zu schaffen.

Viele Branding-Experten behaupten, es sei immer noch Zeit, Dinge später zu korrigieren. Das mag zwar stimmen, doch eine schlecht definierte Markenpositionierung bietet möglicherweise später keine Gelegenheit zur Überarbeitung. Wie bei menschlichen Begegnungen zählt meist der erste Eindruck. Es von Anfang an richtig zu machen, zahlt sich nicht nur aus, sondern hält das *Markenschiff* auch auf Kurs. Bedenken Sie, dass eindimensionale Markenpositionierungsplattformen wie ein Prisma wirken, das es jedem im Team ermöglicht, Ideen strategisch im Sinne der Marke und ihrer langfristigen Entwicklung zu entwickeln und umzusetzen. Marken benötigen Konsistenz, um Bekanntheit und Anziehungskraft bei ihrer Zielgruppe aufzubauen. Nur Marken, die für *eine* Sache stehen, stehen wirklich für etwas im Bewusstsein ihrer Zielgruppen.

Vor einigen Jahren entstand eine besondere Art von Marken, die als *Digital Native Vertical Brand (DNVB)* bezeichnet werden. Das Besondere an diesen Marken ist, dass sie *ausschließlich online* agieren – von der Gründung bis zum Markteintritt. Zu einer der ersten dieser Marken zählt Bonobo, eine Modemarke, die 2007 gegründet und lanciert wurde. Diese Marken zeichnen sich durch drei Merkmale aus: Sie sind in der Regel *Pure Player*, die sich auf eine einzige Produktkategorie konzentrieren; ihr Betrieb ist vollständig kostenoptimiert, das heißt, es gibt keine Zwischenhändler, weder Groß- noch Einzelhändler; und sie verkaufen direkt an den Endverbraucher (D2C) und sind vollkommen nutzerzentriert, indem sie das beste Produkt zum besten Preis und mit dem besten Kundenerlebnis anbieten.

Dies ist ein hoher Anspruch, und um diesem dauerhaft gerecht zu werden, ist ein tiefes Verständnis der Zielgruppe erforderlich, das nur wenige traditionelle Marken je erreichen. *DNVB*-Marken sind vollständig datengetrieben. Jede noch so kleine Information, die im Kommunikations- und Verkaufsprozess entsteht, wird verarbeitet und analysiert. Ständiger Dialog und Belohnungsprogramme helfen, dauerhafte Beziehungen aufzubauen. Im Zentrum dieser Marken steht das Nutzererlebnis – durch differenzierte Produktangebote, ein involvierenderes Einkaufserlebnis und einen hochreaktiven Kundenservice. Diese Marken streben den Aufbau von Communities an, die wiederum das gesamte Markenerlebnis bereichern. Bonobo hat kürzlich ein erstes stationäres Geschäft (concept store) eröffnet, nicht zum direkten Kauf, sondern um die Markenwelt erlebbar zu machen und potenzielle Kunden zu beraten. Gerade in der Mode bleibt das Anprobieren vor dem Kauf wichtig. Vermutlich aber stoßen auch diese Marken trotz ihres Innovationspotenzials an ihre Grenzen in der heutigen *phygitalen* Welt, die die Verschmelzung von physischem und *digitalem* Einkaufserlebnis beschreibt.

Ein weiteres Beispiel ist Warby Parker, das 2010 als *DNVB* gegründet wurde. Ähnlich wie IKEA Designmöbel erschwinglich machte, hatten die vier Gründungspartner – allesamt Studenten derselben Business School in Pennsylvania – die Vision, dass gut gestaltete Brillen für alle zugänglich sein sollten. Da der Markt damals von einer exklusiven Gruppe großer Hersteller dominiert wurde, war dies keineswegs der Fall. Das Marken- und Produktkonzept von Warby Parker sorgte daher sofort für eine Disruption des Marktes: das Angebot stilvoller, hochwertiger Korrektionsbrillen zu einem Bruchteil der üblichen Marktpreise. Wie Bonobo ermöglichte das *DNVB*-Modell der Marke, durch Datenerhebung und -analyse aus Interaktionen im Onlineshop und auf Social-Media-Kanälen bei den Konsumenten Fuß zu fassen. Beides erlaubte eine gezielte Konsumentenprofilierung und ein außergewöhnliches, ganzheitliches Nutzererlebnis. Inzwischen verkauft allerdings auch Warby Parker rund 90 % seiner Brillenprodukte über mehr als 230 Filialen in den USA und Kanada.

Warby Parker entschied sich von Anfang an auch für ein Geschäftsmodell des Social Entrepreneurship. Für jedes verkaufte Brillenpaar wird ein weiteres kostenlos an Bedürftige gespendet. Bis Ende 2023 hatte das Programm 15 Millionen Brillenpaare an Menschen in Not verteilt. Und über das Angebot von hochwertigen Korrektionsbrillen hinaus bot die Marke *eine Purpose* und damit eine emotionale Bindung, über die sich die Zielgruppe leicht identifizieren konnte. Laut Unternehmensstatistik erwerben Durchschnittskunden jährlich 1,5 Brillenpaare. Gutes zu tun ist im 21. Jahrhundert tatsächlich ein hervorragender Weg um Wachstum zu generieren. 2017 hat Warby Parker zudem die eigene Produktion mit einem neuen Optiklabor in Rockland County, New York, ins Haus geholt und die Kostenkontrolle weiter optimiert.

Aus dem Nichts gestartet, gewann die Marke Warby Parker rasch an Dynamik – dank ihres differenzierten und hochrelevanten Produkt- und Serviceangebots. Die Marke bot zudem eine emotionale Plattform, die sowohl Konsumenten als auch Investoren eine tiefe Verbindung ermöglichte. Die involvierende Markenerzählung und eine wirkungsvolle Markenmission, die so gestaltet ist, dass sie umsetzbar ist und kontinuierlich anhand von vom Vorstand genehmigten Key Performance Indicators gemessen wird, sorgten für einen starken Schub, der die Markenperformance bis heute antreibt.

Die Welt mit Vision, Sinn und Stil inspirieren ist bis heute das visionäre Leitmotiv, das die Marke seit ihrer Gründung prägt. Am deutlichsten zeigt sich dies im *Buy a pair—give a pair*-Programm; die Mission von Warby

Parker fand insbesondere bei Millennials und der GenZ Anklang, förderte die Markenbindung und baute zusätzliche Loyalität auf. Als Value Brand positioniert, ist die Erfolgsgeschichte von Warby Parker auch eng mit dem Wertekanon der Marke verknüpft, der im Unternehmen konsequent gelebt wird – auch nach dem Börsengang und als zertifiziertes B-Corp Unternehmen! Heute ist Warby Parker kein Einzelfall mehr und steht als Beweis dafür, dass ein alternatives, stärker umverteilendes Geschäftsmodell möglich ist: ein Modell, das den geschaffenen Wert von Anfang an mit einer breiteren Stakeholder-Basis teilt.

Weitere *DNVB*-Marken wie Carbon 38 gestalten nicht nur ihre Online-Kollektion selbst oder in Kooperation, sondern bereichern ihr Angebot auch durch die Kuratierung einer Vielzahl etablierter und aufstrebender globaler Marken. Auch Unilever experimentiert aktuell mit digital nativen Marken, etwa in Form des Dollar Shave Club, einem Online-Abonnementservice für Rasur- und Pflegeprodukte.

Ein weiteres großes Feld der Markenbildung sind Unternehmensmarken. In einer Welt von Allianzen, Joint Ventures, Fusionen und Übernahmen kann eine neue Markenidentität dazu beitragen, eine ansonsten überwältigende Zahl fragmentierter Markenangebote in einer herausragenden Marke zu bündeln, die Kunden, interne Zielgruppen, die Finanzwelt und andere Stakeholder anspricht und eine größere Vision kommuniziert. Corporate Branding wird oft auf ein Logo, einen Slogan und eine Farbpalette reduziert, und Unternehmen vergessen manchmal, dass ihre Kunden Menschen sind, die auch im B2B-Kontext nicht anders agieren und reagieren als Konsumenten. Gemeint ist hier erneut die emotionale Seite des Brandings und der Kaufentscheidungsprozesse, die sich im Kern nur marginal von denen in Konsumgütermärkten unterscheiden – nicht hinsichtlich der einzelnen Touchpoints oder Entscheidungskriterien, sondern in der emotionalen Art, wie Entscheidungen getroffen werden.

Das Repositionieren der Unternehmensmarke im Allgemeinen oder gar die Entwicklung einer neuen Corporate Brand als Ersatz für eine Reihe etablierter B2B-Marken ist weit mehr als die Harmonisierung von Logo und Schriftbild. Kristallklar definiert und auf ein einziges Wort oder einen *Angriffswinkel* verdichtet, gelingt es Unternehmensmarken, oft abstrakte Geschäftskonzepte in fesselnde Botschaften zu übersetzen, die Stakeholdern greifbaren Mehrwert bieten. Auch Unternehmensmarken können – wie FMCG-Marken – positive Markenerlebnisse schaffen, Kunden effektiv binden und Loyalität aufbauen. Während bei B2C-Marken selbst-expressive Werte dominieren, stehen im B2B-Branding funktionale, servicebezogene und ethische Dimensionen im Vordergrund. Die in diesem Buch beschriebenen Methoden, Tools und Prozesse zur Markenbildung gelten auch für die Repositionierung oder Neuschaffung von Unternehmensmarken.

Markenkompetenz, Differenzierung und Relevanz sind im Corporate Branding ebenso wichtige Dimensionen des Markenaufbaus wie bei Konsumgütermarken. Auch Unternehmensmarken profitieren davon, klar zu definieren, wofür sie stehen. Mitunter ermöglicht dies, Unternehmens- und Produktmarkendimensionen vollständig in einem Markenkonzept zu integrieren, das beide tragen kann. Coca Cola, Toyota und Google beispielsweise führen Unternehmensmarken, die diese hybride Funktion erfüllen. Zugegeben, das ist nicht immer möglich, und B2B-Unternehmensmarken verkaufen nicht zwangsläufig Produkte, die direkt für die breite Öffentlichkeit attraktiv sind. Unternehmen, die diese Doppelrolle im Branding nutzen können, gewinnen jedoch an Effizienz und senken in der Regel ihre Kosten.

Die internationale PSA-Automobilgruppe, die vor einigen Jahren mit FIAT Chrysler Automobiles (FCA) fusionierte, hat die neu geschaffene Einheit unter der Marke *Stellantis* neu positioniert. Der Name verweist auf die strategische Vision, die sowohl die Grundlage für diese neue Marke als auch für die fusionierte Gruppe bildet. Mit seinen lateinischen Wurzeln – das Verb *stello* bedeutet *mit Sternen erleuchten* – verweist Stellantis auf die Vision der vereinten Gruppe, die Automobilindustrie mit nachhaltiger Mobilität, Vielfalt und Innovation anzuführen.

Eine Marke mit einer Vision und einem gemeinsamen Wertekanon zu schaffen, ist für einen Konzern mit fast 260.000 Mitarbeitenden in 30 Ländern, 160 Nationalitäten und 20 Marken, die in 130 Märkten verkauft werden, der richtige Weg. Hier besteht die Aufgabe der Marke darin, eine gemeinsame Identität zu stiften und eine homogenere Unternehmenskultur zu fördern, die Kommunikation, gegenseitiges Verständnis und Akzeptanz erleichtert. Unternehmens- und Produktmarken existieren nebeneinander und unterstützen sich gegenseitig in ihrer Außenwirkung. Visuell und phonetisch vermittelt die Marke *Stellantis* mit dem dunkelblauen Logo und einer modernen, futuristischen Schrift Stärke und Vertrauen, während die Anordnung weißer Punkte auf die Sterne der *Stellantis*-Galaxie anspielt. Stellantis hat sich für einen *House of Brands*-Ansatz entschieden, um die Vielzahl seiner Produkt- und Servicemarken zu organisieren (siehe Abb. 13.1).

Die Markenentwicklung von *Stellantis* ist ein Beispiel für die erste Stufe des Brandings in der Unternehmenswelt. Die neue Marke verweist auf die Ambitionen des fusionierten Unternehmens und gibt einige allgemeine strategische Richtungen für interne und externe Zielgruppen vor. Sie übersetzt die Unternehmensvision und hat einen Wertekanon formuliert, der allen Stakeholdern des Konzerns Orientierung und Sicherheit bietet. Doch

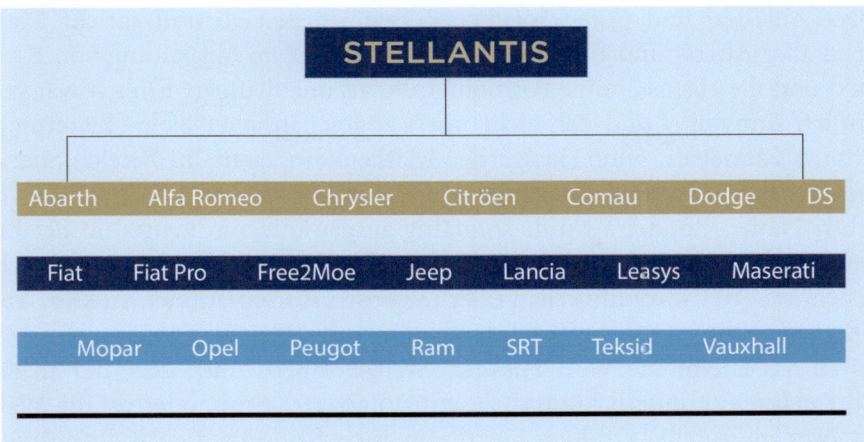

Abb. 13.1 Stellantis *House of Brands*. (Eigenes Bild des Autors)

im Corporate Branding steckt mehr Potenzial als in Namensgebung, Vision und Werten. Unternehmensmarken können mehr anstreben als nur eine geschäftliche Vision. Der Aufstieg zur *Purpose Brand* würde *Stellantis* zusätzlichen Auftrieb verleihen und dazu beitragen, als Führungsvision für die Mitarbeitenden sowie als Anreiz für externe Talente zu dienen. Um die Marke *Stellantis* auf die nächste Stufe zu heben, wäre eine gründliche Analyse des kombinierten Markenwerts der Gruppe erforderlich, um das Attribut zu identifizieren, das Differenzierung ermöglicht und eine Kompetenz beansprucht, die wiederum zur Entwicklung des Purpose genutzt werden könnte.

Purpose Branding ist in der Unternehmenswelt weniger verbreitet; dennoch ist Purpose genau das, was die heutigen Konsumentengenerationen erwarten. Theoretisch verfügt jedes Unternehmen, ob klein oder groß, über die Voraussetzungen, eine Markenkompetenz zu definieren und diese in einen einzigartigen und relevanten *Purpose* zu übersetzen. Natürlich erfordert dies Ressourcen, Zeit und Fachwissen. Doch eine stärkere, relevantere Marke zahlt sich immer aus, indem sie für eine klarere Marktpositionierung und eine höhere Motivation der internen Teams sorgt – auch im Unternehmensumfeld.

Die Unternehmensmarke *Mondelez* wurde 2012 nach der Abspaltung der Snack-Sparte von Kraft Food Inc. gegründet und besteht weiterhin als Unternehmensmarke im Lebensmittelmarkt. Heute ist *Mondelez* eines der weltweit größten Unternehmen im Bereich Snacks, mit Marken wie Riz, Oreo, Belvita, Tuc, Cadbury und Milka, um nur einige zu nennen. Mit seinem umfangreichen Markenportfolio deckt Mondelez eine Vielzahl von

Snack-Anlässen und unterschiedlichen Bedürfnissen ab und spricht Menschen aller Alters- und Einkommensgruppen an. Die Abspaltung von Kraft Food und die eigenständige Positionierung als unabhängige Einheit war vermutlich sinnvoll – und das nicht nur aus geschäftlicher Sicht. Sie ermöglichte es Mondelez, seine einzigartige Markenkompetenz im Bereich Snacks noch deutlicher zu beanspruchen.

Der Name Mondelez wurde sorgfältig ausgewählt, um neutral in der Bedeutung, leicht auszusprechen und – was für eine globale Marke am wichtigsten ist – frei von kulturellen oder religiösen Konnotationen zu sein. Von außen betrachtet ist es schwer zu sagen, ob der Name bewusst aus *mond*, das an das lateinische Wort *mundus* (Welt) erinnert, und *delez*, das an das Wort *delicious* erinnern könnte, zusammengesetzt wurde oder ob die Wahl des Namens zufällig erfolgte. Für die meisten Konsumenten weltweit wird der Markenname Mondelez jedoch vermutlich einfach als klangharmonisch und ohne spezifische Assoziationen wahrgenommen.

Im Gegensatz zu *Stellantis* hat *Mondelez* den nächsten Schritt gemacht und eine Vision für seine Marke definiert. Für viele Konsumenten ist Snacking eine ambivalente Tätigkeit, da Menschen zunehmend versuchen, Genuss und Gesundheit in Einklang zu bringen. Aufbauend auf seiner einzigartigen Kompetenz in verschiedenen Snack-Formen gelang es Mondelez, einen Marken-Purpose zu definieren: *empowering people to snack right*. Angesichts der zahlreichen Snack-Optionen, die diese Unternehmensmarke bietet, ist dies glaubwürdig, auch wenn weniger offensichtlich ist, inwieweit die Snack-Marken tatsächlich zu ausgewogeneren Entscheidungen beitragen. Aus Markensicht war es jedoch der richtige Schritt, Mondelez zur Purpose Brand zu machen. Dadurch erhält die Marke eine gesellschaftliche Rolle, die sowohl für Mitarbeitende als auch für externe Stakeholder – die beiden wichtigsten Zielgruppen von Unternehmensmarken – Sinn stiftet.

Etablierte Marken durch Umbenennung neu zu erfinden, Marken von Grund auf zu schaffen oder eine Unternehmensmarke zu entwickeln, um die Herausforderungen eines fragmentierten Markenportfolios und divergierender Unternehmenskulturen zu überwinden, erfordert stets sehr ähnliche intellektuelle Branding-Prozesse.

Der Brand Positioning Funnel bietet den methodischen und strukturierten Rahmen für die Entwicklung all dieser Marken. Er führt zur Definition des *einen Wortes,* für das eine neue Marke letztlich stehen wird – und das auf eine zeit- und kosteneffiziente Weise.

14

B2C- versus B2B-Marken

B2B-Marken (Business-to-Business) richten sich, wie der Name schon sagt, an profesionelle Zielgruppen. Dennoch identifizieren sich auch B2B-Zielgruppen ebenfalls überwiegend auf emotionaler Ebene mit Marken, wie wir später sehen werden. B2B-Zielgruppen suchen nicht nur nach Produkten oder Dienstleistungen, die bestimmte Spezifikationen erfüllen, sondern auch nach einem langfristigen Geschäftspartner. Dies stellt einen wesentlichen Unterschied zum B2C-Branding dar, bei dem Konsumenten weniger Wert auf langfristige Beziehungen legen. Aus Sicht der Zielgruppe wird die Interaktion mit B2B-Marken daher häufig als risikoreicher und stärker involvierendes Vorhaben wahrgenommen.

Wenig überraschend ist auch der Entscheidungsprozess in der B2B-Welt deutlich länger und komplexer. Im Durchschnitt benötigen Einkaufsverantwortliche 7,5 Monate, um einen dreistufigen Prozess zu durchlaufen: Recherche potenzieller Lieferantenmarken, Erstellung einer Shortlist für Angebotsanfragen und abschließende Entscheidungsfindung. Bei Millennials und GenZ-Professionals kann man weitere drei Monate hinzurechnen, da diese im Vergleich zu früheren Generationen gewöhnlich noch mehr Daten zur Entscheidung heranziehen.

Auch der Entscheidungsprozess selbst ist bei B2B-Zielgruppen komplexer und vielschichtiger als bei Konsumenten. In B2B-Märkten wird die Entscheidung in der Regel von einer variierenden Anzahl an Personen mit unterschiedlichen Verantwortungsgraden, Bewertungskriterien und teils divergierenden Präferenzen getroffen. Einer aktuellen Umfrage von B2B International, einem auf Business-to-Business spezialisierten Marktforschungsunternehmen, zufolge verfügten 50 % der Unternehmen mit mehr als 250 Mitarbeitenden über Entscheidungsgremien (Decision Making Units – DMU) von mehr als vier Personen. Auch sprechen B2B Marken im Vergleich zu den B2C-Märkten eine deutlich kleinere Kundenzahl an. Von Schlüsselkunden bis zu kleinen Auftraggebern unterscheidet sich die numerische Größe der Zielgruppe und hebt diese Marken von Konsumgütermärkten ab. Dennoch sind die Entscheidungsträger in diesen Prozessen Menschen (zumindest bislang), und als solche bauen wir allesamt emotionale Beziehungen zu Marken auf. In dieser Hinsicht unterscheiden sich B2B-Marken nicht von B2C-Marken.

Einkaufsverantwortliche, Einkäufer oder Führungskräfte verfügen alle über definierte Anforderungskataloge, etwa technische Spezifikationen oder spezifische Kompetenzen im Dienstleistungsbereich. Neben der reinen Produktleistung werden häufig auch Faktoren wie Produktivität, Innovationsfähigkeit, Beschaffung und ROI (Return on Investment) gemäß dem jeweiligen Spezifikationsprozess betrachtet. Auch wenn rationale Logik und harte Fakten meist die Haupttreiber sind, besteht bei diesen Personen ebenso ein Bedürfnis nach Vertrauen, Zuversicht, Verlässlichkeit und *Stolz*. Im B2B-Branding können diese emotionalen Faktoren bei vergleichbarer Leistungsfähigkeit den Ausschlag für eine bestimmte Marke geben.

Wir haben den psychologischen Prozess der *rationalen Untermauerung* bei emotionalen Markenentscheidungen im B2C-Branding bereits diskutiert (Kap. 3). Konsumenten, die sich primär über emotionale Dimensionen mit Marken identifizieren, benötigen in bestimmten *risikoreichen* oder *hoch involvierenden* Kaufsituationen *rationale* Produkt- oder Dienstleistungsinformationen, um ihre Entscheidung mental abzusichern. Premium- oder Luxusmarken setzen aus genau diesem Grund auf rationale Botschaften neben Imagewerbung. Im B2B-Branding ist dieses Prinzip umgekehrt: Eine gut entwickelte B2B-Marke sollte die *emotionale Untermauerung* im überwiegend rationalen Entscheidungsprozess liefern. Im Branding haben Emotion und Funktion stets eigenständige Rollen, die je nach Fall variieren können; beide sind jedoch im Entscheidungsprozess relevant und keine funktioniert ohne die andere beim Abschluss eines Geschäfts.

Spezifikationen bei B2B-Käufen sollen die Entscheidungsfindung objektiver gestalten. Unterscheidbare Leistungskriterien, Verfügbarkeit und Preisgestaltung bilden u. a. die Grundlage jedes Entscheidungsprozesses. Daher erscheinen diese Prozesse auf den ersten Blick funktionaler und stärker daten- bzw. informationsgetrieben. Man könnte also annehmen, dass die Entscheidungsfindung objektiver ist. Das trifft zwar im Allgemeinen zu, doch auch die rationale Argumentation hat ihre Grenzen. *Impulskäufe,* wie sie im Massenkonsum häufig vorkommen, sind im B2B-Beschaffungswesen selten; hier ist die detaillierte Bewertung von Konkurrenzangeboten Standard. Zumindest solange sich die Beziehung und letztlich die Markenloyalität noch in der Aufbauphase befinden. Dennoch ist emotionale Entscheidungsfindung im B2B häufiger, als man denkt. B2B-Zielgruppen haben ein starkes Interesse daran, nicht nur eine Produkt- oder Dienstleistungsmarke, sondern auch einen verlässlichen Geschäftspartner für die langfristige Zusammenarbeit zu finden. In manchen Branchen können deshalb Beschaffungs- und Spezifikationsprozesse mehrere Jahre dauern; ist die Entscheidung gefallen, besteht immer auch weiterhin das Bedürfnis an einer langfristigen Beziehung zur B2B-Marke.

Vertrauen, Zuversicht und Verlässlichkeit sind unverzichtbar für den Aufbau langfristiger Beziehungen im B2B-Branding. Alle drei sind emotionale Auslöser. In jedem Markt können Wettbewerbsangebote die im Spezifikationsprozess geforderten Leistungsniveaus erreichen oder sogar übertreffen. Genau in diesem Moment entfaltet die B2B-Marke ihre ganze Kraft und beeinflusst die finale Entscheidung auf emotionaler Ebene.

Beim Aufbau von Beziehungen ist die Produkt- oder Dienstleistungsleistung zwar zentral, aber nicht annähernd so bedeutsam wie die emotionalen Dimensionen von Vertrauen, Verlässlichkeit, Zuversicht, Ehrlichkeit, Transparenz und zunehmend auch die Nachhaltigkeitsaspekte gemäß den 17 SDGs (Sustainable Development Goals der Vereinten Nationen). In der Realität läuft nicht immer alles reibungslos und Qualitätsprobleme können in jeder Branche auftreten. B2B-Marken, die starke emotionale Bindungen zu ihren Kunden aufgebaut haben, werden solche Phasen in der Regel besser überstehen.

Mehrere aktuelle Studien unterstreichen die Bedeutung emotionaler Faktoren im B2B-Branding und legen nahe, dass diese Merkmale eine größere Rolle spielen als bisher angenommen. Eine von B2B International, einem globalen Marktforschungsunternehmen, 2019 durchgeführte Umfrage unter rund 2000 mittelständischen und großen Unternehmen in den USA, China, Spanien, Deutschland, Frankreich und Großbritannien ergab, dass 56 % der Entscheidungen in professionellen Beschaffungssituationen emotional motiviert sind. Emotionale Markenmerkmale erwiesen sich insbesondere bei der erstmaligen Aufnahme auf die *Shortlist* potenzieller Lieferanten und in der finalen Phase der Customer Journey als entscheidend.

B2B-Zielgruppen stützen ihre Entscheidungen sowohl auf rationale als auch auf emotionale Faktoren. Objektivität und Subjektivität dominieren in unterschiedlichen Phasen des Entscheidungsprozesses, wobei beide gleichermaßen erfolgsentscheidend sind. Die Forschung von B2B International identifizierte vier Dimensionen, die Entscheidungsprozesse im B2B über emotionale Auslöser steuern: *Vertrauen, Zuversicht, Optimismus* und *Stolz*. In all diesen Bereichen zeichnen sich gut positionierte Marken in der Regel aus.

B2B-Marken basieren auf einer spezifischen Kompetenz, einem Fachwissen oder Know-how, das das Bild einer verlässlichen und konsistenten Leistung von Produkt- oder Dienstleistungen beim Kunden stützt. Sowohl Konsistenz als auch Verlässlichkeit machen Geschäftsbeziehungen berechenbarer und fördern so die Wahrnehmung von *Vertrauen*. Wie bei B2C-Marken muss die Markenkompetenz in eine Markenessenz übersetzt werden, die definiert, wofür die Marke steht. Eine B2B-Marke, der es gelingt, ihre Bedeutung auf *ein Wort* oder einen eindimensionalen Fokus zu reduzieren, kann sich deutlicher von Wettbewerbern abheben, an Profil gewinnen und so Vertrauen schaffen. Wie die oben genannte Studie zeigt, ist Markenvertrauen bereits in einer frühen Phase des Auswahlprozesses entscheidend, zumal statistisch betrachtet meist nur zwei Anbieter im relevanten Set des Kunden in die Angebotsphase gelangen.

Zuversicht ist eine weitere emotionale Dimension, die Marken vermitteln. Kaufentscheidungen in B2B-Märkten sind professionelle Handlungen und im Gegensatz zu B2C-Entscheidungen werden Einkäufer an den Ergebnissen gemessen, die ihre Entscheidungen für das Unternehmen bringen. Beim Kauf einer wenig leistungsfähigen Konsummarke steht für niemand der Job auf dem Spiel. Im B2B erhöht sich dadurch der psychologische Druck erheblich, und der Kauf bei einer bekannten und bedeutenden Marke reduziert das wahrgenommene Risiko. Für die Wahl des Marktführers wird ein Einkäufer selten kritisiert. Dies ist ein wichtiger Faktor im B2B-Branding und ein zentrales Argument, das eigene Geschäftsangebot zu einer starken und differenzierten Marke auszubauen.

B2B-Marken sind zudem in der Lage, durch ihre Werte und Markenpersönlichkeit *Optimismus* zu vermitteln. Die genannte Studie zeigte, dass Entscheidungsträger in B2B-Organisationen Marken bevorzugen, die einen positiven Beitrag zum Geschäftserfolg auf mittlere bis lange Sicht erwarten lassen. Eine zentrale Aufgabe des B2B-Brandings ist es, langfristige Beziehungen zu den Kunden eines Unternehmens aufzubauen und zu pflegen. Starke B2B-Marken leisten genau das. Ihre klare Markenpositionierung ermöglicht es ihnen, Markenprofil, Kompetenz und einzigartiges Know-how zu nutzen. Dadurch steigt die Wahrscheinlichkeit, aktiv zur zukünftigen Geschäftsentwicklung des Kunden beizutragen. Dies fördert Präferenzen und festigt die Beziehung nachhaltig.

Stolz ist der vierte emotionale Wert, den B2B-Marken vermitteln. Wie in vielen Lebensbereichen möchten Menschen mit Gewinnern und nicht mit Verlierern assoziiert werden. Allerdings gibt es in jedem Marktsegment nur wenige echte Marktführer, und für die meisten B2B-Marken ist es ein weiter Weg dorthin. Dennoch hat jede Marke einmal klein angefangen, und ich bin überzeugt, dass es nicht entscheidend ist, ob man Nummer drei oder vier im Markt ist. Im Branding zählt vor allem, welchen Eindruck eine Marke bei ihrer Zielgruppe hinterlässt. Zusammengenommen ermöglichen diese Eindrücke den Zielkunden, sich im Laufe der Zeit eine Meinung über die Marke zu bilden. Markenleistung, differenzierende und relevante Positionierung, visuelle Identitätscodes und Botschaften schaffen diese Eindrücke oft schon vor dem ersten persönlichen Kontakt.

Der Aufbau von Markenbekanntheit wird im B2B-Marketing häufig vernachlässigt. Die für die Steigerung der Bekanntheit von B2B-Marken bereitgestellten Budgets sind nur ein Bruchteil der Ausgaben für B2C-Marken. Dennoch ist Markenbekanntheit im B2B-Branding genauso wichtig wie im Konsumgüterbereich. Gleichzeitig ist der Aufbau von Markenbekanntheit im B2B-Bereich leichter zu erreichen, da die Zielgruppen klarer abgegrenzt und über direkte oder maßgeschneiderte Marketinginstrumente sowie Social-Media-Kanäle wie YouTube, LinkedIn und in bestimmten Fällen Instagram gezielt angesprochen werden können. Eine Marke, die sich ihrer Zielgruppe nicht bekannt macht, wird es schwer haben, auf die Shortlist oder in den Spezifikationsprozess aufgenommen zu werden.

Um eine B2B-Marke erfolgreich aufzubauen, empfiehlt es sich für Unternehmen, zunächst auf die Unternehmensmarke zu setzen. Die Entwicklung einer Markenpositionierungsplattform und die Etablierung einer neuen Marke am Markt sind kosten- und zeitintensive Vorhaben, die erhebliche personelle und finanzielle Ressourcen sowie spezifische Branding-Kompetenz erfordern. In den meisten Fällen kann eine Unternehmensmarke im B2B-Bereich das gesamte Produkt- oder Dienstleistungsangebot stützen. Zusätzliche Markenentwicklungen auf nachgelagerten Ebenen sollten daher nachrangig behandelt werden. Wie wir gesehen haben, werden B2B-Kunden durch Vertrauen und Zuversicht motiviert – und diese beiden emotionalen Werte beziehen sich auf die Unternehmensmarke und das dahinterstehende Unternehmen.

Es ist wichtig zu bedenken, dass B2B-Marken nicht nur aus einem Logo, einem Slogan und einem Farbcode bestehen. Für erfolgreiches B2B-Branding ist ein ähnlich hoher Aufwand und eine ebenso analytische Herangehensweise wie bei B2C-Marken erforderlich. Auch diese Marken benötigen Substanz und eine starke Botschaft, um erfolgreich zu sein. Ausgangspunkt für die Entwicklung der B2B-Markenpositionierung ist die Kernkompetenz des Unternehmens, sein Fachwissen oder spezifisches Know-how, das es von allen Wettbewerbern unterscheidet. Im B2B-Branding kann diese Kompetenz durch ein einzigartiges Produktmerkmal oder eine Technologie, eine Methodik oder eine durch Erfahrung und Best Practice erworbene Expertise definiert sein. Es ist entscheidend, diese Kompetenz in den Vordergrund zu stellen und sie zu nutzen, um zu definieren, wofür die künftige Marke stehen soll – idealerweise mit einem einzigen Wort, der Markenessenz. Die Methodik hierzu wurde in Kap. 8 behandelt.

Wie bei B2C-Marken muss auch die Markenpositionierung einer B2B-Marke sowohl differenzierend gegenüber dem Wettbewerb als auch für die Zielkunden relevant sein. Sie können ein einfaches Schema verwenden, um den Prozess zur Definition Ihres USP (Unique Selling Proposition; siehe Abb. 14.1) zu unterstützen.

Sobald die Markenessenz definiert ist, können Sie ein Werteset entwickeln, das Ihre B2B-Marke repräsentiert und prägt und maßgeblich zur Definition oder Anpassung Ihrer Unternehmenskultur beiträgt. Es kann zudem sinnvoll sein, die Benefits, die Ihr Markenangebot potenziellen Kunden bietet, herauszuarbeiten. Eine frühzeitige Klärung der Benefitargumente wird später Ihre Verkaufsargumentation stärken und die Differenzierung Ihrer Marke zusätzlich hervorheben. Allzu oft begnügen sich B2B-Marken damit, Produkt- und Serviceattribute zu betonen, ohne diese in konkrete materielle oder immaterielle Benefits für ihre Kunden zu übersetzen.

Um den B2B-Markenaufbau professionell umzusetzen, können Sie sich – wie bei jeder B2C-Marke – auf den Brand Positioning Funnel und das dazugehörige Tool stützen. Die Methodik zur Entwicklung oder Neudefinition einer B2B-Marke bleibt gleich; lediglich die eingesetzten Informationen und Daten unterscheiden sich. Erst wenn die Markenpositionierung vollständig geklärt und definiert ist, kann die Markenidentität entwickelt werden.

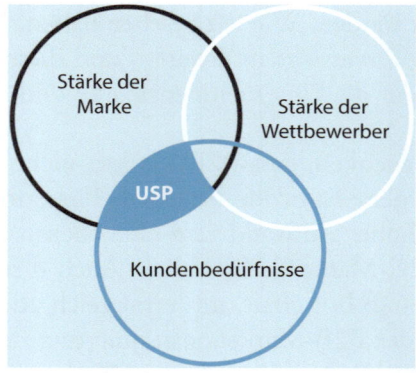

Abb. 14.1 Standard-USP-Modell. (Eigene Darstellung des Autors)

Das Briefing hierfür ist die Markenpositionierung. Markenessenz, Werte und Markenpersönlichkeit müssen nun in visuelle Elemente, gegebenenfalls einen Markenslogan, idealerweise eine Vision und Mission und in bestimmten Fällen auch in den Markennamen selbst übersetzt werden.

Das Naming spielt im B2B-Branding aus mehreren Gründen eine wichtige Rolle. Der gewählte Name sollte frei von kulturellen und/oder religiösen Konnotationen sein, um auch außerhalb des Heimatmarktes einsetzbar zu sein. Phonetisch ausgewogen, ansprechend und idealerweise mit einer gewissen Logik versehen, unterstützt der Markenname die Storytelling-Aktivitäten der Marke. Dies wiederum fördert die Identifikation mit der Marke und begünstigt die Markenbindung. Der Name hat zudem einen erheblichen Einfluss auf interne Zielgruppen und die Arbeitgebermarke. B2B-Markennamen, die eine Geschichte erzählen und leicht zu merken sind, leisten einen wesentlichen Beitrag zum Markenbekanntheitsaufbau (siehe Stellantis oder Mondelez in Kap. 13).

Auch B2B-Marken profitieren von einer Markensignatur, die in einer alltagstauglichen und einprägsamen Formulierung verdeutlicht, wofür die Marke steht. Wie bei jeder Marke wird sich eine Signatur nicht ohne Weiteres im kollektiven Gedächtnis einer Nation oder Zielgruppe verankern; dennoch bietet sie stets großes Potenzial als *Sprungbrett,* um die Markenstory einzuleiten. Und natürlich hilft sie intern wie extern, sich daran zu erinnern, wofür die Marke steht und inwiefern sie relevant und anders als der Wettbewerb ist.

Im B2B-Bereich gibt es zwei unterschiedliche Ebenen des Brandings. Unternehmens- oder Corporate Brands definieren das Markenwertpotenzial der *Lieferantenmarken,* während *Produktmarken* den Markenwert auf *Objekt- oder Serviceebene* liefern. Einige Unternehmen entwickeln zudem eine Zwischenebene als *Produkt- oder Servicekategorie-Marke,* was jedoch schnell unübersichtlich und verwirrend werden kann. Die Beschränkung auf zwei Markenebenen und die Nutzung eines einfachen Deskriptors für die Kategorieebene ist eine schlankere und dennoch effiziente Lösung. Wie bereits betont, liegt die größte Hebelwirkung von B2B-Marken auf der Unternehmensebene. FEDEX ist ein perfektes Beispiel für den einheitlichen Markenansatz (siehe Abb. 14.2). Die Marke FEDEX vereint alle Service-Marken des Unternehmens, indem sie zur Differenzierung auf Submarkenebene einen kurzen Deskriptor verwendet. Die FEDEX-Dachmarke sorgt für die Hauptpräsenz im Markt der Lieferdienste, während die Submarken auf spezifische Zielgruppenbedürfnisse ausgerichtet sind. So hat sich FEDEX von einem *Haus einzelner, voneinander unabhängiger Marken* zu ein *Branded House* ent-

Abb. 14.2 Prinzip eines Branded House. (Eigene Darstellung des Autors)

wickelt, in dem nur eine Marke alle Anforderungen eines Dienstleisters mit sehr vielfältigem Angebot abdeckt.

Die Konzentration der Mittel auf die Unternehmensebene ist zudem kosteneffizienter. Starke Marken erzeugen hier einen Halo-Effekt über alle untergeordneten Produkt- oder Servicemarken hinweg. Dieses Markenprinzip findet sich auch häufig im B2C-Bereich. Nike beispielsweise, das Hunderte verschiedener Produkte verkauft, entwickelt selten eigenständige Produktmarken (Air, Dunk, Free), und wenn doch, ist der Markenname Nike immer Teil davon (Nike Air etc.). So kann die Marke Nike dem gesamten Produktportfolio eine starke Rückendeckung geben, wobei jede Referenz primär unter dem Namen Nike geführt wird. Auf diese Weise ist eine starke und etablierte Marke in der Lage, Hunderte von namenlosen Produkten zu verkaufen, weil alle vom Nike-Dachmarkenimage profitieren.

Natürlich haben Marken auf Produkt- oder Serviceebene auch ihre Berechtigung, ihr Einfluss bleibt jedoch begrenzt. Im Allgemeinen können B2B-Marken auch auf dieser Ebene bei den Zielgruppen einen gewissen Bekanntheitsgrad erreichen. Dies geschieht jedoch meist erst nach vielen Jahren am Markt. Keine einzelne Marke besitzt das Monopol auf Innovation. Eine Produktmarke, die von einer Wettbewerbsentwicklung eingeholt oder übertroffen wird, verliert an Zugkraft und einen Teil der in sie investierten Mittel. Deshalb erweisen sich Corporate-Dachmarken, die das Produkt- oder Serviceangebot tragen, als widerstandsfähiger gegenüber Marktturbulenzen. Dennoch fordert das Branding einzelner Produkte oder Services unterhalb der Corporate B2B-Dachmarke dazu heraus, die jeweiligen Nutzenargumente für potenzielle Kunden klar herauszuarbeiten – was wiederum ein Vorteil für die Verkaufsargumentation sein kann.

Ein weiterer wertvoller Nebeneffekt des B2B-Brandings besteht darin, dass der Prozess – sorgfältig und gewissenhaft durchgeführt – zu einer Vision für das Unternehmen und seinen Markt führen kann. Diese Vision kann in die Definition eines Purpose münden, der die B2B-Marke zusätzlich emotionalisiert, insbesondere für die Generationen der Millennials und GenZ, die inzwischen ebenfalls in Entscheidungspositionen aufgestiegen sind.

Tarkett, einer der weltweit führenden Bodenbelagshersteller mit Wurzeln in Schweden, entschied sich 2013 für den Börsengang. Die Gruppe hatte 1997 den Markennamen Tarkett übernommen und war seitdem organisch sowie durch Mergers & Acquisitions (M&A) gewachsen. Um das lokale oder regionale Geschäft zu schützen und die Unternehmenskulturen der übernommenen Einheiten nicht zu stören, behielt die Gruppe die meisten akquirierten Marken im schnell wachsenden Markenportfolio bei. So entwickelte sich Tarkett schrittweise zu einem *House of Brands*.

Hinter diesen Akquisitionen stand eine klare Strategie, die es der Gruppe ermöglichte, geografische Reichweite und Bodenbelagskompetenz zu gewinnen und schließlich ein breites Spektrum an Bodenbelagsprodukten und -dienstleistungen anzubieten – von Vinyl über Linoleum, von Schicht- bis Massivholz, von Teppichböden bis hin zu Kunstrasen, Laufbahnen und Tennisplätzen. Tarkett verkaufte in erster Linie an B2B-Kunden mit großem Volumenbedarf, wie Einzelhandels- und Einkaufszentren, Bürogebäude, Krankenhäuser, Hotels, Flughäfen und Sportstätten. Die Marke betreibt zudem eine B2C-Sparte, allerdings in begrenztem Umfang, hauptsächlich über Distributoren wie Baumärkte und Teppichspezialisten.

Zu diesem Zeitpunkt war das Markenportfolio von Tarkett ebenso vielfältig wie das Produktangebot. Obwohl die Marke eine eigenständige Identität entwickelt hatte, fehlte es an einer strategischen Botschaft. Im Zuge der Vorbereitung auf den Börsengang an der EuroNext-Börse in Paris erkannte Tarkett die Notwendigkeit einer differenzierteren Corporate-Brand-Positionierung, die auch die B2B-Zielgruppen anspricht. Darüber hinaus konnte der neu definierte Markenwert von Tarkett einen erheblichen Beitrag zur Bewertung des Börsengangs bei der EuroNext-Einführung leisten.

Mit seinen schwedischen Wurzeln konnte Tarkett auf 130 Jahre Erfahrung im Bereich Bodenbeläge zurückblicken und verfügte über das weltweit diversifizierteste Produktangebot in diesem Segment. Als Weltmarktführer war das Unternehmen zudem ein sehr erfahrener Anbieter mit hoher Expertise und dem größten Angebot an unterschiedlichen Bodenbelagsarten am Markt. Nicht zuletzt haben Böden ein enormes Potenzial, Räume zu transformieren. Mehr noch als Wände ermöglichen sie es, mit Farben und Mustern zu spielen und bieten Innenarchitekten nahezu unbegrenzte Möglichkeiten an der Schnittstelle von Design und Funktionalität, um ihre Ideen und Konzepte umzusetzen.

Aus Markensicht kristallisierte sich Tarkett's Fähigkeit, einzigartige *Erlebnisse* (Experiences) zu bieten und zu schaffen, rasch als zentrales Merkmal heraus, auf dem die Marke aufgebaut werden konnte. Die Marke gehörte zu den erfahrensten am Markt, bot unvergleichliche Erfahrung und Knowhow in Produkten und Dienstleistungen und ermöglichte mit ihrem breiten Sortiment Erlebnisse oder Wahrnehmungen zu kreieren, die das Potenzial hatten, die *Lebensqualität* in den von Tarkett ausgestatteten Räumen zu verbessern.

Experience wurden zur Essenz der Marke und in einem neuen Markenslogan zusammengefasst: *the ultimate flooring experience.* Diese Neuausrichtung ermöglichte es, die in die Jahre gekommene Markenidentität von Tarkett zu modernisieren und die weiteren B2B-Marken der Gruppe durch neue Designcodes und neu definierte Markenrichtlinien sanft zu integrieren, ohne gleichzeitig deren Markennamen zu verändern. Darüber hinaus bot die Markenpositionierung ein weiteres Potenzial, das das Management von Tarkett schnell erkannte: Sie ermöglichte eine differenzierende Vision, die die Marke für die gesamte Branche beanspruchen konnte. Diese Vision verwandelte Tarkett von einem einfachen *Bodenbelagsanbieter* zu einem Anbieter von *lebensaufwertenden Experiences.*

Durch die Markenrepositionierung hat sich Tarkett zu einer B2B-Marke entwickelt, die aktiv ihre Vision als *Thought Leader* (führend in Weitsichtigkeit) vertritt. Ein greifbarer Beweis dafür war die schnelle Eröffnung eines ersten Concept Stores und eines großen Showrooms in Paris, wo sich auch die Unternehmenszentrale befindet. Die neue Positionierung half, den Fokus der Marke auf ihre Designkompetenz zu lenken, und die kommerzielle Kommunikation spielte die neue Differenzierung von Tarkett als Lösungsanbieter aus, der neben Produktfunktionalitäten auch lebensveränderndes Design bietet. Tarkett fand einen neuen, *emotionalen* Zugang zu seinen Zielkunden, nutzte einen relevanten Differenzierungspunkt, um langfristige Beziehungen aufzubauen und das zukünftige Wachstum zu sichern.

Die B2B International-Studie von 2019 zeigte, dass *Thought Leadership* von 40 % der B2B-Entscheider bei der Markenwahl bevorzugt wird. Das ist nachvollziehbar, denn Thought Leader Brands sind in der Lage, Impulse und neue Erkenntnisse für das Geschäft ihrer Kunden zu liefern. Dies schafft bereichernde Erfahrungen, die sich in Optimismus übersetzen – einem der vier Kernwerte emotionaler Bindung, die für B2B-Marken so wichtig sind. Und welcher Kunde würde nicht lieber mit einem Partner zusammenarbeiten, der in seinem Markt Führungsstärke beweist?

Markenwert kann sich direkt in finanziellen Erträgen niederschlagen. Wie eine Studie von Millward & Brown aus dem Jahr 2014 zeigt, kann dieser

Effekt erheblich sein. Bei der Analyse des Standard & Poor's 500 (S&P 500) Index, der die mächtigsten US-amerikanischen Unternehmen umfasst, kam dieses internationale Marktforschungsunternehmen zu dem Schluss, dass die Marktbewertung der vertretenen Unternehmen im Durchschnitt ausschließlich durch den Wert ihrer jeweiligen Marken um 30 % gesteigert wurde.

Wie wir gesehen haben, übernehmen B2B-Marken eine doppelte Rolle. Um erfolgreich zu sein, müssen B2B-Marken nicht nur die Bedürfnisse des Kundens (Unternehmen), sondern auch die des Einkäufers adressieren. Sie müssen sowohl die rationalen als auch die emotionalen Bedürfnisse ihrer Kunden erfüllen. Leistungsfähigkeit von Produkten und Dienstleistungen auf der einen Seite und Beziehungsaufbau durch emotionale Werte auf der anderen Seite definieren starke B2B-Marken. Markenvision und ein *Purpose* sind auch im B2B-Bereich bedeutende Markenbestandteile. Aus all diesen Gründen sollten B2B-Unternehmen jeder Größe ernsthaft in Erwägung ziehen, ihr Geschäftsmodell in Form einer Marke emotionell aufzuladen.

15

Marken in der Unternehmenswelt (entscheidende Implikationen für Unternehmens- und Arbeitgebermarken)

Wie der Name schon sagt, bezieht sich Corporate Branding auf die Markenbildung eines Unternehmens oder einer Organisation im Gegensatz zu Produkten, Dienstleistungen, Personen oder Orten. Unternehmensmarken sind in der Regel komplexer, da sie mehrere Zielgruppen gleichzeitig ansprechen. Sie müssen zudem ein breiteres Themenspektrum abdecken als Produkt- oder Dienstleistungsmarken. Als Marken steuern sie deshalb ein recht komplexes Ökosystem aus vielschichtigen Zielgruppen und Themenbereichen. Die Zielgruppe einer Unternehmensmarke wird allgemein als *Stakeholder-Gemeinschaft* bezeichnet, und ihre Definition ist im 21. Jahrhundert noch einmal zunehmend komplexer geworden.

In den 1990er- und 2000er-Jahren bezog sich die Stakeholder-Definition überwiegend auf die Aktionärsgemeinschaft, mit dem Ziel, das Management auf die ausschließliche Steigerung des Shareholder Value zu fokussieren. Die heutige Definition von Stakeholdern ist jedoch deutlich komplexer und vielfältiger geworden. Die typische Stakeholder-Gemeinschaft eines Unternehmens umfasst heute neben den eigentlichen, meist finanziell motivierten Anteilseignern auch Partner und Lieferanten, Talente und Bewerber, lokale Gemeinschaften, staatliche Institutionen, NGOs, die Umwelt oder sogar den gesamten Planeten.

Der nachhaltige Aufbau und die Pflege einer Unternehmensmarke erfordern das Management all dieser unterschiedlichen Stakeholder-Beziehungen, die sich zu bestimmten Zeitpunkten sogar überschneiden und gegenseitig beeinflussen können. So kann beispielsweise die Motivation der Mitarbeitenden die Produkt- oder Dienstleistungsqualität beeinflussen, was wiederum Auswirkungen auf die Kundenzufriedenheit und letztlich auf den Shareholder Value hat. Das Management dieser Beziehungen ist zudem kein statischer Prozess. Stakeholder können sich verändern, wenn das Unternehmen neue Marktsegmente erschließt, und die Interessen oder Bedürfnisse der Stakeholder entwickeln sich im Zeitverlauf, getrieben von Trends oder technologischen Innovationen. Das Management dieser Beziehungen ist zu einem kontinuierlichen Dialog mit den verschiedenen Stakeholder-Gemeinschaften geworden, meist im direkten Austausch (lokale Gemeinschaften, Gesetzgeber, Aktionäre) und/oder über das Community-Management gekoppelt und die Nutzung der sozialen Netzwerke. Infolgedessen ist der Aufbau und die Pflege einer Unternehmensmarke zu einer multidirektionalen Aufgabe geworden, die auf einem kontinuierlichen, vielfältigen Kommunikationsprozess basiert, der echten Dialog in den Mittelpunkt stellt.

Theoretisch sind Corporate Branding und B2B-Branding (wie im vorherigen Kapitel behandelt) eng miteinander verwandt oder können sich sogar überschneiden. Während Unternehmensmarken wie B2B-Marken ein breites, vielschichtiges Produkt- oder Dienstleistungsangebot direkt repräsentieren können (z. B. Tarkett), existieren sie auch als eigenständige Marken, deren Hauptaufgabe darin besteht, als Image-Dach für ein gesamtes Portfolio unabhängiger Submarken zu fungieren. Heute signieren die meisten großen Unternehmensmarken im Bereich der Konsumgüter die Verpackungen ihrer Produktmarken, um eine markenübergreifende Wiedererkennung und Markensicherheit zu gewährleisten. Procter & Gamble (P&G) hat diesen Ansatz des Dachmarkenbrandings in den 2000er-Jahren sukzessive eingeführt, indem die Unternehmensmarke auf der Verpackung jeder neu akquirierten Submarke platziert wurde. So zahlt der Ruf jeder einzelnen Produktmarke auf das Image der Unternehmensmarke ein, die wiederum jede Produktmarke mit dem subjektiv wahrgenommen Wert der Unternehmensmarke unterstützt. Das Markenkapital einer Unternehmensmarke kann somit dazu beitragen, weniger bekannte Marken im Portfolio durch das Vertrauen und den Imagewert der Dachmarke zu stärken.

Um dieses Prinzip jedoch erfolgreich anzuwenden, benötigt die Unternehmensmarke dennoch eine klar definierte eigene Positionierungsplattform. Allein vom übertragenen Imagewert der Submarken zu leben, reicht nicht aus, um die Erwartungen und Bedürfnisse der heutigen vielschichtigen Stakeholder-Gemeinschaften zu erfüllen.

Auch dieser Positionierungsprozess folgt den im Kap. 8 dargelegten Prinzipien, wie sie vom *Brand Positioning Funnel* vorgegeben werden. Unternehmensmarken verfügen selten über ein einzelnes Produktmerkmal zur Differenzierung, sondern bauen – ähnlich wie B2B-Marken – meist auf einer einzigartigen Kompetenz auf. Diese Kompetenz kann in Form einer besonderen Technologie, eines spezifischen Know-hows oder einer Expertise, eines einzigartigen Fertigungsprozesses, eines tieferen Verständnisses der Zielgruppe, eines Erbes aus den Gründungsjahren oder eines besonderen Qualitätsstandards in Produkt oder Dienstleistung bestehen, die jeder für sich das Potential haben, das Markenangebot zu differenzieren.

Auch um das eine Element zu definieren, das eine Unternehmensmarke einzigartig macht, ist gründliche Recherche erforderlich – sowohl innerhalb als auch außerhalb des Unternehmens. Es gibt immer einen bedeutenden Differenzierungsfaktor, auf dem die Positionierung der Unternehmensmarke aufgebaut werden kann. Die Herausforderung besteht jedoch darin, diesen zu identifizieren und in eine relevante und differenzierende *Ein-Wort*-Positionierung oder *Brand Essence* zu übersetzen.

Möglicherweise entfaltet die *Ein-Wort*-Positionierungsmethodik gerade im Corporate Branding ihre weitreichendste und vielfältigste Wirkung. Unternehmensmarken stehen vor einer komplexeren Aufgabe, und der eine, klar definierte Angriffspunkt, den die Methodik liefert, dient als kraftvolles Prisma, um alle Facetten des komplexen Markenökosystems zu vereinen. Nur die Unternehmensmarken, die für *eine Sache* stehen, erreichen maximale Klarheit und Konsistenz in ihrer Botschaft im Hinblick auf ihre vielschichtigen Stakeholder.

Eine solche Positionierung der Unternehmensmarke zu erreichen, bedeutet nicht, den kleinsten gemeinsamen Nenner zu identifizieren. Im Gegenteil, dies ist die größte Falle, die es zu vermeiden gilt. Allzu oft befragen Branding-Agenturen das Top-Management, hören zu, lernen, fassen zusammen und definieren dann die Brand Essence. Selten wird diese Übung mit einer tiefgehenden Analyse der Produkt- oder Dienstleistungsrealität, der Unternehmensgeschichte, der einzigartigen Kompetenzen und des Knowhows kombiniert, das sich aus diesen Daten ableiten lässt. Stattdessen konzentriert sich der Destillationsprozess auf eine Positionierung, auf die sich nahezu alle einigen können – ähnlich einer Erklärung am Ende einer kontroversen politischen Sitzung. Im Kontext eines Corporate Branding-Prozesses führt dies zwangsläufig zu Kompromissen und resultiert häufig in einer Positionierungsplattform, die auf dem kleinsten gemeinsamen Nenner basiert. Leider führen aber Kompromisse bei der exakten Definition der Markenpositionierung fast immer zu einem Mangel an Fokus und Greifbarkeit, die es den Mitarbeitenden erschwert, diese in konkrete Maßnahmen umzusetzen.

Ein-Wort-Positionierungen für Unternehmensmarken müssen – wie bei Produkt- oder Dienstleistungsmarken – in der Unternehmensrealität verankert (greifbar und wahr), für alle Stakeholder hoch relevant und zugleich differenzierend sein. *Aufrichtigkeit, Relevanz* und *Differenzierung* machen die Unternehmenspositionierung operativ und für alle Kommunikationszwecke nutzbar.

Wie viele CEOs weltweit können sagen, wofür ihre Marke steht? Und wie viele können dies mit nur *einem einzigen Wort* tun? Wer damit Schwierigkeiten hat, besitzt noch ungenutztes Potenzial, die Positionierung seiner Unternehmensmarke neu zu definieren. Ohne Zweifel sind Unternehmensmarken besonders komplex und abstrakt. Dennoch lassen auch sie sich mit einem einzigen Wort definieren, das für alle im und außerhalb des Unternehmens konkrete und präzise Handlungsanweisungen vorgibt. Genau darin liegt die Kraft solcher Positionierungen: *Ein Wort,* das die Richtung vorgibt, in die sich alle Stakeholder bewegen werden.

Im Unternehmenskontext reichen die Vorteile der *Ein-Wort*-Positionierung weit über das Offensichtliche hinaus. Wie bei Produkt- und Dienstleistungsmarken geben sie den Mitarbeitenden eine klare Orientierung und tragen so zur Steigerung von Motivation und Produktivität bei. Die gesamte Energie und Kreativität des Unternehmens wird auf eine einzigartige Richtung gebündelt. Dies allein kann die Organisation als Ganzes kohäsiver machen. Teams wachsen enger zusammen, Mitarbeitende fühlen sich handlungsfähiger, was einen deutlichen Motivationsschub und potenziell eine höhere Produktivität bewirkt. Die Corporate-Brand-Positionierung von Danone, *Active Health*, die Anfang der 2000er-Jahre eingeführt und in Kap. 10 ausführlich behandelt wird, ist ein eindrucksvolles Beispiel für diesen Ansatz. Das damalige Positionierungsmantra *Active Health* verlangte auf allen Hierarchieebenen konkrete Maßnahmen und verpflichtete alle im Unternehmen, die gesundheitlichen Vorteile jeder Danone-Produktmarke zu vermitteln und hervorzuheben. Dies war nicht immer einfach umzusetzen, aber die Aufgabe war klar, was die Arbeit für alle greifbarer und sinnvoller machte.

Active Health verlieh der Unternehmensmarke Danone eine starke und relevante Markenvision sowie ein Mission Statement, das bis heute Gültigkeit besitzt. Die Positionierung der Unternehmensmarke Danone war in ihrer Vergangenheit verwurzelt. Wenigen ist bekannt, dass Danone seinen Ursprung in Spanien hat. Nach dem Ersten Weltkrieg, im Jahr 1919, litten viele Menschen an Darmerkrankungen, oft verursacht durch schlechte Trinkwasserqualität. Zu dieser Zeit traf Issac Carasso, Gründer und Inhaber von Danone, den russischen Wissenschaftler Elie Metchnikoff, der am Pariser Pasteur-Institut jahrelang die Wirkung lebender Joghurtkulturen erforscht und deren Nutzen für die menschliche Gesundheit nachgewiesen hatte.

Vor diesem Hintergrund war die Positionierung der Marke Danone als „Active Health" kein Zufall. Sie war die logische Wahl für ein Unternehmen, das über weite Teile seiner Existenz an die Vision glaubte, dass unsere *Ernährung unsere erste Verteidigungslinie für die Gesundheit* darstellt. Dieser Glaube prägte die Unternehmensvision von Danone über viele Jahre und wurde jüngst um die planetare Dimension erweitert, die insbesondere für jüngere Generationen von Bedeutung ist. Gleichzeitig ist *One planet. One health.* nur die konsequente Weiterentwicklung der ursprünglichen Corporate-Positionierung *Active Health*. Sie spiegelt die Überzeugung wider, dass die Gesundheit der Menschen und die des Planeten untrennbar miteinander verbunden sind.

Gleichzeitig definierte die Unternehmensvision, die Danone auf Basis seiner Markenpositionierung formulieren konnte, auch die Unternehmensmission und den Markenzweck: *Mit Lebensmitteln Gesundheit an möglichst viele Menschen bringen.* Andererseits könnte man zu Recht einwenden, dass einige Danone-Produkte (wie Desserts, Milchgetränke oder Produkte für Kinder) erhebliche Mengen Zucker enthalten, was ihre gesundheitlichen Vorteile in Frage stellt. Das ist zwar richtig, dennoch liefern diese Produkte Calcium und Vitamine, was sie im Vergleich zu anderen Snack- oder Dessertprodukten etwas gesünder macht.

Die Zeit, die in die sorgfältige Definition der Positionierung einer Unternehmensmarke investiert wird, zahlt sich auch in anderer Hinsicht aus. Die Festlegung, wofür eine Unternehmensmarke wirklich steht, kann dazu beitragen, die strategische Ausrichtung des Unternehmens für zukünftige Entwicklung und Wachstum zu schärfen. Der Treiber hinter dieser strategischen Erkenntnis ist die *Markenkompetenz*. Die Reflexion darüber, worin ein Unternehmen im Rahmen des Markenentwicklungsprozesses besonders stark ist, und die Übersetzung dieser Kompetenz in die Brand Essence, kann dem Top-Management helfen, die strategische Ausrichtung zu klären und neu zu fokussieren. Dies wiederum kann interne und externe Innovationsprozesse beeinflussen und letztlich zu einem wirklichen Wettbewerbsvorteil führen.

Die Entwicklung einer Unternehmensmarke hat fast immer auch positive Auswirkungen auf die Arbeitgebermarke. Während Millennials und die Generation Z weiterhin von finanziellen Anreizen angezogen werden, suchen sie ebenso nach Sinnhaftigkeit. Eine klar definierte Unternehmensmarke ist eindeutig besser in der Lage, diesen Sinn zu vermitteln – meist durch die Definition eines visionären *Purpose* den das Unternehmen auslobt.

Im Corporate Branding bezeichnet Purpose den Beitrag, den ein Unternehmen durch die gezielte Nutzung seiner einzigartigen Expertise, seines Know-hows und seiner Kompetenzen leisten kann, um Gesellschaft und/

oder den Planeten positiv zu beeinflussen. Das bedeutet, dass der *Purpose* authentisch sein muss. Wie die Brand Essence muss er im materiellen oder immateriellen Unternehmenskapital verankert sein. Die Positionierungsarbeit liefert fast immer direkt einen Purpose-Ansatz als Ergebnis des Prozesses. Doch wie bei Markenwerten gilt: Der *Purpose* darf nie eine leere Hülle sein, sondern muss von allen kommuniziert und vor allem gelebt werden.

Die meisten großen Unternehmen weltweit haben diesen Ansatz vollständig übernommen – leider nicht immer in wirklich aufrichtiger Weise. Nach dem *Greenwashing* der 1990er- und 2000er-Jahre ist *Purpose-Washing* weiterhin verbreitet. Während Unternehmen wie Unilever, Patagonia, Danone, Johnson & Johnson kompetenzspezifische, von *Purpose* inspirierte Programme eingeführt haben, um dringende gesellschaftliche oder ökologische Probleme anzugehen und zu lösen, verharren andere wie Nestlé in alten Praktiken und sorgen immer wieder für Skandale. Zuletzt betrafen diese unter anderem Lebensmittelsicherheitsprobleme (Buttoni Pizza) sowie grausame und gefährliche Tierschutzverstöße (Herta). Beides Marken der Nestlé Gruppe. Letzteres wurde 2023 von der NGO L214 in Frankreich aufgedeckt und veranlasste mehrere Einzelhändler, darunter Whiterose im Vereinigten Königreich, sämtliche Herta-Produkte von Nestlé aus dem Sortiment zu nehmen. Da Transparenz im Markenverhalten immer wichtiger wird, werden solche Praktiken zunehmend mit den heutigen ethischen Ansprüchen einer sensiblen und gut informierten Konsumentenschaft kollidieren.

Als globale Unternehmensmarke verfolgt Unilever das Ziel, *nachhaltiges Leben zum Alltag* zu machen. Das Unilever Purpose-Programm wurde 2015 von Paul Polman im Rahmen einer bemerkenswerten Rede bei den Vereinten Nationen in New York ins Leben gerufen. Das Programm, das auf den 17 UN-Zielen für nachhaltige Entwicklung (SDGs) basiert und diese unterstützt, war von Anfang an visionär und plädierte für eine verantwortungsvollere Form des Kapitalismus, die neben finanzieller Performance und traditionellem Shareholder Value auch den Klimawandel, Armut und Ungleichheit adressiert. Unilever setzt das Programm seither durch unternehmensweite Initiativen und Produktinnovationen in den Bereichen Hygiene, Gesundheit und Umwelt um.

Als eine der ersten FMCG-Produktmarken und Teil des globalen Unilever-Markenportfolios hat Dove bereits 2004 eine Vorreiterrolle bei der Entwicklung eines Brand Purpose eingenommen. Die Initiative, die in Deutschland startete, kann als Vorläufer der späteren, umfassenderen Unilever-Unternehmensinitiative betrachtet werden. Damals hatte eine weltweite Studie ergeben, dass sich nur 4 % der Frauen als schön bezeichneten. Auch wenn diese Zahl schockierend ist, überraschte sie nach Jahrzehnten massiver

Werbekampagnen der Schönheitsindustrie kaum. Die Kommunikationsstrategien der Branche hatten es geschafft, unerreichbare (und vor allem künstliche) Schönheitsideale zu etablieren, die weltweit als Maßstab dienten, an dem sich Frauen (und Männer) orientierten.

Aus einer einfachen Fotoausstellung in Düsseldorf, Deutschland, hervorgegangen, hat sich die Kampagne inzwischen zu einer globalen Purpose-Initiative für Dove und Unilever entwickelt. Doves *Kampagne für wahre Schönheit* (Campaign for Real Beauty) stützt sich heute auf eine breit angelegte Kommunikationskampagne, die soziale Medien und lokale Workshops nutzt, in denen Frauen sich austauschen können. Frauen jeden Alters zu mehr Selbstwertgefühl zu verhelfen, ist eine ehrenwerte Aufgabe, die direkt auf einen der Purpose-Bereiche von Unilever, nämlich Ungleichheit, einzahlt. Bis 2030 soll das Dove Purpose-Programm rund 250 Millionen Frauen weltweit dabei unterstützt haben, sich mit ihrer natürlichen Schönheit wohler zu fühlen. Als wichtiger Nebeneffekt wird das Programm zweifellos auch die emotionale Bindung an die Marke Dove stärken. Gutes zu tun ist mehr denn je ein erfolgreicher Weg zum Wachstum.

Google definiert seinen globalen Brand Purpose als *die Informationen der Welt zu organisieren und sie universell zugänglich und nutzbar zu machen*. Sollte es stimmen, was einige Wissenschaftler annehmen, dass sich das gesammelte Wissen der Menschheit derzeit alle 2–3 Jahre verdoppelt, ist Googles Ziel zweifellos eine enorme Herausforderung. Tesla hat sich vorgenommen, *den weltweiten Übergang zu nachhaltiger Energie zu beschleunigen*. Ein Unternehmenszweck, der bereits sehr greifbare Ergebnisse hervorgebracht hat, denn Tesla ist der erste Automobilhersteller, dem es gelungen ist, eine weltweit relevante Nachfrage nach Elektrofahrzeugen zu schaffen. So bemerkenswert das Beispiel Tesla auch ist, so ist die Marke auch Risiken ausgesetzt – etwa durch die weitreichenden Purpose-Erklärungen ihres Gründers und Hauptaktionärs Elon Musk, der mit seinem Verhalten in anderen, nicht verwandten Märkten, wie etwa dem Twitter/X-Debakel und einer Stiftung mit fragwürdigen Praktiken, konventionelle Ethik infrage stellt.

Auch könnten zahlreiche Unternehmensmarken davon profitieren, ihre Definition des Brand Purpose neu zu überdenken. Toyota beansprucht für sich, *den Weg in die Zukunft der Mobilität zu weisen und das Leben weltweit mit den sichersten und verantwortungsvollsten Fortbewegungsmöglichkeiten zu bereichern*. Auch wenn diese Aussage grundsätzlich zutrifft, wirkt sie weder differenzierend noch inspirierend. Sie enthält zu viele Botschaften, um wirklich fokussiert und handlungsleitend zu sein.

Brand Purpose-Statements sind dann am wirkungsvollsten, wenn sie Mitarbeitern und potenziellen Bewerbern eine klare und eindeutige Richtung vorgeben, die ebenfalls aus der Markenessenz abgeleitet werden. Auch hier können nicht alle Botschaften denselben Stellenwert einnehmen. In diesem Fall ist es ratsam, eine klare Priorisierung vorzunehmen. Das bedeutet nicht, dass wichtige Botschaften verloren gehen – sie werden lediglich auf eine andere Ebene der Kommunikationshierarchie verschoben. Kap. 16 wird die Prinzipien von Kommunikationshierarchien näher erläutern.

Vollständig im Einklang mit der Positionierung der Unternehmensmarke ist der Brand Purpose ein wirkungsvolles Instrument, um die Markenessenz in eine sinnstiftende und umsetzbare Handlungsanweisung zu übersetzen, mit der sich alle Mitarbeitenden auf jeder Verantwortungsebene und mit jeder Berufserfahrung identifizieren und entsprechend handeln können. Ein gemeinsam getragener Brand Purpose kann erhebliche Motivationskräfte freisetzen – nicht nur bei Millennials und der Generation Z, sondern auch bei langjährigen Mitarbeitenden – und so alle mit der Inspiration eines höheren Ziels aus dem Arbeitsalltag herausheben.

Ein weiteres zentrales Feld des Corporate Branding ist die Definition der Arbeitgebermarke. Anders als bei früheren Generationen schrumpft das verfügbare Arbeitskräftepotenzial zumindest in der westlichen Welt, was es Unternehmen erschwert, Talente zu identifizieren, zu gewinnen und zu binden. Oft als *War for Talent* (McKinsey, 1997) bezeichnet, ist diese Situation nicht neu, aber sie verbessert sich vor allem langfristig auch nicht. Korn Ferry, eine weltweit tätige Personal- und Beratungsagentur, schätzt, dass der globale Fachkräftemangel bis 2030 auf 85 Millionen Menschen anwachsen könnte. Dieser Trend dürfte sich durch den technologischen Wandel der aktuellen dritten industriellen Revolution, die unsere Gesellschaft in Schlüsselbereichen wie Energie (von fossilen zu nachhaltigen Energien), Industrie (von Produktion zu Wissen) und dem Streben nach echtem *Purpose* oder *Sinn* weiter verstärken. Jüngere Generationen wählen ihren Arbeitgeber zunehmend danach aus, ob das Unternehmen einen echten und relevanten Purpose bietet. In diesem Kontext verändern sich die demografischen Rahmenbedingungen, und nicht nur Kompetenzen, sondern auch der *gelebte Purpose* werden zu entscheidenden Faktoren im *War for Talent*. Im Zentrum dieses Wettbewerbs steht der *Wissensarbeiter* (Peter Drucker), der den Erfolg ganzer Unternehmen und Branchen maßgeblich beeinflussen wird. All dies spielt sich in einer globalisierten Welt ab, in der geografische Grenzen weiter an Bedeutung verlieren.

Viele Unternehmen versuchen, sich an diesen Wandel anzupassen, indem sie die Bedürfnisse von Talenten erforschen und mehr Flexibilität bei der Arbeit bieten – und so Arbeitsbedingungen schaffen, die es zuvor nicht gab. Kostenloses Fünf-Sterne-Frühstück oder Mittagsbuffet, flexible Arbeitszeiten und -orte, eine Work-Life-Balance, von der die Babyboomer nur träumen konnten, mehr bezahlte Urlaubstage, kostenloses Coaching und Fitnessstudio-Mitgliedschaften, persönliche Auszeiten – um nur einige Beispiele zu nennen. Die heutigen *Wissensarbeiter* schätzen ein Rundum-sorglos-Paket.

All diese Rahmenbedingungen und Zusatzleistungen dienen dazu, Talente zu gewinnen und zu binden. Eine Sonderausgabe von *Business Horizon* zum Thema Corporate Governance aus dem Jahr 2012 schätzte, dass die Kosten für die Einarbeitung eines neuen Mitarbeitenden das 1,5- bis 2,5-fache des Jahresgehalts dieser Position betragen können. Bewertungsplattformen wie Glassdoor fügen eine weitere Komplexitätsebene hinzu, da Millionen von Arbeitgebermarken von ihren Mitarbeitenden bewertet werden und so als mächtiges Entscheidungstool für Jobsuchende von Europa bis Indien und von Amerika bis Australien dienen. Die Reichweite dieser Plattformen wächst weiter und wird sich bald weit über technologiebezogene Branchen hinaus erstrecken.

Im globalen Kontext von immer enger werdenden Arbeitsmärkten wird die Arbeitgebermarke zu einer weiteren wichtigen Säule im Corporate Brand-Ökosystem. Unternehmens- und Arbeitgebermarke stehen in Wechselwirkung: Während die Unternehmensmarke primär die Wahrnehmung externer Zielgruppen prägen soll, richtet sich die Arbeitgebermarke sowohl nach innen als auch nach außen. Beide müssen jedoch in perfekter Symbiose koexistieren, um ein attraktives, authentisches und konsistentes Unternehmensbild zu vermitteln. Aus derselben Markenessenz abgeleitet, muss die Arbeitgebermarke ebenfalls vollständig mit Vision, Mission, Purpose und Werten des Unternehmens übereinstimmen. Die Grundlage der Arbeitgebermarke ist die Positionierung der Unternehmensmarke, und als *Submarke* profitiert sie davon, sich ebenfalls über ein einziges Wort oder eine klare Stoßrichtung zu definieren.

Neben attraktiven Arbeitsbedingungen, Benefits und weiteren Annehmlichkeiten muss der Fokus der Arbeitgebermarke auf Sinnstiftung und Purpose liegen. Google hat dieses Konzept vollständig verinnerlicht und seine Arbeitgebermarke mit dem Slogan *do cool things that matter* versehen. Dieser Claim bringt genau das auf den Punkt, was Wissensarbeiter suchen: Spaß, Sichtbarkeit und Sinn. Die Führungskräfte von morgen wollen Wirkung erzielen und dabei ihre persönlichen Werte leben. Arbeitgebermarken, die vollständig mit der Unternehmensmarke übereinstimmen und entsprechend gekennzeichnet sind, wirken authentischer und erzielen daher eine stärkere Marktresonanz. Wie so oft im Branding ist letztlich nicht das Produkt- oder Serviceattribut selbst entscheidend – das häufig auch von Wettbewerbern geboten wird –, sondern die emotionalen Erlebnisse, die diese Attribute erzeugen (oder zu erzeugen versprechen). Es sind diese Erfahrungen, die starke und dauerhafte Markenpräferenzen schaffen.

Arbeitgebermarken sind als Ergänzungen zur Unternehmensmarke kein Luxus, und der Aufwand für ihren Aufbau lohnt sich eindeutig. Gut durchdacht werden sie zu einer starken Triebkraft für die Entwicklung einer attraktiven, inklusiven und konsistenten Unternehmenskultur. Natürlich gibt es viele weitere Dimensionen, die für erfolgreiches Employer Branding unerlässlich sind. Ziel dieses kurzen Abschnitts ist es jedoch, die Bedeutung der nahtlosen Verzahnung von Unternehmens- und Arbeitgebermarke zu betonen – beide auf derselben Markenbasis aufgebaut. Perfekt aufeinander abgestimmt, können beide Marken einen wesentlichen Beitrag zum Unternehmenserfolg leisten.

CSR (Corporate Social Responsibility) und, in geringerem Maße, ESG (Environmental Social Governance) stellen eine weitere Ebene dar, die die Unternehmensmarke in ihrem komplexen Kommunikations- und Zielgruppen-Ökosystem adressieren muss.

Während CSR-Programme in der Regel weniger formal und flexibler in Bezug auf die abgedeckten Themenbereiche sind, dient ESG vor allem als finanzielles Bewertungsinstrument, das das Risikopotenzial eines Unternehmens in Bezug auf Umwelt-, Sozial- und Governance-Aspekte misst. Entsprechend ist ESG enger mit der Gesamtstrategie eines Unternehmens als mit der Unternehmensmarke verknüpft. In den letzten Jahren wurden ESG-Programme zunehmend reguliert und müssen nun bestimmten Rahmenwerken wie der Global Reporting Initiative (GRI) oder dem Sustainability Accounting Standards Board (SASB) entsprechen. ESG-Programme sind in der Regel mit einer strikten jährlichen Berichterstattung verbunden.

Im Gegensatz dazu wirkt sich CSR direkter auf die Unternehmensmarke aus. CSR-Programme sind freier gestaltet, um die Fähigkeiten des Unternehmens optimal widerzuspiegeln und die Erwartungen und Bedürfnisse der jeweiligen Stakeholder-Gruppen zu adressieren. Die CSR-Kommunikation ist datenbasiert, wobei die KPIs (Key Performance Indicators) meist vom Unternehmen selbst und nicht von unabhängigen Regulierungsorganisationen wie GRI oder SASB definiert werden. Häufig werden sie so festgelegt, dass sie zur Gesamtstory der Unternehmensmarke passen.

Es ist daher unerlässlich, jedes CSR-Programm direkt mit der Positionierung der Unternehmensmarke abzustimmen. Auch hier gibt die *Markenessenz* die Richtung für die Entwicklung aller Dimensionen der *Unternehmensmarke* vor: Sie definiert, wofür die Marke steht, entwickelt ihre Identitätscodes (gegebenenfalls sogar den Markennamen), Vision, Mission und Purpose-Statements sowie die differenzierende Kommunikation für die Arbeitgebermarke und CSR-Initiativen.

Das CSR-Programm eines Unternehmens spielt eine wichtige Rolle im heutigen ökologischen Kontext, insbesondere im Hinblick auf Ressourcenknappheit, Biodiversität und Klimawandel. Die meisten Konsumenten äußern mittlerweile eine gewisse Besorgnis oder sogar Angst in Bezug auf diese Themen, die ihr Verhalten und auch ihre Markenwahl zunehmend beeinflussen. In diesem Gesamtkontext bilden B2B-Kunden keine Ausnahme. Ebenso bietet die Zuordnung bestimmter Markenbotschaften zu einem eigenen CSR-Programm den Vorteil, die Kommunikationslast der Unternehmensmarke zu verringern. Unternehmensmarken müssen zudem eine stringente Kommunikationshierarchie definieren, in der alle relevanten Botschaften auf spezifischen Ebenen unterhalb der differenzierenden und klaren Markenbotschaft, der *Markenessenz,* organisiert sind. Wie bei der Positionierung von Konsumentenmarken bedeutet die Definition dieser Hierarchie nicht, dass Botschaften verloren gehen. Ein gut konzipiertes CSR-Programm ermöglicht es jeder Unternehmensmarke, alle nachhaltigkeitsbezogenen Botschaften in einer gezielten und sinnvollen Kommunikationsmaßnahme zu bündeln, die direkt in das Markenwertkonto einzahlt.

Um einen signifikanten Beitrag zum Markenwert der Unternehmensmarke zu leisten, muss jedes CSR-Programm glaubwürdig und authentisch sein. Alle Programmteile und die dahinterstehende Intention müssen ehrlich und aufrichtig kommuniziert und umgesetzt werden. Genannte Zahlen müssen überprüfbar sein; Erfolge müssen anhand vordefinierter KPIs messbar und greifbar sein. Die Ziele des CSR-Programms sollten realistisch und kurzfristig bis mittelfristig erreichbar sein. Überzogene Zielsetzungen, die das Unternehmen voraussichtlich verfehlen wird, können sich negativ auf das Markenimage auswirken. Nach meiner Erfahrung betrachten noch immer zu viele Unternehmen CSR-Programme lediglich als Möglichkeit, das Image der Unternehmensmarke aufzupolieren, ohne ausreichend Substanz zu bieten, um als glaubwürdig wahrgenommen zu werden. Dies weckt schnell den Verdacht auf *Greenwashing,* für das insbesondere bei Millennials und der Generation Z die gesellschaftliche Toleranz rapide schwindet.

Der Stellenwert eines CSR-Programms innerhalb der Corporate Brand-Plattform kann variieren. Während man argumentieren könnte, dass Patagonia seine CSR-, Unternehmens- und Produktmarkenplattformen zu einer einzigen Markeneinheit verschmolzen hat, verfolgt IBM einen eigenständigen Ansatz, bei dem CSR fast als unabhängige Markensäule neben der Unternehmensmarke steht. Über Jahrzehnte ist das CSR-Programm von IBM organisch gewachsen, oft der gesellschaftlichen Entwicklung voraus. Seine

Ursprünge reichen bis ins frühe 20. Jahrhundert zurück, als IBM erstmals Gleichstellungsaspekte integrierte.

Es lohnt sich als hervorragender Inspirationsquell für kleinere oder mittelständische Unternehmen das CSR-Programm von IBM, genauer zu betrachten. Dieses Programm bietet tiefe Einblicke in die evolutionären Prinzipien, mit denen CSR in jeder Unternehmensorganisation – unabhängig von deren Größe – konfrontiert werden kann. IBM war in den 1970er Jahren weltweit einer der Vorreiter eines stärker institutionalisierten CSR-Programms. Dieses umfasste Initiativen zur Einbindung der lokalen Communities, zur Förderung von Diversität und Ausbildung. In den 1990er Jahren kam eine bedeutende ökologische Dimension hinzu, und mit dem rasanten Aufstieg der IT-Technologie führte IBM 2008 das *Smarter Planet* CSR-Programm ein. Das Programm, das weiterhin die traditionellen CSR-Komponenten beinhaltete, erkannte das Potenzial der Technologie, durch Datenanalysen und erste KI-Lösungen die öffentliche Infrastruktur und ganze Branchen zu transformieren.

Das *Smarter Planet*-Programm war direkt mit der Unternehmensmarke IBM verknüpft und unterstrich die technologische Führungsrolle des Unternehmens in verschiedenen Branchen wie Gesundheitswesen, Transport, öffentliche Dienstleistungen, Wassermanagement und weiteren Bereichen. Gleichzeitig definierte es den *Purpose* der IBM-Marke und zeigte, wie eng Unternehmensmarke und CSR-Programm miteinander verzahnt waren. Als Reaktion auf neue gesellschaftliche Herausforderungen in den 2010er Jahren überarbeitete IBM sein CSR-Programm erneut und führte *IBM Impact* ein, das einen stärkeren Fokus auf gesellschaftliche Themen wie Nachhaltigkeit, Bildung, Diversität und gesellschaftliches Engagement legt. Das Programm umfasst die firmeneigene Initiative zur Entwicklung von Arbeitskräften SkillsBuild (kostenlose Online-Kurse für Schüler, Studierende und Erwachsene) sowie P-Tech (Pathway to Technology – ein Programm, das Schülern den Übergang von akademischem Lernen zu beruflichen Kompetenzen erleichtert). Das Programm richtet sich an Schüler aus einkommensschwächeren Schichten und fördert unter anderem die Entwicklung beschäftigungsrelevanter Kompetenzen (employerbility). Das *Impact*-Programm stärkt gleichzeitig die Rolle von IBM als Purpose Brand und echten Lösungsanbieter. Es spielt eine entscheidende Rolle in den Bemühungen von IBM, die besten zukünftigen Wissensarbeiter für sich zu gewinnen.

Die Unternehmensmarke ist zweifellos die am schwierigsten zu definierende aller Markenarten. Sie muss ein komplexes Ökosystem aus unterschiedlichen Zielgruppen und Stakeholder-Gemeinschaften steuern und erfordert eine größere Vielfalt an Botschaften, um die vielfältigen und oft dynamischen Erwartungen und Bedürfnisse zu adressieren. Darüber hinaus agieren die meisten Unternehmensmarken auf globalen Märkten, mit verstärktem Wettbewerbsdruck und bedeutenden Herausforderungen durch kontinuierliche technologische Innovation und kulturelle Unterschiede. Zusammengenommen entsteht so ein Umfeld permanenten, multidimensionalen Riskos, in dem eine starke und klar definierte Unternehmensmarke hilfreich sein kann, um vorübergehende Schwächen in der Produkt- oder Serviceleistung auszugleichen. Auch dies verdeutlicht, warum sich der Aufwand für die Positionierung einer Unternehmensmarke – unabhängig von ihrer Größe – immer auszahlt.

16

Organisation des Markenbotschaft-Mixes

Noch nie in der Geschichte der Menschheit war Branding so populär wie heute. Es gibt kaum noch ein Produkt oder eine Dienstleistung, einen Ort oder eine Sache, die sich nicht selbst zur Marke gemacht hat – ganz zu schweigen vom Personal Branding, das durch soziale Netzwerke befeuert wird. Diese massive Verbreitung von Branding-Konzepten bleibt nicht ohne Folgen. Die Märkte sind wettbewerbsintensiver geworden, die Markenwahl ist komplexer und Marken müssen härter darum kämpfen, die Aufmerksamkeit ihrer Zielgruppen zu gewinnen. In diesem Kontext stechen jene Marken hervor, die genau wissen, wofür sie stehen, und ihre einzigartige Differenzierung und Relevanz klar und unverwechselbar kommunizieren können. Dies ist die unverzichtbare erste Stufe, um als Marke im Gedächtnis zu bleiben und Begehrlichkeit zu erzeugen.

Die in diesem Buch behandelte Ein-Wort-Markenpositionierungsmethodik bringt stets eine herausfordernde Nebenwirkung mit sich. Im Zentrum steht das fokussierte Markenwertversprechen: die *Brand Essence*, die eine zentrale Botschaft, die die Marke differenziert und für die Zielgruppen relevant macht. Diese reine und eindeutige Positionierung fungiert als Prisma, durch das alle Markenaktivitäten betrachtet, bewertet und umgesetzt werden. Sie wird nahtlos durch die *One-Word*-Positionierungsübung eingeführt (wie im *Brand Positioning Funnel* in Kap. 8 definiert), und sorgt dafür, dass alle – intern wie extern – in die gleiche Richtung blicken. Die gesamte Energie und Kreativität des Unternehmens wird auf ein einziges strategisches Ziel ausgerichtet, wodurch in kürzester Zeit und unter höchster Kosteneffizienz eine konsistente und kohärente Markenstärke aufgebaut wird.

Ein-Wort-Positionierungen machen Mitarbeitende autonomer, indem sie mit höherer Zielgenauigkeit strategisch relevante Entscheidungen treffen und neue Ideen entwickeln und bewerten. Zusammengefasst unterstützt dies direkt die Wachstumsziele und trägt mittel- bis langfristig zur Steigerung des Unternehmenswerts bei, wie der 30%-Markenbewertungsfaktor im Millward-&-Brown-Forschungsprojekt zum Marktwert der S&P-500-Unternehmen im Jahr 2014 belegt.

Doch selten wird eine Marke ganzheitlich mit nur *einem* Wort oder einem einzigen Ansatz beschrieben. Was geschieht mit all den anderen Markenbotschaften, die gemeinhin als ebenso wichtig gelten? Wie können diese Botschaften bestmöglich unterstützend und proaktiv genutzt werden, um die Marke zu stärken und weiterzuentwickeln? Und wie lässt sich die Vielzahl an Botschaften so organisieren, dass die Kommunikationswirkung maximiert wird?

Hier kommt der *Message Mix* der Marke ins Spiel – ein Rahmenwerk, das alle relevanten Markenbotschaften organisiert und priorisiert und jeder einzelnen eine spezifische Rolle innerhalb der Markenbotschaftshierarchie zuweist. Das zugrundeliegende Ziel ist zweifach: Zum einen sollen die strategisch relevantesten Inhalte für Ihre Marke entwickelt und ausgewählt werden, zum anderen werden diese Inhalte in einer Botschaftshierarchie mit klar definierten Prioritäten organisiert und jeder strategischen Botschaft im Mix eine bestimmte Rolle zugewiesen. Nicht alle potenziellen Markenbotschaften, so wichtig sie auch erscheinen mögen, können mit derselben Priorität oder Dringlichkeit kommuniziert werden. Dies würde die Markenkommunikation zu komplex machen, sodass Konsument:innen oder Kund:innen die Marke nur noch verschwommen wahrnehmen würden.

Neben der reinen Organisation und Hierarchisierung der strategischen Markenbotschaften ist es Ziel, maximale Konsistenz in der Botschaft zu gewährleisten. Eine konsistente Kommunikation dessen, wofür Ihre Marke steht, hilft, die Markenidentität schneller und kosteneffizienter zu etablieren. Alle in die Kommunikationsstrategie eingebetteten Botschaften laufen so zusammen, um klare und nachhaltige Markeneindrücke zu schaffen, mit denen sich die Zielgruppe leicht identifizieren und die sie kognitiv als Markenwert verarbeiten kann.

Die Bereitstellung eines konsistenten und gut priorisierten Pools an Markenbotschaften gilt für alle Kommunikationskanäle. Das Konzept sollte abteilungsübergreifend umgesetzt werden. Marken, denen diese Konsistenz – inhaltlich oder kanalübergreifend – fehlt, werden es schwerer haben, Markenwert aufzubauen. Als Folge erhalten Zielgruppen oft nur eine vage Vorstellung davon, wofür diese Marken stehen. Marken mit einer diffusen

Markenidentität werden es schwer haben, in die relevante Auswahl der Kund:innen zu gelangen. Auch beim Aufbau von Vertrauen und Loyalität gegenüber ihren Zielgruppen werden sie unterdurchschnittlich abschneiden.

Theoretisch folgt die Definition des Message Mix für Marken stets derselben grundlegenden Methodik und Struktur – unabhängig davon, ob Sie an einer FMCG-, Dienstleistungs- oder Unternehmensmarke arbeiten oder ob Ihr Geschäftsmodell B2C, B2B oder B2B2C ist. Natürlich gibt es Unterschiede, aber die zugrundeliegende Theorie gilt für alle.

Die Definition des Message Mix ist für jede Marke eine strategische Aufgabe. Sie muss auf die Unternehmensziele übertragen werden und die Marke so etablieren, wie sie im Positionierungsprozess definiert wurde. Diese Aufgabe sollte ernst genommen werden und verdient die entsprechenden Ressourcen. Da der Message Mix den Masterplan für die gesamte Markenkommunikation vorgibt, beeinflusst er letztlich entscheidende Teile der Marketing- und Mediastrategie – und damit direkt Budgets und Kosten.

Für die Entwicklung eines fundierten und effizienten Message Mix bildet die Brand Essence den Ausgangspunkt. Sie definiert, wofür die Marke rational und emotional steht. Sie ist sowohl die DNA als auch die Seele der Marke. Alle strategischen Markenbotschaften müssen die in der Brand Essence verankerte Aussage unterstützen. Sie sind dazu gedacht, die Brand Essence mit Inhalten zu untermauern, die deren zentrale Aussage intellektuell stützen und ausführen. Eine Möglichkeit, diese Botschaften zu organisieren, ist, sie als Teil einer dynamischen *Message Galaxy* zu betrachten (wie in Abb. 16.1 gezeigt), in der alle Botschaften wechselseitig aufeinander einwirken, während die Botschaftsformate sich sich im Laufe der Zeit weiterentwickeln, um die Marke für die Zielgruppen aktuell und relevant zu halten.

Im Mix übernehmen verschiedene Botschaften unterschiedliche Rollen. Die Galaxie bietet innere und äußere Sphären, in denen sich einzelne Botschaften platzieren und so organisieren lassen, dass sie logisch zusammenhängen und die differenzierende Markenbotschaft, wie sie durch die Brand Essence definiert ist, unterstützen. Die Herausforderung besteht darin, den logischen roten Faden zu identifizieren, der alle Botschaften miteinander verbindet und es jeder einzelnen ermöglicht, zum Markenwert beizutragen.

Ein gut gestalteter Message Mix erzählt die Geschichte dessen, wofür Ihre Marke steht – in unterschiedlicher Detailtiefe und aus verschiedenen Blickwinkeln, um alle Aspekte des Markenwerts abzudecken. Vision, Mission und Purpose, Werte, Markenversprechen und Nutzen übersetzen die Brand Essence in eine Bedeutung, mit der sich Konsument:innen leicht identifizieren können. Jede einzelne Botschaft tut dies auf ihre eigene Weise. Kurz gesagt: Die Brand Essence wird durch die Markensignatur eingefangen, die

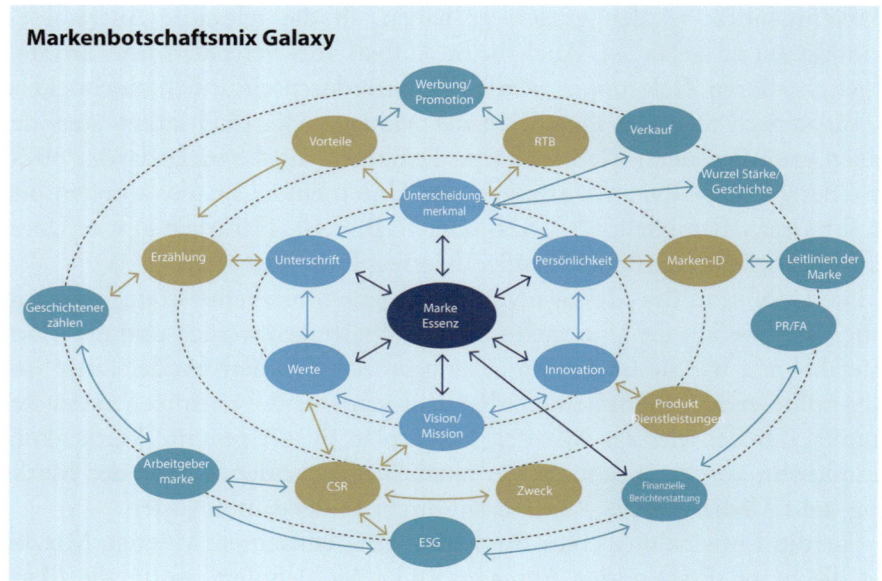

Abb. 16.1 Modell der Message-Mix-Galaxie. (Eigene Darstellung des Autors)

sie in einen einprägsamen, nachvollziehbaren und erinnerungswürdigen Slogan übersetzt. Vertriebs- und innovationsgetriebene Botschaften präsentieren die Brand Essence aus unternehmerischer Sicht. Werbe- und Promotionsbotschaften, Narrative und Storytelling, CSR-Kommunikation und PR sorgen dafür, dass Ihre Marke für die Zielgruppe aktuell bleibt. Employer-Branding-Botschaften sprechen externe Talente an und motivieren Mitarbeitende. Sie alle müssen im Kern dieselbe Botschaft transportieren, wie sie durch die Brand Essence definiert ist, auch wenn sich die eigentlichen Formulierungen im Laufe der Zeit aktualisieren und weiterentwickeln.

Im Messaging-Prozess müssen Marken stets Kontinuität und Wandel gleichzeitig managen. Alle Botschaften müssen auf den Markenwert einzahlen – das sichert die Kontinuität. Dynamische, zielgruppengerechte Botschaftsformate und kreative, frische Ausdrucksformen der Kernbotschaft Ihrer Marke stehen für Wandel. Ebenso Innovation, die gemeinhin als stärkster Treiber für Veränderung gilt. Dennoch ist bedeutende Produktinnovation oft schwer zu realisieren, während andere Innovationsformen leichter verfügbar sind. Ein neues Verpackungsdesign oder ein neues Packungsformat, eine neue Werbekampagne (online oder offline), eine Promotion, Neuigkeiten, die per PR an die Zielgruppe kommuniziert werden, ein sensibles CSR-Programm oder einfach eine umformulierte strategische

Botschaft – all dies kann auf unterschiedliche Weise dazu beitragen, die Wahrnehmung von Veränderung zu erzeugen.

Gemeinsam fördern diese Botschaften die Wahrnehmung einer dynamischen und zeitgemäßen Marke – vorausgesetzt, jede einzelne nährt auf ihre Weise die Brand Essence und alle erzählen im Kern eine konsistente und kohärente Markengeschichte. Die regelmäßige Aktualisierung dieser Botschaften hilft, Neuigkeitswert in Ihre Marke zu bringen und sie frisch, interessant und relevant zu halten. Wie dem auch sei: Kohärenz und Konsistenz sind entscheidend, und auch wenn sich die Botschaftsformate weiterentwickeln, muss der strategische Kerninhalt gleichbleiben. Richtig umgesetzt funktioniert der gesamte Message Mix wie eine kleine Melodie – ohne falsche Töne.

Die Brand Essence ist das Herzstück des Galaxie-Modells. Sie wurde mit dem *Brand Key*-Tool definiert (siehe Kap. 8) und leitet sich direkt vom Discriminator ab, der sich auf die Kernkompetenz der Marke bezieht. Die Brand Essence gibt nun die Bedeutung für jede zentrale Markenbotschaft auf der strategischen Hauptbahn der Marke vor. Vision und Mission, Markenwerte, Markenpersönlichkeit und Markensignatur, die die Brand Essence in einen einprägsamen Slogan übersetzt, bilden gemeinsam dieses Set an prioritären Botschaften. Alle Kernbotschaften kommunizieren die Brand Essence in leicht unterschiedlicher Ausprägung. Die Vision prägt die Brand Essence aus einer übergeordneten, philosophischen Perspektive – als eine Art Marken-*Glauben,* den sie im Markt und gegenüber den Zielgruppen vertritt und verteidigt. Die Markenmission übersetzt diese Vision in ein Konzept für konkretes Handeln.

Nike (ich bitte um Nachsicht, falls dieses Beispiel langsam ermüdet, aber die Marke ist einfach die perfekte Illustration) vertritt die Überzeugung, dass *jeder, der einen Körper hat, ein Athlet ist.* Das ist eine sehr kraftvolle Markenvision, die die Brand Essence „Empowerment" direkt widerspiegelt. Nikes Markenmission knüpft unmittelbar an diese Vision an und macht sie umsetzbar: *Athleten* (egal ob Profi oder Freizeitsportler) *zu ermöglichen, ihre persönliche Größe zu finden.* Die Markensignatur von Nike fängt die Brand Essence aus einer weiteren Perspektive ein. Der von der San Franciscoer Werbeagentur Wieden & Kennedy Ende der 1980er Jahre entwickelte Slogan „Just do it" begleitet die Marke bis heute. Wahrscheinlich ist es einer der wenigen Slogans, die den meisten von uns bekannt und im Gedächtnis geblieben sind.

Konsistenz im Branding zahlt sich immer aus. Wenn Sie einen Moment innehalten und auf Nikes Essence, Vision, Mission und Markensignatur blicken, erkennen Sie, wie konsequent die Marke ihre zentralen Botschaften übersetzt hat, ohne die grundlegende Wahrheit der Brand Essence –

Empowerment – zu verlieren. Diese Logik gilt in unterschiedlichem Maße auch für die nachgeordneten Botschaften der zweiten Umlaufbahn und die maßgeschneiderten Botschaften in der äußeren Sphäre. Auch Innovationsbemühungen müssen in irgendeiner Form den Beweis für das liefern, was die Marke zu verkörpern beansprucht. Jedes neue Nike-Produkt oder jede Dienstleistung soll Athleten dazu befähigen, ihre *persönliche Größe* zu finden. Gleiches gilt für den Verkauf, der die Nike-Essenz bis auf die Ebene des Point of Sale transportiert, wo Verkaufspersonal zögernde Kunden:innen oft mit dem Satz *Just do it* motiviert. In diesem Sinne hat Nike seine *Marken-Melodie* ohne falsche Töne geschrieben.

Die meisten dieser Botschaften wurden bereits im Brand-Key-Tool definiert und Sie können einfach darauf zurückgreifen, um sie für den Message Mix Ihrer Marke zu nutzen. Auf dieser ersten Hierarchieebene interagieren Versprechen, Nutzen und RTB direkt mit den Bedürfnissen der Zielgruppe. Die fußend auf der Brand Essence entwickelten Markenidentitätscodes liefern die visuellen Reize für Markenwiedererkennung, Awareness-Aufbau und Markenpersönlichkeit.

Worte sind starke Imageträger, aber visuelle Hinweise sind in der heutigen reizüberfluteten Welt noch wirkungsvoller und leichter zu erfassen. Purpose-Botschaften bieten eine Plattform für emotionale Bindung durch persönliche Identifikation. Auch dies unterstützt die Bemühungen zum Markenaufbau. Schließlich sprechen CSR-Botschaften sensiblere, sekundäre Konsumentenbedürfnisse an, während Werbung und Promotion zum Handeln anregen.

Alle zentralen strategischen Botschaften einer Marke müssen eindeutig zuordenbar, differenzierend und relevant sein. Sie sind entscheidend für die Definition und den langfristigen Aufbau des Markenwerts. Jede dieser Botschaften wird ausgehend von der Markenessenz entwickelt. So wird sichergestellt, dass alle Botschaften zur differenzierenden Wertversprechen der Marke (Markenpositionierung) beitragen und aktiv die Eindrücke prägen, die Konsumentinnen und Konsumenten im Laufe der Zeit von einer Marke wahrnehmen und abspeichern. Ein Prozess, den kein Markenverantwortlicher dem Zufall überlassen sollte.

Im Galaxiemodell werden alle Botschaften sachlich formuliert und bringen die genaue Bedeutung auf den Punkt, auch wenn sie noch nicht in ihrer kommunikativsten Form vorliegen. Dadurch bleiben die Botschaften klar und präzise. Der richtige Zeitpunkt, diese Botschaften in eine kommunikativere Form zu übersetzen, ist, wenn Sie auf operativer Ebene eine Kampagne vorbereiten: jeweils einzeln, um die Fokussierung zu bewahren. So bleibt die strategische Bedeutung der Kernbotschaften erhalten, während gleichzeitig die Flexibilität gewahrt wird, sie an unterschiedliche Zielgruppen oder spezifische Kommunikationskontexte und Marktgegebenheiten anzupassen.

Die Priorisierung Ihrer verschiedenen Markenbotschaften ermöglicht es, diese mit höchster Präzision zu definieren. Jede Botschaft, die ihre festgelegte Rolle hat, bleibt unverfälscht und kompromisslos. Sobald diese Kernbotschaften definiert sind, werden sie über alle Kommunikationskanäle und in allen Abteilungen Ihres Unternehmens eingesetzt. Dies gelingt am besten durch die Konzeption vollständig integrierter Marketingkampagnen (Integrated Marketing Communication oder IMC, siehe Kap. 10), sowohl lokal als auch national und international.

Auch wenn Konsistenz der Botschaften oberste Priorität hat, bedeutet dies nicht, dass überall und jederzeit exakt dieselben Formulierungen verwendet werden müssen. Entscheidend ist, dass die Bedeutung übereinstimmt, nicht die exakte Ausführung und Formulierung der Botschaft. Eine wortwörtliche Übersetzung funktioniert selten, wenn Marken nationale Grenzen überschreiten oder in Märkte mit völlig anderen kulturellen Hintergründen eintreten. Wichtig ist einzig, dass die Bedeutung erhalten bleibt, während die tatsächliche Formulierung an spezifische Zielgruppen, lokale Gepflogenheiten oder Bedürfnisse und das jeweilige Verständnis angepasst werden kann.

Nichts ist in Stein gemeißelt, und Sie können Ihre Markenbotschaften auf jeder Ebene und zu jedem Zeitpunkt anpassen. Es ist sinnvoll, eine erste Botschaftenkombination zu testen, um Feedback und Anregungen für Verbesserungen zu erhalten. Selten ist eine Botschaftenkombination von Anfang an perfekt, Anpassungen sind häufig und legitim. Sie gefährden Ihre Marke nicht. Es gibt verschiedene Möglichkeiten, die Wirksamkeit Ihrer Botschaftenkombination zu prüfen und zu testen. Qualitative oder quantitative Konsumentenforschung, Rückmeldungen aus dem Kundenservice, Entwicklung der Markenbekanntheit und Social Listening können regelmäßig Hinweise auf die Wirkung und Akzeptanz Ihrer Markenbotschaften liefern.

Das Message-Galaxie-Modell kann je nach Marke, Zielgruppen oder Zielsegmenten, Branche oder Marktumfeld sowie spezifischen Kommunikationsbedürfnissen angepasst werden. Es kann vereinfacht oder erweitert werden. Angesichts der Komplexität unterschiedlicher Markensettings gibt es kein Modell, das für alle passt; das hier vorgestellte dient lediglich der Veranschaulichung. Entscheidend ist die zugrunde liegende Logik Ihres Modells, sowohl in Bezug auf die Botschaften als auch auf die architektonische Struktur. Diese Logik müssen Sie erarbeiten. Als kohärentes Rahmenwerk dynamischer (regelmäßig aktualisierter) Markenbotschaften muss Ihr Modell alle Kommunikationsbedürfnisse abdecken.

Ein hilfreiches Werkzeug, um mit der Logik der Botschaftenkombination zu beginnen, ist das Positionierungsstatement Ihrer Marke. Es hilft, neben der Markenessenz einen ersten Entwurf für die zentralen Markendimensionen zu erstellen. Das Format zwingt dazu, sich auf das Wesentliche zu konzentrieren. Das ist wichtig, denn wenn Sie Ihre Botschaften zu früh im Prozess von der Markenessenz ausweiten, besteht die Gefahr, den Fokus zu verlieren. Dies wiederum kann zu einer gewissen Komplexität führen. Komplexität ist die größte Bedrohung im Markenmanagement und führt fast immer zum Verlust des Fokus.

Das Markenpositionierungsstatement ist ein kurzer Satz, der die Kernelemente der Markenpositionierung zusammenfasst, mit dem Ziel, die zentralen Markendimensionen für die anschließende operative Phase zu definieren. Es ist in einer leicht strukturierten Form wie folgt formuliert:

Für die (Zielgruppe) bietet (Markenname) (Versprechen/Unterscheidungsmerkmal), weil (Reason to Believe/RTB).

Angewendet auf Milka (an verschiedenen Stellen in diesem Buch behandelt) würde das Markenpositionierungsstatement wie folgt lauten:

Für die ganze Familie ist Milka die Schokolade mit dem zartesten Geschmack, weil sie mit Alpenmilch hergestellt wird.

In dieser Form definiert das Markenpositionierungsstatement mehrere klar fokussierte strategische Botschaften. Darüber hinaus gibt es eine klare Handlungsorientierung vor. Die Ansprache von Familien erfordert, dass die Marke in der Distribution allgegenwärtig verfügbar ist (einschließlich Impulskanälen wie Kiosken, Tankstellen, Automaten usw.). Das Markenversprechen (Claim) des *zartesten Schokoladengeschmacks* wird zum Leitmotiv für jede zukünftige Produktentwicklung. Es sorgt für Konsistenz in der Produktleistung über das gesamte Sortiment hinweg. Unter vielen Faktoren ist Milkas weltweiter Erfolg auch auf die Fähigkeit zurückzuführen, verschiedene Marktsegmente zu erreichen und das Marken- und Produktangebot auf mehrere Kategorien auszuweiten. So nutzt Milka ihre Kernkompetenz des *zarten Schokoladengeschmacks*, die die Marke über den Kernmarkt hinaus in allen Snack-Segmenten differenziert, in denen Line Extensions eine Präsenz ermöglichen. Allerdings muss *zarter Geschmack* auch kommuniziert werden. Und schließlich verlangt das RTB, dass jedes Milka-Produkt Alpenmilch enthält. Alpenmilch ist eine zentrale strategische Botschaft der Marke Milka. Sie hat über das RTB hinaus an Bedeutung gewonnen und bestimmt auch das *Territorium* der Marke, das konsequent in den Schweizer Alpen verortet ist.

Das Markenpositionierungsstatement von Milka ist ein gutes Beispiel für Präzision, Klarheit und Fokussierung. Es definiert die strategischen Markenversprechen, die im Botschaftsmix zusammenwirken, um den Markenwert aufzubauen. Gleichzeitig liefert das Statement einen ersten Hinweis auf die Botschaftenhierarchie und zeigt, wie „Zartheit" von unterstützenden Claims umgeben ist, die alle die Markenessenz von Milka stützen. Neben FMCG-Marken dient das Markenpositionierungsstatement allen Markentypen, ob Unternehmens- oder B2B-Marken, Dienstleistungs- oder Destinationsmarken.

Ein weiterer Aspekt des Markenbotschaftsmixes ist die Unterscheidung zwischen strategischen und taktischen Botschaften. Während strategische Botschaften in erster Linie dem Aufbau des Markenwerts dienen, ermöglichen taktische Botschaften eine flexiblere Kommunikation, um spezifische Zielgruppen und deren Bedürfnisse gezielt anzusprechen. Auch sie tragen jedoch zum Markenwert bei.

Mit der Zeit, nach Tests und feinen Anpassungen, wird der Botschaftsmix Ihrer Marke für jede zu vermittelnde Botschaft den idealen Platz identifizieren. Ihre strategischen und taktischen Botschaften werden synergetisch wirken, um Konsistenz, Zielgruppenattraktivität und Wiederholung zu gewährleisten.

Der Markenbotschaftsmix hat auch finanzielle Implikationen. Seine Fähigkeit, den Markenentwicklungsprozess zu verschlanken, macht ihn linearer und konsistenter. Er stellt sicher, dass die Botschaften an allen Zielkontaktpunkten zusammenlaufen. So tragen alle Botschaften, obwohl sie unterscheidbar sind, dazu bei, durch einheitliche, ganzheitliche Markenwahrnehmungen eine klare und fokussierte Markenidentität aufzubauen. Branding hat heute ungeahnte Dimensionen erreicht, wodurch die Markenvielfalt dramatisch zugenommen hat. Das erschwert es den Zielgruppen, Markenbekanntheit zu entwickeln und nachhaltige Markeneindrücke zu sammeln und zu verarbeiten. Procter & Gamble ist überzeugt, dass *Werbung durch Wiederholung wirkt*. Dieses Prinzip gilt offensichtlich auch für Markenbotschaften. Starke Marken werden durch die Wiederholung klarer, greifbarer Bedeutungen aufgebaut, die durch Relevanz Dringlichkeit erzeugen. Inkonsistente oder unfokussierte Botschaften bewirken schlicht das Gegenteil. Eine Marke, die ständig nicht konvergente Botschaften sendet, wird bestenfalls länger brauchen oder möglicherweise nie erfolgreich sein. Hier werden Zeit und Ressourcen verschwendet und das volle Potenzial für Kreativität und Motivation bleibt ungenutzt.

Wie für die visuelle Identität Ihrer Marke verdient auch der Markenbotschaftsmix eigene formalisierte Richtlinien. Richtlinien ermöglichen nicht nur die Anleitung und das Teilen, sondern zwingen Sie durch die schriftliche Fixierung dazu, sich intensiver mit dem Thema auseinanderzusetzen. Sie helfen, die Logik hinter dem Markenbotschaftsmix besser zu erkennen. Als Markenmanager arbeiten Sie selten allein an Ihrer Marke. Auch andere Teammitglieder aus verschiedenen Abteilungen oder sogar anderen Ländern werden mitwirken. Der Markenpositionierungsprozess wird in kleinen, erfahrenen Teams durchgeführt, während Rollout und Markenaufbau eine Aufgabe für viele ist. Ihre Aufgabe ist es, diese Kolleginnen und Kollegen einzubinden. Sie zu echten *Markenbotschaftern* zu machen, ist der richtige Weg. Ohne deren Identifikation mit der Marke und ohne klare, gemeinsam vereinbarte Richtlinien ist die Konsistenz erneut gefährdet. Messaging-Guidelines sorgen immer für ein tieferes Verständnis Ihrer Marke, was wiederum Identifikation und Engagement fördert.

Für diese Identifikation mit der Marke gibt es zwei Voraussetzungen: tiefes Markenverständnis und persönliche Mitwirkung am Marken-Entwicklungsprozess. Es gibt kein besseres Gegenmittel gegen das *Not-Invented-Here-Syndrom* (NIHS) als die Ideen, die Ihre internen Markenbotschafter während des Branding-Prozesses einbringen. Daher sollte die Schulung von Personen mit Einfluss auf Ihre Marke als Pflichtübung betrachtet werden. Sie dient dem Ziel der Botschaftenkonsistenz und öffnet die Markenentwicklung für neue Ideen, ohne den Fokus zu verlieren. Für internationale oder globale Marken sind Messaging-Guidelines unverzichtbar. Häufig genießen lokale Märkte einen gewissen Grad an Autonomie, insbesondere in Unternehmen, die *global denken und lokal handeln* (bekannt als *glocal* Management). Hier sind Markenidentitäts- und Messaging-Guidelines entscheidend, um lokale Teams bei der kulturellen Anpassung zu unterstützen. Jede Anpassung von Botschaften ist eine delikate Aufgabe, und das Verständnis der Essenz und der detaillierten Bedeutungen Ihrer Marke ist für lokale Kolleginnen und Kollegen, die sich am Prozess beteiligen wollen, unerlässlich. Dies gelingt am besten schriftlich, gut durchdacht und klar formuliert.

Der Markenbotschaftsmix spielt eine strategische Rolle im Branding, und Konsistenz der Botschaften ist der Schlüssel zum Erfolg. Er ist stets strategisch mit den Unternehmenszielen abgestimmt. Der Botschaftsmix zwingt dazu, die Markenbotschaften zu definieren, auszuwählen und zu priorisieren. Die Markenessenz bildet dabei den zentralen Orientierungspunkt und die Richtschnur für die Formulierung aller Claims, die den Botschaftsmix ausmachen. Folglich trägt jede einzelne Markenbotschaft dazu bei, die eindeutige Bedeutung aufzubauen, für die Ihre Marke stehen soll – sei es durch Worte oder durch Bilder. So wird jeder Kontaktpunkt zwischen Marke und Zielgruppen genutzt, um maximale Konsistenz und operative Effizienz zu erreichen.

17

Die aktuelle und zukünftige Rolle von KI in der Markenwelt

Wahrscheinlich gibt es keine einzige Branche, die nicht auf künstliche Intelligenz (KI) blickt und sich fragt, wie dieses neue generative Werkzeug die Art und Weise, wie wir derzeit unsere Geschäfte führen, verändern wird. KI steht im Zentrum der dritten industriellen Revolution, die gerade im Gange ist. Sie transformiert unsere globale Gemeinschaft von einer Produktions- zu einer Wissensgesellschaft, wobei gleichzeitig elektrische Energie fossile Brennstoffe vollständig und dauerhaft ersetzen wird. Es besteht kein Zweifel, dass KI auch einen erheblichen Einfluss auf das Branding haben wird – und das ist bereits heute der Fall. Vielleicht liegt der größte Beitrag der KI zum Branding in ihrer Fähigkeit, hochgradig personalisierte und relevante Kommunikation zu erzeugen, die einen deutlichen Kontrast zum Einheitsansatz klassischer Massenmarketing-Techniken bildet, welche bereits seit den 2000er-Jahren durch die Einführung sozialer Netzwerke teilweise abgelöst wurden.

Historisch gesehen haben große technologische Durchbrüche stets sowohl Besorgnis als auch Begeisterung ausgelöst. Im 16. Jahrhundert lehnte der Schweizer Wissenschaftler Conrad Gessner die Druckerpresse ab. Er befürchtete, dass die schiere Menge an Büchern zu einer Wissensüberflutung und zum Chaos für die menschliche Zivilisation führen würde. Gottlieb Daimler, der Vater des Automobils, schätzte, dass die Zahl der Autos im Umlauf auf 2000 begrenzt bleiben würde, da es zu jener Zeit nur etwa so viele qualifizierte Fahrer gab. Bei der KI ist es nicht anders. Generative Modelle der künstlichen Intelligenz haben tiefgreifende Spuren in unserer Zivilisations und den sie unterstützenden technologischen Anwendungen hinterlassen. Die meisten dieser KI-Anwendungen laufen im Hintergrund und bleiben dem Durchschnittsnutzer verborgen. Gleichzeitig haben KI-basierte Dienste wie ChatGPT, Google Bard, Midjourney, Deepl oder Jasper bereits große Sichtbarkeit und Popularität erlangt. In kürzester Zeit ist es ihnen gelungen, die Vorteile von KI für den Durchschnittsmenschen weltweit greifbar zu machen. ChatGPT zählt nahezu 200 Millionen regelmäßige Nutzer, die im Durchschnitt 1,6 Milliarden Besuche pro Monat generieren. Anfang 2024 gab OpenAI, das Mutterunternehmen von ChatGPT, an, täglich 100 Milliarden Wörter zu produzieren – das entspricht dem Textvolumen von einer Million Romanen (NYT, 8/24).

Trotz aller Begeisterung wirft KI auch zahlreiche Fragen auf. Da diese neue Technologie bislang praktisch unreguliert ist, wird der unethische Einsatz von KI als große Bedrohung wahrgenommen. KI ist stark auf große Datenmengen angewiesen, um effizient zu funktionieren. Entsprechend beziehen sich die Bedenken vor allem, aber nicht ausschließlich, auf den Datenschutz. Die Suchergebnisse von KI sind nicht immer zuverlässig, was dazu führen kann, dass ungeprüfte, von KI generierte Inhalte nach Veröffentlichung zu einem Problem werden. Fake News sind sicherlich so alt wie die Menschheit, doch von KI erzeugte *Deepfakes* machen Desinformation deutlich schwerer erkennbar.

KI wird zudem vorgeworfen, voreingenommen zu sein – auf diesen Punkt werden wir später in diesem Kapitel noch näher eingehen. All dies kann schwerwiegende Auswirkungen auf unsere Gesellschaften insgesamt haben, etwa wenn KI bei Wahlprozessen eingesetzt wird (wie angeblich bei der US-Präsidentschaftswahl 2016). Auch ganze Berufsgruppen gelten als bedroht, da KI den Menschen bereits in vielen Bereichen übertrifft – von der medizinischen Diagnose über das Rechtswesen und Finanzdienstleistungen bis hin zur Produktion. Auch das Branding bildet hier keine Ausnahme.

Die heutigen KI-Sprachmodelle (LLM) stoßen jedoch noch an ihre Grenzen. Da sie nicht in der Lage sind, menschliche Emotionen und Sensibilität nachzuahmen, ist es unwahrscheinlich, dass sie kreative Talente und die Notwendigkeit emotionaler Psychologie im Branding in absehbarer Zeit vollständig ersetzen werden. Dennoch unterstützt KI bereits heute den Menschen im kreativen Prozess, indem sie beispielsweise Impulse liefert und es Grafikdesignerinnen und -designern ermöglicht, eine größere Anzahl von Designoptionen schneller zu erkunden. Dies steigert zwar die Produktivität, doch KI-generierte Designs sind noch weit davon entfernt, die emotionalen Werte und die feinfülige Sensibilität zu simulieren, zu denen Menschen fähig sind. Aktuellen KI-Modellen fehlt zudem die *psychologische* Dimension, die für wirkungsvolles Branding erforderlich ist. Auch wenn KI künftig immer besser darin wird, grundlegende Designoptionen und Inhalte zu liefern, werden Menschen auf absehbare Zeit weiterhin dafür verantwortlich sein, diesen Inhalten Menschlichkeit zu verleihen.

Dies könnte sich mit dem Aufkommen der nächsten Generation von *genereller künstlicher Intelligenz* (GAI) ändern, deren Entwicklung in den kommenden Jahrzehnten erwartet wird. Es fließen erhebliche Investitionen in diese Technologien, und es ist durchaus möglich, dass es der Menschheit gelingt, die bislang nur hypothetisch vermuteten Fähigkeiten von GAI Realität werden zu lassen. Für das Branding würde dies bedeuten, dass KI über umfassende kreative, emotionale und sogar psychologische Fähigkeiten verfügen könnte.

Nichtsdestotrotz könnten die heutigen generativen KI-Modelle zunehmend durch ihre eigene Funktionsweise gefährdet werden. Mit der exponentiell steigenden Nutzung von künstlicher Intelligenz greift KI immer häufiger auf Inhalte zurück, die sie selbst erzeugt hat. Dies könnte sich als Nachteil mit erheblicher Auswirkung erweisen, da sich das Verhältnis zwischen originären menschlichen und KI-generierten Inhalten weiter verschiebt. Ohne eine technische Lösung zur Verhinderung dieses Phänomens wird KI zunehmend selbstproduzierte Inhalte analysieren und damit in gewisser Weise *degenerativ* werden. Erste Experimente in kontrollierten Laborumgebungen, die diese abwärtsgerichtete Entwicklung nachbilden, zeigen, dass generative KI bereits nach nur 20 Runden der Inhaltswiederverwertung degenerativ werden kann. Dieser Trend wird durch die fortlaufenden technologischen Verbesserungen der KI weiter beschleunigt, wodurch KI-generierte Inhalte immer schwerer zu erkennen sind. Die Wahrscheinlichkeit, dass Inhalte in die nächste Analyseebene übergehen, steigt langsam, aber stetig, was die Relevanz und Genauigkeit von Suchergebnissen im Laufe der Zeit verwässert. Die Branche ist sich dieses Problems zwar bewusst, hat aber bislang noch keine Lösung gefunden.

Ein aktueller Artikel der *New York Times* verweist auf Experimente, die diesen degenerativen Nebeneffekt belegen, der die Zukunftsfähigkeit von KI bedrohen könnte, wenn diese zunehmend auf ihre eigenen Inhalte zurückgreift. Dabei wurde eine Reihe zufällig handgeschriebener Zahlen wiederholt durch KI-Algorithmen verarbeitet. Das Ergebnis nach nur 20 Durchläufen ist in den Abbildungen eines der Tests in Abb. 17.1 dargestellt. Die Branche ist sich dieses Problems sehr bewusst und arbeitet fieberhaft an einer Lösung. Da die KI-Ausgaben jedoch immer ausgefeilter und schwerer zu erkennen werden, ist es schwer vorstellbar, wie zukünftige LLM-Modelle dieses Problem lösen werden.

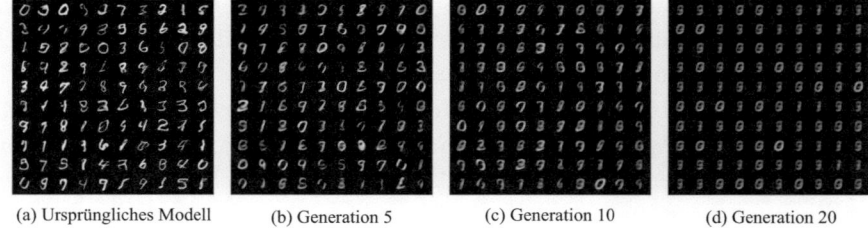

(a) Ursprüngliches Modell   (b) Generation 5   (c) Generation 10   (d) Generation 20

Abb. 17.1 Der Fluch der Rekursion: Das Training mit generierten Daten lässt Modelle vergessen—arXiv:2305.17493v3 (cs.LG) 14. April 2024. Genehmigung: Ilia Shumailov, University of Oxford

Es gibt zahlreiche Bereiche im Branding, in denen KI bereits heute eine bedeutende Rolle spielt. Der größte Vorteil der KI liegt in ihrer Fähigkeit, riesige Datenmengen zu analysieren und daraus Erkenntnisse und Intelligenz für Marken- und Marketingverantwortliche auf vielen Ebenen zu generieren. Diese Datenanalyse beschränkt sich keineswegs auf das Internet, sondern umfasst auch andere Datenquellen wie Kreditkarten, Kundenkarten, Suchmaschinen oder soziale Medien. Die Verknüpfung von KI mit *Big Data* eröffnet nahezu unbegrenzte Möglichkeiten für Querschnittsanalysen. Daraus ergeben sich zahlreiche konkrete Vorteile für Branding-Profis, wie ein verbessertes Zielgruppenverständnis durch Verhaltens- und Sentimentanalysen, Präferenzermittlung und Prognoseanalysen, Generierung von Botschaften und Designs – um nur die wichtigsten Anwendungsfelder zu nennen. All diese Möglichkeiten stehen bereits zur Verfügung und werden im Branding und Marketing zunehmend genutzt. Konversationelle KI und virtuelle Assistenztools wie KI-basierte Chatbots sowie Augmented- oder Virtual-Reality-Anwendungen versuchen, Kunden in personalisierte Dialoge einzubinden und so Gesprächen mehr Bedeutung zu verleihen. All dies kann dazu beitragen, ganze Zielgruppen einzubinden, die sich nach unvergesslichen Markenerlebnissen sehnen.

Auf der anderen Seite wirft dies ethische Fragen auf. Seit vielen Jahren dient KI dazu, die Leistungsfähigkeit von Internetsuchmaschinen zu verbessern, etwa im Bereich SEO-Marketing oder Yield Management. Dynamische Preisgestaltung wird beispielsweise in der Dienstleistungsbranche intensiv für die Nachfrageprognose oder zur gezielten Bewerbung bestimmter Angebote mit dynamischen Rabatten eingesetzt. Während der Einsatz von KI in der Datenanalyse theoretisch legitim sein mag und sich kaum von den Möglichkeiten der klassischen Datenverarbeitung vor einigen Jahrzehnten unterscheidet, könnte die Generierung kreativer Inhalte in Form von Bildern und Texten durch KI ein größeres Problem darstellen.

Die zentrale Frage ist hier, wie transparent Marken beim Einsatz von KI zur Generierung von Markeninhalten sein sollten. Verbraucher stehen dem Einsatz von KI im Branding und Marketing eindeutig skeptisch gegenüber. Mehr als die Hälfte der Amerikaner äußert laut einer aktuellen Studie, veröffentlicht im *Journal of Hospitality Marketing & Management*, Bedenken.[1] Für Marken stellt der Einsatz von KI in diesem Zusammenhang tatsächlich ein Dilemma dar. Mangels spezifischerer Regulierung müssen diese Marken die Vorteile gegen die Nachteile einer transparenten Kommunikation über den KI-Einsatz abwägen. Die Kenntnis darüber, dass eine Marke KI in ihren Targeting- und Kommunikationsprozessen einsetzt, kann die Kaufabsicht der Konsumenten tatsächlich senken. Die Studie untersuchte im Wesentlichen Kategorien wie Haushaltsgeräte sowie Konsum- und Gesundheitsdienstleistungen. Produkte mit einem höheren wahrgenommenen Kaufrisiko schnitten schlechter ab als solche mit geringem Risiko, doch in allen Kategorien war die Ablehnung des Kaufs die vorherrschende Reaktion auf die deklarierte Nutzung von KI.

Die Studie kommt zu dem Schluss, dass Verbraucher in Ermangelung eines tieferen Verständnisses von KI und aufgrund eines generellen Mangels an Vertrauen in diese neue Technologie auf emotionale Entscheidungsmodelle zurückgreifen. Auch der Datenschutz könnte eine Rolle bei der Ablehnung von KI-Technologien spielen. Während sich die Studie klar auf den Kauf von Produkten und Dienstleistungen bezog, lässt sich vermuten, dass ähnliche Vertrauensmuster auch für das Markenimage und die Markenkommunikation von FMCG-Marken gelten, wenn diese durch KI-Technologien generiert werden.

Wie im folgenden Kapitel noch ausführlich behandelt wird, ist *Transparenz* das nächste große Thema im Branding, und Verbraucher werden Unternehmen zunehmend bezüglich ihrer Marken-Versprechen zur Rechenschaft ziehen. Die Reichweite sozialer Medien macht dies mehr als real. Transparenz fördert die Entwicklung von Vertrauen. Für Konsumenten und Kunden wird der Vertrauensfaktor im Laufe der Zeit immer wichtiger werden – in einer sich immer schneller verändernden Welt, in der das Gefühl vorherrscht, dass immer weniger Dinge wirklich vertrauenswürdig sind.

Andererseits könnten Marken davon profitieren, wenn sie transparent mit dem Einsatz von KI in ihren Marketing- und Kommunikationsprogrammen

---

[1] Mesut Cicek, Dogan Gursoy & Lu Lu (19. Juni 2024): Adverse impacts of revealing the presence of "Artificial Intelligence (AI)" technology in product and service descriptions on purchase intentions: the mediating role of emotional trust and the moderating role of perceived risk, Journal of Hospitality Marketing & Management, https://doi.org/10.1080/19368623.2024.2368040.

  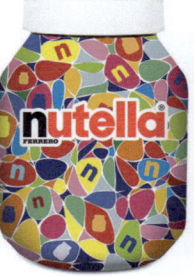 

Abb. 17.2 *Nutella Unica*-Reihe von HP Mosaic generierten Etiketten. Genehmigung: Ferrero Group

umgehen. Die Herausforderung besteht darin, den Einsatz von KI in einen für die Zielkonsumenten wahrnehmbaren Nutzen zu übersetzen. KI wird bereits genutzt, um die Zielgruppenspezifik in der Ansprache sowie die visuelle Markenidentität zu verbessern. Bei der Anwendung auf Promotion- und Vertriebsaufgaben kann KI dazu beitragen, Markenangebote besser auf die tatsächlichen Bedürfnisse der Konsumenten abzustimmen. Zudem ist KI ein leistungsstarkes Instrument, um Trends in Bereichen wie Farbe, Design, Mode oder anderen lifestylebezogenen Feldern frühzeitig zu erkennen, sodass Marken ihren Zielgruppen einen Vorsprung in neuen Produkt- und Dienstleistungszyklen verschaffen können. Im Jahr 2017 setzte das italienische Unternehmen Ferrero, Inhaber der Marke Nutella, eine Vorläuferversion von KI in einer groß angelegten Produktpromotion ein, die als *Nutella Unica* bezeichnet wurde (siehe Abb. 17.2). Der Algorithmus wurde von HP Mosaic entwickelt und so programmiert, dass er 7 Millionen einzigartige Etiketten generierte, basierend auf Analysen aktueller Farb- und Designtrends. Nutella kommunizierte den Einsatz des Algorithmus in dieser Aktion offen, was nicht nur zu enormen Verkaufszahlen, sondern auch zu erheblicher Aufmerksamkeit in den sozialen Medien führte. Das limitierte Glas war in weniger als einem Monat ausverkauft und wurde zum Sammlerobjekt, während die Aktion Nutella half, das Image einer Marke zu vermitteln, die ihrer Zeit voraus ist.

Im Fall von Nutella wurde der Einsatz des KI-ähnlichen Algorithmus als Vorteil genutzt. Die Transparenz über dessen Verwendung in der Promotion zahlte sich aus. Weitere Beispiele sind Sephora, ein zur französischen LVMH-Gruppe gehörender Kosmetikhändler, der KI in seinem virtuellen Beauty Advisor einsetzt, oder Starbucks, das KI umfassend für die Deep Brew-Initiative nutzt, die für das Individualisierungsprogramm verantwortlich ist. Das Unternehmen verwendet Machine-Learning-Algorithmen, um das Kundenverhalten anhand von Standorten, Tageszeiten, Jahreszeiten und sogar Wetterbedingungen zu analysieren. Dadurch kann Starbucks den Personalbedarf stundenweise steuern. Die Marke ist so in der Lage, ihr Angebot an saisonale oder regionale Präferenzen anzupassen, etwa heiße Getränke bei Kälte und erfrischende bei Hitze zu bewerben. Auch die Anpassung der Menüs an lokale oder kulturell geprägte Bedürfnisse, wie beispielsweise ein größeres Teesortiment in Asien, ist so möglich. Dennoch hat Starbucks, obwohl das Angebot weltweit auf verschiedene Zielgruppen zugeschnitten wurde, möglicherweise die Kapazitäten im Filialservice überstrapaziert, was zu längeren Wartezeiten führte und zuletzt immer mehr treue Kunden abschreckte, was wiederum zu einem Umsatzrückgang führte.

Nike setzt KI-Algorithmen in seinen Apps Nike Running Club (NRC) und Nike Training Club (NTC) ein. Die Apps messen sportliche Aktivitäten in Echtzeit und erfassen dabei Live-Nutzerdaten. Teilnehmer des Nike-Programms *Choose GO* erhalten beispielsweise Trainingspläne, Lauftipps und Trainingspläne zur Inspiration. Die KI-Technologie übernimmt dann das Coaching der Nutzer, motiviert sie, aktiv zu bleiben und kontinuierlich an ihren Fitnesszielen zu arbeiten. Dies mag wie ein alter Hut erscheinen, doch KI ist in der Lage, diese Aufgaben in Echtzeit zu erfüllen und macht so Nikes erklärte Markenmission für Konsumenten greifbar und erlebbar. Gleichzeitig ermöglicht die Kampagne Nike, weltweit Nutzerdaten zu sammeln und wertvolle Einblicke in Zielgruppen und deren sportliche Gewohnheiten zu gewinnen. Dadurch kann die Marke bestimmte Produkte gezielter und relevanter bewerben.

Zwei zentrale Anwendungsbereiche von KI werden häufig genutzt, um Angebotsdifferenzierung zu adressieren: Präferenzanalyse und Predictive Analytics. Mithilfe von Machine-Learning-Tools im Branding können Konsumentenpräferenzen identifiziert und analysiert werden, indem große Datenmengen aus verschiedenen Quellen wie Chatbots, Foren, sozialen Medien, Bewertungen, Kaufhistorien aus Treue- und Zahlungskarten und vielen weiteren ausgewertet werden. KI kann riesige Datenmengen durchforsten, analysieren und Marktinformationen bereitstellen. So werden Geschäftsentscheidungen verlässlicher, da sie auf harten Daten und Fakten basieren. Dies ermöglicht es Marken nicht nur, ihre Produkt- und Serviceangebote anzupassen, sondern auch Markenimage, Tonalität der Ansprache oder beispielsweise SEO-Keyword-Strategien zu optimieren.

Predictive Analytics deckt verschiedene Funktionen im Branding und Marketing ab. Sie befähigt Marken, proaktive Marketingprogramme und stärker bedarfsorientierte Angebote zu gestalten. Zudem liefert sie Markenverantwortlichen Daten, um Entscheidungen durch Prognosen künftigen Konsumentenverhaltens und Trends abzusichern. Das Prinzip dieser Machine-Learning-Algorithmen besteht darin, vergangenes Konsumentenverhalten beim Kauf oder bei Informationssuchen zu analysieren, um zukünftige Verhaltensmuster vorherzusagen. Predictive Analytics kann Einblicke in Kaufmotive liefern und Marken ermöglichen, die Zielgruppenspezifik und das Engagement in der Markenkommunikation zu verbessern, etwa durch personalisierte Ansprache, die Bedürfnisse direkter adressiert und zuvor identifizierte Pain Points berücksichtigt. Streaming-Plattformen wie Netflix, Deezer oder Spotify nutzen Predictive-Analytics-Modelle, um ihren Kunden künftige Inhalte oder Playlists vorzuschlagen, die besser auf deren Präferenzen und Bedürfnisse zugeschnitten sind. Dies verbessert selbstverständlich die Servicequalität, was sich wiederum positiv auf Kundenzufriedenheit und -bindung auswirkt.

Die Identifikation des *Customer Lifetime Value* bestimmter Zielgruppenprofile ist eine weitere Möglichkeit, Predictive Analytics im Branding einzusetzen. KI-Algorithmen können Marken dabei helfen, jene Konsumenten oder Kunden zu identifizieren und auszuwählen, die mit hoher Wahrscheinlichkeit zu loyalen Nutzern werden, um Markenangebote und Kommunikationsstrategien so zu gestalten, dass sie schließlich zu Markenbotschaftern werden. Predictive Analytics wird zunehmend für Trendprognosen, die Entwicklung von Produkt- und Serviceinnovationen, bis hin zur ROI-Prognose und Modellierung zukünftiger Preisstrategien oder sogar *anticipative shipping* im Einzelhandel eingesetzt. Hierbei nutzt Predictive Analytics Online-Suchergebnisse, Wunschlisten und Bestellhistorien, um Zielpräferenzen zu analysieren und potenzielle künftige Produktkäufe zu identifizieren.

Erste Formate von Predictive Analytics wurden von Amazon bereits in den 2010er Jahren in Kalifornien erprobt. Ziel war es, die Produktivität der Lagerhaltung und die Kundenzufriedenheit zu steigern, indem identifizierte Waren bereits vor der endgültigen Kaufentscheidung der Kunden vorab versendet wurden. Amazon ging so weit, Waren buchstäblich an Konsumenten zu verschicken, bevor diese auf „Kaufen" klickten. Offenbar war das patentierte *anticipative shipping program* so treffsicher, dass Amazon die damit verbundenen finanziellen Risiken in Kauf nahm. Das Programm bot kostenlose Rücksendungen und nutzte Rabattaktionen oder sogar Geschenke, falls Konsumenten die unaufgeforderte Lieferung ablehnten. Auch ohne diesen Schritt bieten sich für E-Retailer wie Amazon erhebliche Vorteile: relevantere und personalisierte Produktempfehlungen, kürzere Lieferzeiten und eine gesteigerte Lagerproduktivität.

KI-gestützte Predictive Analytics wird auch in der Modebranche zunehmend eingesetzt, um Trends zu identifizieren und den Absatz zu prognostizieren.

Heuritec, ein in Paris ansässiges Dienstleistungsunternehmen, analysiert Millionen von realen Bildern aus sozialen Medien und anderen digitalen Quellen, um für die Modebranche greifbare Erkenntnisse zu gewinnen, die es ermöglichen aufkommende Trends vorzeitig zu erkennen. Diese Form der Sentiment-Analyse hilft, Trends und Nachfragen präziser vorherzusagen und verschafft Modeunternehmen so einen echten Wettbewerbsvorteil. Die Entwicklung neuer Produkte mit Hilfe von KI-Technologie trägt zudem dazu bei, die Modebranche nachhaltiger zu machen, in dem Fehlplanung und Verschwendung teilweise vermieden oder zumindest reduziert werden. Bei der Entwicklung eines Luxus-Sneakermodells analysierte Heuritec 3 Millionen Bilder aus drei unterschiedlichen Panel-Clustern: edgy, trendy und mainstream. Die Technologie wurde eingesetzt, um Produkttypen sowie Designdetails wie Muster, Farben, Formen usw. über 2000 Produkte hinweg zu scannen. Abschließend nutzte die Agentur proprietäre Technologie, um vorherzusagen, wie sich Trends im Luxussegment des Sneakermarktes von einflussreichen Trendsettern auf den Mainstream übertragen. Ergänzend zu Erfahrung und Intuition machte KI den Entwicklungsprozess datengetriebener, was eine Art Sicherheitsnetz für Entscheidungen schuf und dazu beitrug, den Launch dieses neuen Schuhs zum Erfolg zu führen.

Sentiment-Analyse ist eine weitere Aktivität, die auf künstlicher Intelligenz und deren Machine-Learning-Algorithmen für Branding- und insbesondere Markenmanagement-Zwecke basiert. Sentiment-Analyse spielt im Branding schon seit geraumer Zeit eine wichtige Rolle; dennoch hat KI deren Skalierung durch die Nutzung größerer Datenquellen erheblich vorangetrieben. Diese Analyse hilft Unternehmen zu verstehen, wie ihre Zielgruppe über eine bestimmte Marke, ein Produkt oder ein Serviceangebot denkt und fühlt. Sentiment-Analyse nutzt Daten aus sozialen Medien, Foren, Umfragen, Bewertungen oder anderen öffentlich generierten Konversationen, um Einblicke in die öffentliche Meinung zu gewinnen. In diesen Fällen setzt KI Algorithmen zur Verarbeitung natürlicher Sprache (NLP) ein. NLP analysiert große Textmengen, beispielsweise aus Social-Media-Posts, um Gefühle und Einstellungen gegenüber einer Marke oder einem bestimmten Thema zu erkennen. Fortgeschrittene KI-Modelle können inzwischen Markennamen, Orte oder Produkte in diesen Texten erkennen – ein Prozess, der als *Name Entity Recognition* (NER) bezeichnet wird – oder sogar grundlegende Emotionen wie Freude, Wut oder Sarkasmus identifizieren. *Recurrent Neural Network* (RNN)-Modelle wie *BERT* sind in der Lage,

Wörter im größeren Kontext eines Textes zu analysieren und so Ironie oder Sarkasmus zu erkennen. Ein Satz wie *Great, my car broke down again* wird korrekt als Ausdruck einer negativen Emotion erkannt, obwohl die Wortwahl eigentlich positive Gefühle suggeriert (*great*).

Bestimmte KI-Anwendungen bieten Bild- und Sprachanalyse. In videobasierten Gesprächen analysieren diese Versionen nicht nur die gesprochenen Worte, sondern auch Kriterien wie Sprechgeschwindigkeit, Stimmtonalität und Anspannungsgrad sowie Körpersprache und Gestik. Die gewonnenen Daten ermöglichen es, das Maß an Kundenzufriedenheit oder Frustration zu bewerten, selbst wenn die verwendeten Worte im Gespräch neutral erscheinen. All dies ist in mehreren Sprachmodellen möglich, einschließlich Slang und lokalen Dialekten. Während das Wort *sick* im amerikanischen Kontext inzwischen für *großartig, fantastisch oder cool* steht, hat es in den meisten anderen Regionen der Welt seine ursprüngliche Bedeutung behalten. Inzwischen wissen Sprachlernmodelle, wie sie diese Unterscheidung treffen müssen. Das Maß an Feinfühligkeit, das KI in der Sentiment-Analyse erreicht hat, ist beeindruckend und ermöglicht es Marketing Experten, ihre Markenbotschaften emotional relevanter zu gestalten und ihre Zielgruppen effektiver zu erreichen.

Mit dem Fortschritt der KI-Technologie werden weitere Bildgebungs-Tools zunehmend integriert, um ein kontinuierlich verbessertes Nutzererlebnis zu bieten. Augmented Reality (AR) oder Virtual Reality (VR) werden voraussichtlich nur noch wenige Jahre benötigen, bis sie zum Mainstream werden und neue Möglichkeiten für ganzheitlichere und immersivere Markenerlebnisse eröffnen. Das bedeutet jedoch auch, dass Markenverantwortliche völlig neue Kommunikationsformate entwickeln müssen, die auf diesen neuen technologischen Geräten reibungslos und nahtlos funktionieren, ohne bei den jeweiligen Zielgruppen eine Reizüberflutung zu verursachen.

Generative künstliche Intelligenz gilt für viele als das nächste große Ding nach Computing und Internet, die weltweit erst vor 30 Jahren eingeführt wurden. Eine neue Generation von KI-Technologie, die nicht nur die Welt, in der wir leben, sondern auch unsere Lebensweise grundlegend verändern wird. Doch je weiter die KI-Technologie voranschreitet und je mehr in ihre Entwicklung investiert wird, desto lauter werden auch die kritischen Stimmen.

Jobverluste oder das Verschwinden ganzer Berufsbilder wurden bereits in früheren industriellen Revolutionen befürchtet (und sind auch eingetreten). Das wird sicherlich auch im Zeitalter der KI der Fall sein; allerdings werden, während bestimmte Jobs verschwinden, auch völlig neue entstehen. Wenn die bisherigen Phasen industrieller Umbrüche als Maßstab dienen, liegt das

Problem weniger in der Auslöschung ganzer Berufe als vielmehr in der zeitlichen Verzögerung während des Übergangs. Aus- und Weiterbildung sind entscheidend, um Menschen auf die neuen Aufgaben vorzubereiten, die auf sie warten. Ich glaube nicht, dass das Branding in seiner Branche dies in absehbarer Zeit erleben wird. Aktuelle KI-Modelle des maschinellen Lernens sind darauf trainiert, wiederkehrende Muster in den von uns bereitgestellten Daten zu erkennen. Bislang ist es KI nicht gelungen, mit abstrakten Konzepten umzugehen, die für zentrale Denkprozesse im Branding entscheidend sind. Dennoch wird KI in absehbarer Zukunft zweifellos den Menschen bei seinen Branding-Aktivitäten zunehmend unterstützen. Ebenso schwer vorstellbar ist es, dass aktuelle KI-Modelle menschliche Kreativität und Feinfühligkeit ersetzen, die für eine emotionale Marken-Bindung unverzichtbar sind. Coca Cola musste dies 2024 mit seinen KI-generierten Weihnachtswerbespots schmerzlich erfahren, die in sozialen Medien als unheimlich, seltsam und weit entfernt von *the real thing* – dem langjährigen Werbeslogan von Coke – kritisiert wurden.

Die Umwelt- und Klimaauswirkungen immer größerer Rechenzentren mit ihrem unstillbaren Energiehunger für Datenverarbeitung und Kühlung sind eine weitere Nebenwirkung der KI-Revolution. Da erneuerbare Energien weiterhin hinterherhinken, wird die nächste Generation von KI-Technologie voraussichtlich einen noch größeren CO_2-Fußabdruck hinterlassen.

Heute liefert KI Impulse für kreative Prozesse in den visuellen Künsten und in der Kommunikation. Sie ist zudem ein wesentliches Instrument für Markenmanager, um die Konsistenz der Botschaften über alle Medienkanäle hinweg zu wahren. All dies geschieht zunehmend personalisiert, sodass Marken eine tiefere Bedeutung und höhere Relevanz vermitteln können. Dank ihrer Fähigkeit, enorme Datenmengen zu verarbeiten, sind KI-Anwendungen äußerst effektiv darin, Markt- und Verbraucherinformationen bereitzustellen, die bei Branding-Aufgaben wie Zielgruppenansprache und Messaging genutzt werden können – beides wird durch Erkenntnisse aus der Sentiment-Analyse zusätzlich gestärkt.

Bei all den Vorteilen, die KI Marken-Managern heute bietet, ist dennoch Vorsicht geboten. Alle KI-Modelle haben sich in gewissem Maße als voreingenommen erwiesen und benachteiligen beispielsweise mitunter Verbrauchergruppen aufgrund von Hautfarbe, Geschlecht oder Behinderungen. Die Ursache dieser Verzerrungen liegt darin, dass von Menschen erzeugte Inhalte selbst oft Vorurteile enthalten und Maschinen darauf trainiert werden, diese zu übernehmen. Solche Verzerrungen können Unternehmen oder Marken rasch in Schwierigkeiten bringen und nachhaltige negative Auswirkungen auf den Markenruf haben. Dies betrifft nicht nur Branding-Tools, sondern den Einsatz KI-gestützter Anwendungen im Allgemeinen. So werden beispielsweise Softwarelösungen, die bereits heute von Personalabteilungen genutzt werden, um die Vielzahl an Bewerbungen großer und attraktiver Unternehmen vorzusortieren, immer verbreiteter. Hier kann ein KI-Algorithmus, der sich seiner Voreingenommenheit nicht bewusst ist, erheblichen Schaden anrichten, indem er potenzielle Kandidaten:innen ungerechtfertigt ausschließt und das Unternehmen so möglicherweise um dringend benötigte Talente bringt.

Aktuelle Bildgenerierungsplattformen wie Stable Diffusion erstellen Bilder auf Basis von Texteingaben. Auch wenn diese Bilder erstaunlich realistisch wirken, stellen sie zugleich eine gefährliche Verzerrung der Realität dar. Bei der Analyse von 5000 solcher KI-generierten Bilder im Jahr 2023 identifizierte Bloomberg eine starke Voreingenommenheit, die wie folgt zusammengefasst wurde: *Die Welt laut Stable Diffusion wird von weißen, männlichen CEOs regiert. Frauen sind seltener Ärztinnen, Anwältinnen oder Richterinnen. Männer mit dunkler Hautfarbe begehen Verbrechen, während Frauen mit dunkler Hautfarbe Burger wenden.*[2]

Die Einführung von Sprachlernalgorithmen und insbesondere von OpenAIs ChatGPT im Jahr 2022 wirkte für viele Regierungen und Aufsichtsbehörden wie ein Weckruf. Diese öffentlich zugänglichen und einfach zu bedienenden Algorithmen zeigten erstmals, welche Macht KI auf unsere Gesellschaften entfalten kann. Die Sorge über die potenzielle Reichweite von KI wird inzwischen auch von den wichtigsten Branchenakteuren geteilt, was das Gefühl der Dringlichkeit zusätzlich verstärkt. Zahlreiche Regierungen weltweit haben sich beeilt, Regulierungen und die entsprechenden Behörden zu schaffen. Die EU war die erste, die im August 2024 ein umfassendes Regelwerk einführte. Dieses neue Gesetz wird schrittweise über einen Zeitraum von drei Jahren in allen 27 Mitgliedstaaten der Europäischen Union in Kraft treten. China, Kanada, die Vereinigten Staaten, Großbritannien, Brasilien und viele andere Länder definieren derzeit ebenfalls eigene Regelungen.

Die Debatte darüber, wie KI am besten reguliert werden sollte, ist noch im Gange, und viele Branchenvertreter sprechen sich dafür aus, die Anwendungen von KI zu regulieren statt der Modelle selbst. Theoretisch würde dies die Regulierung für Sprachmodelle wie ChatGPT lockern und sie für den Einsatz von KI im medizinischen Bereich beispielsweise verschärfen. Wie auch immer die endgültigen Regelungen aussehen werden – sie rasch zu

---

[2] Menschen sind voreingenommen. Generative KI ist noch schlimmer. Bloomberg Technology + Equality, von Leonardo Nicoletti und Dina Bass, 9. Juni 2023.

definieren, ist der richtige Weg. Dennoch erscheinen fast täglich neue KI-gestützte Versionen, und das atemberaubende Tempo dieser Entwicklung dürfte weiter zunehmen. Schätzungen zufolge werden in den kommenden Jahren Hunderte Milliarden bis mehrere Billionen Dollar in die nächste Generation von KI investiert. Diese enormen Summen fließen nicht nur in die Entwicklung neuer KI-Versionen, sondern auch in neue Quantentechnologien, die die Datenverarbeitungskapazitäten um ein Vielfaches steigern dürften. Das wird es Gesetzgebern und Aufsichtsbehörden erschweren, Schritt zu halten. In diesem Zusammenhang sind lokale Regelungen vermutlich die geeignete Strategie, um rasch Gesetze zu erlassen. Langfristig kann jedoch nur ein weltweit abgestimmtes Vorgehen wirksamen Schutz bieten, da die Technologie selbst global ist.

18

Die transformative Verantwortung von Marken im fortgeschrittenen einundzwanzigsten Jahrhundert

Marken sind mächtige Instrumente, die nicht nur in der Wirtschaft, sondern auch in der Politik sowie in wohltätigen Initiativen und NGOs eingesetzt werden können. Mikro-Branding ist durch soziale Medien alltäglich geworden und hat vielen zu Ruhm und Reichtum verholfen. Es besteht kaum Zweifel daran, dass Marken in der Lage sind, erheblichen Einfluss auf ihre Zielgruppen auszuüben. Dies ist in der Tat das zentrale Ziel des Brandings. Von Anfang an wurden Marken darauf ausgelegt, das Verhalten der Konsumenten zu verändern. Anfangs wurde dies durch die Schaffung von Präferenzen mittels wettbewerbsfähiger Angebote (Preis, Qualität, Innovation) erreicht und im Laufe der Zeit durch den Aufbau starker emotionaler Bindungen zu den Konsumenten. Daran ist grundsätzlich nichts auszusetzen. Tatsächlich hat das Branding im Verlauf des 20. Jahrhunderts maßgeblich dazu beigetragen, den Fortschritt voranzutreiben und den Lebensstandard großer Teile der Weltbevölkerung zu erhöhen. Allerdings wurde die Macht der Marken nicht immer auf ethische Weise genutzt, und dieses letzte Kapitel des Buches widmet sich daher einer vertieften Betrachtung der Markenethik.

Die inneren Prozesse, wie Marken diese Fähigkeiten entwickeln, standen im Mittelpunkt dieses Buches. Marken können Präferenzen durch greifbare Produkteigenschaften schaffen oder durch die Erlebnisse, die diese Eigenschaften hervorrufen. Im Dienstleistungssektor werden diese Erlebnisse oft stärker dadurch geprägt, wie sehr das Personal die Marke verinnerlicht und lebt, als durch ein bestimmtes Leistungsmerkmal selbst. Andere betrachten Marken als praktische Abkürzungen in komplexen Entscheidungsprozessen.

Loyalität mag als ultimatives Maß für Führungsmarken gelten, doch selbst die treuesten Coca-Cola-Käufer erwerben im Jahr nur ein oder zwei Flaschen und eingefleischte Harley-Davidson-Fans generieren lediglich 3,5 % des Unternehmensumsatzes (The Economist, 30. August 2024). Auch wenn diese Debatte sicherlich nützlich ist, spielt sie am Ende vielleicht keine entscheidende Rolle. Entscheidend ist, dass Marken tatsächlich als Meinungs- und Verhaltensbeeinflusser wirken. Dadurch werden sie zu hochsensiblen Akteuren für positive, aber potenziell auch negative oder gefährliche gesellschaftliche Veränderungen.

Die Medienvielfalt hat die Art und Weise, wie Menschen Informationen beziehen und konsumieren, grundlegend verändert. Noch nie waren die Medienangebote so fragmentiert wie heute. *Massenmarketing* dominierte das Branding noch vor 30 Jahren und hat inzwischen dem *Markt der Einzelperson* (P&G – *the market of one*) Platz gemacht. Konsumenten nehmen heute aktiv am Branding-Prozess teil, und ihre Meinungen beeinflussen maßgeblich die Wahrnehmung von Marken. Noch Anfang des 21. Jahrhunderts wurden Marken fast ausschliesslich von den Unternehmen definiert dis sie besassen, während sie heute zunehmend sich auch dadurch definieren, was Konsumenten über sie sagen. Der Kauf einer Marke ist heute eng mit dem *sich mit einer Marke identifizieren* verknüpft. Jahrzehntelange intensive Werbung und Promotion haben ganze Zielgruppen kommerziell gebildeter und marketingaffiner gemacht. Das beeinflusst auch ihre Einstellungen und Erwartungen gegenüber Marken.

Alle Marken besitzen selbst-expressive Dimensionen, die sie ständig den kulturellen Veränderungen aussetzen, die in unseren nationalen, aber zunehmend globalisierten Gemeinschaften stattfinden. Unsere Gesellschaften befinden sich in ständigem Wandel, und um relevant zu bleiben, müssen Marken mit der Zeit gehen. Marken entstehen nie in kultureller Isolation; sie sind immer ein Produkt ihrer Zeit. Branding ist stets auf der Suche nach neuen Trends. Auch wenn dies wichtig ist, werden viele Trends lange diskutiert, bevor sie tatsächlich zum Massenphänomen werden. Sofern man nicht in Nischenmärkten oder für hochselektive Zielgruppen agiert, lassen sich Trends oft nur schwer für die eigene Marke nutzen. Was Ihrer Marke jedoch maximale Durchschlagskraft verleiht, ist das Verständnis und die Integration der Strömungen ihrer Zeit.

Diese Zeiten werden von großen kulturellen Umbrüchen geprägt, die stark genug sind, um in den Mainstream vorzudringen und sich sukzessive zu neuen gesellschaftlichen Konventionen zu wandeln. Um eine gesamte Bevölkerung zu durchdringen, benötigen solche kulturellen Veränderungen oft ein ganzes Jahrzehnt, und in der Regel ist das folgende Jahrzehnt eine Reaktion auf das vorherige. Die letzten 70 Jahre belegen eindrucksvoll, wie ganze Gesellschaften von einem *Verhalten* zum nächsten gependelt sind. Diese Veränderungen haben häufig globale Auswirkungen und beeinflussen Marken zweifellos.

Mit ihrer globalen Reichweite haben viele der bedeutenden gesellschaftlichen Umbrüche des 20. und 21. Jahrhunderts ihren Ursprung in der amerikanischen Gesellschaft. Das wirtschaftliche Wachstum der Nachkriegszeit in den 1950er Jahren begünstigte einen Wirtschaftsboom mit erheblicher urbaner Entwicklung und der Verbreitung des amerikanischen Vorstadtlebens. Diese Zeit war geprägt von Familienwerten, starren Geschlechterrollen und patriotischem Konformismus. Es waren die Jahre des ursprünglichen *American Dream*, der ein greifbares und populäres Erfolgsmodell vorgab.

Erfolg in den 1950er Jahren war jedoch auch mit Konventionen und Konformismus verbunden. Dies bereitete den Boden für die Gegenkultur der 1960er Jahre, die von der Suche nach Freiheit geprägt war. Bürgerrechte, die Entstehung der Hippie-Bewegung, sexuelle Befreiung unterstützt durch die Erfindung der Antibabypille und wachsende Proteste gegen den Vietnamkrieg kennzeichneten die aufkommende Begeisterung dieses Jahrzehnts. Während sich soziale Bewegungen ausbreiteten und lautstark Veränderungen forderten, hielt ein starker Enthusiasmus und Optimismus bis weit in die 1970er Jahre an. Schließlich leitete der sich hinziehende Vietnamkrieg, gefolgt von wirtschaftlichen Belastungen durch die Ölkrise 1973, jedoch einen allgemeinen Zustand der Ernüchterung ein. Dies ebnete den Weg für die Popkultur in allen darstellenden Künsten, die mit einer neuen Form des Hedonismus gegen die Ernüchterung ankämpfte.

Die 1980er Jahre brachten eine neue Form des Konservatismus und den Beginn des Ultra-Kapitalismus zurück. Trickle-down-Ökonomie, Materialismus und Konsumismus wurden zu den prägenden Triebkräften des Gesellschaftsmodells der 1980er Jahre, am besten verkörpert durch das Stereotyp des Yuppies (Young Urban Professionals), der Status durch Wohlstand anstrebte und für den beruflicher Erfolg als höchstes Lebensziel galt. Technologie und Globalisierung veränderten die Gesellschaft der 1990er Jahre. Die Deregulierung der Finanzinstitute, die Demokratisierung der IT-Technologie und die Auflösung der Sowjetunion 1991 markierten das Ende des Kalten Krieges, was wiederum das Konzept der globalen Wirtschaft beflügelte. Es herrschte die feste Überzeugung, dass wirtschaftlicher Fortschritt der beste Weg zur Sicherung des Friedens sei. Und für diejenigen, die sich an diese Zeit erinnern, fühlte es sich tatsächlich wie eine wunderbare, friedliche Welt an, in der an jeder Ecke und bei jeder Wendung des Lebens neue Chancen warteten.

Die Geschwindigkeit des Fortschritts beschleunigt auch das Tempo des Wandels. Die meisten von uns werden die 2020er Jahre als das Jahrzehnt der sozialen Medien, Smartphones und des Internets in Erinnerung behalten. Es ist jedoch auch das Jahrzehnt der kulturellen Fragmentierung und Isolation, in dem viele von uns arglos in die sozialen Medien-*Blasen* eingetaucht sind, in denen Algorithmen bestimmen, was man liest und sieht, und soziale Anerkennung auf die schlichte Anzahl von Followern und *Likes* reduziert wurde. Dies hat auch zur zunehmenden Polarisierung in vielen unserer Gesellschaften beigetragen. Terrorismus, regionale Kriege, die Folgen der Subprime-Krise 2007, die Pandemie, die immer deutlicher werdenden Aussichten des Klimawandels sowie das hohe Tempo des Wandels haben erneut das Gefühl einer unvorhersehbaren, unsicheren Welt verstärkt. Dieser Grundtenor spiegelt sich auch in der starken Rückkehr von Retro-Designs in vielen Bereichen wider, die Konsumenten an Zeiten erinnern, in denen das Leben weniger komplex und berechenbarer war, und erklärt möglicherweise zum Teil auch den Aufstieg von Ultrakonservativen oder Populisten in vielen unserer etablierten Demokratien.

Marken müssen sich durch diese gesellschaftlichen Umbrüche manövrieren und sich an die sich wandelnden Bedürfnisse, Einstellungen und Präferenzen der Konsumenten anpassen. Mehr denn je werden Marken in unserer amorphen Welt als Stabilitätsanker und Orientierung durch *Sinn* wahrgenommen. Sie bieten Kontinuität in einer Welt des Wandels und stiften Sinn, wo überwältigende Komplexität zu Verwirrung und Ängsten führt. Sie können Werte fördern, die viele von uns in unseren post-globalisierten Gesellschaften als schwindend empfinden. In diesem sich wandelnden gesellschaftlichen Kontext eröffnen sich für Marken große Chancen, auch die ethischen Bedürfnisse ihrer Zielgruppen zu integrieren.

Ehrlichkeit, Transparenz und Authentizität sind längst nicht mehr die Werte, die viele der mächtigen Eliten dieser Welt verkörpern und leben. Dieses Buch hat ausführlich dargestellt und illustriert, was Marken sind, wie sie funktionieren und wie sie im Laufe der Zeit aufgebaut und geführt werden. Es soll auch die transformative Kraft hervorheben, die Marken auf Konsumenten und die Gesellschaft als Ganzes ausüben. Diese geschenkte Macht verpflichtet Marken zu ethischem Handeln.

Als kommerzielle oder ideologische Akteure können Marken einen beeindruckenden Einfluss auf Menschen ausüben. Professionell entwickelt und geführt, sind und bleiben Marken eine bedeutende Quelle der Wertschöpfung. Dennoch darf diese Wertschöpfung nicht auf Kosten derjenigen erfolgen, die nicht zu den, die nicht am Ende der Umverteilungskette stehen. Für diejenigen, die, wie Paul Polman, der ehemalige CEO von Unilever, sagen würde, *nicht das große Los des Lebens gezogen haben*. Ebenso darf

Branding nicht für rücksichtlose und unethische Zwecke missbraucht werden, in welchem Bereich des modernen Lebens auch immer und überall auf der Welt.

Es wäre naiv zu glauben, dass diese Worte solche Fehlentwicklungen verhindern könnten. Sie sind geschehen und geschehen weiterhin, während Sie diese Zeilen lesen. Doch für diejenigen, die es gut meinen, ist dieses Kapitel über die transformative Verantwortung von Marken im 21. Jahrhundert als Manifest für einen verantwortungsvollen und ethischen Einsatz von Branding-Techniken und -Methoden gedacht. Weit entfernt von Moralisierung, sind diese Zeilen als Appell zu verstehen, Marken nicht als bloße Werkzeuge kapitalistischer Gier missbrauchen zu lassen, sondern sie von Marketing-Experten als Verbündete für partizipative Wertschöpfung und positiven gesellschaftlichen Wandel zu begreifen. Die Kraft des Brandings zu nutzen, um durch aufrichtige Bedeutung und nicht durch Täuschung Wert zu schaffen, bedeutet nicht, die heutigen Geschäftsmodelle komplett umzukrempeln. Ich schlage jedoch vor, die Tatsache zu akzeptieren, dass ein Teil der markeninduzierten Gewinne zurückzugeben nicht wirklich einen Kostenfaktor darstellt, sondern als eine Investition in die Zukunft der Gesellschaft gesehen werden kann.

Ethisches Branding basiert auf drei Grundpfeilern: Wahrheit, Transparenz und Authentizität. Sie sind zugleich essenzielle Werte für den Zusammenhalt unserer Gesellschaft. Sie sollten nicht als selbsterfüllende Prophezeiung betrachtet werden. Diese Werte zu leben und nach innen zu handeln, zahlt sich tatsächlich aus. Anerkannte ethische Standards fördern stärkere und langfristigere Beziehungen zwischen Marken und ihren Zielgruppen. Und Gutes zu tun ist heute mehr denn je ein erfolgreicher Weg zum Wachstum, wie Marken wie Warby Parker, TOMs und Patagonia eindrucksvoll zeigen.

Unehrlichkeit im Branding ist keineswegs neu, und ohne die heutigen Gesetze und Vorschriften wäre sie zweifellos weiter verbreitet, wie es vor deren Verabschiedung der Fall war. Dennoch ist Ehrlichkeit im Branding auch dringend zu empfehlen. Übertriebene oder gar falsche Versprechen sind nur von kurzer Dauer, und die Produktleistung gibt Konsumenten ein wirksames Instrument, die Wahrheit selbst herauszufinden. Die harmloseste Form der Wahrheitsbeugung sind etwas leichtfertig überzogene Markenversprechen. Leider hat sich die Verbreitung von Branding nicht im gleichen Tempo entwickelt wie das professionelle Verständnis von Marken. Während meiner beruflichen Tätigkeit habe ich viele Beispiele für klassische Marketingtechniken gesehen, die mit Best-Practice Schulbuch Fallbeispielen aufgewertet wurden. Dieses Vorgehen führt meist zu schlecht definierten Marken mit wortreichen Versprechen, die nicht zur Produkt- oder

Dienstleistungsrealität passen. Diese Aussagen sind oft pompös und übertrieben, und die heutigen Konsumenten lassen sich immer seltener davon beeindrucken.

Während Verbraucher bei *überzogenen* Versprechen noch eine gewisse Nachsicht zeigen mögen, ist ihre Toleranz gegenüber bewussten Lügen deutlich geringer. Der *Dieselgate*-Skandal im Jahr 2015 zeigte das Risiko, das Marken eingehen, wenn sie gezielt versuchen, die öffentliche Meinung zu manipulieren. Volkswagen war das erste Unternehmen, das aufflog, doch auch andere Hersteller haben ihre Emissionswerte manipuliert. Am Ende wurde *Dieselgate* eng mit dem Volkswagen-Konzern in Verbindung gebracht und beschädigte dessen Ruf über viele Jahre, während anhaltende Gerichtsverfahren den Skandal bis heute in den globalen Nachrichten halten. Technisch gesehen hatte die Marke die Motorsoftware so manipuliert, dass sie Testverfahren zur Emissionsmessung erkannte. Die Software schaltete den Motor dann in einen programmierten *Testmodus*, der es ermöglichte, die gesetzlichen Vorgaben einzuhalten. Im Alltagsbetrieb stießen die Dieselfahrzeuge von Volkswagen jedoch bis zu 40-mal mehr Stickoxide aus als gesetzlich erlaubt. Die meisten Kunden fühlten sich damals betrogen und viele wandten sich dauerhaft von der Marke ab. Auch wenn dies nicht der einzige Grund war, hat Dieselgate maßgeblich zu den ernsthaften Herausforderungen beigetragen, denen sich der VW-Konzern heute gegenübersieht.

Umwelt und Nachhaltigkeit sind weitere Bereiche, in denen die Wahrheit häufig gedehnt wurde und weiterhin wird. Oft werden ausgefeilte Geschichten und geschickte Formulierungen genutzt, um von der Wahrheit abzulenken. Die Ölindustrie hat eine lange Tradition darin, Branding und Kommunikation zur Perfektion zu bringen. Ein Beispiel ist Humble, das mit Exxon fusionierte und zu einem der weltweit führenden Unternehmen für fossile Brennstoffe wurde. Die nationale Printkampagne von Humble aus dem Jahr 1962 liefert ein frühes Beispiel für diese Techniken. Im heutigen Kontext würde eine solche Anzeige als absurd erscheinen. Die doppelseitige Anzeige im *Life Magazine* zeigt eine Frontalaufnahme des Taku-Gletschers in Alaska und trägt die folgende Überschrift: *Jeden Tag liefert Humble genug Energie, um 7 Millionen Tonnen Gletscher zu schmelzen!* Im weiteren Anzeigentext rühmt sich das Unternehmen damit, dass *dieser gewaltige Gletscher seit Jahrhunderten ungeschmolzen ist und die von Humble täglich bereitgestellte Energie ausreicht, um 80 Tonnen pro Sekunde zu schmelzen.*

Tatsächlich war der Zusammenhang zwischen fossilen Brennstoffen und Klimawandel in der Branche durchaus bereits ein bekanntes Faktum. Als die Kampagne am 2. Februar in *Life Magazine* erschien, hatte die Wissenschaft den direkten Zusammenhang zwischen der Verbrennung fossiler Brennstoffe und dem Klimawandel bereits formell hergestellt. Es ist davon auszugehen, dass Humble/Exxon als damaliger und heutiger Marktführer sehr wohl darüber informiert war und seine Marke gezielt einsetzte, um durch geschickte Kommunikation die Aufmerksamkeit der Öffentlichkeit abzulenken. Dennoch zeigt diese Anzeige nur die Spitze des (schmelzenden) Eisbergs. Massive Investitionen in PR und Lobbyarbeit der gesamten Ölindustrie sorgten dafür, dass das heikle Thema Klimawandel weitgehend aus dem öffentlichen Diskurs herausgehalten wurde.

Leider ist es bis heute so und über 60 Jahre später wirken die Botschaften dieser Industrie noch immer allzu vertraut. Total Energies, ein international agierendes französisches Unternehmen und weltweit führend im Bereich fossiler Energien, änderte 2021 seinen Namen von *Total* zu *TotalEnergies*. Dieser Schritt sollte verdeutlichen, dass Total sein Energieangebot diversifiziert und auch erneuerbare Energien aufgenommen hat. Das Markenimage von Total sollte sich von einem Anbieter fossiler Energien zu einem Anbieter nachhaltigerer Energieoptionen entwickeln, im Einklang mit der Unternehmensstrategie.

Die folgende Pressemitteilung beschreibt die strategische und ökologische Vision der Marke zu diesem Zeitpunkt:

> „Energie ist Leben. Wir alle brauchen sie, und sie ist eine Quelle des Fortschritts. Um heute zum nachhaltigen Fortschritt des Planeten angesichts der Klimaherausforderung beizutragen, gehen wir gemeinsam neue Wege in Richtung neuer Energien. Energie erfindet sich neu, und dieser Weg ist unser Weg. Unser Anspruch ist es, ein bedeutender Akteur der Energiewende zu sein. Deshalb wandelt sich Total und wird zu TotalEnergies", erklärte Patrick Pouyanné, Vorstandsvorsitzender und CEO von TotalEnergies.

Als führendes Unternehmen im Bereich fossiler Energien sah sich Total offenbar gezwungen, sich ein neues, nachhaltigeres Markenimage zu geben. Aus Markensicht ist dies der logische Schritt. Allerdings geschieht dies nicht über Nacht, und schönen Worten müssen auch Taten folgen. Genau daran scheitert Total. Trotz des erklärten Ziels der Klimaneutralität bis 2050 kritisieren zahlreiche Umweltorganisationen die weiterhin hohen Investitionen des Unternehmens in die Förderung fossiler Energien. Laut dem Geschäftsbericht 2023 von Total fließen lediglich 25 % der Investitionsausgaben in erneuerbare Energien. Im Jahr 2023 hat die französische Werbeaufsicht einige Nachhaltigkeitsbotschaften der Marke offiziell als irreführend beanstandet. Auch wenn solche Markenwandlungen Zeit und erhebliche Investitionen erfordern, würde eine Marke wie Total in der öffentlichen

Wahrnehmung besser dastehen, wenn sie ihre Versprechen zurückhaltender formulierte. Bei der Wahrheit zu bleiben und durch mehr Transparenz – und warum nicht auch durch etwas Demut – Stärke zu zeigen, wäre ratsamer.

Große Geschichten zu erzählen, um eigene Bemühungen um positive Veränderungen zu überhöhen und so von den *schmutzigen Fakten* abzulenken, hat für die jüngeren Zielgruppen längst an Reiz verloren. Zu viel Selbstbewusstsein kann zudem zu Selbsttäuschung führen und die Hemmschwelle für übertriebene oder falsche Behauptungen senken. *Fake it until you make it*, das Mantra einiger Marken in der Tech-Branche, ist hierfür ein vielzitiertes Beispiel. Für die meisten Menschen sind *Greenwashing* und *Purpose Washing* nicht immer leicht zu erkennen. Gleichzeitig bleiben die kritische Beobachtung durch Umwelt- und Verbraucherschutzorganisationen und das Internet mit seinem langen Gedächtnis bestehen. Noch nie war es so einfach und schnell, Fakten zu überprüfen – insbesondere durch generative KI. Unabhängig von den Gründen, warum Marken die Wahrheit beugen: Kurzfristig mag dies entlasten, doch auf lange Sicht sind überzogene Versprechen oder gar Lügen nur von kurzer Dauer und holen die Marke immer wieder ein.

Transparenz ist ein weiterer zentraler Wert, den jede Marke verinnerlichen sollte. Sie ist grundlegend für den Aufbau von Vertrauen bei den Zielgruppen. Dies wiederum fördert Markenloyalität und Markenbefürwortung. Transparenz ist zudem ein generationenübergreifendes Phänomen, das insbesondere bei den Millennials und der Generation Z stark an Bedeutung gewonnen hat. Diese gut vernetzten und informierten Konsumentengruppen spüren die Auswirkungen des Wandels besonders deutlich. Sie haben kaum oder keine Erinnerung an Zeiten, in denen ständiger Wandel noch mit Verständnis und Sinn verbunden war. Kürzlich diskutierte ich im Rahmen meiner Lehrtätigkeit mit einer meiner sehr klugen und talentierten internationalen Studentinnen über die Nutzung von KI-Technologien. Sie war damals gerade mal 21 Jahre alt und in ihrem jungen Leben *fühlte sich bereits abgehängt*. Konsumentinnen und Konsumenten, die sich verloren fühlen, wenden sich intuitiv u. a. auch starken Marken zu, die ihnen Orientierung und Sinn bieten.

Transparenz ist ein wichtiges Prinzip in der Markenkommunikation. Als grundlegende Haltung im Geschäftsleben sollte sie alles leiten, was eine Marke tut und zu tun vorgibt. Produktformulierungen, Herkunft der Inhaltsstoffe, Angebotsklarheit und Preismodelle, Datenmanagement und Datennutzung, Unternehmensfinanzen, Umweltauswirkungen und CSR-Programme sind nur einige Beispiele, in denen Transparenz die Ausgestaltung der Kommunikationsformate bestimmt. Das bedeutet nicht, dass ein Unternehmen oder eine Marke alle Bücher offenlegen muss. Eigentums- und vertrauliche Informationen sind selbstverständlich entsprechend zu behandeln. Transparenz im Branding sollte jedoch als Kommunikationsstil verstanden werden, bei dem Sachverhalte klar und Botschaften umfassend und vollständig sind. Wichtige Fakten werden nicht ausgelassen oder instrumentalisiert, um weniger rühmliche Aspekte zu verschleiern.

Patagonia hat kürzlich öffentlich eingeräumt, dass das Unternehmen seine Nachhaltigkeitsziele für 2025 im Bereich der CO_2-Emissionen verfehlen wird. Die Marke hätte dies einfach verschweigen und sich weiterhin auf ihre Stärken konzentrieren können. Über dieses Scheitern zu sprechen, war ein großer Akt der Transparenz, der das Vertrauen der Konsumenten direkt stärkt. Die Marke Patagonia hat damit eine vermeintliche Schwäche mutig in eine Stärke verwandelt. Durch die Bekanntgabe der verfehlten Ziele zeigte Patagonia zudem Demut, was die Nähe und emotionale Bindung zu den Zielgruppen weiter festigt.

In Zeiten, in denen KI zunehmend Einfluss auf das Branding nimmt, erhält Transparenz eine völlig neue Dimension. Studien zeigen, dass Konsumenten dieser neuen Technologie skeptisch gegenüberstehen und dass die Markenwahl davon beeinflusst wird, ob der Einsatz von KI im Branding-Prozess offengelegt wird. Was ist in solchen Fällen das richtige Maß an Transparenz? Welches Risiko geht eine Marke ein, wenn sie den KI-Einsatz verschweigt? Beide Fragen wurden bereits in Kap. 17 behandelt und ich möchte sie hier nicht erneut beantworten. Im Sinne der Transparenz ist es jedoch geboten, offen über den Einsatz von KI zu sprechen. Wenn deren Einsatz einen Mehrwert für die Zielgruppe schafft, werden Konsumentinnen dies nachvollziehen und akzeptieren.

Authentizität ist der dritte zentrale Wert, der ethische Verantwortung leiten sollte. Sie bezieht sich auf die Differenzierung, die eine Marke einzigartig macht. Schon aus diesem Grund sollte sie das Wesen jeder Marke ausmachen. Doch Authentizität umfasst mehr als nur diese eine Dimension. Integrität, Respekt, Einzigartigkeit und Realismus sind weitere Eigenschaften, die authentische Marken auszeichnen. Die Differenzierung einer Marke wird im Positionierungsprozess definiert. Keine Marke besitzt ihre einzigartige Position wirklich, solange sie diese Differenzierung nicht durch konsistente Kommunikation beansprucht und in ihren Aktivitäten lebt. Authentische Marken bleiben ihren Werten treu. Sie handeln, wie sie es versprechen.

Wie Wahrheit und Transparenz ist Authentizität ein Leitprinzip, das Marken anweist, wie sie handeln und ihrer transformativen Verantwortung gerecht werden. Sie sind grundlegende Markendimensionen und tragen dazu bei, die Markenpersönlichkeit zu definieren, die letztlich das Verhalten der Marke sowie Tonalität und Haltung bestimmt. Die traditionellen Quellen der Markenstärke verschieben sich zunehmend. Bekanntheit und Imagewert sind weiterhin wichtig, reichen aber allein nicht mehr aus, um einer Marke langfristig Relevanz zu sichern. Marken müssen heute mehr denn je zeigen, dass sie nicht nur gut in dem sind, was sie tun, sondern auch Gutes bewirken. Ein höherer Zweck (Purpose) wird Marken künftig immer stärker differenzieren – und wer nicht glaubwürdig handelt, wird zunehmend entlarvt.

Im Verlauf der jüngeren Geschichte haben Marken ihre transformative Kraft auf vielfältige Weise genutzt. Während die meisten dies mit hohen ethischen Standards getan haben, gab es auch Missbrauch. Angesichts der Herausforderungen, vor denen die Menschheit im 21. Jahrhundert mit ihren Hochleistungsgesellschaften steht, spielen Marken eine Schlüsselrolle im gesellschaftlichen Wandel. Sie haben die Macht, Millionen von Menschen zu einem anderen, bewussteren Konsum- und Handlungsverhalten zu bewegen. Sie besitzen die Chance, als Vorbilder für positiven Wandel zu dienen. Entscheidend ist, dass der Zweck aufrichtig ist und ein sinnstiftendes Leben für alle ermöglicht.

Dies bringt Verantwortung mit sich und erfordert eine starke Vision, um Veränderungen zu steuern. Diese Vision ist nicht immer vollständig mit kurzfristigen Unternehmenszielen vereinbar. Mit einem etwas längerfristigen Blick schaffen Marken jedoch Werte, die weit über den Umsatz hinausgehen, und erzielen nachhaltige Erträge, die sich weit über die klassische quartalsmässige Berichterstattung hinauserstrecken.

MIX
Papier aus verantwortungsvollen Quellen
Paper from responsible sources
FSC® C105338

If you have any concerns about our products,
you can contact us on
ProductSafety@springernature.com

In case Publisher is established outside the EU,
the EU authorized representative is:
**Springer Nature Customer Service Center GmbH
Europaplatz 3, 69115 Heidelberg, Germany**

Printed by Libri Plureos GmbH
in Hamburg, Germany